Adele Schopenhauer (1797-1849) – Schriftstellerin, Künstlerin, die Schwester des Philosophen Arthur Schopenhauer – und die »Rheingräfin« Sibylle Mertens-Schaaffhausen (1797-1857) verband eine leidenschaftliche Liebesbeziehung mit den dazugehörigen Höhen und Tiefen. Seit 1828 waren sie ein Paar.

Sibylle Mertens war eine der gebildetsten Frauen ihrer Zeit, Musikerin, Komponistin, Archäologin, Antikensammlerin und Mäzenin. Ihre Salons in Bonn und Rom waren berühmt. Vom Vater an einen ungeliebten Mann verheiratet, pflegte sie zeit ihres Lebens intensive Beziehungen zu Frauen. Adeles Leben mit Sibylle Mertens wurde so nicht nur von deren Ehemann und ihren sechs Kindern beeinträchtigt, die ihre Beziehung als »*Unrecht, Wahnwitz, Tollheit*« torpedierten. Auch Sibylles Hang zu neuen Eroberungen ebenso wie ihre enge Freundschaft zu Annette von Droste-Hülshoff lasteten schwer auf Adele. Aber selbst nach einer mehrjährigen Trennung fanden sie wieder zusammen.

Angela Steidele erzählt die Geschichte zweier ungewöhnlicher Frauen: Pionierinnen, die in Wissenschaft und Kultur, Wirtschaft, Politik und nicht zuletzt in ihrem Privatleben Grenzen einrissen – zu einer Zeit, als es Liebe zwischen Frauen offiziell gar nicht geben durfte.

»Die Geschichte dieser beiden ist eine der großen Liebesgeschichten, wie sie in diesem Format – mal melodramatisch, mal opernhaft, mal von singspielartiger Komik, voll von bösen Kindern oder Brüdern, missgünstigen Erben und großzügigen Revolutionären, mit Schauplätzen in Weimar, Rom und Köln, mit Umsturz, Bankrott und italienischen Höhepunkten – wohl nur das 19. Jahrhundert hervorbrachte ...« *Jens Bisky, Süddeutsche Zeitung*

Angela Steidele, geboren 1968, Dr. phil., erforscht die Geschichte der Frauenliebe vor Erfindung der »Homosexualität« (1869). Sie lebt als freie Autorin in Köln. Ihr erstes Buch *In Männerkleidern. Das verwegene Leben der Catharina Margaretha Linck* war ein Überraschungserfolg, »faszinierender als jeder Roman« (DIE ZEIT), ausgezeichnet mit dem Gleim-Literaturpreis.

insel taschenbuch 4031

Angela Steidele

Geschichte einer Liebe

Angela Steidele

Geschichte einer Liebe:

Adele Schopenhauer und Sibylle Mertens

Mit zahlreichen Abbildungen

Insel Verlag

Dieses Buch wurde durch ein Stipendium der Klassik Stiftung Weimar und ein Arbeitsstipendium der Kunststiftung NRW gefördert.

Kunststiftung NRW

4. Auflage 2026

Erste Auflage 2011
insel taschenbuch 4031

Satz: TypoForum GmbH, Seelbach
Druck: CPI books GmbH, Leck
Printed in EU
ISBN 978-3-458-35731-5

Insel Verlag Anton Kippenberg GmbH & Co. KG
Torstraße 44, 10119 Berlin
info@insel-verlag.de
www.insel-verlag.de

Inhalt

Anhang

soll ein Nekrolog von Adelen geschrieben werden, sei es wer es wolle, so muß ja Dein inniges Zusammenleben mit ihr und Alles was Du für sie gethan doch geschildert werden. Dein Nahme ist von Adelens Nahme nicht zu trennen, und ich denke mir Du möchtest es auch nicht.

Ottilie von Goethe an Sibylle Mertens-Schaaffhausen,
14. September 1849

Für Susette Pia Schuster

Vorwort

Im Park des Klimasekretariats der Vereinten Nationen im Süden Bonns stehen zwei uralte Bäume: ein knorrig verdrehter Trompetenbaum und eine ausladende Zeder. Hier fing alles an. Verliebt zogen sich Sibylle Mertens und Adele Schopenhauer im Frühjahr 1828 auf den damaligen Auerhof zurück. *Ich glaube am besten vergleichst Du uns ein Paar Leuten die sich spät finden u dann einander heirathen. Stürbe sie – so spräng ich jetzt in den Rhein, denn ich könnte nicht ohne sie bestehen,*[1] schrieb Adele ihrer ersten Liebe, Ottilie von Goethe. Die Tochter der berühmten Schriftstellerin Johanna Schopenhauer und Schwester eines unbekannten Philosophen war auf der Suche nach einem Neuanfang an den Rhein gekommen. In der gleichaltrigen Sibylle Mertens geb. Schaaffhausen, einer Altertumskundlerin und Antikensammlerin, fand sie die Liebe ihres Lebens. Zwanzig Jahre teilten sie Glück und Leid. Sie betrogen und enttäuschten sich, entfremdeten und versöhnten sich, sorgten für einander und standen sich bei. Die Zeder soll Sibylle selbst gepflanzt haben. Den Trompetenbaum setzte der Legende nach beider Freundin Annette von Droste-Hülshoff daneben. Später wurde der Auerhof in ein neogotisches Schlösschen verwandelt, und das Bundesfinanzministerium ersetzte Sibylles Gewächshäuser durch einen nüchternen Erweiterungsbau. Nur der Park und die beiden Bäume blieben.

Die Nachwelt erinnerte sich vage an Adele Schopenhauer als *enfant cheri*[2] Goethes und *des Philosophen schwer erträgliche Schwester.*[3] Die Scherenschnittmeisterin, Schriftstellerin und Literaturagentin hatte ein eigentümliches Schicksal. Zeit ihres Lebens wurde sie als *Gänschen*[4] von Männern verhöhnt. Friedrich Hebbel ließ *das Ungeheuer* 1845 in Rom *wegen ihrer grauenvollen Häßlichkeit* tätlich angreifen, begleitet von seinem eigenen *kannibali-*

schen Gelächter.[5] Posthum erging es ihr nicht besser. Prüde, aber mannstoll sei sie gewesen, dabei unfähig, *Mannesliebe zu wecken.* Von ihrem *zu einer altjüngferlichen Groteske ausartenden Phantasiespiel der Liebe* frustriert, *pflegte sie heiße Mädchenfreundschaft zu Ottilie,* mit der sie *einen wahren Kultus*[6] trieb, wie Paul Kühn 1912 meinte. Walther Ottendorff-Simrock sah Adele Schopenhauer 1960 als Sitzengebliebene, die sich *mit der ganzen Glut eines vereinsamten Herzens an die Freundin Sibylle klammerte.*[7] Selbst Ludger Lütkehaus, der 1991 eine neue Sicht auf die kleine Schwester forderte, las ihre Tagebücher als die eines *nie richtig geliebten alten Mädchens, das sentimentalisch seine überhitzte Gefühlskultur pflegt, ohne jemals mit der Realität in die Wochen zu kommen.*[8] Noch jüngst zeigte sich Gabriele Büch befremdet über Adeles *Sentimentalität und übersteigertes Gefühl*[9] für Ottilie. Der moralinsaure Spott und das drucksende Unbehagen dieser Charakterisierungen geben zu erkennen, dass die Editoren und Leser von Adele Schopenhauers Briefen und Tagebüchern seit hundert Jahren über ihre Art zu lieben stutzen. Wegen des Tabus der Liebe zum eigenen Geschlecht blieb Adele von den drei publizierenden Schopenhauers die blasse, bedauerte, belächelte.

Liebe zwischen Frauen wurde in der bürgerlichen Gesellschaft lange nicht ernst genommen und daher auch nicht, wie noch in der Frühen Neuzeit, sanktioniert. Erst als Frauen anfingen, gegen die *dreifache Bestimmung des Weibes – der zur Gattin, zur Mutter, und zur Vorsteherin des Hauswesens*[10] zu revoltieren, barg ihre Liebe sozialen Sprengstoff. Verstört von seiner Schwester und ihrer Freundin versuchte Arthur Schopenhauer, ihren Lebensentwurf für nicht existent zu erklären. Seine Schmähungen »Ueber die Weiber« – unübertroffen in der Weltliteratur des Frauenhasses – richten sich implizit gegen Frauen wie sie: Pionierinnen, die in Wissenschaft, Kultur, Politik und nicht zuletzt in der Liebe Grenzen einrissen, die ihnen als Frauen im 19. Jahrhundert gesteckt waren.

Konsequenter als ihre *Lebensgefährtin*[11] mit dem berühmten

Namen wurde Sibylle Mertens aus dem kulturellen Gedächtnis getilgt. Als Wissenschaftlerin, Kulturschaffende, als aktive Demokratin und Frauen Liebende forderte sie die Gesellschaft und ihre Familie heraus. Mit ihrem Mann führte sie laut der Droste *eine wahre Höllenehe,*[12] und ihre sechs Kinder rächten sich für den *Wahnwitz* ihrer *exentrischen Freundschaften,*[13] indem sie ihr in einem langjährigen Prozess das Vermögen streitig machten. Als Sibylle Mertens ausgegrenzt und beleidigt wurde, als sie ihre Liebe zu Adele Schopenhauer hinterfragen musste, begann die Formierung einer lesbischen Identität der Moderne. Die neue, so genannte ›Homosexualität‹ kam mit ihrem Zwilling, der ›Homophobie‹, zur Welt. Sibylle Mertens war eine der ersten Frauen, die sie zu spüren bekam. Sofort nach ihrem Tod versteigerten ihre Kinder ihre Sammlungen und zerstreuten sie in alle Winde. Ihres Lebenswerks beraubt, sollte Sibylle Mertens in Vergessenheit geraten.

Dank Tausender von Briefen und Tagebuchblättern lässt sich die Geschichte der Liebe zwischen Adele Schopenhauer und Sibylle Mertens rekonstruieren. Mit kräftigen, markant rechtsschrägen Strichen verfasste Sibylle inhaltsreiche, humorvolle, oft selbstironische Briefe. Adele dagegen reflektierte mit feiner klarer Handschrift ihr Leben, eine Psychologin in schonungsloser Selbstanalyse. Wie meine Vorgänger lese ich ihre Selbstaussagen mit dem Blick von heute. Bewusst und unbewusst deuten Biographen als Kinder ihrer Zeit vergangene Leben, die sie in ihrer Fremdheit zu würdigen suchen, ohne ihren eigenen zeitabhängigen Erfahrungshorizont ablegen zu können. Heute, nach Frauen-, Schwulen- und Lesbenemanzipation, ist es möglich geworden, eine Liebeserklärung, wie sie Sibylle Adele machte, nicht als empfindsame Rhetorik abzutun, sondern als solche zu benennen: *ich liebe Dich, fest, offen, innig, ich achte Dich hoch, ich vertraue auf Dich ohne Rückhalt, ohne Irrung ohne Ende!*[14]

I

Die Schaaffhausens und die Schopenhauers

1797-1827

Der Dom ist mein Vaterhaus: Die Schaaffhausens in Köln

Sibylle Schaaffhausen wurde am 29. Januar 1797 in Köln geboren. Ihr Elternhaus stand in der Trankgasse 25, gleich beim Dom. Heute befindet sich dort die geschäftige Leere des Bahnhofsvorplatzes. Der Dom war damals eine traurige Bauruine. In den Fugen und Ritzen des gotischen Chors spross das Unkraut, Lang- und Querhaus sowie der Nordturm fehlten. Auf dem südlichen Turmstumpf stand seit dem Baustopp im frühen 16. Jahrhundert ein altertümlicher Kran, Symbol des Niedergangs der einstmals größten Stadt nördlich der Alpen. Reisende wähnten sich in einer Art Freilichtmuseum avant la lettre; zwischen den spitzgiebeligen Häusern, den romanischen Kirchen, Klöstern und Kapellen schien das Mittelalter stehen geblieben zu sein. Im engen Straßenlabyrinth drängten sich die Warenträger und Mönche, Lehrbuben und Marktfrauen, Handwerksgesellen und Priester, Pilger und Händler, stolperten über Hühner vorbei an den offenen Halbtüren der Läden, der Kaffeeröstereien und den Ständen der *Appeltiffen*, die *gebacke Birren*, *fresch geleute Nöß* und *gekochte Kruschteien*[1] anboten. In ihre Rufe mischten sich *die gröbsten Ausdrükke, die infamsten Schimpfwörter,* ging man ohne milde Gabe an einem der so genannten Professionsbettler vorbei. An den Straßenecken besaßen sie *ihre gesicherten Stationen, die erblich sind, und vom Vater auf den Sohn, von der Mutter auf die Tochter fortgehen.*[2] Das Lärmen der Straße, das Hämmern und Sägen und Zischen der Handwerksbetriebe übertönte *das Jammergeschrei der Schweine, das Stöhnen der Schafe und Kälber, die man alle auf offener Straße schlachtet und zurecht macht.* In den zumeist ungepflasterten Straßen kam man kaum voran, wurde doch *aller nur denkbare und undenkbare Abfall und Unrath ungescheut vor den*

Häusern ausgeschüttet, der an manchen Stellen, selbst mitten in der Stadt oft hügelhoch angewachsen. In der Straßenmitte wurde ein *Bach durch eine gemauerte Rinne geleitet, die Cloake der ganzen Nachbarschaft*, an den Hauswänden ließ man *zu allen Tageszeiten die Küchencascaden, vulgo Spülsteine, in allen Höhen vom Boden ihre Brühe auf das Plaster plätschern, und zwar ganz schonungslos gegen die Vorübergehenden.*[3] Die Colonia Claudia Ara Agrippinensum hatte schon bessere Zeiten gesehen.

Die wirtschaftliche Schlagader der Stadt pulsierte seit der Antike am Hafen. Dort lagen *die Artikel von tausend und tausend Rubriken; die Zukkerfässer, die Kaffeeballen, die Kästhürme, die Tücher, die Hölzer und Produkte des Nordens! – Das ist ein Gewirr, eine Geschäftigkeit, ein Ueberfluß über alle Begriffe. Hier knarren die ächzenden Krahnen, dort krachen die rollenden Lastwägen, hier klirren die Ketten, dort girksen die beladenen Kasten und Pakfässer.*[4] Gelöscht wurden die Waren von zwei steinernen Krähnen, die *ihre riesigen Schnäbel in die Luft* streckten; *langsam dreht sich knarrend und stöhnend das große Gangrad, von Menschen, den so genannten ›Eichhörnchen‹ getreten.*[5]

Auch Wildhäute aus dem fernen Südamerika wurden hier gelöscht und in die *Commissions- u. Speditionshandlung* der Witwe Maria Sibilla Schaaffhausen geb. Knaben am Mühlenbach 4 gebracht. Wie Johanna Schopenhauer zeitgleich auf ihrer Europareise in Brabant beobachtete, war die kaufmännische Tätigkeit von Frauen in katholischen Handelsstädten damals keine Seltenheit. Die Schaaffhausens – der Name wird auf dem langen Doppel-A betont – gehörten zu den einflussreichsten Familien der Stadt. Seit drei Generationen saßen sie im Rat. Maria Sibilla war *eine harte unbeugsame Frau*, wie ihr Enkel und Lehrling Hubert meinte. *Die Großmutter zählte immer Geld, alle Morgen trat die Schaar Makler ein, Wechsel zu kaufen und anzubieten, ihre Sprache lautete wie Hundegebell.*[6] Die Wildhäute verkaufte sie in der Nachbarschaft weiter. Der Perlengraben nahebei war eine *weite stinkende Lache*, in der *die Weißgerber und die berühmten kölni-*

schen Leimsieder die Häute kälken, die animalischen Urstoffe in Fäulniß übergehen lassen. Etwas weiter, am Duffesbach, verpestete die Lohe der Rotgerber die Luft. Hier draußen – aber immer noch innerhalb der mächtigen mittelalterlichen Stadtmauer, heute innerhalb des Rings – waren weite Flächen gar nicht besiedelt, wurden Wein, Obst und Gemüse angebaut. Dennoch blieb die olfaktorische Entlastung aus. *Wie an allen Thoren, thürmen sich hier in der Straße Misthaufen, die in einzelnen Thor-Straßen häuserhoch, selbst manche Giebelspitzen überragen.* Hinter den bewachten und nachts verschlossenen Toren war es nicht besser. *Gerade um den Vorweg sind die aus menschlichen Excrementen bestehenden Misthaufen aufgestapelt.* Wie eine dritte Stadtmauer nach der römischen und der mittelalterlichen umgab menschlicher und tierischer Kot die Stadt. *Der urherkömmliche Schlendrian übte in Köln noch lange in vielen Dingen einen magischen Zauber.*[7]

Maria Sibilla Schaaffhausen hatte neun Kindern das Leben geschenkt. Nachdem ihr zweiter Sohn Abraham etliche Jahre in ihrem Kontor gearbeitet und den geschäftlichen Erfolg als Ratsherr politisch abgesichert hatte, trat er in offene Konkurrenz zu seiner Mutter, indem er ein eigenes Unternehmen eröffnete und ebenfalls mit Wildhäuten aus Südamerika handelte. Seinen Neffen Hubert nahm er als Hilfskraft mit. Als der sich später selbstständig machte, lieh ihm sein Onkel 10 000 Gulden – *(aber man sollte es nicht für möglich halten) zu 12 % Zinsen!*[8] Dank solcher Renditen entwickelte sich das Handelshaus Abraham Schaaffhausen rasch zur führenden Bank im Bereich der Leder- und Textilindustrie vom Niederrhein bis in die Eifel. Nicht zimperlich in seinen Geschäftspraktiken, lebte der Inhaber auch vom Schmuggel und der sozusagen bestechlich guten Zusammenarbeit mit den Zollbeamten. Als Schaaffhausens systematischer Betrug aufflog, blieb er trotz einer hohen Geldbuße Präsident des Handelsgerichts. Der als Bock identifizierte Gärtner grast in Köln unbeschadet weiter.

Bei seiner Mutter lernte Abraham Schaaffhausen Maria Anna

Giesen kennen, eine Magd. Als zwölftes Kind des Honnefer Rheinschiffers Johann Heinrich Giesen und seiner bereits verstorbenen Frau Maria Gertrud geb. Limbach besaß sie weder Mitgift noch Vermögen. Blutjung war sie auch nicht mehr, als Abraham Schaaffhausen sie bat, seine Frau zu werden. Es muss sich demnach tatsächlich um Liebe gehandelt haben, wie ihre einzige Tochter später meinte. Entsetzt versuchten Abrahams Mutter und Schwestern, ihm diese unstrategische Ehe auszureden. Nach der heiligen Regel der Kölner Oligarchie heiratete man nur untereinander. Abrahams Schwester Maria Margaretha etwa hatte vier Jahre zuvor Johann Theodor Mülhens geheiratet und somit die Schaaffhausens mit der Familie verschwägert, die unter der Hausnummer ihres Handelshauses *4711* zum wichtigsten Produzenten von Kölnischwasser wurde. Doch Abraham Schaaffhausen war entschlossen, *aus Liebe* zu heiraten, ohne sich von *Verwandten hindern zu laßen.*[9] Am 13. Januar 1794 erwarb er den Salm-Dyckschen Hof *In der Dranckgass* 25 als Firmen- und Familiensitz. Dieses Haus sollte sich zu seinen Lebzeiten und weit darüber hinaus zur wichtigsten westdeutschen Bank entwickeln, einem der Gründerhäuser der Deutschen Bank. Noch heute befindet sich das Kölner Bankenviertel in diesem Teil der Stadt. Fünf Monate später, am Samstag, den 14. Juni 1794, heirateten er und Anna Giesen in der kleinen Pfarrkirche des Bräutigams, St. Lupus, die etwa an der Stelle des Alten Wartesaals stand, unter Gleis 1 des Kölner Hauptbahnhofs. Braut und Bräutigam waren gestandene Leute, er 37, sie 33 Jahre alt.

Keine vier Monate nach der Trauung, am 6. Oktober 1794, ergab sich Köln kampflos den französischen Revolutionstruppen. Damit war die Selbstständigkeit der Freien Reichsstadt für immer vorbei. 1800 ernannte Napoleon Schaaffhausen zum Bürgermeister, doch der lehnte ab. Als der Kaiser vier Jahre später in Köln mit Pomp und Begeisterung empfangen wurde, soll er Schaaffhausen gefragt haben, ob die Stadt Millionäre beherberge. Ja, aber seit 1794 sei kein einziger hinzugekommen, antwortete der alte Reichsstädter maliziös.

Zweieinhalb Jahre nach der Hochzeit brachte Maria Anna Schaaffhausen ihr erstes Kind zur Welt. Noch am selben Tag erhielt ihr Töchterchen in der Taufe die Namen Maria Sibilla Josepha, nach ihrer Großmutter väterlicherseits. Ihr Rufname wurde Sibylle. Die Wöchnerin erkrankte, wahrscheinlich am Kindbettfieber, einer Unterleibsinfektion. Sollte Anna Schaaffhausen von den ungewaschenen Händen eines teuer bezahlten Arztes infiziert worden sein, so bezahlte sie bitter den Luxus in ihrer Ehe. Sie starb schon am 5. Februar 1797, eine Woche nach der Geburt ihrer Tochter. Kaum hatte Abraham Schaaffhausen seine Frau bestattet, bat er seine junge Nichte Catharina Gallo, sich um sein Haus und den Säugling zu kümmern, *reiste nach Paris und blieb mehrere Monate aus.*[10] Das neugeborene Mädchen verlor nicht nur seine Mutter, sondern auch den Vater unmittelbar nach der Geburt.

Während die verwaiste Sibylle als fest eingepacktes *Weckelditzche* in der Wiege am *Föppchen*[11] nuckelte, fanden in ihrer Heimatstadt grundlegende Reformen statt. Zuerst erhielten die Protestanten, dann auch die Juden von den neuen französischen Machthabern das volle Bürgerrecht. Zuletzt fiel die mittelalterliche Zunftordnung. Mit der Religions-, Konfessions- und Gewerbefreiheit war Köln zumindest auf dem Papier in der Moderne angekommen. Die altehrwürdige Universität wurde wegen ihrer *heftigen Kämpfe gegen das einbrechende Licht*[12] geschlossen. Aufklärung nannte man das im fernen Königsberg.

Die tat bitter not. *Nirgends erscheint der Aberglaube in einer schauderhafteren Gestalt als in Köln.*[13] Den Kindern wurden *Amulette als Scapuliere, unter dem Namen ›Teufelsgeistcher‹* umgehängt; *begegnete man in der Frühe einer alten Frau oder gar Schweinen, flogen Elstern oder Krähen über den Weg*, legte man sich besser wieder ins Bett. *Beim Haar- und Nägelschneiden spielte der Mond, ob Junglicht oder Vollmond, eine wichtige Rolle, wie auch in der Küche beim Einmachen.*[14] Auch auf die kleine Sibylle wirkten diese Riten so tief ein, dass *ich seit jeher einen guten Theil ächt antiken und altmodischen Aberglaubens mit mir herumzu-*

schleppen habe.[15] Daneben wurde der katholische Glaube eingeübt. *Das Erste, welches ein Kind gelehrt wurde, konnte es einige Worte lallen, war das Kreuz machen,* erinnerte sich Ernst Weyden, der zeitgleich mit Sibylle Schaaffhausen in ihrer Nachbarschaft, Unter Fettenhennen, aufwuchs. *Dann folgte das Vater unser, das Glaubensbekenntniß und die gemüthvollen Kindergebete.* Die erste Sprache, die Sibylle lernte, war nicht deutsch. Ihr Vater sprach, wie alle, *gewöhnlich nur Kölnisch.*[16]

Drei Jahre nach dem Tod seiner ersten Frau heiratete Abraham Schaaffhausen die 23-jährige Therese de Maes aus Roermond am Niederrhein. Rasch verwandelte sich die traurige Wohnstätte des Witwers mit seinem halbverwaisten Töchterlein in ein lebhaftes Haus, in dem neben Sibylle fünf Halbgeschwister – Carl, Auguste, Theodor, Theresia und Elisabeth genannt Lilla – ihr Unwesen trieben. Trotzdem meinte die Älteste später über ihre Kindheit: *Es ist etwas unbeschreiblich hartes, mutter und geschwisterlos sein.*[17] Sie fühlte sich *isolirt und neutralisirt,*[18] als Außenseiterin, als echtes Stiefkind. Ihre Stiefmutter konnte oder wollte ihr die leibliche Mutter nicht ersetzen. *Sie hat mich nie geliebt – ich nicht sie,*[19] fasste die erwachsene Tochter die Gefühlslage zusammen.

Um so treuer ehrte sie das Vermächtnis ihrer leiblichen Mutter. Sie kannte deren niedere Herkunft, die erbarmungslose Großmutter ließ da nichts im Unklaren. Sibylle wusste, sie war eine Mischung aus *Bauern und republicaner Blut,* ein *Kind aus dem Volke.*[20] Dieses Volk war in Köln ungemein verarmt. Betteljungen und -mädchen mussten die *unbeschreiblichen Straßenrinnen nach altem Eisen, Nadeln und dergleichen* durchsuchen. In den Elendsvierteln der Thieboldsgasse und des Griechenmarkts, nicht weit vom Haus der Großmutter entfernt, klöppelten bis zu tausend Mädchen Spitzen in den *Wirkschulen,* Stätten des *weißen Sclaventhums.* Sie waren von ihren Eltern *für gewisse Jahre an die Vorsteherinnen dieser Schulen völlig verkauft.* Der Familienlegende nach brachte Sibylle einen französischen General dazu, mit ihr für die Armen sammeln zu gehen. Als Erwachsene fußte ihre demokratische Grundeinstellung auf dem Bewusstsein, nur per Zufall auf der materiellen Sonnenseite des Lebens geboren worden zu sein.

Nicht nur als erklärte Republikanerin geriet Sibylle nach ihrem Vater. Auch seine kulturellen, historischen und wissenschaftlichen Interessen wurden die ihren. Abraham Schaaffhausen war Mitglied der ›Olympischen Gesellschaft‹, dem einzigen gelehrten Club Kölns. Jeden Samstag widmete man sich ab 18 Uhr verschiedenen Themen aus Literatur und Kunst. Der junge Sulpiz Boisserée etwa stellte dem Kreis seine verrückte Idee vor, den Dom fertig zu bauen. Einer der ›Olympier‹ und enger Freund Schaaffhausens war Ferdinand Franz Wallraf, der Begründer der Kölner Museumslandschaft. Er war Priester, Doktor der Medizin und Professor für Botanik, Naturgeschichte und Ästhetik an der französischen Zentralschule, dem Ersatz für die alte Universität. Seine Stunde schlug nach der Säkularisation am 4. Juli 1802. Die verstaatlichten Stifts-, Abtei- und Klosterkirchen wurden entweder abgerissen wie St. Lupus – womit Sibylle das Grab ihrer leiblichen Mutter verlor – oder verkauft. Zusammen mit Friedrich Herstatt veräußerte Abraham Schaaffhausen sie gewinnbringend weiter als Fabriken für Samt und Seide, Zuckerrüben oder Tabak, als Gefängnis oder als Synagoge. Der Abriss oder Verkauf so vieler mittelalterlicher Kirchen schwemmte eine Masse von Bildern, Skulpturen, Altären, Handschriften und seltenen Büchern auf den Markt, wenn sie überhaupt so weit kamen. Sammler, Trödler und Diebe hatten alle Hände voll zu tun, um keine Kostbarkeiten zu übersehen. Die Kölner Brüder Sulpiz und Melchior Boisserée erwarben in diesen Jahren wertvolle Gemälde, die sie erst nach Heidelberg, schließlich nach München brachten, wo sie heute die Zierde der Alten Pinakothek sind. Dieser immense Verlust für Köln erregte den biblischen Zorn Wallrafs. Unter großen persönlichen Opfern – und von Schaaffhausen unterstützt – trug er eine unüberschaubare Sammlung zusammen, die er in seiner Wohnung in der Dompropstei hortete. Oft spazierte die kleine Sibylle an der Hand ihres Vaters die wenigen Schritte zu Wallraf. *Mit*

Mühe wand man sich auf den Gängen und in den Zimmern durch die hier aufgestapelten Massen von Gemälden, Kunstgegenständen, Antiquitäten und Büchern; durch das ganze weite Haus wehte ein eigenthümlicher Moderduft, dem Professor die angenehmste Atmosphäre, denn selbst um und auf seinem schlichten Nachtlager thürmten sich im tollsten Bunterlei Bücher, Kupferstiche, Curiositäten und Antiquitäten aller Gattungen. Die Großmutter erzählte, daß dem Herrn Professor einmal bei einer feierlichen Gelegenheit, wo er nach dem Dome mußte, die einzige schwarzseidene kurze Hose unter seiner tollen Umgebung abhanden gekommen, und erst, nach langem, langem Suchen, als die Domglocken schon riefen, unter einem Haufen von Büchern und Kupferstichen glücklich wiedergefunden worden sei.[21] Während Ernst Weyden, der wie Sibylle Schaaffhausen als Kind bei Wallraf ein und aus ging, dessen Tohuwabohu mit kölscher Nonchalance goutierte, sträubten sich dem Ordnung und Schubladen liebenden Goethe bei Wallraf die Haare: *Er gehört nämlich zu den Personen, die bey einer gränzenlosen Neigung zum Besitz, ohne methodischen Geist, ohne Ordnungsliebe geboren sind, ja die eine Scheu anwandelt, wenn nur von weitem an Sonderung, schickliche Disposition und reinliche Aufbewahrung gerührt wird. Der chaotische Zustand ist nicht denkbar, in welchem die kostbarsten Gegenstände der Natur, der Kunst und des Alterthums über einander stehen, liegen, hängen und sich durcheinander umhertreiben. Wie ein Drache bewahrt er diese Schätze, ohne zu fühlen, daß Tag für Tag etwas Treffliches und Würdiges durch Staub und Moder, durch Schieben, Reiben und Stoßen einen großen Theil seines Werths verliert.*[22]

Als sie groß geworden war, gehörte Sibylle Schaaffhausen dem Goethe'schen und nicht dem Wallraf'schen Sammlertypus an. Auch sie ordnete mit großer Freude ihre Sammlungen und ließ, wie Goethe, eigens Schränke für sie anfertigen. Dennoch empfing sie von dem enzyklopädischen Wissenschaftler, chaotischen Kenner und sorglosen Liebhaber bleibende Impulse. Während Wallraf und Schaaffhausen *sich über Kunstgegenstände unterhielten, saß die Kleine mit einem Folianten oder einer Hand voll ›Heideköpp‹ (alte Münzen) am Boden, Bilder besehend oder mit letzteren spielend.*[23] Anschaulich und kindgerecht führte Wallraf sie in die Geschichte der Stadt Köln und die römische Münzkunde ein, wie die Schülerin später einem Freund erzählte: *Wallraf sei fast täglich in ihrem Hause aus- und eingegangen und habe ihr von Zeit zu Zeit schöne Römer-Münzen geschenkt; einmal sei er auch an einem Morgen, mit einem Friseur zu ihr gekommen und habe ihr eine sehr schöne Münze der Agrippina* – der Gründerin Kölns – *gezeigt, die er ihr schenken wolle, wenn sie sich einmal die Haare wolle frisieren lassen wie die Agrippina auf der Münze sie trage, nach Art der alten vornehmen Römerinnen: er habe schon einen, zwar nicht antiken, wohl aber echt kölnischen Haarkünstler mitgebracht. Auf diesen Vorschlag sei sie auch sofort eingegangen. Von dieser Zeit an habe sie fleißig angefangen zu sammeln und dabei auch nicht unterlassen sich zu bemühen, das Gesammelte zu verstehen und zu erklären, was ihr auch nicht ganz mißlungen sei.*[24]

Der ungewöhnliche Unterricht in der Altertumskunde ergänzte Sibylles *angeborne Liebhaberey, Abends in die Kirche zu gehen,* so dass sie schon *als Kind immer hinüber lief in der Dämmerung nach dem nahen Dome.*[25] Der gotische Chor übte eine unwiderstehliche Anziehungskraft auf sie aus; *der Dom ist mein Vaterhaus und die heiligen Dreikönige sind meine Vettern.*[26] Im vielfarbigen Licht der mittelalterlichen Kirchenfenster schimmerte der goldene Schrein der Heiligen Drei Könige, geschmückt mit antiken Gemmen und Kameen in verschwenderischer Pracht. Deren Zeichen, Figuren und Symbole kannte Sibylle schon aus Wallrafs Sammlungen. Das liberale Recycling, mit denen heidnische geschnittene Steine zum Lob Gottes umfunktioniert worden waren, prägte ihren eigenen dehnbaren katholischen Glauben. Fasziniert von der Raumwirkung und den Kunstschätzen des Doms konnte sie die Zeit vergessen, so dass sie *sogar einmal in diesen Hallen abgeschlossen wurde, wo ich durch Geschrei und Rütteln an dem eisernen Chorgitter endlich die Befreier herbeirief.*[27]

Andere Befreier, Blüchers preußische Truppen, überquerten in der Neujahrsnacht 1813/14 den Rhein. Zwei Wochen später verließen die Franzosen nach fast zwanzig Jahren Köln. Auf dem Wiener Kongress wurde die ehemalige Freie Reichsstadt mit dem gesamten Rheinland Preußen zugeschlagen. Als Abraham Schaaffhausen diese Nachricht hörte, soll er entsetzt ausgerufen haben: *Jesses, Maria Josef, do herode mer ävver en en ärm Familich!* Der Bund zwischen dem katholischen, bürgerlichen, lebensfrohen und schlampigen Rheinland und dem protestantischen, militaristischen, humorlosen und effektiven Preußen war keine Liebesehe. Die Freiheit der Rede in der Bürgerstadt, die sich in der notorisch liberalen rheinischen Presse niederschlug, kontrastierte scharf mit dem absolutistisch regierten Obrigkeitsstaat Preußen und seinem Polizeispitzelapparat. In zähen Verhandlungen trotzte die Rheinprovinz den neuen Herren das liberale französische Rechtssystem ab.

Zu dieser Zeit erhielt Sibylle Schaaffhausen in einem Mädchenpensionat in Belgien, wohin katholische Eltern ihre Töchter gern schickten, den so genannten letzten Schliff. Als zukünftige Herrinnen repräsentativer Häuser übten die Schülerinnen, elegant auf Französisch zu plaudern, ohne persönliche, politische, geschäftliche oder religiöse Minenfelder zu touchieren. Währenddessen fertigten sie feine Handarbeiten an, denn auch in den besten bürgerlichen Kreisen erregten unbeschäftigte Frauenhände Anstoß. Außerdem wurde von den höheren Töchtern erwartet, einen geselligen Abend musikalisch bereichern zu können. Sibylle brillierte am Klavier. Hoch musikalisch, mit einem sensiblen Gehör, technischer Begabung, Ausdauer und Disziplin begabt, erreichte sie an diesem Instrument Konzertrang. Sie komponierte Lieder und improvisierte stundenlang. *Es kannte sie niemand, der sie nicht spielen hören.*[28]

Solche Künste galten freilich nur als schmückendes Beiwerk. Zu Hause bereitete sich die älteste Tochter im großen Haushalt der Schaaffhausens auf ihre zukünftigen Aufgaben vor. Fast alle

Dinge des täglichen Bedarfs wurden noch zu Hause hergestellt, Kleidung, Tisch-, Bett- und persönliche Wäsche, Lebensmittel. Im Herbst wurde ein Ochse geschlachtet, zu Weihnachten ein Schwein verwurstet. Organisation und Kontrolle, Ökonomie und Effizienz des Haushalts waren Aufgabe der vornehmen Hausherrin. *Die Cölner Köchinn*, das rheinische Standardkochbuch der Zeit, hielt die *Wirthschaftlichkeit* für *so nützlich zu unserm eigenen Glücke, und so nothwendig, wenn man die Pflichten einer Gattin und Mutter erfüllen will, daß sie den vornehmsten Rang unter allen weiblichen Pflichten und Eigenschaften verdient; und daß die Haushaltungskunst von rechtswegen den Vorzug vor allen andern Kenntnissen und Wissenschaften, die man jungen Frauenzimmern in der Erziehung beibringt, zu haben gehörte.*[29] Von der dreifachen Bestimmung des Weibes sollte Sibylle Schaaffhausen allein die Haushaltungskunst ohne Fehl und Tadel erfüllen.

En Ochs und en Esel und en Elephant dazu: Louis Mertens

Als Tochter eines reichen Bankiers zählte Sibylle Schaaffhausen zu den begehrtesten Partien des Rheinlands, trotz ihrer *nicht mit den Reizen weiblicher Schönheit geschmückten Persönlichkeit.*[1] Sie war etwas über mittelgroß, dünn, und hatte ein schmales Gesicht mit einer langen spitzen Nase; *in ihren blassen und scharfen Zügen lag Ernst und Entschiedenheit.*[2] Eigentlich war *nichts Ungewöhnliches in ihrer Erscheinung, aber sie selbst war ungewöhnlich, und das Gewöhnliche wurde an ihr zu einem Besonderen und bildete sie zu einem Besonderen aus.*[3] Ihre viel bezeugte Ausstrahlung beruhte auf ihrer überragenden Intelligenz samt einem *eignen schroffen Willen.*[4] Weibliche Unterwerfungsgesten, sittsame Demut, überprononcierte Bescheidenheit waren ihr fremd.

Die Schriftstellerin Fanny Lewald verglich sie später mit dem Bau, der an ihrer Wiege stand: *niemals habe ich den Dom in seinem Ernste, mit seinen großartig harmonischen Linien und mit seinen Tausenden von wunderlichen Gestalten und grillenhaften Steinphantomen vor Augen gehabt, ohne an die wunderbare Frau zu denken, die in der Nähe jenes Domes geboren, wie er, eigenartig und fremd in ihrer Umgebung, harmonisch trotz ihrer Wunderlichkeiten, sanft trotz ihrer Herbigkeit, in meinen Erinnerungen so unvergleichlich und so gesondert dasteht, wie der Riesenbau, dessen Schatten weit hinausragt über ihr Vaterhaus zu Köln.*[5]

Die selbstbewusste junge Frau lebte in Zeiten, die ihren altertumskundlichen Ambitionen mit Unverständnis begegneten. Kein Studium, kein Beruf standen ihr offen. Sie hatte dynastische Aufgaben zu erfüllen. Zwar wurde die Liebesehe in der Literatur und Philosophie diskutiert, und Johann Gottlieb Fichte sprach einer Ehe, die nicht aus Liebe geschlossen wurde, die Sittlichkeit ab. Doch die Lebenswirklichkeit sah anders aus. Arrangierte Ehen, bei denen Vermögen oder Grundstücke, nicht aber Herzen vereint wurden, waren nicht nur in der Kölner Oligarchie immer noch die Regel. Der älter werdende Abraham Schaaffhausen brauchte einen tüchtigen Geschäftsführer an seiner Seite und bot daher dem erfolgreichen Kaufmann Johann Ludwig Joseph Mertens seine Erstgeborene an. Ein solches Tauschgeschäft entsprach ganz den Gepflogenheiten Kölner Kaufleute. Louis Mertens, Weinhändlersohn aus Bonn, handelte mit seinem Vetter Heinrich Joseph Mertens in der Großen Budengasse 19 mit Kolonialwaren en gros. Er ließ sich den Einstieg bei Schaaffhausen nicht entgehen. Da er 6000 Taler Eigenkapital in die Ehe mitbrachte, gab Abraham seiner Tochter 25000 Francs als *Brautschatz*[6] mit, was 6631 Talern entsprach. Dass der Bräutigam fast sechzehn Jahre älter als die Braut war, galt nicht als Problem.

Sibylle Schaaffhausen wurde nicht um ihre Meinung gefragt; *im 19ten Jahre hat man sie verheirathet.* Gefügig akzeptierte sie die Entscheidung, weil ihr Vater sie getroffen hatte, der für sie über jeder Kritik stand. Da sie als Jugendliche *nie ein Liebesverhältniß gehabt*[7] hatte, dachte sie an keinen anderen. Die standesamtliche Trauung – das Rheinland hatte mit dem französischen Recht auch die Zivilehe behalten – fand am 12. Juni 1816 statt. Tags darauf ließen sich der 34-jährige Louis Mertens und die 19-jährige Sibylle Schaaffhausen in der Pfarrkirche der Braut, St. Mariae Himmelfahrt, trauen. Obwohl ihr Ehename Mertens war, nannten sich beide fortan ›Mertens Schaaffhausen‹. Noch am selben Tag machten sie sich auf in die Flitterwochen. Dass Louis seine kunstsinnige junge Frau nach Italien führte, mag ein Zeichen guten Willens seinerseits gewesen sein.

Eine solche Reise war selbst für Vermögende eine beschwerliche Sache. In der Kutsche ging es gemächlich, dabei nicht ungefährlich voran. Als das Ehepaar Mertens seine Hochzeitsreise antrat, fiel Adele Schopenhauer in Schwalbach bei einem Unfall zwischen Pferde und Räder. Die Alpenüberquerung war nur zu Fuß oder Ross und mit Hilfe von Lastpferden zu bewältigen. Die alte Gotthardstraße war zwar *allerorten mit starken Steinen besetzt,* aber nur so breit, dass *zwei beladene Saumrosse einander fast überall hätten ausweichen können.* Von Amsteg (522 m) wanderte man im Tal der wild schäumenden Reuß immer bergauf, über Göschenen, die Schöllenenschlucht, *eine gräßliche, zu Zeiten auch wegen der Lawinen gefährliche Gegend,*[8] vorbei an den Grabkreuzen der von Felsen Erschlagenen, über die Teufelsbrücke und durch das Urner Loch, den ersten Bergtunnel der Schweiz, bis Andermatt (1444 m). Von dort ging's am zweiten Tag in vier Stunden zum Pass (2112 m) hoch. Den Flitterwöchnern empfahl der Geistliche und Sammler Franciscus Pick in seinen Ratschlägen für die Reise, *sich bei den Mönchen (höchsten Verehren wert) mit einem Trunk zu laben,* bevor sie der Weg am Ufer der Tremola nun steil bergab führte. Die berühmten Serpentinen wurden erst später für den Fuhrverkehr angelegt. Ab Airolo (1445 m) fuhren dann wieder Wagen. Über Bellinzona und den Lago Maggiore ging es nach Lugano. *Hier rufen die Reisende: Italia!, und man wandelt kurz nachher wie in Hesperischen Gärten unter Pomeranzen, Zitronen und Olivenbäumen.*[9] Ziel der Reise war eigentlich Mailand, doch reisten die Flitterwöchner weiter bis Genua.

Johanna Schopenhauer meinte, Ehewillige sollten erst einmal zusammen verreisen, bevor sie ihre gemeinsame Lebensreise anträten; manches Paar würde darüber, zu beider Frommen, noch rechtzeitig auseinanderfallen. Für Sibylle und Louis Mertens war es zu spät. *Diese so ganz verschiedenen Ansichten, Tendenzen, Bedingungen und Wünsche konnten ja wohl nicht freundlich sich nebeneinander bewegen!*[10] Inmitten der Herrlichkeiten Italiens musste Sibylle feststellen, dass sie ihrem so viel älteren Mann intellektuell und an Kenntnissen in Kunst und Geschichte überlegen war – was ihn nicht scherte; *ich will Nichts Uebles von Herrn Mertens sagen ›ich sage man nix, als en Ochs und en Esel in eine Person, und en Elephant dazu‹*,[11] charakterisierte Annette von Droste-Hülshoff später den nüchternen Geschäftsmann; *nichts war ergötzlicher als die Anekdoten, welche Annette von ihm zu erzählen wußte.*[12] Der Gattin hingegen verging das Lachen bald.

Zurück in Köln, zog das Paar in die Trankgasse 21, gleich beim Elternhaus der jungen Frau. Neben Abraham und Therese Schaaffhausen repräsentierten nun auch Louis und Sibylle Mertens die bedeutendste westdeutsche Bank und mussten vor höchstem Besuch wie dem preußischen König Friedrich Wilhelm III., dem Kaiser Franz von Österreich und dem russischen Zaren Alexander eine gute Figur abgeben. Der preußische Kronprinz wurde mit Glanz und Gloria empfangen; trotzdem verlegte Preußen den Sitz der rheinischen Universität sowie des Provinzialmuseums nach Bonn, die Kunstakademie und den Landtag nach Düsseldorf. Hauptstadt der Rheinprovinz wurde Koblenz. Das alte, stolze, katholische Köln erhielt als Trostpflaster das Appellationsgericht.

Kurz vor ihrem ersten Hochzeitstag, am 3. Juni 1817, wurde Sibylle von ihrem ersten Kind entbunden, einer Tochter, die anderntags auf die Namen Maria Margaretha Theresia Antonetta getauft wurde. Marie war erst acht Monate alt, als ihre Mutter wieder schwanger wurde. Am 26. November 1818 brachte sie am späten Nachmittag ihre zweite Tochter zur Welt, Maria Theresia Carolina Theodora. Zehn Monate nach Thereses Geburt war die junge Mutter zum dritten Mal schwanger. Früh um 8 Uhr gebar sie am 1. Juli 1820 ihren ersten Sohn, Julius Emanuel Walter Heinrich Ludwig. Nach der Geburt des Stammhalters beförderte Abraham Schaaffhausen seinen Schwiegersohn zum leitenden Teilhaber des Bankhauses. Auch die nächste Schwangerschaft ließ nicht auf sich warten. Ihr viertes Kind, Maria Elisabeth Jacobina Antonia, kam am 3. November 1822 zur Welt. Die Wöchnerin war 25 Jahre alt und hatte, unterstützt von Kindermädchen und Hausangestellten, einen Säugling und drei Kleinkinder zu versorgen. Folgte Sibylle den in Köln üblichen Konventionen, wickelte sie ihre Neugeborenen in feste Bandagen und stillte sie selbst.

Um Marie, Therese, Julius und Betty aus dem engen und übel riechenden Köln herauszubringen, kauften Louis und Sibylle Mertens im rechtsrheinischen Unkel südlich des Siebengebirges den ehemaligen Zehnthof. In dieses ländlich einfache Idyll direkt am Rhein zog sich die junge Mutter mit ihren Kindern sowie ihrer Freundin Maria Christina Schmitz zurück, Lehrerin an der Mädchenschule der Dom-Pfarre. Sie übernahm den Elementarunterricht für die beiden Ältesten. Unkel lag zu weit von Köln, als dass Louis abends bei seiner Familie hätte sein können – für seine Frau der Hauptvorzug des Landhauses. Denn die Kinder hatten die ungleichen Eheleute einander nicht angenähert, sondern, im Gegenteil, die Streitpunkte um Erziehungsfragen erweitert. So bestand Louis auf Hochdeutsch als Familiensprache und *liebte es überhaupt nicht, wenn seine Frau oder Kinder plattkölsch sprachen,*[13] wie sich ihre Tochter Betty erinnerte. Die Unterschiedlichkeit ihrer Ansichten und Neigungen steigerte sich durch die Ähnlichkeit ihrer Temperamente ins Feindselige. Beide waren Hitzköpfe; *ich will mich ärgern, das bekömmt mir gut,*[14] sagte Louis von sich, der *viel an Langweile und folglich übler Laune*[15] litt. Seine Frau gab zu, *unartig, eigenwillig, verdrießlich, unumgänglich*[16] zu sein und *leidenschaftlich wie ein Malaye.*[17]

In ihrer *unbefriedigten Sehnsucht nach jugendlichem Empfinden und Geniessen*[18] vertiefte sich der herbe Zug, der Sibylle wegen ihres Stiefkindgefühls eignete. Sie spürte bitter, *dass ein solches Zusammenleben in unglücklicher Ehe nicht bloss unliebenswürdige Eigenschaften die ursprünglich nicht in den Karakteren der Gatten lagen, hervorruft, sondern auch hindert an der geistigen Entwickelung und Veredlung indem man, all seine Kräfte auf einen Punkt, abwehrend sammelt, und sich daher andererseits weder überwacht noch zügelt: so dass die Anlage zu Unarten, die nicht in dem Bereich strittiger Punkte zwischen den beiden verbundenen Wesen fallen, Zeit haben, gehörig und übermässig sich zu entwickeln. – Außerdem hat eine unglückliche Ehe den moralischen Nachtheil, dass man durch die Gewohnheit, unter den Fehlern und Thorheiten des andern zu leiden, und durch die daraus entspringende grosse Gereiztheit, scharf und gereizt überhaupt wird gegen die Fehler der Menschen, und sie zuletzt nicht mehr bloss beklagt und duldet, sondern sie beurtheilt und über sie zürnt, weil man sie fast für bösen Willen ansieht. Man wird überhaupt durch den dauernden Widerspruch und die Gedrücktheit einer solchen Verbindung leider zuletzt hart gegen andere, weil man gezwungen ist, hart gegen sich selbst zu sein.*[19] Als ebenbürtige Sparringspartner machten sich Sibylle und Louis Mertens gegenseitig das Leben schwer. Die Droste meinte, *sie haben eine wahre Höllenehe geführt, und die Schuld stand ganz zu gleichen Theilen.*[20]

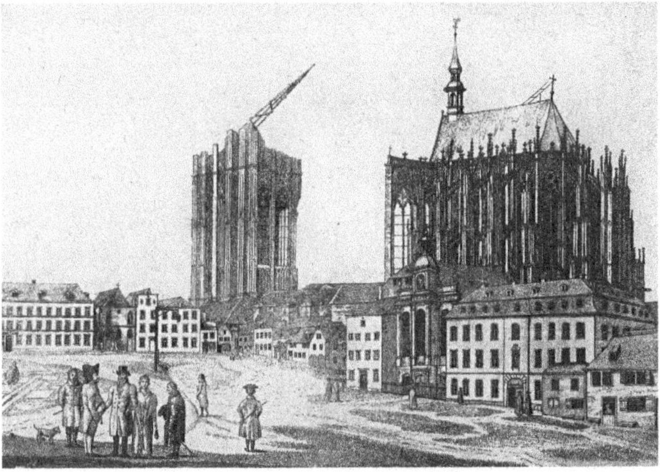

(1) Der Domhof in Köln um 1806

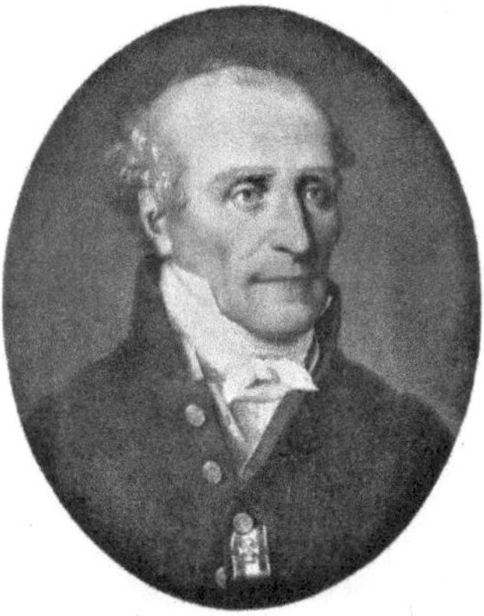

(2) Abraham Schaaffhausen

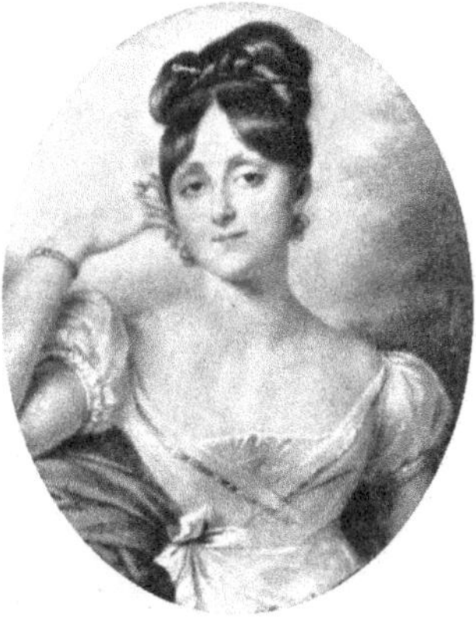

(3) Maria Anna Schaaffhausen geb. Giesen, um 1794

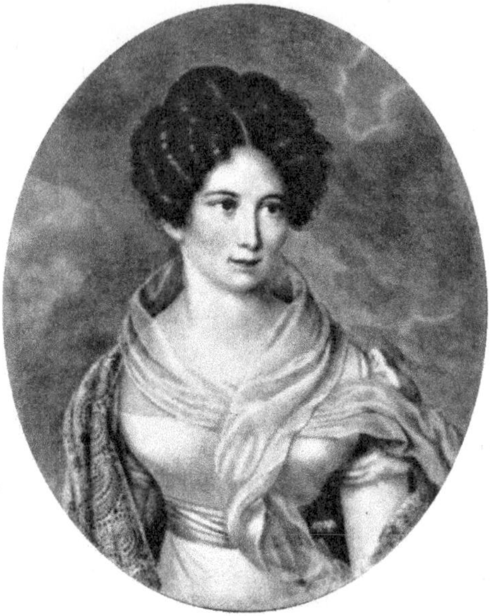

(4) Sibylle Mertens um 1816

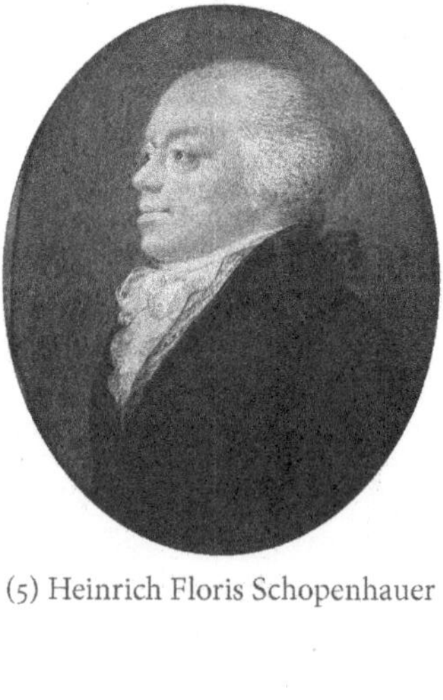

(5) Heinrich Floris Schopenhauer

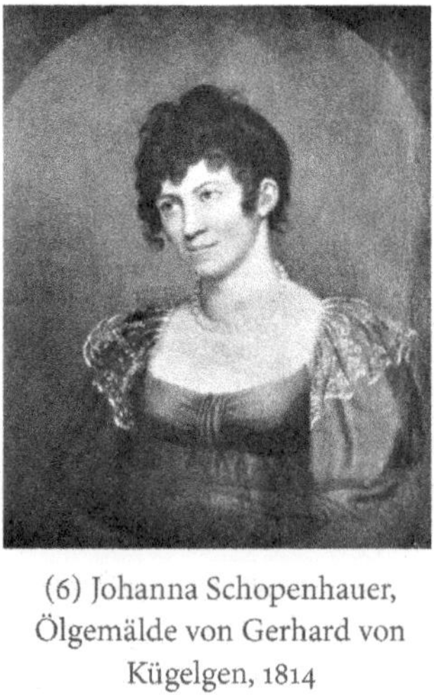

(6) Johanna Schopenhauer, Ölgemälde von Gerhard von Kügelgen, 1814

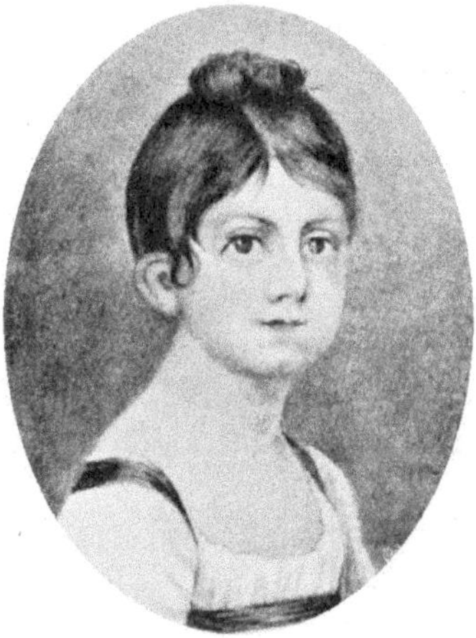

(7) Adele Schopenhauer als Kind

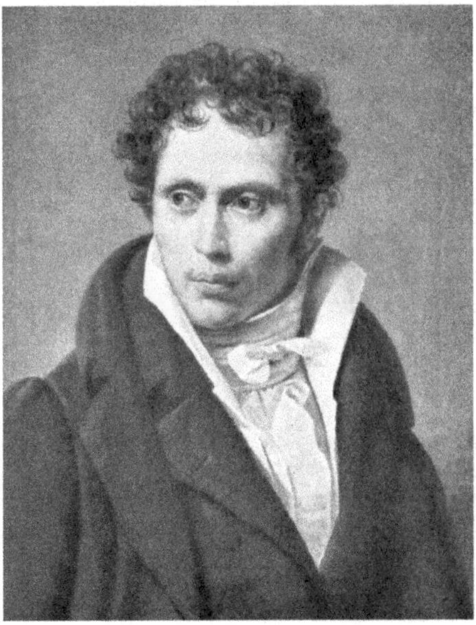

(8) Arthur Schopenhauer,
Ölgemälde von Ludwig Sigismund Ruhl, 1815

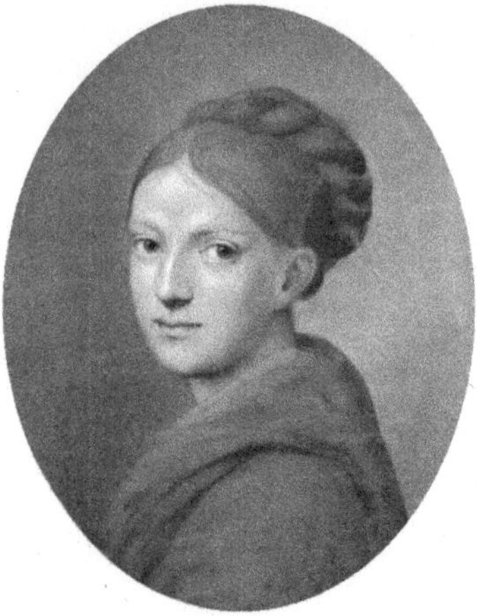

(9) Ottilie von Goethe,
Kreidezeichnung von Franz Heinrich Müller, 1813

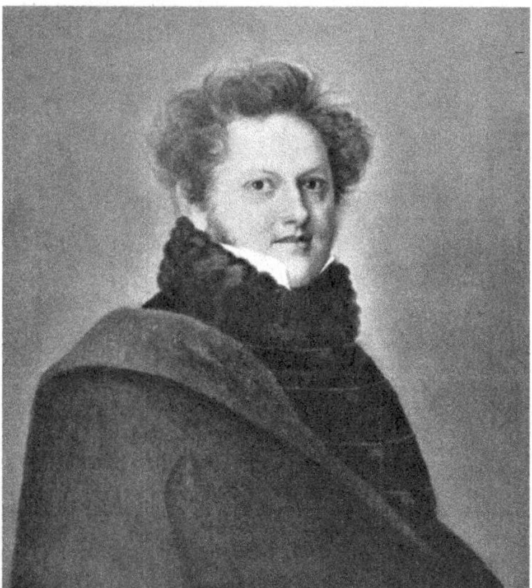

(10) August von Goethe,
Ölgemälde von Ehregott Grünler, 1828

Ein Wesen eigener Art: Adele Schopenhauer

Auch im fernen Weimar bahnte sich im Jahr 1816, als Sibylle Schaaffhausen Louis Mertens heiratete, eine unglückliche Ehe an. Die zwanzigjährige Ottilie von Pogwisch überlegte, ob sie August von Goethe heiraten sollte. Mehr als der sieben Jahre ältere Kammerrat lockte sie die Aussicht, Johann Wolfgang von Goethes Schwiegertochter zu werden. Der Geheime Rat selbst warb um sie, ging mit ihr spazieren und schenkte ihr Blumen. Seine eigene Frau war in diesem Jahr gestorben und die Stelle der Hausfrau am Frauenplan vakant.

Adele Schopenhauer machten Ottilies Gedankenspiele fassungslos. *Mein Kopf ist mir ganz verrückt, wenn er Dich als A's Frau denkt; dieser harte wilde Mensch, ich weiß, er zerstört Dich noch ganz,* zeigte sie sich überzeugt; *denn lieben, wie das Wort in unseren Seelen steht, kanst Du A. nicht. Darum sollst und mußt Du fort, laß dich erbitten und erleichtere es A. nicht; der Sommer komt und dann gehst Du und bist gerettet. Gerettet, denn wir wollen uns nicht betrügen, Du kanst in diesem Verhältniß nicht glücklich seyn. Ich kan Dir weiter nichts sagen; ich liebe Dich unaussprechlich, drum verzeihe mir was Dir auch von mir weh thun mag.* Um sie und August zu entzweien, verriet Adele Ottilie, dass er eine *gemeinere Liebschaft*[1] hatte, während er mit ihr anbandelte. Sie selbst verspürte in seiner *Nähe ein Grauen.*[2]

Doch Ottilie ließ sich von ihrer Freundin nicht beirren. Weihnachten 1816 war die Sache entschieden; *ich habe viel, sehr bedeutend gelitten,* vertraute Adele ihrem Tagebuch an, *Ottilien betrachte ich als Augusts Braut. Alle übrige Pein verschwindet neben diesem Übel, denn hier hat meine Kraft ihr Ende gefunden.* Wehklagend brach es aus ihr heraus, *o mein Gott, ich kann ja nicht dafür, daß es so tief schmerzt!* Die Verlobung der Freundin betrachtete sie als ihre eigene Hinrichtung: *Mir ists wie vor einem gewaltsamen Tode einem Verurteilten sein muß.*[3]

Adele Schopenhauer war auf die Ehe nicht gut zu sprechen. Sie entstammte selbst einer äußerst unglücklichen Verbindung. Ihre Eltern, der Kaufmann Heinrich Floris Schopenhauer und die Kaufmannstochter Johanna Trosiener, hatten 1785 in Danzig nach den Regeln geheiratet, wie sie auch in der Kölner Kaufmannsoligarchie galten. *Glühende Liebe heuchelte ich ihm eben so wenig, als er Anspruch darauf machte,* gestand Johanna Schopenhauer in ihrer Autobiographie später freimütig. Mehr als ihren Mann schätzte sie das luxuriös ausgestattete Danziger Stadthaus in der Heiligengeistgasse, den Landsitz bei Oliva mit seinem großen Garten sowie die *acht Lämmer, deren Toilette die Gärtnerfrau besorgte, so daß sie nie anders als wohlgebürstet und schneeweiß vor mir erschienen.* Von diesem Leben am Rande der Dekadenz wollte Johanna ihr ganzes Leben nicht mehr lassen, selbst als die finanziellen Verhältnisse einen solchen Aufwand nicht mehr erlaubten. Doch nicht nur die Lämmer, auch die *gewählte und mit großer Eleganz aufgestellte Handbibliothek* ihres Mannes zog sie an. Über Voltaire gerieten die Eheleute in Streit; ihr fiel es schwer, *mich seiner Ansicht zu bequemen.* Er bevorzugte französische Romane voll frauenverachtender Erotik, ungeeignet, *mein Geschlecht in seinen Augen zu erheben.* Ein *leises Gefühl von Unbehagen oder Mißmut*[4] beschlich sie, zumal sich die Anlage ihres Mannes *zu schwermüthigen Grübeleien*[5] wenig mit ihrer Lebenslust vertrug.

Drei Jahre nach der Hochzeit, 1788, wurde Johanna Schopenhauer von einem Jungen entbunden, der mit *Rücksicht auf die dereinstige kaufmännische Firma des jungen Weltbürgers* den Namen Arthur erhielt, *weil er in allen Sprachen unverändert der nämliche bleibt.*[6] Um dem Geschäft und sich selbst die Freiheit und Unabhängigkeit zu erhalten, verlegte Heinrich Floris Schopenhauer 1793 kurz vor dem Einmarsch der preußischen Truppen sein Handelshaus von Danzig nach Hamburg. Schon zwanzig Jahre zuvor hatte er ein Angebot von Friedrich II. ausgeschlagen, sich in Preußen als Kaufmann niederzulassen. Seine republikanische Gesinnung, die Abfuhr, die er dem König erteilte, erinnern an Abraham Schaaffhausen, der Napoleon hatte abblitzen lassen. Das Milieu von freiheitlich gesinnten großbürgerlichen Kaufleuten, dem sowohl Sibylle Mertens als auch Adele Schopenhauer entstammten, unterschied sich nur konfessionell; Schopenhauers waren Protestanten.

In der neuen Heimat Hamburg kam am 12. Juni 1797 das zweite und letzte Kind der Schopenhauers zur Welt, Luise Adelaide Lavinia, genannt Adele. Ihr Bruder konnte sich zwar später nicht an ihr Geburtsdatum erinnern, doch an den Moment, *wie der accoucheur, in meiner Gegenwart, meinen Vater, durch Rauchen unter dessen Nase, weckte, und ich eine von der neuen Schwester mitgebrachte große Tute Marzipan erhielt.*[7] Kurz danach wurde der Neunjährige auf zwei Jahre nach Le Havre geschickt, wo er fern von seiner Familie den *weitaus frohesten Teil meiner Kindheit*[8] zubrachte. Denn die Mutter Arthurs und Adeles galt vielen Leuten als merkwürdig kalt, *ohne Gemüth und Seele.*[9] Ihr späterer Geliebter Georg Friedrich Müller von Gerstenbergk meinte gar, dass sie *gar nicht zu lieben verstehe.*[10] Ihr Mann erwartete von seinem Sohn, ungeachtet seiner Neigungen Kaufmann zu werden. Dafür durfte der 15-Jährige die Eltern auf eine Europareise nach Holland, England, Frankreich, die Schweiz, Österreich und Schlesien begleiten. Die fünfjährige Adele ließen die Eltern eineinviertel Jahre in Hamburg zurück.

Trotz ihres Reichtums waren die Schopenhauers unglücklich. Heinrich Floris *macht sich gern Sorgen wenn er keine hat,*[11] meinte seine Gattin fühllos. Nach anhaltender Gemütsunruhe trieb er am Morgen des 20. April 1805 tot im Fleet hinter seinem Haus im Neuen Wandrahm 92. Sein offiziell bestrittener Freitod befreite ihn selbst von der Last des Lebens und seine Frau von der Last des Lebens mit ihm. Sie sah sich nun, Ende dreißig und unbeschwert von jeder Trauer, als reiche Witwe in die komfortabelste Unabhängigkeit versetzt, die eine Frau zu jener Zeit erlangen konnte. Hamburg, letztendlich doch nur eine Kaufmannsstadt, genügte ihren Ansprüchen nicht. Sie löste das Handelshaus auf und bezog Anfang Oktober 1806 zusammen mit der neunjährigen Adele sowie ihrer Bedienten Sophie Duguet eine komfortable Wohnung in Weimar an der Esplanade, zwei Häuser neben der verwitweten Charlotte von Schiller, fünfzig Schritte vom Theater entfernt. Der 18-jährige Arthur blieb im Hamburger Kontor Jenisch, wo ihn der Wille des Vaters auch nach dessen Tod gebannt hielt. Die Mutter gab nichts darum, ihn mitzunehmen. *Deine Gegenwart, Deine Klagen über unvermeidliche Dinge, Deine finstern Gesichter, Deine bizarren Urtheile, die wie Orakel Sprüche von Dir ausgesprochen werden, ohne daß man etwas dagegen einwenden dürfte,* all das *ist mir drückend und verstimmt meinen heitern Humor, ohne daß es Dir etwas hilft,* schrieb sie ihm; *kurz ich kann mit Dir in nichts was die Außenwelt angeht übereinstimmen.*[12] Der Mutter erging es wie fast allen Menschen, denen Arthur Schopenhauer begegnen sollte: Sie konnte ihn nicht leiden.

Kaum in Weimar angekommen, wurde Johanna Schopenhauer laut Goethe *durch die Feuertaufe zur Weimaranerinn.* Das 7000 Einwohner zählende Städtchen wurde nach der Schlacht von Jena und Auerstedt, in der die napoleonischen Truppen die preußische Armee vernichtend schlugen, geplündert, ja, selbst zum Kriegsschauplatz. Kurz nach Mittag am 14. Oktober 1806 trafen die ersten flüchtenden Preußen in der Stadt ein, verfolgt von brandschatzenden Franzosen. In den Gassen tobte der Nahkampf. *Jetzt rasten die Kanonen, der Fusboden bebte, die Fenster klirrten, o Gott wie nahe war uns der Tod, wir hörten keinen einzelnen Knall mehr, aber das durch dringende Pfeiffen und Zischen und Knattern der Kugeln und Haubizen,* berichtete Johanna ihrem Sohn wenige Tage später in einem ausführlichen Brief, der ihre Geburtsstunde als Sachbuchautorin markiert. *Adele hatte sich den ganzen Tag, selbst in diesem schrecklichen Moment nicht aus der Fassung bringen lassen, keine Thräne, kein Angstgeschrey, immer gieng sie neben mir, und wenns ihr zu viel ward küßte sie mich und drückte mich an sich, und bat mich, nicht angst zu seyn.* Gegen acht Uhr abends begannen die Plünderungen. Fast kein Haus in Weimar wurde verschont, die siegreichen Franzosen zerschlugen Fenster und Türen und nahmen mit, was beweglich war, Gold, Silber und Juwelen, Hühner, Gänse und Ochsen, Wäsche und Kleider, Bierfässer und Weinflaschen, den Rest zerstörten sie. Viele Bewohner flüchteten in Todesangst in die Wälder. Auch bei Schopenhauers wurde gegen die Tür gedonnert, doch die lebenskluge Johanna war vorbereitet. Sie hatte nicht nur ihren Schmuck in ihr Korsett genäht, ihr Silber – aber nicht alles, um keinen Verdacht zu erregen – auf dem Dachboden versteckt, andere Preziosen im Keller unter Kartoffeln begraben. Sie hatte vor allem fünfzig Flaschen Wein bereitgestellt und Sophie auf Vorrat einen großen Braten zubereiten lassen – und tatsächlich ließen sich die blutbeschmierten Angreifer von dem guten Mahl bestechen. Die todesmutige Sophie *scherzte und lachte* mit ihnen, doch als *sie gar nicht Mine machten zu gehen, da hohlte Sophie Adelen, die ganz niedlich mit ihnen sprach und sie bat zu gehen, weil sie sehr schläfrig wäre, und die Unholde ließen sich von dem Kinde bereden und giengen.*

Am nächsten Morgen wurde das Ausmaß des Elends offenbar; *überall die Spuren der gestrigen Nacht, Todte, Verwundete auf der Straße,* das Schauspielhaus ein Lazarett; *wilde, blutige Menschen, die ich nicht Soldaten nennen kann, in weißen zerrissenen Kitteln, Mord und Tod im Gesicht,* und *dazwischen die Musick, Pferde, Reuter, ein unendliches Gewühl.* Um sich vor weiteren Übergriffen zu schützen, nahm Johanna französische Offiziere auf, die gerne aus ihren heil gebliebenen Kristallgläsern von ihrem Wein kosteten und ihr die weniger wählerischen Plünderer vom Hals hielten. Auch eine obdachlos gewordene Handwerkerfamilie und mehrere alleinstehende Frauen nahm Johanna bei sich auf. Mag sie ihren Nächsten kühl vorgekommen sein, dieser *Abgrund des jammers* spornte sie zu tätiger Hilfe und persönlichen Opfern an. Sie schickte fünfzig Verwundeten im Alexandershof Hemden und

Wäsche ihres verstorbenen Mannes, Leinen als Verbandszeug, ließ Tee und Suppe kochen, Äpfel verteilen und schenkte weiterhin großzügig aus ihrem Weinkeller aus.

Ihre Freigebigkeit und ihre unversehrte Wohnung blieben dem gebildeten Weimar nicht unbemerkt. Goethe *sagte mir, jezt da der Winter trüber als sonst heranrücke, müssen wir auch zusammen rücken, um einander die trüben Tage wechselseitig zu erheitern,* teilte Johanna ihrem Sohn mit; *alle Abende, so lange diese Tage des Trübsals währen, versammeln sich meine Bekannten um mich her, ich gebe ihnen Thee und Butterbrod, im strengsten Verstande des Wortes, es wird kein Licht mehr als gewöhnlich angezündet, und doch kommen sie immer wieder, und ihnen ist wohl bey mir; Meyer, Fernow, Göthe bisweilen, sind darunter, viele, die ich noch nicht kenne wünschen bey mir eingeführt zu werden. Wieland hat mich heute um die Erlaubniß bitten lassen mich dieser Tage auch zu besuchen. Alles was ich sonst wünschte findet sich so von selbst, und ich verdancke es bloß dem Glücke daß meine Zimmer unversehrt blieben, und daß ich Gelegenheit fand mich zu zeigen wie ich bin, daß meine Heiterkeit ungetrübt blieb, weil ich von Tausenden die einzige bin die keinen herben Verlust zu beweinen hat.*[13]

Auch Goethe hatte in der Plünderungsnacht einen gewaltigen Schrecken bekommen. Während seine Nerven versagten, rettete seine langjährige Geliebte Christiane Vulpius beherzt das Haus am Frauenplan. Daraufhin legalisierte er endlich – nach 18 Jahren mit fünf gemeinsamen Kindern – ihre Beziehung. Den Klatschmäulern und feinen Damen der Stadt behagte es gar nicht, dass aus ›der Vulpius‹ die ›Geheimräthin Goethe‹ geworden war. *Den Tag darauf,* schrieb Johanna ihrem Sohn, *ließ er sich bey mir melden, und stellte mir seine Frau vor, ich empfing sie als ob ich nicht wüßte wer sie vorher gewesen wäre, ich dencke wenn Göthe ihr seinen Namen giebt können wir ihr wohl eine Tasse Thee geben. Ich sah deutlich wie sehr mein Benehmen ihn freute, es waren noch einige Damen bey mir, die erst formell u steif waren und hernach meinem Beyspiel folgten, Göthe blieb fast 2 Stunden u war so gesprächig und freundlich wie man ihn seit Jahren nicht gesehen hat. Er hat sie noch zu niemand als zu mir in Person geführt, als Fremde u als GroßStädterin traut er mir zu daß ich die Frau so nehmen werde als sie genommen werden muß, sie war in der That sehr verlegen, aber ich half ihr bald durch, in meiner Lage und bey dem Ansehn u der Liebe, die ich mir hier in kurzer Zeit erworben habe kann ich ihr das gesellschaftliche Leben sehr erleichtern, Göthe wünscht es und hat Vertrauen zu mir, und ich werde es gewiß verdienen, Morgen will ich die Gegenvisite machen.*[14] Goethe dankte Johanna Schopenhauer, indem er ihren Salon an der Esplanade häufiger aufsuchte als jeden anderen geselligen Kreis Weimars – womit der gesellschaftliche Erfolg der Hamburger Kaufmannswitwe glänzend gesichert war.

Die Salons des 19. Jahrhunderts waren eine Geselligkeitsform, die heute schwer nachvollziehbar ist, weil ihre gesellschaftlichen Voraussetzungen nicht länger fortbestehen und sich die öffentliche und private Sphäre verändert haben. Jeder Salon war von der Persönlichkeit der Gastgeberin geprägt. Johanna Schopenhauers Salon war die gute Stube der Weimarer Klassik in ihrer Spätphase. Sie öffnete ihre Wohnung für Gäste donnerstags und sonntags von 18 Uhr bis nach 20 Uhr. Man konnte nicht einfach so bei ihr auftauchen, aber man musste sie auch nicht kennen. Ein Empfehlungsschreiben – ebenfalls aus der Mode gekommen – öffnete einem die Tür. Man trat im Erdgeschoss in ein Entrée, von dem zwei weitere Gesellschaftsräume abgingen. Im rechten Zimmer saß man am Teetisch, im linken plauderte man im Stehen. Manche Gäste, Goethe etwa, beschäftigten sich mit sich selbst. Er zeichnete gern oder bastelte einen Ofenschirm. Andere Gäste spielten Klavier und sangen, zwanglos, ohne steife Konzertatmosphäre. Man las mit verteilten Rollen Theaterstücke, jemand trug aus der Zeitung vor; *der Kreis, in dem die Unterhaltung sich bewegte, umschloß nicht nur die Literatur, sondern auch jede Art der Wissenschaft; selbst die sonst unter uns verpönte Politik, der wir mit ziemlicher Gleichgültigkeit begegneten, fand hier Beachtung.*

Johanna Schopenhauer hatte eine unvergleichliche Art, sich selbst in den Hintergrund zu stellen und trotzdem, wie mit unsichtbaren Fäden, die Geister in Bewegung zu erhalten. Oft schien sie selbst kaum an der Unterhaltung theilzunehmen, und doch hatte ein hingeworfenes Wort von ihr dieselbe angeregt; ein ebensolches belebte sie, sobald sie ins Stocken zu gerathen schien.[15]

In dieser intellektuell anregenden Umgebung wuchs Adele Schopenhauer auf. Die Mutter ließ ihre Tochter in ihrem Salon frei herumspringen. Zum Ausgleich für die Kriegserlebnisse bekam die Neunjährige zu Heiligabend 1806 eine Bescherung, wie sie sie in Hamburg noch nicht erlebt hatte, nämlich *nach der LandesSitte, einen großen TannenBaum mit vergoldeten Nüßen, Äpfeln und Wachslichtern.* Darunter fand das Mädchen *Puppen, eine kleine Galanteriebude, und mancherley* mehr. Anderntags war Salon, und die kleine Adele fand einen neuen Freund. *Göthe ist ein unbeschreibliches Wesen, das Höchste wie das Kleinste ergreift er, so saß er denn den ersten Feyertag eine lange Weile im letzten meiner drey Zimmer mit Adelen und der jüngsten Conta einem hübschen unbefangenen 16jährigen Mädchen, wir sahen von weitem der lebhaften Conversation zwischen den dreyen zu ohne sie zu verstehen, zulezt giengen alle 3 hinaus, und kamen lange nicht wieder, Göthe war mit den Kindern in Sophiens Zimmer gegangen, hatte sich dort hingesezt und sich Adelens Herrlichkeiten zeigen lassen, alles Stück vor Stück besehen, die Puppen nach der Reihe tanzen lassen, und kam nun mit den frohen Kindern und einem so lieben milden Gesichte zurück, wovon kein Mensch einen Begrif hat der nicht die Gelegenheit hat ihn zu sehen wie ich. Ihn freut alles was natürlich und anspruchslos ist, und nichts stößt ihn schneller zurück als Prätension.*[16] Goethe war damals 55 Jahre alt. Von seinen eigenen Kindern hatte nur der älteste Sohn August überlebt. An der aufgeweckten Adele hatte Goethe geradezu einen Narren gefressen.

Einen intellektuell privilegierteren Ort, um als bürgerliches Mädchen aufzuwachsen, gab es nicht. Wer nach Weimar pilgerte, um Goethe zu bestaunen, nahm auch auf Johanna Schopenhauers Sofa Platz. Bettine von Arnim, Wilhelm Grimm, die Schlegels, Carl Maria von Weber, das Wunderkind Felix Mendelssohn-Bartholdy samt seinem Lehrer Carl Friedrich Zelter, Goethes Sachverständigem in Fragen der Musik: Adele lernte alle kennen. Sich mit den Geistesgrößen ihrer Zeit auszutauschen, war ihr von Kind auf vertraut. Darüber hinaus sorgte Johanna Schopenhauer für eine systematische Bildung ihrer Tochter. Schon mit drei Jahren führte Adele ein Mathematikheft. Bei dem Kunsttheoretiker und Bibliothekar Anna Amalias, Carl Ludwig Fernow, lernte sie Italienisch, Goethes ›Kunschtmeyer‹, der Schweizer Maler und Kunstwissenschaftler Johann Heinrich Meyer, unterrichtete sie im Zeichnen. Mit ihrer selbst malenden Mutter besuchte die Heranwachsende auf ihren jährlichen Badereisen nach Karlsbad oder Wiesbaden alle bedeutenden Gemäldegalerien der Zeit. Sie studierte die Sammlungen in Dresden und Kassel, besuchte wiederholt das Kunstinstitut Johann Friedrich Städels in Frankfurt am Main und erhielt völlig neue Eindrücke durch die altdeutschen Meister, die die Brüder Boisserée zum großen Ärger Wallrafs von Köln nach Heidelberg gebracht hatten. Schon früh erwarb Adele Schopenhauer hierdurch ein ungewöhnlich reiches bildnerisches Repertoire. Doch nicht nur für Gemälde, auch für Städte und Landschaften, Architektur und Bräuche, Gartenkunst und Lebensart, Musikleben und Theater hatte sie ein offenes Auge und Ohr.

Von ihrer eigenen Hand sind feine Blumenaquarelle erhalten und gelungene Porträts. Größte Bewunderung erregte sie im Scherenschnitt. Die Goethezeit war verliebt in Schattenrisse, und Goethe selbst in die *Papier-Ausschneidereien der Fräulein Adele Schopenhauer*, die er *einzeln mit Beachtung jeder Kleinigkeit daran*[17] durchging. Oft nahm er ihre kunstvollen *Gedichte mit der Scheere*[18] an sich und verschenkte sie. Marianne Willemer etwa, die Co-Autorin des *West-östlichen Diwan*, erhielt den Schattenriss »Turban, Shawl und Zubehör«. In gegenseitiger Inspiration schuf Adele nach Goethes »Hochzeitlied« (1804) eine schelmische »Zwergenhochzeit«, während er anhand von Adeles *holden Finsternissen*[19] die Bedeutung des künstlerischen Schaffens reflektierte:

Zarte, schattende Gebilde,
Fliegt zu eurer Künstlerinn!
Daß sie, freundlich, froh und milde,
Immer Sich nach Ihrem Sinn
Eine Welt von Schatten bilde:
Denn das irdische Gefilde
Schattet oft nach eignem Sinn.[20]

Ernst ist das Leben, heiter ist die Kunst, hatte Freund Schiller die Sache zusammengefasst. Auch für Adele Schopenhauer war die Kunst ein Mittel, im wahrsten Sinne des Wortes einen Ausschnitt der Welt nach ihrem Sinn zu ordnen, eine wenn auch begrenzte Autonomie zu erlangen. Goethe unterstützte ihre Ausbildung und diskutierte mit ihr Kupferstiche nach Gemälden Caravaggios, Castigliones, Corregios oder Spagnolettos unter kunsthistorischen und technischen Gesichtspunkten.

Noch tatkräftiger als ihre künstlerische Ader förderte Goethe Adeles Verständnis für Literatur. Nach seiner Aufforderung schrieb die Leseratte Besprechungen von Ernst August Hagens romantischem Gedicht in zehn Gesängen *Olfried und Lisena* (1820) und den Novellen des Norwegers Heinrich Steffens. Über Walter Scotts *Kenilworth* (1821) gerieten sie in eine lebhafte Auseinandersetzung. *Ich habe heute mit Goethen über die Komposition eines Romans, über die Stimmung, in die man sich versetzen müßte, um ihn zu lesen, gestritten! Was mir nicht gefiel, ihm gesagt, seinem Urteil meines schnurstracks entgegengeschoben – bin ich denn etwa toll?*[21] Den Aufbau des Romans und seine Figuren analysierten sie ebenso wie die erzähltechnische Integration der Vorgeschichte der Handlung. Von *Kenilworth* kamen sie auf die englische Literatur allgemein, die sie mit der deutschen verglichen. Sogar Einblicke in seine Werkstatt erlaubte Goethe der kritischen jungen Frau und gab ihr die Gliederung seines Prologs zur Eröffnung des neuen Berliner Schauspielhauses. Mit ihrer kenntnisreichen Beurteilung von Sprache, Erzähltechnik, Stil, Einheit von Inhalt und Form wäre Adele Schopenhauer in späteren Zeiten vielleicht Literaturwissenschaftlerin geworden.

Oder aber Schauspielerin. Denn für die Rezitation literarischer Texte hatte sie eine mindestens ebenso große Begabung wie für ihre Analyse. Bei der Schauspielerin Amalie Wolff nahm sie Unterricht. Gerstenbergk, der Freund ihrer Mutter, hielt ihr Talent für *eminent. Wir lieben uns eben nicht, aber auf den Brettern ist sie anbetungswürdig.*[22] Goethe entging auch dieses Talent und Adeles klangvolle Stimme nicht. Er ließ sich von ihr vorlesen und engagierte sie für eigene theatrale Projekte. Im Dezember 1818 kam die Mutter der Erbherzogin Maria Paulowna, die russische Kaiserin Maria Feodorowna, zu Besuch nach Weimar. Ihr zu Ehren veranstaltete Goethe einen Maskenzug, in dem Adele als Allegorie der Tragödie auftrat. *Wir brachten einen ganzen Tag allein mit ihm auf dem Lande zu und er wußte uns durch die Schönheit der Verse und der Ueberredung seines Eifers zum Unglaublichen zu vermögen.*[23] So lernte sie *in acht Tagen eine bedeutende Rolle, als wäre ich auf dem Theater groß geworden! Wir sprachen viel über Wolffs, über dramatische Kunst und ihre eigentliche Grammatik, über französisches Spiel usw. Er war gegen mich ungemein freundlich.*[24]

Der Erfolg war so groß, dass Goethe gleich an eine neue Sache ging. Anlässlich des Geburtstags der Prinzessin Marie am 3. Februar 1819 kramte er sein altes Festspiel *Paläophron und Neoterpe* hervor, das er vor zwanzig Jahren für die Herzoginmutter Anna Amalia geschrieben hatte. Nun studierte er es mit Adele Schopenhauer und Julie von Egloffstein neu ein – Sternstunden für die junge Theaterbegeisterte. *Gestern abermals Probe bei Goethen. Wie schön sprach er wieder über den Vortrag des Ironisch-Komischen, über das Schwierige, graziös und pathetisch zugleich zu sein, den Sinn der gesamten Worte, nicht des einzelnen auszudrücken. Er macht einen großen Unterschied zwischen grammatikalischen und daktylischen Fehlern im Deklamieren und Spielen.*[25] Über die gemeinsame Arbeit wurde Adele Schopenhauer zu einem gern und oft gesehenen Gast im Haus am Frauenplan. *Jede Woche bringe ich nun einen freien Abend dort zu, wir lernen dabei weit mehr als man glaubt, denn er verbindet diesem Spiel unendlich viel Schönes, Ernsteres. Nebenbei amüsirt es ihn selbst, es erinnert ihn an seine Jugend.*[26] Doch nicht nur über Kunst verständigte sich der alternde Goethe mit der jungen Adele. Auch über *frauenzimmerlichen Unterricht und die Art wie sie ihn aufnehmen*[27] unterhielten sie sich. Sie wurde ihm zur Tochter, die er nicht hatte, und er zu ihrem *Papa.*[28]

Du bist ja nun mein Alles: Ottilie von Goethe

Alles, was Adele erlebte, dachte, fühlte, teilte sie mit ihrer Freundin Ottilie. Sie wuchs, wie Adele, bei ihrer allein erziehenden Mutter auf, Henriette von Pogwisch geb. von Henckel-Donnersmarck, einer Hofdame der Herzogin Luise. Zusammen mit Mutter und Schwester Ulrike wohnte Ottilie in einer Dienstwohnung in der Mansarde des Fürstenhauses gleich bei der Anna Amalia Bibliothek, fünf Minuten von Adele entfernt. Beide liebten das Theater. Gemeinsam führten sie Komödien von Kotzebue oder französische Stücke auf. Außerdem sangen sie zusammen im Chor des Hoftheaters und bei den Vokalkonzerten in Goethes Haus, Ottilie mit weichem Alt, Adele trotz ihrer schönen Sprechstimme mit eher krähendem Sopran. Adele fand Ottilie *ungemein liebenswürdig und so hübsch.*[1]

Als sie 15 bzw. 16 Jahre alt waren, begannen die Befreiungskriege gegen das napoleonische Frankreich. Der Kaiser hatte seine Truppen im Russlandfeldzug 1812 in die Katastrophe geführt. Im Frühjahr 1813 erklärte die Allianz aus Preußen, Russland und Österreich

Frankreich den Krieg. Tausende junger Männer aus dem Bürgertum meldeten sich begeistert als Freiwillige. Der Napoleon-Verehrer Goethe hatte seine liebe Not, die Meldung seines Sohns wieder rückgängig zu machen. Hingerissen von der deutschnationalen Erhebungsbewegung, gründeten Ottilie und Adele im Mai 1813 den *Orden der Hoffnung*, auch *Deutscher Schwesternbund* genannt. Mit dem Verkauf von Hand- und Bastelarbeiten sammelten sie Geld, um den Opfern des Kriegs zu helfen. Dem Verein traten auch Mädchen aus Eisenach, Gotha, Kassel, Hildesheim oder Dessau bei, die in Anlehnung an die Freimaurer vor Ort eine *Loge* gründeten. Die Leitung oblag Adele, die unter ihrem dritten Taufnamen Lavinia als *GroßOrdensmeisterin* fungierte, während Ottilie als *vorsingende Schwester* das *Gesetzbuch*[2] führte. Erfolgreichen Geldeintreiberinnen winkten Patente, Schleifen und Bänder. Drei Jahre, bis 1816, hielten sie durch und konnten stolz auf sich sein, denn öffentliche Unterstützung bekamen die Witwen und Waisen, die Verkrüppelten und Traumatisierten kaum.

Aus dem *Deutschen Schwesternbund* erwuchs im September 1816 der *Musenverein*: eine Literatur- und Schreibwerkstatt bei Kaffee und Kuchen. Dieses Mal waren auch die Schwestern Egloffstein mit von der Partie, die malende Julie und die komponierende Caroline. *Die Musen heißen: Jule-Muse, (Julia) Tille-Muse (Ottilie Goethe), Muse-Line, (ich) Line-Muse (Fräulein Herstall), Adel-Muse (Adele Schopenhauer).* Sie besprachen Werke von E.T.A. Hoffmann, Shakespeare, Byron, Dante, Manzoni – und von sich selbst. Denn die Kaffee-Musen verlosten unter sich Schreibaufgaben, die sie beim nächsten Mal vorlesen und der Kritik stellen mussten. *Das Ganze wird in ein Buch eingetragen, welches Musenherbarium heißt, und von dem Musen-Archivar besorgt wird.*[3] Tille-Muse scheiterte an *Kunst und Liebe,* da ihr zur *Kunst nichts als ein bewunderndes Bah!* einfiel, *was sich aber auf dem Papier durchaus nicht poetisch ausnehmen will.*[4]

Treibende Kraft des Musenkaffees war Adele, die sich dafür den liebevollen Spott Ottilies gefallen lassen musste:

Da ist auch Adele, die quält uns spät und früh,
Gewaltig viel mit ihrer Poesie. –
Und, lieber Gott, man kennt ja Mädchengedichte,
Das ist eine verflucht nüchterne Geschichte! –[5]

Überhaupt reimte Ottilie gern, um die Freundin zu necken. In der *Schwalbacher Kunde / Der stolzen Adelgunde* schrieb sie über das *Jungfräulein*:

Sie war euch passabel schlank, –
Artig nicht – nicht ungezogen, –
Nicht zu kurz und nicht zu lang,
Etwas kühn und sehr verwogen:
Nie macht sie's wie andre Leut', –
Wollt nach sie – sich nie bequemen;
Doch die Strafe ist nicht weit,
S' wird ein übel Ende nehmen![6]

Adele ließ sich diese Neckerei gutmütig gefallen, denn Ottilie war ihre erste große Liebe. Schon 1814 bekannte die Siebzehnjährige der Freundin: *mit jeder Kraft meines Daseyns liebe ich Dich, mit jedem Gefühle das in mir ist; was ich unternehme, was ich denken mag, frage ich Dich in Gedanken und glaube daß ich nicht leben kan, wenn Du nicht glücklich bist, denn Du allein weißt alle meine Gedanken und empfindest ganz so wie ich.* Im selben Jahr gestand sie ihr, *Du bist ja nun mein Alles,* und suchte *schon seit vielen Tagen einen Vergleich um zu sagen, wie ich Dich liebe, und finde keinen.*[7] Ottilie war Adeles Alpha und Omega – *So wie Du gestern mein letzter Gedanke warst, bist Du, liebe Ottilie, auch Heut' mein 1ster*[8] –, ja, ihre Bestimmung: *Sonst habe ich zuweilen geglaubt, wir könten, obschon wir uns immer lieben würden, getrennt werden: jetzt weiß ich bestimmt: wir müßen immer vereint bleiben, denn wir sind zu fest verbunden.*[9] 1816 wiederholte sie diese Umschreibung eines ehelichen Bundes, denn sie fühlte *die feste un-*

umstößliche Überzeugung, daß Gottes Wille uns zusammenstelle, um vereint durch ein wunderlich verschlungenes Leben zu gehen.[10] Kurz, sie fühlte sich mit ihrem *Tiller* und *Herzensbalg*, dem *herzlieben Papageien-Profil,*[11] verheiratet; sie war *meine bessere Hälfte.*[12]

Auch Ottilie fühlte sich mit Adele *eins für immer*[13] und verewigte sich in ihrem Stammbuch mit einem feurigen Liebesgedicht von Byron. Im Juli 1816 fühlte sie sich *glücklich von Dir so geliebt zu werden, glücklich Dich zu besitzen; – glücklich, ewig glücklich werde ich sein so lang Du mein bist; – und bleibst Du mir nicht ewig? was könnte uns trennen?*[14] Zu Tränen gerührt schrieb Adele darauf ein Stoßgebet in ihr Tagebuch: *Du guter Gott, laß mir dieses Herz. Ohne sie fehlt mir Mut und Kraft, mit ihr will ich gern alles, was du verhängst, ertragen, habe ich doch eine Seele, die mich ganz begreift! Dort bei ihr fand ich oft Trost, und manche dunkle Nacht meines Lebens ward durch sie erhellt, unendlich viel danke ich ihr, wie sie mir – wir können nicht scheiden.*[15] War Adele auf Reisen, redete sie im Geist mit Ottilie weiter. Ihr Tagebuch war *ein fortgesetzter Brief an Dich.*[16]

Liebeserklärungen reichten Adele Schopenhauer jedoch nicht aus. Sie verlangte nach mehr. Aus Heidelberg wünschte sie der Freundin am späten Abend des 27. August 1816 brieflich eine gute Nacht: *Willst Du dazu noch einige Dutzend angenehme Erinnerungen und Träume, so gönnt sie Dir Deine fröhliche Freundin, fast hätte ich Freund gesagt – denn wenn ich an unsere Vereinigung, an unsere Liebe zu einander denke, ist's mir oft als wären wir keine Mädchen.* Adele, die sich mit Ottilie verheiratet fühlte, als ›Freund‹ und nicht als ›Mädchen‹ mit ihr ›vereinigt‹, gestand der Freundin, dass sie sie nicht nur *über Alles achte und liebe,* sondern dass sie auch *vor Dir hinknien könte wie ein Liebhaber.* Zuletzt deutete sie mehr an: *Heut aber sollen alle meine Gedanken nur Dich faßen und halten, weils meine Arme nicht können, denn ich nähme Dich Heute gern beim Kopf und ließe Deine blauen Augen mir entgegenglänzen – wie – Gute Nacht. Man ruft mich zur rechten Stunde ab, denn hier wäre ich leicht ernst geworden.*[17] Ein Kuss schwebt in dieser letzten Geste, den Blick in die Augen der Freundin versenkt, die Hand in ihrem Nacken, ihr Gesicht nur noch eine Armeslänge entfernt. Ein Kuss ›wie‹ – wie damals? Nach den Gesetzen der Erotik bleibt das Wesentliche ungesagt. Der Ruf der Mutter unterbricht die Szene in flagranti.

Ottilie ging bei aller Liebe nicht auf diese Andeutungen ein. Von ihrer Hand sind nicht nur viel weniger Liebeserklärungen an Adele erhalten als umgekehrt. Sie sind auch qualitativ anders und nie erotisch. *Du weißt wohl, es liegt nicht in meiner Art, meine Liebe auszusprechen – aber sagen will ich es einmal, wie Du von allen Frauen nach meiner Mutter mir die Theuerste bist!*[18] Für sie war Adele die beste Freundin im eigentlichen Sinn. Sexuell frustriert klagte Adele, *aber ich selbst muß mir ewig Schlaflieder vorsingen, damit keine zu heiße Sehnsucht mich mir selbst raube. Ottilie!*[19] Die Angebetete jedoch war, heutiger Begrifflichkeit nach, entschieden heterosexuell. Und sie wollte heiraten. August war schon seit Jahren in sie verliebt, lange hatte sie ihn zurückgewiesen, weil sie eigentlich Adeles abschätzige Meinung über ihn teilte. Genau zu der Zeit aber, im Sommer 1816, als Adele Schopenhauer ihr vom Rhein schrieb, sie fühle sich wie ihr Liebhaber, trieb sie in Weimar ihre Beziehung mit Goethes Sohn voran. *Nun sieh einmal recht freundlich aus,* schrieb Ottilie Adele zu ihrem blanken Entsetzen, *und höre, daß seit gestern der Tag meiner Trauung auf den 17ten Juni festgesetzt ist.*[20] Doch das freundliche Gesicht wollte Adele nicht gelingen. Gleich nach der Hochzeit reiste sie mit ihrer Mutter und deren Freund Gerstenbergk erst nach Berlin, dann in die Schweiz, wo sie auf der Rigi hoch über dem Vierwaldstättersee die Alpen kennenlernte. Zwei Jahre vor ihr hatten Sibylle und Louis Mertens diesen Touristenmagneten auf ihrer Hochzeitsreise besucht.

Zurück in Weimar konnte Adele Schopenhauer zufrieden feststellen, dass sie mit all ihren düsteren Prophezeiungen recht behalten hatte. Schon nach anderthalb Jahren war die Ehe der Goethes zerrüttet. Ottilie machte sich lieber in Knittelversen über ihre neuen Aufgaben lustig –

Willst Du den Ruhm der Häuslichkeit gewinnen,
Darfst an nichts denken, als kochen und spinnen; –
Statt auf Epigramme oder ein Liebes-Gedicht,
Denke lieber an ein neues Gericht[21] –

als sie zu erfüllen. Sie war eine lausige Hausfrau. Glücklich agierte sie nur als Goethes Schwiegertochter, seine heitere Hausgenossin und repräsentative Gastgeberin. Als Gattin seines Sohns hingegen war sie kreuzunglücklich. August von Goethe war eigentlich ein erfolgreicher Beamter im kleinen Großherzogtum, viel beschäftigt und gut bezahlt. Doch trotz anders lautender Titel war er von Beruf vor allem Sohn. Der Diener, Statthalter und Stellvertreter des Vaters bei ihm lästigen Pflichten griff zur Flasche. Resigniert meinte Ottilie über sich und ihn, *unsere beiderseitige größte Schuld ist das auch nicht eine gemeinschaftliche Saite in uns klingt, er würde mit jeder andern Frau glücklicher geworden sein, denn ich besitze für ihn nicht einmal die kleine Kunst ihn zu amusieren.*[22] Je unglücklicher Ottilie als Ehefrau wurde, desto selbstsicherer fühlte sich Adele. Sie empfand wie je, *daß ich nicht mehr zu leben vermag ohne Dich; daß ich fürchte: Du eben so wenig ohne meine Nähe; daß wir Beide vielleicht fortvegetieren können, aber nur als Schatten unsres früheren Seins.*[23] 1819 waren die Freundinnen wieder so vertraut, dass Adele August gönnerhaft seine eigene Frau zu Weihnachten schenkte: *Ich bescheere Ihnen*, schrieb sie ihm, *will's Gott, meiner Ottilie heiteres Gesicht; denn zu der Freude, Sie wohl und heiter zu sehen, füge ich die hinzu, mich auch ziemlich vernünftig zu wißen. Nehmen Sie sie denn wieder einmal mehr in die Arme, ohne daß ich eifersüchtig aussehe dazu, und dann sagen Sie sich dabei, was ich Ihnen alles wohl gern gönne, was ich gern für Sie vom Himmel erbäte.*[24] Ottilie – so machte Adele August mit dieser kruden ›Gabe‹ deutlich – gehörte ihr.

Daß es knallen und bumsen muß: Die Schopenhauers

Adele Schopenhauer schrieb diesen Brief Weihnachten 1819 aus Danzig, wo sie seit einem halben Jahr mit ihrer Mutter versuchte, ihr Vermögen zu retten. Am 17. Mai hatte das Danziger Bankhaus Muhl, bei dem die Schopenhauers ihr Vermögen angelegt hatten, wegen Zahlungsunfähigkeit die Geschäfte eingestellt. Infolge der hohen Kontributionszahlungen, die Danzig nach den Befreiungskriegen zu zahlen hatte, war die Bank kollabiert; *ganz OHNE GELD*[1] waren Mutter und Tochter Schopenhauer nach Danzig gekommen, um zu retten, was noch zu retten war. Beim Kassensturz schlug die Stunde der Wahrheit. *Ich verliere ALLES bei Muhl, Mutter hat ueberhaupt fast nichts, wir haben 22 000 Rth dort, das ist fast alles mein.*[2] Heinrich Floris Schopenhauer hatte sein Vermögen seiner Witwe und seinen beiden Kindern zu gleichen Teilen vererbt. Dem volljährigen Arthur hatte Johanna seinen Anteil 1809 ausbezahlt – 19 000 Taler in Wertpapieren und Wechseln sowie Anteile an Grundbesitz in Ohra bei Danzig. Während er bequem von den Zinsen lebte, griff Johanna ihr Kapital an. Ihr Salon verlangte nach mehr als Tee und Butterbrot; so hatte sie 1813 eine neue Wohnung am Theaterplatz mit eigenem Saal für die Gesellschaftsabende angemietet. Auch ohne die Zahlungsschwierigkeiten des Bankhauses Muhl wäre die Mutter bald bankrott gewesesen. Die 22-jährige Adele hatte keinen Zugriff auf ihr Erbe, da sie erst in zwei Jahren mündig wurde. Arthur hatte dem Bankier Muhl ein Drittel seines Vermögens anvertraut. In dieser kritischen Phase hätten die Schopenhauers zusammenhalten müssen – doch Mutter und Sohn hatten sich fünf Jahre zuvor überworfen.

Damals, im Winter 1813/14, hatte sich der frisch promovierte

Arthur Schopenhauer bei seiner Mutter eingemietet, um sich den Befreiungskriegen zu entziehen. Zähneknirschend nahm Johanna den Fünfundzwanzigjährigen auf. Sie hatte ihm zwar seinen Herzenswunsch erfüllt, ihn aus dem verhassten Kaufmannskontor genommen, ihm einen Platz am Gymnasium und Privatunterricht in alten Sprachen verschafft und das Universitätsstudium ermöglicht – doch immer noch fand sie ihn *überlästig und unerträglich,* seine *Superklugheit,* sein *Orakelton* gingen ihr auf die Nerven wie seine *Wuth alles besser wissen zu wollen, überall Fehler zu finden außer in Dir selbst.*[3] Der Sohn kritisierte seinerseits die Mutter und meinte, ihre Beziehung mit dem vierzehn Jahre jüngeren Geheimen Archivrat Gerstenbergk nicht dulden zu können, der über ihr wohnte und jeden Tag bei ihr zu Mittag aß. Arthur glaubte, wie ganz Weimar, dass sie nicht nur den Tisch teilten. Er und der Freund seiner Mutter waren *ein paar einander so entgegengesezte Elemente daß es knallen und bumsen muß wenn ihr zusammenkommt.* Da Arthur nicht aufhörte, auf Gerstenbergk zu schimpfen, kündigte Johanna ihrem Sohn im April die Zimmer. *Wollte ich Dir meinen Freund opfern weil ihr euch nicht miteinander vertragt so thäte ich Unrecht an ihm und mir.*[4]

Da weder die Mutter noch der Nachwuchspatriarch nachgaben, kam es zum Bruch. *Die Thüre die Du gestern nach dem Du Dich gegen Deine Mutter höchst ungeziemend betragen hattest so laut zuwarfst fiel auf immer zwischen mir und Dir.* In ihrem fulminanten Scheidebrief zählte sie noch einmal alle seine Fehler auf. *Nicht Müller, das betheuere ich hier vor Gott an den ich glaube, Du selbst hast Dich von mir losgerissen, Dein Mistrauen, Dein Tadeln meines Lebens, der Wahl meiner Freunde, Dein wegwerfendes Benehmen gegen mich, Deine Verachtung gegen mein Geschlecht Dein deutlich ausgesprochener Widerwillen zu meiner Freude beizutragen, Deine Habsucht, Deine Launen denen du ohne Achtung gegen mich in meiner Gegenwart freien Lauf ließest, dies und noch vieles mehr das Dich mir durchaus bösartig erscheinen läßt, dies trennt uns, wenn nicht auf immer doch auf so lange als bis du reuevoll und gebessert zu mir zurückkehrest, dann werde ich Dich gütig aufnehmen, bleibst Du wie Du bist so will ich Dich nie wiedersehen.* Während sie sich von ihrem Sohn lossagte, saß Arthur im Nebenzimmer. Mehrere Briefe und Billetts musste die kriegserprobte Sophie an diesem Tag hin- und hertragen, bis *alle Geschäfte abgethan* waren zwischen ihnen: *ich habe nichts mehr mit Dir zu schaffen.*[5]

Johanna und Arthur Schopenhauer sahen sich nie wieder. Ihr Kontakt beschränkte sich auf eine unvermeidliche Geschäftskorrespondenz – und publizistische Konkurrenz. Johanna war schon immer eine Briefautorin mit plastischem und pointiertem Stil gewesen; angeregt von den vielen Literaten um sie her, begann sie, Beiträge im *Journal des Luxus und der Moden* zu veröffentlichen. 1810 war ihr erstes eigenständiges Buch erschienen, *Carl Ludwig Fernow's Leben,* die Biographie von Adeles Italienischlehrer. 1813/14 folgten ihre zweibändigen Erinnerungen von der großen Europareise zehn Jahre zuvor. Zeitgleich veröffentlichte Arthur seine Dissertation *Ueber die vierfache Wurzel des Satzes vom zureichenden Grunde.* Obwohl sie über denkbar disparate Gegenstände schrieben, verglichen sich Mutter und Sohn abschätzig miteinander. Johanna verachtete die Dissertation ihres Sohnes als ein Werk *für Apotheker. ›Man wird es noch lesen,‹ entgegnete er, ›wann von deinen Schriften kaum mehr ein Exemplar in einer Rumpelkammer stecken wird!‹ Sie gab ihm den Spott zurück: ›Von den deinigen wird die ganze Auflage noch zu haben sein.‹*[6] Auf lange Sicht sollte der Sohn Recht behalten, doch bis in die 1850er Jahre dachten die Zeitgenossen nur an die berühmte Johanna, wenn der Name Schopenhauer fiel. Während sein 1818 erschienenes Hauptwerk *Die Welt als Wille und Vorstellung* über dreißig Jahre lang nicht zur Kenntnis genommen wurde, machte ihr erster Roman *Gabriele* Furore.

Hauptleidtragende dieses Familienkriegs war Adele Schopenhauer. Großzügiger und toleranter als Mutter und Bruder, weigerte sie sich, in deren Konflikt Partei zu ergreifen – wofür ihr beide mit Misstrauen dankten. Ihre Mutter plagte sie darüber hinaus mit dem geschmacklosen Vorschlag, sie solle Gerstenbergk heiraten, der Arthurs Zimmer in Johannas Wohnung bezogen hatte. Sie drohte, sie schmeichelte, behauptete, ihr ganzes Lebensglück hänge an einem bisschen guten Willen der Tochter; *es ist ein Leben*, klagte Adele Ottilie, *man mögte lieber auf irgend eine verzauberte Insel mit Ungeheueren sitzen als unter diese Menschen, die mit der größten Liebe einen todt martern.*[7] Auch ihr Bruder drängte sie zur Ehe, da er die Mutter isolieren wollte. Doch Adele verspürte eine vehemente *Abneigung gegen das Heiraten – es ist schrecklich!*[8]

Adele und Arthur Schopenhauer waren und blieben sich fremd. Bei einem Altersunterschied von neun Jahren waren sie kaum miteinander aufgewachsen, hatten nur fünf Jahre unter einem Dach verbracht. Die Spannungen, in die hinein sie geboren wurden, setzten sie ihr ganzes Leben unter sich fort. Dabei versuchte Adele über weite Strecken, Arthur wenigstens brieflich und über seine Werke nahezukommen. Zusammen mit Ottilie las sie *Die Welt als Wille und Vorstellung* und schrieb ihrem Bruder ausführlich von Goethes Interesse an dem Buch. Als Arthur 1819 in Dresden Vater eines unehelichen Kindes wurde, redete ihm seine Schwester ins Gewissen: *nimm Deine Pflicht nicht im gewöhnlichen engen Sinn in den Eure Schlechtigkeit sie gern reduziert – ich wollte, das Kind wäre nie ins Leben getreten, ists aber da, so sorge für dasselbe.*[9] Während ihr Bruder, ganz im Gegenteil, nach Italien entschwand, versuchte Adele, sich *Geld zu verschaffen um es dem armen Mädchen zu senden. Daß Dir indeß zuweilen bange wird ist billige Strafe,* WIE GERING GEGEN DIE DER *ARMEN!* Anders als die Mutter, die Arthur abgekanzelt und von sich gewiesen hatte, versuchte die Schwester, ihn durch seine Schriften zu verstehen – und zu verändern. *Nie kan ich darin mir Dir übereinstimmen daß Du Dir aus der Verachtung der Menschen* NICHTS *machst, reiße wie Du willst an der Lebenskette die uns alle verknüpft, Du reißest Dich doch* NICHT *los, und es ist eine große Frage ob nicht Stunden kom-*

men wo Du die Menschen brauchst, über die Du Dich jetzt stolz erhebst – gesetzt aber es wäre dann möglich gewesen, zu vollbringen was Du für nöthig fandest, ohne diesen Haß auf Dich zu laden, es fände sich gar, daß diese kleinen Mishelligkeiten die zu großen führen mit Deinem Werk in GAR KEINER VERBINDUNG *ständen? Wie dann?*[10] Adeles Versuch, sich ihm solcher Art zu nähern, ließ der Philosoph des Pessimismus an sich abprallen.

Trotzdem bot er ihr nach dem Zusammenbruch des Bankhauses Muhl an, im Notfall sein Vermögen mit ihnen zu teilen, obgleich die Mutter *das Andenken des Ehrenmannes, meines Vaters, weder in seinem Sohn noch in seiner Tochter geehrt* habe. Johanna fand den Brief und geriet außer sich. *Sie sprach vom Vater auf eine Weise, die mir das Herz fast brach, äußerte sich schrecklich gegen Arthur.*[11] Im lautstarken Streit mit Adele entfuhr Johanna schließlich, dass sich Heinrich Floris umgebracht hatte. Schockiert brachte Adele *die Härte der Mutter gegen Arthur, ihr Starrsinn, die Unmöglichkeit, sie zu überzeugen, daß meine Seele rein von jeder Anklage gegen sie, zu einer Verzweiflung,*[12] die sie kurz verlockte, ihrem Vater zu folgen und sich ebenfalls aus dem Fenster zu stürzen. Um die Mutter von ihrer Loyalität zu überzeugen, bot sie an, ihr ihr Vermögen zu überschreiben und zukünftig nur von ihr abzuhängen. De facto lief es ohnehin darauf hinaus.

In den Monaten des nervenzerrüttenden Wartens auf eine Entscheidung lernte Adele die Heimat ihrer Vorfahren kennen. Einmal besuchten sie den ehemaligen Landsitz ihrer Eltern in Oliva und Adele konnte bemessen, was für ein Vermögen ihre Mutter verschleudert hatte. Heute beherbergt das Haus an der ul. Polanki ein Jugendgefängnis. Ende 1819 bot Muhl schließlich den Gläubigern 30% als Vergleich an und machte Mutter und Tochter Schopenhauer vage Versprechungen hinsichtlich einer zusätzlichen Rente. Johanna und Adele waren bereit, das Angebot anzunehmen, weil sie fürchteten, im Falle einer gerichtlichen Auseinandersetzung lange nichts und am Ende vielleicht noch weniger als zuvor in Händen zu halten. Daraufhin argwöhnte Arthur, der sich von seiner kleinen Mitleidsschwäche erholt hatte, Adele strebe auf seine Kosten einen niedrigen Vergleich an, um selbst heimlich mehr zu bekommen. Weil er sich betrogen glaubte, wollte er das Bankhaus verklagen, um durch den gerichtlichen Bankrott an die Überreste seines Geldes zu kommen. *Du nimmst uns dadurch für den Moment allen Lebensunterhalt, klagst Du, so machst Du uns zu Bettlern, das ueberlege wohl,*[13] schrieb ihm die Schwester verzweifelt. In ihren schwärzesten Stunden sah sie sich schon als Gouvernante in Sibirien. Ausführlich legte sie ihm die Lage in Danzig dar und warb, ja bettelte um sein Vertrauen und seine Zustimmung zum Vergleich. Als er stur blieb, sagte sich nun auch Adele von ihm los: *Ich bin fertig mit Dir, denn Du stürzest mich, die Mutter und Ottilien die nur für mich lebt ins Elend weil Du einer Schwester die seit 7 Jahren Dir treu anhing nicht glauben kontest daß sie es ehrlich und rechtschaffen meinte und nichts forderte als was Dein eigner Vortheil verlangte.*[14]

Im Mai 1820 kam der Vergleich zustande, auch ohne dass Arthur ihm beigetreten wäre. Adele – d. h. ihre Mutter als Vormund – erhielt 7000 ihrer einstmals 22000 Taler zurück. Außerdem bewilligte Abraham Ludwig Muhl Johanna Schopenhauer eine Leibrente von jährlich 300 Talern, die nach ihrem Tod auf Adele übergehen sollte. Dies entsprach einer virtuellen Verzinsung der verlorenen 15000 Taler in Höhe von 2 % p. a. Der eigentliche Nutznießer dieses Verlusts war Arthur Schopenhauer. Denn dank des Vergleichs mit den übrigen Gläubigern gelang es Muhl, den Bankrott abzuwenden; schon ab 1821 konnte Arthur daher erfolgreich sein gesamtes Vermögen zurückfordern. *Sie sehn, daß man wohl ein Philosoph seyn kann, ohne deshalb ein Narr zu seyn,*[15] triumphierte er gegenüber dem Bankier. Dank Adeles Opfer blieb er finanziell unabhängig und konnte von seinen Zinseinkünften zeitlebens bequem leben. Allerdings verspekulierte er sich wenige Jahre später mit mexikanischen Staatsanleihen und verlor ein Drittel seiner Einnahmen. Der Narr holte den Philosophen doch noch ein.

Auf der Rückreise von Danzig nach Weimar kamen Adele und Johanna Schopenhauer durch Berlin, wo Arthur gerade vergeblich versuchte, an der Universität Fuß zu fassen. In einer Selbstüberschätzung, die ebenso grenzenlos war wie seine Verachtung für Hegel, setzte er seine Vorlesung zur selben Stunde an wie sein Lieblingsfeind – *ein plumper, platter, geistloser, absichtsvoller Scharlatan*[16] –, mit dem Ergebnis, dass niemand ihn hören wollte. Obwohl er Adele seine Berliner Adresse verschwieg, machte sie ihn ausfindig und erzwang am 30. Juni 1820 ein Wiedersehen mit dem Bruder, den sie sechs Jahre nicht getroffen hatte. *Ich habe gar nichts von allem getan, was ich wollte, denn er war ganz anders, als ich dachte; indes die martervolle Stunde ging glücklich vorüber, und nichts ist schlimmer, manches vielleicht besser.*[17] Zweiundzwanzig Jahre sollten sie sich nicht wiedersehen.

Wechselseitig angezogen: Annette von Droste-Hülshoff

Vier Jahre, nachdem Adele Schopenhauer fast ihr ganzes Vermögen verloren hatte, wurde die wohlhabende Sibylle Mertens reich. Ihr über alles geliebter Vater starb am 13. Januar 1824 im Alter von 67 Jahren und hinterließ seiner Familie ein gewaltiges Vermögen. Seine älteste Tochter trauerte lange um ihn; *als mein Vater starb, konnte ich nur nach mehreren Jahren es, ohne die heftigsten Schmerzen, sogar physisch zu empfinden, ertragen, daß man von ihm in Beziehung auf seine Krankheit und Tod sprach.*[1] Neben der Bank gehörten die Häuser in der Trankgasse zur Erbmasse, die Kitschburg bei Köln, das Rittergut Morsbroich bei Schlebusch, Schloss Falkenlust in Brühl und ein Gut in Plittersdorf südlich von Bonn. Der Auerhof, ein zweistöckiges Haus mit geschweiftem Dach, lag direkt am Rhein, mit phantastischem Blick zum Siebengebirge. Am Ufer verlief der Leinpfad, auf dem die Pferde der Rheinhalfen die Schiffe flussaufwärts zogen. Für Reisende von Nord nach Süd begann hier die Rheinromantik, die Clemens Brentano, Achim von Arnim und Friedrich Schlegel literarisch geschaffen hatten. Englische Touristen folgten zuerst ihren Spuren, später auch einheimische. Inmitten dieser gepriesenen Landschaft, in der sich – neben der Schweiz – der moderne Tourismus entwickelte, lag der Auerhof, den Sibylle für ihr auf 100 000 Taler festgesetztes Erbe eintauschte. Mit Kaufvertrag vom 4. März 1824 erwarben sie und ihr Mann von den Miterben *ausser Haus, Hof und Oeconomie Gebäulichkeiten* über fünfhundert Morgen – ca. 170 Hektar – Ackerland, Wiesen und Weingärten in Plittersdorf, Muffendorf und Friesdorff, *die Wind- und Wasser-Mühle in Bonn* und etwas *Sumpf und Oede.*[2] Um die Bewirtschaftung und Verpachtung der Ländereien kümmerte sich Louis, nun alleiniger Leitender Teilhaber des Bankhauses Schaaffhausen, während Sibylle nächst zum Haus einen großen Garten anlegte, ihr *BIJOUX und Herzblatt.*[3] Dass sich diese Gegend in der Bonner Republik zum feinen Diplomatenviertel entwickelte, lag mit an der Sommersitzentscheidung der Eheleute Mertens, denen viele andere folgten.

Obwohl sie am 20. August 1824 ihr fünftes Kind zur Welt brachte, Friedrich Wilhelm Carl Gustav, zog sich die 27-jährige Sibylle Mertens nicht auf ihre Mutterschaft zurück, sondern begann, einen Salon ähnlich dem Johanna Schopenhauers in Weimar zu führen. Mit dem *magischen Einfluß, den Sie auf alle Menschen*[4] ausübte, scharte sie sommers auf dem Bonner Auerhof und winters in ihrem Haus in der Kölner Trankgasse interessante Gäste um sich. Zu ihren Habitués zählten das Kölner Patriziat, vor allem aber die Professoren der 1818 eröffneten Bonner Universität, die in das Poppelsdorfer Schloss eingezogen war. Einer ihrer schillerndsten Gäste und außerdem *der ergebenste Ihrer Freunde* war der Schützling Goethes, Eduard d'Alton, Kupferstecher und Tieranatom, der die disparaten Fächer Archäologie, Kunst- und Naturgeschichte lehrte. Er zeigte sich in ihrem Salon *zwar zu wenig nur zu gebrauchen, aber zu allem bereit.*[5] Oft kam August Wilhelm Schlegel, der als philosophischer Kopf der Jenenser Frühromantik, als Shakespeare-Übersetzer und Literaturästhetiker jung Furore gemacht hatte. In Bonn fiel der Begründer der Sanskrit-Philologie jedoch als *alter eitler Geck*[6] auf, verliebt in seine Orden und Glacéhandschuhe. Neben weiteren Professoren wie Christian Gottfried Daniel Nees von Esenbeck, der den Botanischen Garten in Bonn schuf, dem Mathematiker und Astronomen Karl Dietrich von Münchow, der die Sternwarte in Jena gebaut hatte, und dem Mineralogen und Geologen Jakob Noeggerath, der einen Steinbruch am Gipfel des Drachenfelsens verhinderte und somit das Siebengebirgspanorama rettete, verkehrten auch Künstler wie der Maler und Düsseldorfer Akademiedirektor Wilhelm Schadow und Kunstsammler wie Sulpiz Boisserée gern bei Sibylle Mertens. Musikliebhaber und ausübende Musiker kannten kaum einen wichtigeren Treffpunkt als ihren Salon. Der Kapellmeister Franz Anton Ries, der Beethoven unterrichtet hatte, fand sich bei ihr ein wie sein Sohn, der in ganz Europa bekannte Komponist und Pianist Ferdinand Ries. Mit einem anderen Klaviervirtuosen spielte Sibylle Mertens vierhändig, Johann Nepomuk Hummel, Schüler Mozarts. Adele Schopenhauer hörte den Weimarer Hofkapellmeister zur gleichen Zeit im Hause Goethe eine Sängerin begleiten: *die arme Eberwein sang in Todesangst.*[7] Nervenstark begleitete hingegen Sibylle Mertens die beiden großen Primadonnen ihrer Zeit am Klavier, Angelica Catalani und Henriette Sontag.

Neben der Musik bildeten die antiken Sammlungen der Gastgeberin den zweiten Schwerpunkt ihres Salons. Seitdem Wallraf ihr die ersten *Heideköpp* geschenkt hatte, baute Sibylle Mertens eine Sammlung antiker Münzen auf, die sie schon früh um Gemmen erweiterte, Edel- und Halbedelsteine, in die ein oft winziges Motiv vertieft geschnitten ist. Außerdem sammelte sie römischen Schmuck sowie antike Alltagsgegenstände und kleine Bronzen. Noch steckte die Archäologie in ihren Kinderschuhen. Waren früher am Rhein antike Überreste eher zufällig zu Tage getreten, wenn etwa ein Keller ausgehoben wurde, so hatte man 1818/19 in Bonn am Wichelshof zum ersten Mal gezielt die Mauern eines römischen Lagers ausgegraben. Diese Sensation *lockte in starken Schaaren die Einwohner von Bonn aus ihren Thoren. Die Gruben waren umzogen von einem ihren Rand überhängenden, oft dichtgedrängten Kranz von Besuchenden und Zuschauenden. Und die dahin gingen, ließen bei Hause zurück, daß sie nach Pompeji und Herculanum wandern.*[8] Sibylle Mertens zählte stets zu den ersten, die neue Funde in Augenschein nahmen – und aufkauften. Und wie Wallraf, der ihr einst die Haare hatte römisch frisieren lassen, wollte Sibylle Mertens das Altertum nicht nur akademisch diskutieren, sondern plastisch nachleben. So lud sie ihre Gäste im Garten des Auerhofs zum Diskuswurf – *was ihr auch meisterlich gelang*[9] – und zum *Kottabos*. In der zivilisierten Fassung dieses Spiels sollte mit etwas Rotwein, den man in einer Tasse zirkulieren ließ, auf einige Distanz eine Schale getroffen werden. Angeheitert bedurfte man der Tasse nicht mehr, um den Schluck Rotwein an sein Ziel zu bringen –.

Solche Späße waren ganz nach dem Geschmack Annette von Droste-Hülshoffs. Sie lernte Sibylle Mertens Mitte Oktober 1825 über ihre Tante Betty von Haxthausen kennen, die Patin der vierjährigen Betty Mertens. Um sich gegenseitig in Augenschein zu nehmen, mussten beide erst einmal ihre Sehhilfen zücken. Die kurzsichtige Sibylle trug eine *kleine englische Brille, die leichteste, die ich bis jetzt habe erhalten können.*[10] Nichts war ihr *lästiger als das Gewirre eines überfüllten Salons, wenn ich keine Brille auf meine lange Nase setzen darf.*[11] Die Droste litt noch mehr unter solchen Konventionen, denn sie war mit ca. -13 Dioptrien ohne Lorgnette quasi blind. Nachher befragt, *wie Nette mit der Mertens harmonisieren würde,* antwortete Betty von Haxthausen, *dies geht ganz vortrefflich; sie fühlten sich in geistiger Hinsicht wechselseitig angezogen; die Mertens, welche leider sehr kränkelt, wird durch Nette sehr erheitert.*[12]

Annette von Droste-Hülshoff war, wie Sibylle Mertens und Adele Schopenhauer, Jahrgang 1797. Sie war als zweites von vier Kindern auf der Wasserburg Hülshoff bei Münster geboren, stammte also aus dem tief katholischen westfälischen Adel mit seinem bornierten Standesdünkel. Ihre so kluge wie dominante Mutter achtete streng auf die Regeln ihres Stands, zumal die Familie kaum mehr hatte. Beim Bruder der Mutter, Werner von Haxthausen, sollte die ewig kränkelnde Annette im milden Rheinland den Winter verbringen. Ihr Onkel hatte sie sich als Gesellschafterin seiner frisch angetrauten Frau gedacht, der er, als Vorsteher des Amts für Armenwesen, ein gediegeneres Leben zu verordnen trachtete. Anstatt jedoch ihre unternehmungslustige Tante zu stiller Häuslichkeit zu animieren, stürzte sich die Droste lieber mit ihr in die Kölner Ballsaison. *Du glaubst überhaupt nicht, wie* ELEGANT *ich hier seyn muß, – die Tante geht in alle Gesellschaften, und da muß ich fast immer weiße Schuh und seidne Strümpfe tragen*, schrieb sie ihrer Schwester. Glücklicherweise sorgte das Christkind in Gestalt der Tante Betty dafür, dass sich die münsterländische Landpomeranze in Köln sehen lassen konnte, und bescherte ihr ein *sehr schönes Ballkleid, nämlich weiß atlaßnes Unterkleid, und* PETINET *Ueberkleid, sehr schön mit Blumen besetzt*, und legte *ein paar schöne* BRAÇELETS *mit Amethisten* dazu.[13]

In seltener Übereinstimmung mit seiner Frau war auch Louis Mertens *ganz charmiert in sie, und möchte sie in seinem Hause etabliert sehen, um sich an ihren lebendigen Erzählungen ergötzen zu können.*[14] Und so ging Annette oft die wenigen Meter von der Johannisgasse, wo Onkel und Tante umgeben von einer der größten Gemäldesammlungen Kölns wohnten, in die Trankgasse. Die Übereinstimmungen zwischen den beiden Frauen waren frappant. Wie Sibylle komponierte Annette, hatte sogar eine Oper namens »Babilon« begonnen. Am Klavier von Sibylle begleitet, freute sie sich über das Kompliment, sie *sänge besser als die* CATALANI.[15] Beide liebten die Natur mit dem Blick der Biologin. Während die

Münsterländerin Pflanzen, Käfer, Vögel, Steine, Landschaften mit mikroskopischer Poesie schilderte, pflanzte die rheinische Gärtnerin verschiedene Arten von Canna und Iris, Eisenhut, Flieder und Chrysanthemen unter vergleichenden botanischen Gesichtspunkten an. Auch die Droste sammelte mit Leidenschaft, wenn auch nicht mit so locker sitzender Börse wie ihre neue Freundin. Und schließlich teilten beide parapsychologische Erfahrungen. Sibylle Mertens sah zuweilen prophetisch *Ereignisse, Reden, Dinge, die mit Blitzesschnelle klar und bestimmt an meinem Geiste vorübergehen, und nun jedesmal ganz genau so wie ich sie denke oder erinnere, fortan geschehen.*[16] Die Droste gewann in ihren Werken solcher *Spökenkiekerei* mehr als nur romantische Schauerlichkeit ab, sie bebilderte damit seelische Abgründe. Vor allem aber verlangten beide intellektuell nach mehr als das ihnen gesellschaftlich Zugewiesene. Ihre Beschäftigung mit Musik, Literatur oder der Altertumskunde ging weit über das Maß hinaus, das für Frauen als angemessen oder schicklich galt.

Zu männlich ist dein Geist strebt viel zu hoch
Hinauf wo dir kein Weiberauge folgt,

hatte die Titelheldin in Annette von Droste-Hülshoffs Trauerspiel »Bertha oder Die Alpen« zu hören bekommen.

Wenn Weiber über ihre Sphären steigen
Entfliehn sie ihrem eignen bessern [Selb]st
Sie möchten aufwärts sich zur Sonne schwingen
Und mit dem Aar durch duftge Wolken dringen
Und stehn allein im nebelichten Thal
Wenn Weiber wollen sich mit Männern messen
So sind sie Zwitter und nicht Weiber mehr.[17]

In ihrem Salon entlarvte Sibylle Mertens das Paradox der intellektuellen Frau als misogyne Ideologie, indem sie Künstlerinnen wie

Annette von Droste-Hülshoff Raum bot. Die hatte mehrere Werke in der Schublade liegen, teils abgebrochen wie den Gedichtzyklus »Das Geistliche Jahr«, teils vollendet wie das Versepos »Walther«, aber noch nichts veröffentlicht. In Köln arbeitete sie an ihrem Roman »Ledwina«. Bei Sibylle trug sie unter großem Applaus eigene Gedichte vor. Der Erfolg im Hause Mertens – der intellektuell, musisch und wissenschaftlich anspruchsvollste Kreis, dem sie je angehörte – markierte einen wichtigen Schritt für die reifende Dichterin.

Anfang Februar 1826 stürzten sich Sibylle Mertens und Annette von Droste-Hülshoff zusammen in den Karneval, den die *ächte Cölnerinn*[18] bitterernst nahm. Drei Jahre zuvor hatte sich unter der Leitung von Sibylles langjährigem Freund, dem *Waarenmäkler*, Maler, Mundartdichter und Wallraf-Assistenten Mathias Josef de Noël, im Weinhäuschen an St. Ursula ein *Festordnendes Comité* – heute das Festkomitee – gegründet, das den kölschen Fasteleer mit einem Motto bündelte und einen Rosenmontagsumzug organisierte. Sibylle Mertens betrieb diese romantische Erneuerung des Fastelovends leidenschaftlich mit. Schon bei den Schaaffhausens waren früher Fastnachtsschwänke auf die Bühne gebracht worden, etwa die »Comidragodia Roswitha«, in der alle Töchter Schaaffhausens mit Ausnahme der Titelheldin Hosenrollen übernahmen. Sibylle mimte den *mächtigen König Polikarp*: *Er ist ein gewaltigerhabener Herr, / Protegieret, wie's Mod' ist die Künste auch sehr.*[19] 1825 reagierte sie als *M a r i e Z i b i l l von Köln* auf einen *Aufruf zu einem Frauen-Verein* in der *Offiziellen Carnevals-Zeitung*, der die Kölnerinnen aufforderte, die Roten Funken – eine Parodie der alten reichsstädtischen Stadtsoldaten – nach einer ›Schlacht‹ gegen die Feinde des Karnevals zu pflegen. Augenzwinkernd ließ sich Sibylle Mertens nicht lumpen und schickte dem *Hochlöblichen lustigen Rath, Hochtollgeboren dahier* einen Brief nebst 21 Posten zur Verstärkung der Roten Funken: *Eine Partie Munition, bestehend in a) einem Sacke Aepfel, groß Kaliber; b) einem Sacke dito, mittel Kaliber; c) zwei hundert Nüssen und einem Sacke Kastanien zu Kartätschen, und d) einem Säckelchen Erbsen zu Kleingewehrfeuer,* dazu ein *Tönnchen Sand, hauptsächlich gegen die feindlichen Augen anwendbar. (Eine funkelnagelneue Kriegslist!!! –)* Da die Geberin der Kampfeslust der Roten Funken nicht traute, legte sie auch ein *Bund Birken-Ruthen, um die Truppen gegen den Feind anzufeuern,* bei, außerdem eine *Flasche Weinessig, für unsre tapfern Funken, im Falle sie beim Anblicke des Feindes ohnmächtig werden.* Schließlich vergaß sie auch nicht den Durst der Krieger: *Sechs Krüge Braunbier und ein Krug Fusel* sowie ein *halbes Pfund Puderzucker, um den 23er trinkbar zu machen.* Mitsamt dem hintergründigen Dank der Roten Funken für Ruten und Fusel wurde der Spaß in der *Offiziellen Carnevals-Zeitung*[20] veröffentlicht. Damit publizierte Sibylle Mertens nicht in schlechter Gesellschaft. Goethes Gedicht *Der Cölner Mummenschanz. Fastnacht 1825* wurde da gerade als Extrablatt verteilt.

Ein Jahr später amüsierte sich Annette von Droste-Hülshoff prächtig an der Seite ihrer jecken Freundin. *Es geht mir hier übrigens sehr gut, Cöln ist im Winter äußerst angenehm – ich habe einige Bälle besucht, wo ich aber den Leuten den Aberglauben, daß ich von wegen meiner* SUBTILEN *Figur, gut tanzen müßte, gelassen habe, nämlich dadurch, daß ich gar nicht getanzt habe, als allenfalls nurmahl herum gewalzt, – die Bälle sind hier äußerst* BRILLANT, *selbst das gewöhnliche* LOCAL *ist sehr groß, und am Carneval-Montag wurde auf dem Kaufhause, genannt der* GÜRZENICH, *getanzt, wo mehrere tausend Menschen auf der* REDOUTE *waren, – es war wieder ein großer Aufzug, wie in den vorigen Jahren, der König Carneval hatte sich eine Braut aus dem Monde geholt.*[21] Die Braut – Vorgängerin der Kölner Jungfrau – hieß Simon Oppenheim. Auch das Tanzmariechen wurde damals noch von einem Mann dargestellt; erst die Nationalsozialisten unterzogen es einer Geschlechtsumwandlung.

Nach der rauschenden Session wurde Sibylle Mertens krank und wünschte sich die neue Freundin an ihr Bett. Darauf verbrachte die Droste die meiste Zeit bei ihr. Onkel Werner indes hatte sich den Aufenthalt seiner Nichte anders vorgestellt. In ihrem Dankesbrief von zu Hause entschuldigte sich die Droste vielmals bei Tante Betty dafür, *Kummer und Unannehmlichkeit* bereitet zu haben; *du kannst nicht denken, wie weh es mir jetzt thut, – ich bilde mir wohl ein, ich würde nun in der Lage ganz anders handeln und doch kann ich es nicht mit Gewißheit sagen, – denn wenn ich an die arme Mertens denke, wie krank und schwach ich sie zurückgelassen habe, und daß ich sie vielleicht nie wiedersehe, so möchte ich um Alles in der Welt Nichts gethan haben, was sie gekränkt hätte. – ich wollte, es hätte Alles Zusammen bestehn können, das ist Alles, was ich sagen kann, – und daß es mir sehr empfindlich ist.* Ein halbes Jahr lang war die Droste in Köln gewesen, glücklicher, freier, inspirierter als je, und Sibylle Mertens hatte daran den größten Anteil. *Ich habe mich unbeschreiblich schwer von Cöln getrennt*, bekannte sie, und musste auf der Rückfahrt an sich halten, *um nicht den ganzen Tag zu weinen.*[22]

Ich bin fertig mit allen diesen Menschen und muß fort: Abschied von Weimar

Adele Schopenhauer kehrte gerade noch rechtzeitig von Danzig nach Weimar zurück, um Ottilie von Goethe in den letzten Monaten ihrer zweiten Schwangerschaft beizustehen. Ottilies erste Entbindung – 1818 war Walther Wolfgang zur Welt gekommen – war sehr schwer gewesen. *Ottilie macht mich besorgt*, schrieb Adele zwei Wochen vor dem Geburtstermin in ihr Tagebuch, um überraschend hinzuzufügen: *nur ihren Tod fürchte ich nicht, es wäre ja der meine. Kommt es so, so vergebt, Freunde und Mutter, aber tadelt nicht streng, was ihr vielleicht nicht begreift. Unberechnet ziehen die menschlichen Lebensbahnen seltsame Kreise ineinander – wir streben nach Vergleichen, aber es gibt keine. Richtet mich auch nicht, denn ein jeder tut, was er kann.*[1] Existentiell band sie ihr eigenes Leben an das der Freundin – und fühlte, dass sie in den Augen der Welt damit zu weit ging. Adele Schopenhauer war sich ihres Anders-Liebens bewusst.

Doch ihre Vorstellung von einer Gemeinschaft mit der Partnerin hatte immer weniger mit der Wirklichkeit zu tun. Nachdem Ottilie im September 1820 Wolfgang Maximilian qualvoll auf die Welt gepresst hatte, nahmen ihre Pflichten als Ehefrau und Mutter, Schwiegertochter und Hausfrau weiter zu. Adele war daher *nicht glücklich, denn ich habe Ottilien nicht – alles stellt sich jetzt zwischen uns, und tausend kleine Zufälligkeiten halten uns voneinander entfernt.*[2] Ostern 1821 fühlte Adele die Freundin entschwinden. *Hier gestehe ich mir: so sehr irgendeine Seele lieben kann, im höchsten Sinne des Worts, so sehr liebt mich Ottilie, so sehr irgend Menschen sich verstehen können, so sehr versteht mich Ottilie. Aber daß die Verhältnisse uns so stellen, daß wir uns weniger sehen, gibt mir dennoch eine Leere, denn außer dem Gefühl geliebt zu sein, bedarf mein Herz noch der sich stündlich aufdrängenden Beweise, daß mich das liebende Herz immer aufs neue liebenswürdig findet. Das nun kann mir Ottilie teils ihrer Natur nach, teils ihrer Lebensart, sogar ihrer körperlichen Schwäche nach, nicht gewähren.* Die Exklusivbeziehung, die sich im Alltag manifestiert, wollte und konnte Ottilie Adele nicht schenken; *so muß ich mir nun leise trauernd gestehen, wie ich liebe, wird mich vielleicht niemand lieben!*[3]

Auch Ottilie sehnte sich nach der großen Liebe – aber mit dem Traumprinzen. Vor langer Zeit, im Oktober 1813, hatte sie schon einmal einen kennengelernt: Ferdinand Heinke. Der 31 Jahre alte schlesische Kavallerist, ein gebildeter, angenehmer Mann, war nach der Völkerschlacht von Leipzig nach Weimar gekommen. Bei Johanna Schopenhauer lernte er ihre Tochter kennen und verliebte sich in deren Freundin Ottilie. Heinke blieb bis Silvester, also nur sechs Wochen, kehrte ein halbes Jahr später für eine Woche zurück, und das war's auch schon. In so kurzer Zeit war kein Fehl an ihm zu finden, und so stilisierte ihn die 17-jährige Ottilie zu dem Mann schlechthin. Noch im Alter trauerte sie ihm nach.

Ottilie flirtete mit Ferdinand, als Adele ihr ewige Liebe schwor. Um sie nicht ganz an ihn zu verlieren, verliebte sich Adele ebenfalls in Ferdinand und versuchte, Ottilies Intimität mit ihm zu teilen und, wo möglich, zu kontrollieren und zu begrenzen. *Ich werde alles thun um zu erforschen ob er Dich liebt, es wird mir ja wohl gelingen – und werd es Dir treu berichten,* teilte sie Ottilie verschwörerisch mit. *Ich schmeichle mir, ihm seit gestern angenehm geworden zu seyn, mehr will ich nicht. Dein Glück ist mein theuerster Wunsch auf Erden, und kan ich es mit irgend etwas befördern, so würd' ichs thun – und kostete es mein Leben.*[4] Ob Adele Ferdinand um seiner selbst willen liebte oder nur, weil Ottilie in ihn verliebt war – das konnte sie selbst nicht auseinanderhalten. Als sie 1816 der Völkerschlacht von Leipzig gedachte, die drei Jahre zuvor Ferdinand nach Weimar verschlagen hatte, schrieb sie Ottilie: *In dieser feierlichen, ernstschönen Zeit sind unsre Gedanken sich wohl viel tausendmahl begegnet. Kanst Du doch die Feier nie begehen ohne mich mit hinein zu verflechten, da sie uns vereinte. Vereinte! das klingt so kalt und ward so heiß empfunden!*[5] Sie betrachtete also Ottilies Schwärmerei für Ferdinand als Vereinigung mit ihr. Da Ottilie sich darauf einließ, ja, Adele ihr ein Fortleben der Affäre in der Phantasie ermöglichte, trieben die beiden jungen Frauen jahrelang einen wahren Kult um den Adjutanten. In Karlsbad recherchierte Adele, in welchem Hotel Ferdinand gewohnt hatte, Ottilie suchte stundenlang im Gästebuch auf der Wartburg nach seinem Eintrag. Als Ottilie Adeles Geschmack nach zu viel Gefallen an August von Goethe fand, raunte sie erfolgreich »Heinke«, um die Freundin zu verwirren.

Ferdinand Heinke war der erste von fünf Männern, denen die *liebesieche*[6] Ottilie verfiel und in die sich Adele, mitgefangen, mitgehangen, verquer mitverliebte. Nr. 2 war ein Großneffe Goethes, Heinrich Nicolovius. Der schlaksige 23-jährige Student der Rechte kam im Herbst 1821 nach Weimar und verdrehte seiner zwei Jahre älteren ›Tante‹ Ottilie den Kopf. Die *kindisch alberne Vorliebe Ottiliens für Heinrich*[7] behagte Adele zunächst gar nicht. Doch bei näherem Hinsehen fand sie ihn nicht mehr mundfaul, borniert und langweilig, im Gegenteil. Zu ihrem Entsetzen musste sie jedoch feststellen, dass Ottilie, mittlerweile verheiratet, sexuell erfahren und nicht mehr von ihrer Jungfräulichkeit behindert, mit Heinrich allein sein wollte. Eifersüchtig beobachtete sie, *daß die zwei es erzwingen, abends beisammen zu bleiben, wenn die anderen gehen. Ottilie bleibt so bis tief in die Nacht mit ihm sitzen und begeht eine Unanständigkeit. Ferner ist Heinrich kälter gegen mich. Seine List, mir hinaufzuleuchten, um so selbst hinaufzukommen, und wie er so sorglich mich einpackte und es selbst Ottilien recht war, daß ich fortging – das schnitt mir recht tief ins Herz.* Hochgradig selbstreflexiv durchschaute sie das Modell, auf das sie da zurückkam: *es erneute sich die Empfindung, mit der ich seit langer Zeit nicht mehr Ferdinands gedachte. Das ganze Verhältnis schritt in Miniatur-Kopie an mir vorüber, ich fühlte mich verlassen, tödlich verwundet!*[8] Da es ihr dieses Mal nicht gelang, sich in diese Liebelei hineinzuzwängen, führte sie ihr Ende herbei. Sie knöpfte sich Heinrich unter vier Augen vor und erinnerte ihn daran, dass seine ›Tante‹ verheiratet war. Eine Woche später musste er zurück nach Berlin.

Vier Monate danach, im März 1822, kam Nr. 3 nach Weimar, der Kunstreiter Baptiste Blondin. Als Ottilie während einer Vorstellung mit ihm flirtete, schickte Adele ihm anonym ein französisches Liebesgedicht. Nachdem sich Ottilie mit Blondin allein im Park getroffen hatte und gesehen worden war, zeigte sich Adele höchst besorgt um Ottilies Ruf – und um ihre Beziehung: *man sagt, Du woltest mich betrügen, und es sei Dir sehr fatal, wenn ich Dich, wie neulich, einholte.*[9] Kaum war der Kunstreiter wieder von der Bühne verschwunden, kam Nr. 4, Heinrichs jüngerer Bruder Ferdinand Nicolovius, nach Weimar. Zuerst nahm Adele von dem jungen Studenten der Forstwissenschaft nichts wahr als seine

Bedrohung für ihre Beziehung zu Ottilie, die, auch diesmal, *lieber mit ihm allein sein*[10] wollte. Doch wie immer, wenn Ottilie ein Mann gefiel, traf sich auch Adele oft mit ihm.

Wesentlich bedeutender als diese Amouren im Vorübergehen war für Ottilie von Goethe und mittelbar für Adele Schopenhauer Nr. 5: Charles Sterling. Er war gerade einmal 19 Jahre alt, als er in Weimar eintraf. Im Gepäck hatte er ein Empfehlungsschreiben von Byron persönlich, das ihm die Tür Goethes öffnete. Seine *knabenhafte Fröhlichkeit, ja beinahe Possenhaftigkeit, die leichte Erregbarkeit, der schnelle Übergang von einem Extrem zum andern*[11] wirkten mächtig auf dessen Schwiegertochter. Sie lasen zusammen Byron, sie fand, er sah aus wie Byron, und glaubte, nun endlich den Mann fürs Leben gefunden zu haben. Dass sie verheiratet, ihr Geliebter acht Jahre jünger war, keinen Beruf und noch nichts gelernt hatte, befeuerte ihre Passion. Adele verfolgte das Verhältnis zunächst wie immer misstrauisch. Da sie dieses Mal jedoch von beiden eingeweiht wurde, konnte sie die ihr angenehme Position der intimen Mitwisserin, ja Kontrolleurin einnehmen. *Sie hat mich manches entscheiden lassen; ich meine: in so fern diese innige Neigung kein Unrecht an und für sich ist, so sind wir frei von Schuld.*[12] Man beachte das *wir*.

Bald musste Adele jedoch schockiert feststellen, dass die beiden sehr wohl Lust auf ein Unrecht bekamen. Ottilies Amour fou zu dem Iren ließ Adele endlich erkennen, dass ihre Liebessehnsucht immer unerfüllt bleiben musste. *Ottilie war mir Inbegriff alles Liebens, zu ihr wenden sich alle Gefühle, das ist der einzige Ort, wo sie sich vereinen dürfen; ihr Herz ist der Friedenshafen, in dem alle meine im Sturm umhergetriebenen Wünsche landen! und hier trifft der tödtende Schlag!*[13] Trotzdem versuchte sie, ihrem Muster treu, auch diese Beziehung zu zerstören. Als die Freundin Mitte November 1823 zu einer Reise nach Dessau und Berlin aufbrach, ging Adele zum Angriff über. *Sterling! kommt oft mit mir italienisch lesen. Dieses Beisammenseyn hat bei Sterlings unbeschreiblicher Liebenswürdigkeit einen großen Reiz, wir lesen Dante, Petrar-*

ca, Alfieri, etc. Ich kann nicht umhin dadurch ihn oft allein zu sehen, er ist mir Ottiliens wegen innig ergeben und traut mir unbedingt. Das gibt uns einen Anstrich eines Verhältnisses, dennoch ist warlich stets von ihr, nie von mir selbst die Rede. Das war auch nicht notwendig, sie saß ja neben ihm: *wie meine Augen auf den himmlisch schönen Zügen ruhen, wie meine Hand zuweilen die seine faßt, und wie die melodischen italienischen Töne sich wie goldene Netze um uns schlingen!*[14] Alles, was sie erreichte, war jedoch nur *Höllenqual*, da Ottilie auf Distanz ging; *einen Moment verlor ich mich selbst, als sie – eifersüchtig auf mich war!*[15] Doch Sterling interessierte sich ohnehin nur für Ottilie. Er reiste ihr nach, und der bislang geduldete Flirt artete zu einem Skandal aus. Der gehörnte Ehemann verbot Ottilie jeden Kontakt mit seinem Rivalen. Charles wartete in Dresden auf Ottilie und wollte sich erschießen, wenn sie sich nicht von August trennte. Die aber war nur am Schreibpult eine wildromantische Heldin – und blieb bei ihrem Mann. Die bitteren sozialen und finanziellen Konsequenzen eines Lebens mit Charles wollte sie nicht tragen. Da sie eine Zeitlang die Kontaktsperre nicht zu umgehen wagte, bat sie Adele, mit ihm zu korrespondieren. Die tat nichts lieber. *Ottilie bestand darauf, daß ich ihm gleich einige Worte schriebe – ihr Entzücken riß mich hin, er soll wissen, daß wir an ihn glauben, ihn lieben.* Erneut im Plural.

Ottilies Affäre mit Charles errichtete *so manche Scheidewand in unserm äußern Leben,*[16] wie Adele traurig festellte, da August die Mitverschwörerin nicht mehr gern bei sich im Haus sah. Ottilie selbst sorgte für die innere Scheidewand. Denn trotz ihrer unstillbaren Leidenschaft für Charles Sterling fiel ihr Auge auf den in Weimar lebenden St. George Cromie. Mit ihm war für Adele endgültig Schluss. Sie fuhrwerkte zwar gewohnheitsmäßig in diesen Flirt hinein – *Ich hatte Cromie zu mir kommen lassen, um ihm deutlich zu machen, daß sie ihn nicht liebt, es nie wird, es nicht darf*[17] – aber sie hatte nun doch endlich ihre Lektion gelernt: *jeder leere Engländer nimmt den Theil der Gedanken ein, die sonst zu mir sich wandten.*[18] Drei Jahre lang hatte sie vergeblich versucht, die Freundin zu halten, indem sie sich in ihre Affären mischte. Sie begann, resigniert zurückzublicken; *ich paßte nur zu Ottilien, ihre Phantasie, ihre Regellosigkeit des weit greifenden Geistes, die fesselfreie Empfindung aller Tiefen des Lebens und Liebens hatten mich verdorben für alles andere Leben. Ich konnte glücklich machen, aber nicht mehr glücklich sein ohne sie.*[19]

Als Adele bereit war, von dem Traum mit Ottilie Abschied zu nehmen, den sie von ihrem 16. bis in ihr 26. Jahr geträumt hatte, reiste sie im Sommer 1822 ohne die Mutter nach Mannheim, um zu sehen *ob wir in geselliger, pekuniärer, in wissenschaftlicher oder künstlerischer Hinsicht hier leben können.*[20] Wie schon bei ihrem ersten Aufenthalt am Rhein 1816 war sie begeistert von der Gegend, dem Klima, dem Kunstreichtum. Doch trotz der niedrigeren Mieten, Preise und Dienstbotenlöhne wollte sie ihren Anker noch nicht fallen lassen. Sie hatte niemanden gefunden, bei dem sie sich heimisch fühlte. Zurück in Weimar empfand sie ihr Leben als einzige Qual. Seit dem Verlust des Vermögens war der Salon ihrer Mutter längst nicht mehr das, was er einmal gewesen war. Heiligabend 1822 erlitt die 56 Jahre alte Johanna Schopenhauer einen Schlaganfall, von dem sie sich nie wieder ganz erholte. Ihre *egoistische Liebe* verlangte danach von Adele contre cœur noch mehr *Heiterkeit, Witz, Liebenswürdigkeit,*[21] ja *Narrenspossen.*[22] Derweil ging das *Mißverhältnis der Mutter zu Gerstenbergk und Gerstenbergks zu mir*[23] weiter. Die beiden versuchten über Jahre, Adele für eine Ménage-à-trois zu gewinnen. Erst 1825 gaben sie diese Zumutung auf, als Gerstenbergk nach zehn Jahren auszog und die junge Gräfin Häseler heiratete. Der Kummer mit Ottilie und der Mutter wurde noch verstärkt durch die prekäre finanzielle Situation, in der sich Adele befand. Die Honorare, die Johanna als erfolgreiche Schriftstellerin verdiente, reichten nicht aus, um das verlorene Vermögen zu ersetzen. Dennoch führte sie unbeirrt ihren gehobenen Lebensstil fort, gönnte sich und der Tochter jedes Jahr ausgiebige Reisen nach Dresden oder Frankfurt, Kuraufenthalte in Böhmen und im Taunus. Dafür war längst kein Geld mehr da, wie Adele wusste, die *die Scheinwohlhabenheit drückte wie eine Lüge.*[24] Johanna dagegen kannte keine Skrupel. Statt Schulden zu begleichen, schrieb sie so rhetorisch brillante wie perfide Bettelbriefe: *Sollte es Ihnen unmöglich sein mir meine Bitte zu gewähren, so muß ich Adeles kleines Kapital angreifen, und das verbietet mir meine Pflicht und Gewissen, so lange ich es vermeiden kann, und ich hoffe Sie werden diesen Schmerz mir ersparen.*[25]

Eine Ehe wäre die einzige Möglichkeit gewesen, mit Anstand der Mutter zu entkommen. Doch lange hatten Adeles Gefühle diese Alternative versperrt: *ich hatte eigentlich meine Freiheit und Ottilien zu lieb.*[26] Den vermögenden Kunstfreund und Mäzen Johann Gottlob von Quandt hatte sie 1815 samt seinen 300 000 Talern abgewiesen. *Heirathen kann,* WILL *ich nicht ohne Neigung.*[27] Als Adele sich ab 1822 von Ottilie löste, hoffte sie dann doch auf eine Ehe. Hoch begabt, lang und knochig schreckte sie allerdings viele Männer ab. *Adele ist häßlich wie die Nacht, aber unendlich klug.*[28] Ihre Bildung war ein noch größeres Hindernis als ihr Äußeres. Den Übersetzer Ernst von Malsburg etwa verunsicherte sie kolossal: *aber mit entsetzlichem Geistesgepolter rasselte und stolzirte die Tochter, alle Schellen und Orgelzüge ihres Genius aufgezogen, durch und umher. Diese Bekanntschaft war mir neu, und ich gestehe, im Anfang entsetzlich, fast lächerlich, dann in Momenten wieder recht leidlich, so daß ich zwischen Schrecken und Verwunderung, manchmal auch tragischem Mitleid und Angezogenheit auf- und abschwankte.*[29] Dass sie Arthurs *Welt als Wille und Vorstellung* las, musste sie geheim halten: *doch wollte ich lieber gestehen das sittenloseste Buch gelesen zu haben als ein Werk der Art – Du kennst die Narren nicht, mit denen ich lebe. Häser könnte mich verrathen und ich wäre geliefert.*[30] Das Problem gebildeter Frauen, einen Ehemann zu finden, reflektierte sie später in ihrer Novelle »Theolinde« (1841).

Einer, dem sie nicht zu gescheit daherschwätzte, war der Chemiker Gottfried Osann. Sie kannte den gleichaltrigen Privatdozenten von jung auf. Als Ottilie im Frühjahr 1822 behauptete, Gottfried liebe sie, konnte Adele ihn sich als Ehemann vorstellen. Doch außer geistvollen Gesprächen lief nichts zwischen ihnen. Ein Jahr später verließ Gottfried Weimar, um eine Stelle an der Universität im fernen Dorpat (Tartu) anzutreten. *Wir schieden – und Alles blieb unentschieden.*[31] Was Adele an ihm als potentiellen Ehemann schätzte – seinen Ernst, seine Ruhe –, disqualifizierte ihn zugleich als Geliebten. *O daß ich Dir jedes Wort der Liebe abzwingen muß,*[32] klagte sie. Dabei fühlte sie selbst nicht heißer. *Es ist nicht jene leidenschaftliche Qual, es ist ein stilles, hingebendes Vertrauen, das ich für ihn empfinde.*[33] Sie tat nichts dafür, dass sich das ändere – *Gelassen werde ich nach wie vor meiner Ueberzeugung folgen und nicht den kleinsten Schritt thun, um ihm zu nahen*[34] –, und so wurde auch nichts daraus.

Bei diesem Heiratsprojekt ging es ihr nicht um Gottfried, wie sie mehrfach in ihrem Tagebuch feststellte, sondern einzig darum, von ihrer Mutter erlöst zu werden. Derweil Gottfried im heutigen Estland weilte, schaute sie sich um, was sich sonst noch bot. In Schlangenbad lernte sie im September 1824 über ihren Vetter Eduard *Edchen* Gnuschke den sieben Jahre jüngeren Medizinstudenten Louis Stromeyer kennen, der sich in sie verliebte. Zwar meinte er, *außer einer schlanken Figur und zarten Händen hatte sie nichts, was das Auge bestechen konnte, ihre Gesichtsbildung war geradezu unschön.* Doch faszinierte sie ihn *durch Geist, feine Bildung und ausgebreitete Kenntnisse. Sie sprach mehr als ihre Mutter, ihre Conversation war stets anregend und belehrend, ohne an den Blaustrumpf zu erinnern.*[35] Während Adele weiter auf eine Ehe mit dem bodenständigen Gottfried hoffte, begann sie mit dem charmanten Louis eine Affäre, obwohl sie *Leidenschaftlichkeit in Männern so oft erschreckt und geängstigt* hatte. *Ich erschrak heftig, schämte mich ungeheuer und verbarg mein Gesicht,* erinnerte sie sich an ihren ersten Kuss; *es ist wahr, Louis ist der einzige Mann auf der Welt, dessen Liebkosungen ich geduldet und erwiedert habe, ich habe ihn unendlich lieb gehabt, und was ich nicht für möglich gehalten, ich habe mich gern an seine Brust gelehnt – ich habe mich oft küssen lassen später, aber ich glaubte mich nun wieder ruhig geliebt, und Gott weiß wie seine Innigkeit mich zu schweigendem Gewähren verleitete, nicht hinriß. Denn kein leidenschaftlicher Moment befleckt meine Erinnerung, nie zeigte sich Louis sinnlich, nie war er heftig, nie schlug mir auch nur ein Puls schneller.*[36]

Im folgenden Jahr sah sie ihn Ostern in Weimar, Pfingsten in Kassel wieder. Ihre Beteuerung, nur stillgehalten zu haben und nicht erregt worden zu sein, konnte sie auch vor sich selbst nicht länger aufrechterhalten. Nachts phantasierte sie von *seiner Zärtlichkeit, oft wache ich in dem Gefühl auf, daß er mich in den Armen hält, ich fühle oft seine Lippen, ich sehe seine Augen.*[37] Gleichwohl hatte sie bei ihren Treffen das Bedürfnis, *ihn mir ferner zu halten.*[38] Selig war sie, als sie ihn zu mehr Zurückhaltung erzogen hatte, *denn nie zeigte er sich heftig leidenschaftlich, nur hingebend, fast wie eine Frau liebte er.*[39] Insgesamt hielten sich Befremden und Lust die Waage: *noch seltsamer ists, daß ich eigentlich ihm gegenüber gar nicht die Art mädchenhafter Scheu oder Scham habe, die anderer Männer Nähe mir widerlich macht, wie gerne küsse ich seine Stirn, wie gern fühle ich mich an sein Herz gedrückt – wie habe ich mich im Moment des Scheidens zu leidenschaftlicher Erwiderung seiner Küsse hinreißen lassen – und doch n i e habe ich O s a n n tiefer geliebt!* Höchst ambivalent gegenüber männlicher Lust schloss sie mit ihrem vermeintlichen Bräutigam Gottfried körperliche Liebe sogar aus – *ich könnte mich ihm gegenüber nie so betragen.*[40] Sie erzählte Louis von Gottfried, dem wiederum von Louis und stellte bewusst oder unbewusst sicher, dass keiner von beiden sich mit ihr verbunden fühlte.

Nachdem sie ihre Hoffnung auf Osann begraben hatte, traf sich Adele im Frühling 1826 erneut mit dem frisch promovierten Louis Stromeyer. Sie machten gemeinsam Ausflüge nach Jena und Gotha, Adele schenkte ihm einen Sonderdruck der *Iphigenie*, den sie von Goethe selbst hatte. Louis sprach vom Heiraten, reiste ab – und ließ nichts mehr von sich hören, monatelang. Ein Jahr später, kurz vor ihrem dreißigsten Geburtstag, fühlte sich Adele Schopenhauer *steinalt, hoffnungslos, zurückgesetzt – verstoßen.*[41] Die Beziehung zu Ottilie war gescheitert, das Leben mit der eigensüchtigen Mutter eine Qual, die Flucht in die Ehe unwahrscheinlicher denn je. *Ein namenloses ungeheures Schmerzgefühl hat mir die Ueberzeugung gegeben, daß hier mein Leben alle ist – ich bin fertig mit allen diesen Menschen und muß fort, oder ich verzehre mich.*[42] In ihrer lang anhaltenden Depression reifte der Entschluss, dieser Erkenntnis Taten folgen zu lassen; *im Paradiese, im lieben Gott seinem Lieblingsländchen,*[43] im Rheinland wollte sie Abstand finden. Sie kannte Land und Leute, hatte Bekannte, bei denen sie wohnen konnte. Nun wollte sie es wieder so machen wie anno 22, nur für länger. Sie setzte bei ihrer Mutter einen Vorschuss durch, der ihr ein Jahr Unabhängigkeit gewährte, und verließ am 10. Mai 1827 Weimar.

Die Reise hatte ein erstes Ziel: die Klärung mit Stromeyer, der gerade das Staatsexamen bestanden hatte. Schon am 24. Mai traf sie ihn in Eltville. Er war auf dem Weg nach England, Frankreich und die Schweiz, um seine Ausbildung zu vervollkommnen. Schon bald wurde er ein berühmter, innovativer Chirurg; der so genannte Stromeyer-Haken wird noch heute bei Jochbogenfrakturen benutzt. 1827, vor Beginn seiner beruflichen Karriere, wollte sich der 23-Jährige nicht binden. Trotz – oder gerade wegen – seiner Ambivalenz setzte Adele ihr Verhältnis mit ihm fort, zu ihrem größten nachträglichen Bedauern. *Ich bereue aber auch von ganzer Seele nicht immer so mädchenhaft geblieben zu sein im äußeren als im Herz, ich bereue, mit Ihnen in R. gewesen zu seyn,* schrieb sie ihm, *denn Sie haben mich auf eine Weise wie es nie ein Mann sollte zu Schritten gezwungen wie sie nie ein Mädchen thun darf.*[44] Sein – und wohl auch ihr eigenes – Verhalten ließ sie Louis nach dem Bruch hassen. Bald schon wurde ihr die Erinnerung an ihn *immer fataler,* sie verspürte *immer deutlicher Verachtung*[45] für ihn und bekannte, *daß ich mit Widerwillen jeder leidenschaftli-*

chen Minute gedenke.[46] Sieben Jahre nach ihrem letzten Treffen schimpfte sie noch über *Louis' schändliches, unbegreifliches Betragen,* ja noch 1844 nannte sie ihn den *unedelsten*[47] ihrer Männerbekanntschaften. Die Kränkung, fürs Bett gut genug gewesen zu sein, aber nicht für die Ehe, saß fürs Leben.

Im Juni 1827 hatte sie damit endgültig den Tiefpunkt ihrer Existenz erreicht: Sie war ohne jede tragende Bindung, weder an einen Menschen noch an einen Ort, sie war völlig frei. Es war Zeit für einen Neuanfang.

II

Vereint

1828-1834

Ich liebe sie:
Adele und Sibylle

Mitte September 1827 reiste Adele Schopenhauer nach Köln; *die seltsam winkliche Stadt voller Kirchen Nonnen, Priester u ersten National Trachten ohne Grazie, sagt mir zu – ich könte hier recht gut leben.*[1] Sie wohnte bei der Familie des Geheimen Finanzraths Andreas Brahl, dessen Frau eine Jugendfreundin Johanna Schopenhauers war. Die etwas ungenaue, aber *liebe Rekommandation an F. von Mertens*[2] musste jedoch warten, denn als Adele nach Köln kam, wurde Sibylle gerade von ihrem sechsten Kind entbunden, Augusta Henrietta Ludovica. Erst im Januar 1828 erschien Adele Schopenhauer zum ersten Mal im Mertens'schen Salon.

Zu erzählen wäre viel,[3] schrieb Adele daraufhin Ottilie andeutungsvoll. Sibylle war elektrisiert. Sie merkte bald, dass nicht nur die Tochter einer berühmten Schriftstellerin vor ihr stand, sondern *ein Wesen eigener Art.*[4] Adeles volltönende Stimme nahm sie ein. Klug, weltläufig, in Literatur, Kunst, Sprachen bewandert war der Gast – stürmisch warb Sibylle um Adele. *Was sie alles gethan hat um mich zu gewinnen u aus welcher reinen Absicht, wie sie mitten drin die Absicht verloren, u nur Gefühl geworden, das meine Ottilie, ist zu groß u wunderlich um es einem Wisch Papier anzuvertrauen, den du doch herum liegen läßt.*[5]

Trotz ihres riesigen Bekanntenkreises hatte Sibylle Mertens in ihrer unmittelbaren Umgebung nur eine engere Freundin, die Arztgattin König. Annette von Droste-Hülshoff lebte weit weg in Münster. Adele Schopenhauer stach unter den Kölner Patrizierinnen und Bonner Professorengattinnen heraus. Nicht nur wegen ihrer Bildung, ihrer Rezitationen und Scherenschnitte. Sie war auch unverheiratet und legte es nicht darauf an, Männern zu gefallen. Ihre Verbundenheit mit Ottilie von Goethe dürfte sie erwähnt haben. Das alles waren Signale, die Sibylle ermutigten. Vor vielen Jahren, im belgischen Pensionat, war sie in die spätere Gräfin Landsberg verschossen gewesen. *Ich hatte als junges Mädchen diese Luise so sehr geliebt.*[6] Seit zwölf Jahren unglücklich verheiratet, war die 31-Jährige offen, lebenshungrig und neugierig. Als sie im Frühling mit ihren Kindern wieder auf den Auerhof zog, lud sie Adele ein, sie zu begleiten.

Adele Schopenhauer fand die neue Bekannte *sehr liebenswürdig und voller Verstand.* Mit Bewunderung registrierte sie ihre vielseitigen Interessen: *sie treibt am liebsten Mythologie u Geschichte, liest am liebsten die alten lateinischen Autoren in d Uebersetzung, treibt viel Spanisch, spielt Meisterhaft Klavier, intereßiert sich für Kunst, Alterthum, Gemälde, Poesie – für alles Schöne u Große.*[7] Selber auf der Suche nach einem neuen Anknüpfungspunkt, folgte sie Sibylle und mietete sich unweit des Auerhofs in die Godesberger Pension des Fräulein Fuchs ein. Louis Mertens hielt das Bankhaus Schaaffhausen in Köln fest, so dass die Freundinnen ungestört *den ganzen Tag beisammen*[8] bleiben konnten. Sie arbeiteten gemeinsam im Garten des Auerhofs, genossen das Erwachen der Natur, kümmerten sich um die Kinder – damals zwischen einem halben und zehn Jahren alt – und lernten sich *im engsten Zusammenleben* immer besser kennen. Als Adele ein wenig erkrankte, sorgte Sibylle für sie; *die zarte vornehm erzogene Frau stand in der Küche und kochte für mich, damit ich nichts schädliches oder nicht nach meinem Sinn bereitetes bekäme.* Für Adele tat Sibylle alles, kam *in Hitze u Sturm, bei Tag u Nacht – sie würde eben so auf der Diele liegen u Wasser u Brodt essen wenn mir ein Gefallen damit geschähe.* Adele stellte fest, sie sei in ihrem Leben noch *nicht so geliebt worden*, und wunderte sich nach all den Entbehrungen mit Ottilie, wie ihr geschah. Sibylle war *noch nie eine Minute kleinlich mir erschienen. Auch schwärmt sie nicht, menschlich und natürlich liebt sie mich mit meinen Fehlern, tadelt u lobt mich.*[9]

Mit leichter Verzögerung erwischte es auch Adele; *ich habe wie-*

der eine menschliche weiche Neigung in meinem vom Kummer versteinten Herzen – zu einer Frau, die im Wesen dir u mir gleicht, doch verschieden von Beiden etwa zwischen uns zu stellen ist, erzählte sie Ottilie von Goethe Ende April 1828 noch etwas vage; *der Mertens Bekanntschaft kan einen Einfluß auf mein künftiges Leben gewinnen.*[10] Doch im Mai brach es dann aus ihr heraus: *Ich könte Alles zusammenfaßen und mit einem Worte Dir sagen ich liebe sie.* So bange wie ausführlich schilderte sie Ottilie die neue Freundin und ihre Beziehung. *Sie ist so gut, so wohlthätig, so himmlisch mitleidig,* und außerdem sei sie sehr sensibel. *Sie hat die Gabe des Auffassens, des leisen Verstehens, die Zartheit der feinsten Erziehung, u die höhere des allerreinsten Gefühls.* Ihre Begeisterung machte Adele jedoch nicht blind. *Ihre Fehler sind Stolz, Eigensinn Heftigkeit – mitunter Launen, deren sie nur theilweiß Herr ist. Ein zweiter Fehler ist Nichtbeachten einzelner kleiner Gesellschafts formen, u ein oft zu sehr hervortretendes Ungewöhnlichseyn des Geistes. Ich tadle sie oft sehr streng, ja sehr hart.* Doch gerade dieser Realitätssinn und die Kritikfähigkeit machten die Qualität der neuen Liebe aus; *in d. Märtens ist nichts was ich nicht mit voller Kraft an's Licht ziehen darf, nichts was mich stört od. hemmt, darum ist auch volles gegenseitiges Vertrauen zwischen uns,*[11] schrieb Adele Ottilie; *ich kenne ihre Fehler, eben darum weil ich sie gar nicht vergöttere, darum werde ich ihr bleiben so lange ich athme.*[12] Freudig begrüßte Adele Sibylle als die Retterin, die sie von ihrer tiefen Depression erlöste. *Sie verschönt mein verkümmertes Daseyn, sie erleichtert die Kette die mich drückt darum liebe ich sie dankbar, denn sie ist meine Wohlthäterin –: sie hat die Eisrinde meines Herzens gelöst!* Und richtig prophezeite sie schon im Mai 1828: *wie ich sie liebe werde ich wohl nie wieder jemanden lieben.*[13]

Erst mit Sibylle nabelte sich Adele ganz von Ottilie ab. Immer wieder verglich sie die neue mit ihrer alten Liebe. *Sie erinnert mich unaufhörlich an Dich sie hat ungemein viel von dir, nur ist sie gescheuter, u du hast mehr Geist, sie ist gründlicher, du vielseitiger gebildet – sonst ist vieles so ähnlich – daß mir die Augen übergehen. Doch paßt sie in's wirkliche Leben,* – ein Hieb gegen die unpraktische Ottilie – *sie ist von ihrem Vater erzogen.* In ihre Freude über die neue Liebe mischte sich 1828 immer noch Trauer über die verlorene: *sie befriedigt mir Herz u Geist – obschon sie mich nicht entzückt wie du früher oft es gethan durch das was nur du bist u ich nicht nennen kan, u was kein Mensch je mir seyn wird.*[14] Da Adele Ottilie idealisch überhöht hatte, enttäuschte sie die irdischere Liebe zu Sibylle anfangs fast ein wenig. *Außer dir glaube ich habe ich nie so geliebt, nie ist mir ein Wesen so menschlich nah getreten so ganz verständlich gewesen Verhältniße, Neigungen Alles stimmt – nur Dich liebte ich schöner!*[15] Befangen ob ihrer Liebeserklärung an eine andere bat Adele schüchtern: *Kanst du dich nun überwinden theueres Herz so schreibe mir wenn du schreibst was du von ihr u mir denkst.*[16] Obwohl sie sich von ihrer alten Liebe gelöst hatte, wünschte sie sich ihren Segen.

Ottilie antwortete erst sechs Wochen später so freundlich wie kurz auf diese Lebensbeichte. *Alles was Du thust, deine Zukunft an ein solches Wesen zu knüpfen, erfreut mich,*[17] schrieb sie und sinnierte metaphernreich über ihr eigenes unbeständiges Lebensschiff. In der Folge begriff Adele, dass die bodenständige Verankerung in der Wirklichkeit ihre zweite große Liebe nicht zu einer Enttäuschung, sondern zu der fürs Leben machte.

Glücklich wie noch nie bat Sibylle Adele in ihrem ersten Frühling, diesen Flitterwochen auf dem Auerhof, ganz bei ihr zu bleiben. Die Freundin befand sich ja nur auf einem erweiterten Urlaub von Weimar, die Zukunft war ungewiss. Adele musste den Vorschlag zwar noch als unrealistisch zurückweisen – *Ich werde nie von der Idee reden mit d. M. zu leben, denn so lange Mutter lebt bleibe ich bei ihr* –, doch allein Sibylles Wunsch ließ sie jubeln. *Dennoch werde ich den schönen so wirklichen so ganz reellen Plan den sie entwarf, als ein Heiligen Bild durchs Daseyn tragen.*[18] Was sie von Ottilie jahrelang vergeblich gefordert hatte, schenkte ihr Sibylle von sich aus. Um ihren Wunsch nach einem gemeinsamen Leben mit beider familiären Abhängigkeiten zu vereinbaren, musste Johanna Schopenhauer überzeugt werden, an den Rhein zu ziehen. Weimar war teuer, Johannas Salon passé, der Rhein *en vogue* – die Mutter konnte sich Adeles Argumenten schlecht widersetzen. Und so brach sie am 20. Mai 1828 auf, um nähere Erkundungen einzuziehen. *Meine Mutter kommt,* teilte Adele Ottilie mit, *ich freue mich, aber mir ist doch ziemlich bedenklich zu muthe.*[19]

Als Johanna Schopenhauer mit dem neuen Raddampfer, der seit einem Jahr im Linienbetrieb verkehrte, am Plittersdorfer Bootsanleger ankam, war Sibylle Mertens bewusst, dass sie die Tochter nur halten konnte, wenn sie die Mutter gewann. Sie bot daher ihren ganzen Charme und die Bequemlichkeiten ihres Reichtums auf, um Johanna zu einem Wechsel an den Rhein zu bewegen; *von allen Seiten verhätschelt* gefiel es der Mutter in dem *unaussprechlich lieblichen Godesberg* daraufhin so gut, dass sie *wirklich vor all' dem Lieben, Erfreulichen, Herrlichen, das mich umgab, in einen wahren Dusel*[20] geriet. Auch Adele war glücklich und erleichtert. Dem alten Goethe in Weimar erzählte sie ausführlich von Sibylle, mit der sie die neuen Bände seiner *Gesammelten Werke* durchging, die Johanna mitgebracht hatte: *ich genieße einer doppelten Freude indem ich Unbekanntes für mich, Wohlbekanntes für die Märtens suche, die mein Vorlesen erfreut. Der alte Schaaffhausen, ihr Vater, hat ihr eine Art Bildung gegeben, die sie mehr mit den Alten als mit unsren Dichtern bekant werden ließ; ein Aufenthalt in Italien u enger langer Umgang mit Walraff begünstigten diese Richtung. Nun finde ich unerwartet das selt'ne Glück einem ganz entwickeltem, höchst gebildeten Geiste, manches in Ihren Schriften kennen zu lehren, und das unglaublich reiche Auffassungs-Vermögen, die Geistes-Arbeit die mit Blitzesschnelle das neue zum durch u durch Erkannten macht, gewähren mir um so mehr Genuß, da ich in meiner Muttersprache u meiner Landsmännin gegenüber, des richtigen Verstehens sicher bin. Ich hoffe Ihnen einst diese Frau zu bringen lieber Vater – wir haben nichts dem ich gerade sie vergleichen kan, obschon sie im Einzelnen oft an Ottilie mich mahnt.*[21]

Der gemeinsamen Goethe-Lektüre machte die vorläufige Abreise von Mutter und Tochter Schopenhauer ein Ende. Am 1. August reisten sie über Köln und Aachen nach Brüssel, Gent, Brügge, Antwerpen und kehrten über Maastricht zurück. Grund der Reise, die Adele und Sibylle nach einem halben Jahr täglichen Zusammenlebens trennte, war nicht nur die *Amüsier Wuth*[22] der Mutter. Johanna brauchte auch Stoff zu einem neuen Buch. Nach ihrer Rückkehr blieben die Schopenhauers noch zwei Wochen in Godesberg, dann kehrten sie nach Weimar zurück, wo sie Vorbereitungen für die gänzliche Übersiedelung an den Rhein im Jahr darauf treffen wollten.

Um Adele möglichst bald wiederzuhaben, suchte Sibylle selbst nach einer passenden Bleibe für Mutter und Tochter. Schon Ende November schickte sie ihnen den Grundriss einer Wohnung, die, *den theuern Zinns abgerechnet, alles ist, was wir wünschen können,*[23] wie Johanna bedauerte. Daraufhin dämmerte Sibylle, dass ihr Traum mit Adele am bescheidenen Einkommen der Schopenhauers noch scheitern konnte. Adele lebte in diesen Jahren von 350 Talern pro Jahr, die ihr verbliebenes Kapital von 7000 Talern bei 5-prozentiger Verzinsung abwarf. Johanna erhielt die Muhl'sche Rente von 300 Talern jährlich. Damit waren keine großen Sprünge zu machen. Das Ehepaar Mertens besaß dagegen ein Vermögen von *etwas über 200 000 Rth.*[24] Angesichts dieses Unterschieds sprang Sibylle in die Bresche. Sie und ihr Mann besaßen immer noch den Zehnthof in Unkel, den sie früher als Sommerhaus benutzt hatten. Mittlerweile war das Haus an den Halbbruder Carl Schaaffhausen vermietet, der sich jedoch bereit erklärte, auszuziehen. Mit ihrem Weihnachtsbrief 1828 konnte Sibylle Adele daher eine besondere Bescherung machen: Sie bot ihr den Zehnthof an, zur Miete, damit die Mutter das Gesicht wahren konnte, aber weit unter Preis.

Johanna Schopenhauer schlug denn auch gleich ein. Mietbeginn sollte Mai 1829 sein. Einige *Meublen* blieben im Haus – eine weitere diskrete Unterstützung der klammen Schopenhauers. Sibylle, die große Gärtnerin, versprach, sich rechtzeitig um den

Garten zu kümmern und Beete von *guten, tragbaren Artischocken* anzulegen, Johannas *Lieblingsgemüse.*[25] Der Garten sollte den Schopenhauers gehören, der Weinberg den Mertens', weshalb sie sich ein Zimmer im Haus vorbehielten – ein Arrangement, mit dem sich Sibylle eine ständige Übernachtungsgelegenheit bei der Freundin schuf.

Während Sibylle Mertens die Übersiedelung der Schopenhauers an den Rhein betrieb, bereitete sich ihre Freundin auf die gemeinsame Lektüre vor und lernte eigens dafür Spanisch. Als Geschenk für Sibylle bemalte sie einen Tisch mit Blumen. Stolz zeigte sie ihn Goethe bei einem Mittagessen zu zweit. Tags darauf schickte sie ihm einige Pasten, Abdrücke von Gemmen Sibylles in Gips. Die Freundin muss das große Thema bei diesem Mittagessen gewesen sein. Vor allem aber ging die ehemalige Adel-Muse der Mutter bei ihrer schriftstellerischen Arbeit zur Hand. *Mancher geistvolle Roman wurde von Johanna Schopenhauer in feiner Ciselirung und charakteristischen Ausarbeitung dem Publicum übergeben, dessen Entwurf von der Tochter Adele herrührte.*[26] Weder Mutter noch Tochter sprachen viel über diese effektive Zusammenarbeit.

Im Frühling sollte Adele vorreisen, um den Zehnthof einzurichten. Die 63-jährige Johanna legte Wert auf Komfort und ließ ihre Tochter gern die ganze Arbeit allein verrichten. Adele wiederum verbrachte gern Zeit mit der Freundin ohne mütterliche Aufsicht. Am 9. Mai 1829 brach sie in Eile auf, *denn mein Thierchen sehnt sich u ich noch mehr.*[27] Am 14. war sie mit Sibylle auf dem Auerhof vereint.

Daß ich ohne sie nicht leben kann:
Im Zehnthof

Das *wirklich abgeschmackt geformte Haus* in Unkel in eine komfortable Wohnung zu verwandeln, war nicht einfach. *Die Mertens hatte die Schwierigkeit allein auf dem Lande 4 Stunden von Bonn, 3 Stunden von ihr, mit fremden Dienstboten sich neueinzurichten nicht bedacht. Ich habe das Haus u den Garten ganz verwüstet bekommen, ich habe weil die Arbeiter nichts thaten, einziehen müßen u hatte weder Möbel noch Geschirre, noch anderer Bedürfnisse gar nicht zu reden.* Das beste an der früheren *Zehnten-Scheune*, in der sich heute das Seniorenheim Christinenstift befindet, war die herrliche Lage direkt am Rhein südlich des Siebengebirges und die Nähe zum linksrheinischen Auerhof, der mit dem Schiff leicht zu erreichen war. Doch Sibylle kränkelte, und ihre familiären und gesellschaftlichen Pflichten hinderten sie häufig, Adele beizustehen. Euphorisch war dieser Auftakt einer Epoche nicht. *Ich habe Stunden wo ich ganz zufrieden bin, wenn sie allein mit mir ist und uns nichts stört besonders wenn wir auf ihrem Gute arbeiten.*

Der holpernde Zug ins neue Leben drohte ganz aus dem Gleis zu springen, als Johanna Schopenhauer am 2. Juli eintraf. *Die Meubel waren nicht fertig, das Wetter schlecht, die Mertens leidet sehr, sie hat wohl die Auszehrung, meine Mutter litt durch all die Unruhe mehr als ich dachte, sie war sehr verstimmt. Dazu konte meine Kölner Köchin das Landleben nicht ertragen, und sagte mir auf, kurz die Fatalitäten welche ich früher geahndet brachen mit solcher Gewalt ein daß ich weder Herr meiner Zeit noch meiner Feder war. Unkel liegt schön aber unser Haus liegt im Thal, so umringt von grünen Hügeln, die Zimmer sind niedrig, vieles fehlt noch und ein Palast kan's eben nicht werden. So war denn Mutters Vornehmigkeit Anfangs sehr in der Klemme.*[1]

Um die Katastrophe abzuwenden, legte Sibylle schließlich selbst Hand an. Adele konnte ihre so begabte wie praktische Freundin nicht genug bestaunen. *Dies wunderbare Wesen entfaltet jetzt sich auf zweifache Weise, so überreich daß ich es nicht wohl zu vergleichen weiß*, schrieb sie dem alten Goethe. *Während sie am Tage mit Schreiner Schlosser, Wein- u Landbebauer, Vergolder Tapezierer, kurz mit allen Handwerkern als tüchtiger Sachkenner und Berather um die Wette arbeitet, mit den feinen Händen ungeheure Lasten hebt, und immer im Denken und Thun als Praktiker den Nagel auf den Kopf trifft, liest sie Abends mit der Mutter mithologische Schriften, oder Uebersetzungen der Alten oder auch mit mir Ihre Werke. Mich freut bei Letzterm das frische Auffassen u genaue Durchschauen, bei dem Lesen des Horaz aber oder geschichtlicher Lateiner überkommt mich ein ganz besonderes Vergnügen. – Wie sich Ihre Iphigenie zu den alten Tragikern verhält, so möchte ich sagen verhält sich Sibyllens Geist zu den alten Autoren, und den neuen Gelehrten. Die Art wie sie die Schönheit ergründet, u auffindet wo nur ihre Spur zu sehen, die Weise mit welcher sie sie zurückgiebt, ja sie eigentlich lebendig zurückstrahlt, sind weder antik noch dem Lesen und Auffassen unserer Philologen oder Geschichtskundigen vergleichbar, aber ihnen doch analog. Ihr Geist steht ›zwischen Beiden so zart, ein Mittelglied von eigner holder Art.‹ Sibylle liest anders als alle Frauen die ich bisher dergl Sachen habe lesen sehen, man fühlt daß sie von Jugend auf im Umgang geistreicher Männer deren Anschauungsweise gesehen, u eben genug davon angenommen hat um nicht ihrer Eigenthümlichkeit zu schaden. Dabei ist sie so ganz ohne Eitelkeit, hat ein so reines Vergnügen an diesem ernsten Treiben als sonst Frauen zu haben nicht gegeben ist, denn unser Geschlecht wird sich etwas schwer selbst los. Geht es mir doch selbst so! Dann, damit ich Sybillen treuer Ihnen zeichne, dann ist die Frau doch auch weder gelehrt noch pedantisch, auch nicht einmal an das Sprechen ueber ihre Lieblinge gewöhnt.* Das gab ihren *Worten eine Jugendfrische, die mich fortreißt.* Das ausführliche Porträt lässt annehmen, dass Adele bei ihrem Ersatzvater großes Interesse an ihrer neuen Gefährtin voraussetzte.

Dank Sibylles tatkräftigem Einsatz wurde in Unkel doch noch alles gut. Johanna freute sich an der eleganten Weimarer Einrichtung ihres kuriosen Hauses, mehr noch an dem herrlichen Garten mit seinen Aprikosenbäumen und Erdbeerbeeten. So stellte sich im Laufe des Sommers noch ein schöner Alltag ein, den Sibylle so viel wie möglich teilte; *die Mertens und ich trotzen jedoch dem Wetter, fahren in bedeckten Nachen und sehen uns alle 3-4 Tage, dann meistens gleich auf Tage, die Nächte bringen wir abwechselnd einer in des andern Hause zu, wie dann eben der Sturm es fügt.*[2]

In diesem Sommer 1829 wurden beide gewahr, dass sie ohne einander nicht mehr wollten noch konnten. *Mir scheint es meine Bestimmung, ihr Wohl und Weh dem meinen sehr eng zu verbinden, ich glaube wir trennen uns nicht sobald. Sie lebt in mir, und mir ist sie in dem neuen Leben unentbehrlich, denn ihre Liebe, ihre Hingebung erhalten mich.* Wie ein Jahr zuvor, als Adele Schopenhauer Ottilie von Goethe zum erstenmal von Sibylle Mertens erzählt hatte, verglich sie ihre beiden großen Lieben miteinander. Nun aber trug die neue Liebe den Sieg davon: *Ich erinnere mich keiner so vertraulichen Freundschaft in meinem Leben; du hast mir immer zu schön in die Seele gestrahlt, bist mir wenn du so willst zu körperlos zu himmlisch schön gewesen.* Adele hatte aufgehört, Ottilie zu vergöttern, und blickte kritisch auf das Podest zurück, auf das sie sie gestellt hatte. Die Bodenständigkeit ihrer Beziehung zu Sibylle, die sie ein Jahr zuvor noch wehmütig gemacht hatte, bewährte sich nun in ihrer verlässlichen Alltagstauglichkeit. *Sie ist in manchem Punct gewöhnlicher, daher thue ich manches für sie, das ich für dich nie gethan, daher lasse ich mir von ihr manchen Dienst leisten, den ich nie von dir annähme An dir war mir alles, wenn du willst, etwas übermenschlich, u wenigstens durchaus nur dir eigen; so war ich stets verlegen wenn du krank warst, wie ich dich nur zart genug halten wollte, um dir nicht weh zu thun, bei Sybillen nehme ichs gar nicht genau, ihre Fehler, Eigenheiten, Unarten, Gewohnheiten Krankheiten, Tollheiten u alle hei-*

ten der ganzen Person sind mir suma sumarum bekannt u ich halte es eben aus, u liebe sie wie sie ist. Adele fühlte sich endlich am Ziel. *Ich glaube am besten vergleichst Du uns ein Paar Leuten die sich spät finden u dann einander heirathen. Stürbe sie – so spräng ich jetzt in den Rhein, denn ich könnte nicht ohne sie bestehen.*[3]

Ein Gedicht Adeles, das Sibylle ihr Leben lang aufbewahrte, legt nahe, dass sie sich tatsächlich ›heirateten‹:

Mit einem Ringe an S.

Mein Liebchen ist ein kleines Ding,

– Sibylle war nicht ganz so hoch gewachsen wie Adele –

Reicht grade mir zum Herzen,
Ich faß' es mit dem kleinen Ring,
Es ist mir nicht zum Scherzen!
Juwelen, Perlen sind ja klein,
Drum faßt man sie in Ringe ein.

Ein großer Ring faßt uns're Welt
Mit noch viel Tausend andern,
Sie blitzen in dem lichten Feld
Des Rings, den sie durchwandern –
Du aber bleibst nun meine Welt
Im Ring, der uns zusammenhält![4]

Im August 1829 zog die immer noch kränkelnde Sibylle ganz in den Zehnthof, nur von ihrer Jüngsten begleitet, der nicht ganz zweijährigen Auguste. Dank Adeles Pflege besserte sich Sibylles Gesundheit merklich. *Es liegt etwas Märchenhaftes in dieser Ruh. Abends wird gelesen modelliert, Tags werden Versuche gemacht durch den Regen zu dringen u es wird gearbeitet, genäht, gestickt. Kein Tag zeichnet vor dem andern sich aus. Wir sind jedoch alle 3, die Mer-*

tens, Mama und ich zu regen Geistes, um nicht durch gegenseitige Reibungen uns vor dem Einschlafen der Fähigkeiten zu hüten.[5] Erneut lasen Adele und Sibylle zusammen Goethe und verglichen die gerade erschienene zweite Fassung von *Wilhelm Meisters Wanderjahre* mit der von 1821. Aus Weimar kam die erste Ausgabe von Ottilies Zeitschrift *Chaos*, die sie mit Goethes Wohlwollen und Unterstützung von nun an allwöchentlich herausgab. Kaum hatten Adele und Sibylle die anonymen Gedichte und Kurzbeiträge gelesen, *machten wir sogleich schlechte Verse,*[6] um ebenfalls im *Chaos* vertreten zu sein. Adele schwelgte im Weltschmerz, Sibylle im *sehnenden Verlangen!*[7] Auch Johanna Schopenhauer unterstützten sie in ihren publizistischen Arbeiten, etwa dem *Ausflug an den Niederrhein und nach Belgien im Jahr 1828*, der auf der Reise vom Vorjahr beruhte. Die Schilderung des Kölner Karnevals, der Gemäldesammlung Abraham Schaaffhausens und der Verdienste Ferdinand Franz Wallrafs gehen auf Sibylle zurück.

Mindestens sechs, vielleicht acht Wochen hielt sich Sibylle in Unkel auf, fern von ihren übrigen fünf Kindern, ihrem Ehemann und allen ihren Pflichten. Louis Mertens, der Adele Schopenhauer misstrauisch beäugte, musste sich fragen, weshalb seine Frau ihre schlechte Gesundheit nicht im eigenen, komfortabler ausgestatteten Sommerhaus wiederherstellte. Es war offensichtlich, dass sie ihn und ihre gemeinsamen Kinder mied und die neue Freundin vorzog. Kaum war Sibylle zurück, nahmen die Eheleute Mertens ihren Krieg wieder auf; *ihr Mann behandelt sie sehr hart, sehr roh und sie ist s e h r unglücklich, ohne eigentliche Schuld obschon sie vielleicht durch ein andres Benehmen ihn mehr gezähmt, mehr gewonnen haben würde,*[8] meinte Adele. Doch Sibylle konnte und wollte ihren Mann nicht mit diplomatischem Geschick um den Finger wickeln. Sich beugen war ihr wesensfremd, *knien nicht eben mein Forte.*[9]

Für Adele Schopenhauer war Louis Mertens der Wiedergänger August von Goethes, der unerträgliche Ehemann, der ihr im Weg stand. Sie bekannte Ottilie, dass sie ihn *hasse – er ist toll oder ein wahrer Wüthrich, auch scheut ihn alles.* Dass ihre Sehnsucht nach einer Exklusivbeziehung mit einer Frau erneut wegen eines Ehemanns unerfüllt bleiben sollte, bekümmerte sie tief. *So lange ich keinen Menschen hatte, der mich genug liebte um mich zum Hauptmotiv seines Lebensbewegens zu machen, war ich elend, die Mertens wäre allenfalls die Person die mir angehören könnte, und in und mit mir leben, aber die Verhältnisse zerren u ziehen von allen Seiten, an uns Beiden u die kleinen Hemmungen des Lebens behaupten ihr Recht! Das sind alles ganz bekante Dinge du bedarfst keiner Erörterungen! man quält Sie todt, u mich quält man müde u matt.* Höchst frustriert kamen ihr die unchristlichsten Gedanken. *Selten regt sich ein Wunsch, außer dem daß den M: der Teufel hohlen möchte, damit ich frei würde, mit ihr, doch schenkt er ihm die trefflichste Gesundheit.*[10]

Da ihr der Teufel diesen Wunsch nicht erfüllte, bat sie Sibylle im Herbst 1829, sich scheiden zu lassen. Was der Protestantin aus Thüringen denkbar erschien, war für die Katholikin im Geltungsbereich des Code Napoléon jedoch keine Option. Das französische Recht erlaubte Ehescheidungen nur bei groben Misshandlungen und bei Ehebruch, für den eine atemberaubende Doppelmoral galt: Während sich der Mann von seiner ungetreuen Ehefrau scheiden lassen konnte, hatte sie nur dann das Recht dazu, wenn er seine Geliebte in den ehelichen Haushalt aufnahm. *Sybille wird sich nicht scheiden laßen,* stellte Adele trotzdem tief enttäuscht fest. *Ich habe wieder geirrt, nicht darin daß wir herzogen, das war nöthig und ist so gut, aber in all meinen Wünschen für meine vereinsamte Zukunft.* Doch auch Sibylle war alles andere als glücklich mit der Situation und hoffte auf die Zeit nach Johanna Schopenhauers Tod: *neulich frug mich Sibylle ob ich wohl wenn ich einmal allein bliebe bei ihnen in ihrem Hause wohnen möchte u ohne eine Sekunde Nachdenkens antwortete ich nein; nie! Mit ihr leben ist mir ein Glück aber mit ihm ein Elend.*[11] Viele Jahre mussten sie noch warten, ehe sie ihren gemeinsamen Lebenstraum verwirklichen konnten.

Eine Liebhaber*in* der Ehefrau als Scheidungsgrund kannte der Code Napoléon nicht. Sibylle Mertens beging mit Adele Schopenhauer nach damaligen Vorstellungen keinen Ehebruch – nach heutigen vermutlich schon. Vom Beginn ihrer Liebe auf dem Auerhof 1828 erzählte Adele Ottilie: *ich sah sie diese letzte Zeit immer, denn ich wohnte alle Woche mehrere Tage bei ihr, zuletzt schliefen wir in einem Zimmer um zusammen zu bleiben.* Dafür benutzten sie *ein zweischläfriges französisches Bett.*[12] Einen Monat später seufzte sie wonnevoll auf, *mir ist so wohl in ihrer Nähe, in ihren Armen.*[13] Weibliche Formen entzückten Adele, der alle Männer bis auf Louis Stromeyer körperlich zuwider waren und die schon gern Ottilies *Liebhaber* gewesen wäre; *der Körper der neuen Venus* etwa – der Abguss einer antiken Statue, die sie 1822 in Frankfurt in der Städelschen Sammlung sah – versetzte sie in einen *Taumel von Lust.*[14] Hiram Powers' provozierend ausgezogene, *auf dem Bazar zum Verkauf ausgestellte Sklavin* riss Adele hin. *Welche Weichheit liegt in dem zarten Muskelspiel dieses idealisch schönen, und doch so ganz wahren Körpers, dessen sammetweiche Haut man zu berühren glaubt!*[15] Es ist nur wahrscheinlich, dass sie die Frau begehrte, mit der sie sich verheiratet fühlte und deren Ehemann ihr so verwünscht im Weg stand.

Sibylle Mertens lebte in einer Ehe mit allen Rechten und Pflichten, doch es ist fraglich, ob sie ihre sechs Kinder in Lust empfing. Briefe ihrer Berliner Freundin Henriette Paalzow legen nahe, dass Sibylles Ehekrieg von *der finsteren Brautkammer* und der *fremden unsichern Gewalt des Mannes*[16] ausging. Sibylle fühlte sich wahrscheinlich von ihrem Mann – *›mein gebietender‹, Herr Mertens*[17] – sexuell gedemütigt. Dabei sehnte sie sich nach der *Liebe die als Leidenschaft kömmt,*[18] lebte, laut Henriette, gar *in der Glut des Treibhauses.*[19] Die Begegnung mit Adele Schopenhauer scheint sie zu ehelichen Konsequenzen veranlasst zu haben. Denn bei der Geburt ihres letzten Kindes war Sibylle erst dreißig. Da die unharmonischen Eheleute sehr leicht Kinder zeugten, hätten in Zeiten ohne wirksame Empfängnisverhütung eigentlich noch weitere folgen müssen. Nachdem sie Adele und die *antique Liebe*[20] kennengelernt hatte, wurde Sibylle jedoch nicht wieder schwanger. Louis Mertens hatte also allen Grund, Adele Schopenhauer als enormen Störfaktor seiner Ehe zu betrachten.

Trotzdem konnte er seiner Frau keinen Seitensprung vorwerfen. Lust und Liebe zwischen Frauen galt als Quantité négligeable. Das war nicht immer so gewesen. Die *Peinliche Gerichtsordnung* Karls V. (1532), die bis ins 19. Jahrhundert wirkte, bestrafte gleichgeschlechtliche Unzucht mit dem Tod durch Verbrennen: *Straff der vnkeusch, so wider die natur beschicht. Jtem so eyn mensch mit eynem vihe, mann mit mann, weib mit weib, vnkeusch treiben, die haben auch das leben verwürckt, vnd man soll sie der gemeynen gewohnheyt nach mit dem fewer vom leben zum todt richten.*[21] Alle genannten Spielarten – und noch weitere wie etwa Sex mit Heiden oder mit dem Teufel – galten als ›Sodomiterey‹ und wurden verfolgt. Noch 1721 wurde im zu Preußen gehörenden Halberstadt Catharina Margaretha Linck hingerichtet, die als Mann unter dem Namen Anastasius Lagrantinus Rosenstengel eine andere Frau geheiratet und *ein von Leder gemachtes ausgestopfftes Männliches Glied*[22] gebraucht hatte. In juristischen Kommentaren wie auch in der Rechtsprechung wurden jedoch die Zweifel immer lauter, ob sich Frauen physisch überhaupt vereinigen können. 1787 schrieb der Rechtsgelehrte Jacob Cella, das *natürlichste wäre wohl anzunehmen, daß Weib mit Weib keine eigentliche sodomia sexus begehen könne: indem alles, es mag nun mit oder ohne künstliche Werkzeuge bewerkstelligt werden, blos auf unzüchtige Spielereien hinausläuft, an denen die Imagination mehr Antheil als die Realität hat.*[23]

Solche Annahmen beruhten auf der Neu-Konzeption der Geschlechter, wie sie Rousseau, Diderot, Schiller oder Wilhelm von Humboldt seit dem Ende des 18. Jahrhunderts entwickelten. Frauen wurde dabei jede Autonomie abgesprochen, beginnend mit der über ihren Körper und ihr Begehren. Johann Gottlieb Fichte pointierte: *Im unverdorbenen Weibe äussert sich kein Geschlechts-*

trieb, und wohnt kein Geschlechtstrieb, sondern nur Liebe; und diese Liebe ist der Naturtrieb des Weibes, einen Mann zu befriedigen. Es ist allerdings ein Trieb, der dringend seine Befriedigung heischt: aber diese seine Befriedigung ist nicht die sinnliche Befriedigung des Weibes, sondern die des Mannes; für das Weib ist es nur Befriedigung des Herzens.[24] Die Zeiten der *Peinlichen Gerichtsordnung*, die das Begehren der Frauen so ernst genommen hatte, dass es bei Abweichung den Tod verdiente, waren zu Beginn des 19. Jahrhunderts vorbei. Frauen konnten den ›*Beyschlaf*‹ anatomisch nicht miteinander vollziehen. Ihre geteilte Lust war im Verständnis der Zeit harmlos, höchstens lächerlich und daher auch nicht mehr strafrechtlich zu belangen. Im für das Rheinland maßgeblichen französischen Recht war Unzucht zwischen Frauen nie erwähnt, nie bestraft worden.

Was es nicht gab, hatte auch nie existiert. Einer von Sibylles Salongästen, der Altphilologe Friedrich Gottlieb Welcker, bestritt in seinem Werk *Sappho von einem herrschenden Vorurtheile befreyt* (1816) die Liebe der Dichterin zu Frauen. Goethe, der es besser wusste, verriss die Arbeit, *welche besser unbekannt bliebe,* wegen Welckers missglücktem Versuch, von der Frauenliebe *deutsch zu reden.* Schließlich seien *für die griechischen und römischen unziemlichen Begriffe keine deutschen Worte zu finden.*[25] Tatsächlich hatten Adele Schopenhauer und Sibylle Mertens keine anderen Begriffe und Konzepte zur Verfügung als die so universellen wie vagen von ›Liebe‹ und ›Freundschaft‹. Adele etwa schilderte Ottilie ihre Partnerin mit Hilfe dieser Begriffe, ohne dass uns Nachgeborenen damit viel geholfen wäre: *Die M. hat nie ein Liebesverhältniß gehabt, im 19ten Jahre hat man sie verheirathet, ihr Verhältniß zu M. gleicht dem deinen zu A. Du begreifst daß die M. eine Tiefe u Reinheit des Gefühls der Freundschaft hat die selten ist.*[26] Die Gegenüberstellung von Liebe einerseits und Freundschaft andererseits frappiert angesichts von Adeles Liebesschwüren an ihre ›Freundinnen‹. Weil Sibylle nie ein Verhältnis mit einem Mann hatte, so ihre Logik, sei ihre Freundschaft – implizit ist die zu Frauen gemeint – besonders rein und tief. Waren damals ›Liebesverhältnisse‹ also unserem Sprachgebrauch nach per se heterosexuell und ›Freundschaften‹ immer homosozial, potentiell homosexuell? Das Kunstwort Homosexualität wurde jedoch erst Jahre nach Adeles und Sibylles Tod erfunden, 1869. Die lesbische Identität, die viele Frauen liebende Frauen im 20. Jahrhundert entwickelten, basiert auf Voraussetzungen, die zu Beginn des 19. Jahrhunderts noch nicht gegeben waren, allen voran die bürgerliche Autonomie der Frau. Eine Frau existierte rechtlich und gesellschaftlich nur durch ihren männlichen Vormund, den Vater, den Ehemann. *Lesben*, die aus der Liebe zu Frauen das eigene Selbstverständnis ableiten, konnten Sibylle Mertens und Adele Schopenhauer historisch noch nicht sein. Sie lebten an der Schwelle der sexuellen Moderne und entwickelten, erprobten und durchlitten die neue lesbische Identität paradigmatisch mit.

Denn die sprachliche Ambivalenz und Mehrdeutigkeit, ja selbst die Negation des weiblichen Begehrens schaffte für Frauen wie Sibylle Mertens und Adele Schopenhauer durchaus Freiräume. Dass sie ein Bett teilten, war nicht der Rede, kaum des Verheimlichens wert. Scharf reagierten Louis und ihr gesellschaftliches Umfeld dagegen auf ihre Revolte gegen die bürgerlich erwartete Unterordnung der Frau. Dass Sibylle die Seite ihres Mannes mied und ihre Kinder vernachlässigte, war skandalöser als eine Geliebte. Darüber hinaus fiel Sibylle den Zeitgenossen als *etwas seltsame Frau*[27] auf. Viele verglichen sie mit einem Mann, allen voran Adele: *sie dichtet sehr kühn fast männlich, denn sie hat zuweilen Humor u Ironie wie ein sehr reiner junger Mann sie haben kann.*[28] Ernst aus'm Weerth, Sibylles archäologischer Ziehsohn, nannte sie eine *mit männlicher Kraft ausgestattete Frau,* eine *wunderlich scheinende Frau,* die *oft unweiblich erschien, ohne unweiblich zu sein.* Auch tadelte er ihr gesellschaftliches Engagement, mit dem sie sich mehr *dem Wohl des Allgemeinen hingab, als es der Beruf des Weibes zulässt.*[29] Henriette Paalzow sprach von *der männlichen Schaale*[30] ihrer Neigungen, Sibylles Vetter Hubert Schaaffhausen empfand ihren *Willen von fast männlicher Entschiedenheit.*[31] Wegen *ihres kenntnissreichen, bestimmten und chevaleresken Auftretens*[32] konnte sie sogar für einen Mann, ja einen Kavalier gehalten werden. Offensichtlich war Sibylle Mertens alles andere als ein Weibchen; *ihre Kleidung war oft auffallend,*[33] nicht der Norm entsprechend, trotz Zobelpelz und Perlen, Diamanten und großer Abendrobe. Während Adele Schopenhauer als hässlicher Blaustrumpf ihre Weiblichkeit verriet, provozierte Sibylle Mertens mit einer Attitüde, die in der Weimarer Republik vielleicht *Kesser Vater* genannt worden wäre und heute *butch.*

Als Freundinnen unzertrennlich: Goethe

Goethe war von androgynen Frauen fasziniert. *Wilhelm Meisters Lehrjahre* wimmeln nur so von ihnen. Ob Mariane, die gleich auf der ersten Seite *als junger Offizier gekleidet*[1] auftritt, Aurelie, Therese oder Natalie, sie alle werden mit männlichen Attributen ausgestattet. Mignon fasziniert Wilhelm gerade wegen ihrer geschlechtlichen Uneindeutigkeit – *mignons* hießen die Lustknaben der französischen Könige. Goethes unchristliche Toleranz und Aufgeschlossenheit gegenüber allem Menschlichen zeigte sich auch in seiner Biographie des Kunstästheten Joachim Winckelmann. Dessen Liebe zu Männern beschrieb er im Kapitel »Freundschaft«, sachlich, ohne Tadel, ohne Skandal. Seinen Rekurs auf die Männerliebe der griechischen Antike beendete er mit einem Schlenker zu den Frauen: *Statt aller Empfindungen aber galt ihnen die Freundschaft unter Personen männlichen Geschlechtes, obgleich auch Chloris und Thyia noch im Hades als Freundinnen unzertrennlich sind.*[2] Sein Verriss von Welckers Versuch, Sapphos Frauenliebe zu negieren, mag die Absicht zu Grunde gelegen haben, das Menschliche nicht auf das Moralinische zu begrenzen.

Adele Schopenhauer hing an Goethe nicht nur, weil er sie und ihre ästhetischen Urteile schätzte. Aus seinen Schriften, aus seiner Haltung wusste sie, dass sie ihm frei von Sibylle Mertens erzählen konnte, was sie mündlich und schriftlich ausgiebig tat. Um ihre Partnerin und ihren *lieben Vater* in direkten Kontakt zu bringen, schickte sie ihm schon im Mai 1828 für seine Sammlung Versteinerungen, die sie von ihrer neuen Freundin bekommen hatte. Goethe bedankte sich umgehend mit einigen Medaillen. *Die Märtens war höchst überrascht von Ihrer Gabe,* schrieb ihm Adele Schopenhauer, *sie trug mir den Dank auf, den diese selten gebildete u dabei noch seltener bescheidene Frau Ihnen eher durch alles andre als durch ein schriftlich Zu- oder Andrängen zeigen wird.*[3] Stattdessen schickte Sibylle Mertens Goethe im Februar 1829 eine Kiste *mit ausgegrabenen antiken Gefäßen, Mineralien, kleinen Dombildern und Gedichten des Karnevals.*[4] Nach dezenten Ermahnungen Adeles trafen Goethes Gegengaben Ende September 1829 in Unkel ein. *Sie erhalten, meine theure liebe Freundin, mit dem Postwagen ein Kästchen worin Sie finden: zwey Zeichnungen für Madame Mertens, welcher mich schönstens zu empfehlen bitte. Ein Kästchen mit Medaillen für den freundlichen Geber; einige Muster von chinesischen Farben. Sodann auch die Ansicht meines Hauses und Gartens, obgleich sehr prosaisch und unter der Wirklichkeit gerathen.*[5] Das Kästchen mit Medaillen expedierten die beiden Freundinnen sogleich an Mathias de Noël weiter, der Sibylles Sendung eine Schale beigelegt hatte. Die Zeichnungen klebte Sibylle in eines ihrer Stammbücher. Hauptbeiträgerin zu diesem Album mit dunkelbraunem Einband und Goldschnitt war Adele mit vier Blumenstücken. Hinter Goethes aquarellierte Tuschezeichnung »Am Ponte Molle« (1787), die er auf seiner ersten Italienreise verfertigt hatte, klebte Sibylle seine eigenhändigen Zeilen, geschrieben an seinem 80. Geburtstag: *Frau Sibylle Mertens gewidmet, Weimar, 28. Aug. 1829 JWolGoethe.*[6] Danach folgt in dem Album sein Nachtstück einer italienischen »Dorfkirche«, eine grisaille-aquarellierte Tuschezeichnung auf blauem Papier, mit Goldfarbe gehöht. Goethes Tuschezeichnung einer Bergwerkskaue, »Ilmenau September 1777«, bekam sie wahrscheinlich von Adele.

Dieses Mal bedankte sich Sibylle Mertens mit gedrechselten Worten persönlich bei Goethe. *Die Blätter, die ich Ihrer Güte danke, geben mir das beneidenswerte Recht, Ihnen, Herr Geheimer Rat, schriftlich zu nahen, und so verdoppelt sich die reiche Gabe.* Insbesondere freute sie sich über die Motive aus Italien, da sie das Land selbst bereist hatte. *Glauben Sie, daß ich es recht innig fühle und erkenne, was mir ward, und daß mich diese Gabe stolz und demütig zugleich macht.* Zuletzt bat sie ihn, ihr und *meiner Freundin Adele* zu erlauben, ihm weitere *Seltenheiten meines Vaterlandes*[7] zu schicken. Tage zuvor hatte sie hierzu schon Anstalten getroffen. Am 23. September 1829 schrieb sie Mathias de Noël: *Sie würden mich sehr verbinden, wenn Sie den Herrn Odendahl gütigst fragen wollten, ob er mir von der Medusa einen Umriss auf blaues Papier in der Dimension des Originals machen könne, und was er dafür verlangt. Es darf durchaus nicht kleinlich ausgeführt sein: mir liegt sehr daran ihn zu erhalten.*[8] Die Kolossalbüste der Medusa stammte ursprünglich aus einem Tempel in Rom und war erst 1818 von Wallraf erworben worden; der Medusensammler Goethe hatte sie also 1815 in Köln noch nicht gesehen. Sibylle Mertens wollte ihm eigentlich einen Abguss schenken, doch mit ihrem Sinn fürs Machbare gab sie zunächst eine Zeichnung bei Johann Adam Heinrich Oedenthal in Auftrag. Anfang 1830 sandte Adele Schopenhauer Goethe das Werk, leider *nur Contour.* Sibylle, so betonte sie, *legt Ihnen eigentlich diese Zeichnung zu Füßen, die nach genauen Maßen unter de Noëls Aufsicht gemacht worden ist.*[9] Dieses Mal schickte Goethe umgehend *den lebhaftesten Dank für die Zeichnung der Maske* und bat Adele, *das Verbindlichste dem Zeichner und der Vermittlerin*[10] zu sagen. Oedenthals Arbeit fand einen Ehrenplatz in Goethes extraordinärem Treppenhaus; sie hängt im oberen Absatz links an der Wand und schaut den Besuchern zu, wie sie die Salve-Schwelle zum ersten Zimmer überschreiten. Die Trümmer der im Zweiten Weltkrieg zerstörten Wallraf-Medusa konnten 1986 wieder zusammengesetzt werden dank eines Abgusses, den Sibylle Mertens initiiert hatte. Sie ist im Römisch-Germanischen Museum in Köln zu bewundern.

Über diese Gaben und Gegengaben wurde Adele Goethes Außenposten am Rhein. *Wenden Sie auch ein Stündchen wieder einmal an den Alten,*[11] bat er sein *theuerstes Adelchen,*[12] hoffte auf lange Briefe – *Erzählen Sie mir viel von sich und der Frau Mutter*[13] – und wünschte sich, es möge *unter uns noch lange beym Alten bleiben.*[14] Treu hielt sie ihn über Klatsch und Tratsch und die Rezeption seiner Werke auf dem Laufenden. Sein Briefwechsel mit Schiller wurde in Bonn so kenntnisreich gelesen, *daß ich mir gestehen muß noch nichts ähnliches erfahren zu haben. Denn in unserm Weimarischen Kreise war mehr Enthousiasmus als Intereße.* Auch August Wilhelm Schlegels Reaktion trug sie ihm zu, den der Briefwechsel in arge Verlegenheit stürzte. *Natürlich halten wir uns sehr still und vorsichtig. Schlegel hat hier ohnedies einen harten Stand.*[15] Schlegel war oft zu Gast in Johanna Schopenhauers Salon, den sie in Bonn ab dem Winter 1829/30 führte. Für die kalte Jahreszeit hatten Mutter und Tochter Unkel verlassen und in Bonn eine 6-Zimmer-Wohnung gemietet. Vier Jahre lang behielten sie diesen Rhythmus bei, bezogen im Frühling den Zehnthof und kehrten im Herbst in die Stadt zurück, nicht ganz zu Johannas Zufriedenheit. *In Unkel leben wir sehr einsam, in Bonn so ziemlich gesellig, amüsiren uns leidlich, sind mitunter viel zu Hause, was mir sehr wohl behagen würde, könnte ich mir nur ein paar meiner Freunde aus früherer Zeit an meinen Theetisch citiren. Zwar kommt gewöhnlich Einer oder der Andre, aber, wie Lina Egloffstein einmal recht geistreich sagte: ›Es ist fast immer der Andre!‹*[16]

Zur Fraktion der einen gehörte Schlegel, dessen Vorlesungen über die Geschichte der deutschen Literatur die Schopenhauers mithörten. Adele gefiel er *weit besser als sonst. Erstlich erzählt er in Gesellschaften oft sehr angenehm, besonders Geschichten die auf der schmalen Linie des Anstandes stehen, u noch habe ich sie* n i c h t *von ihm überschreiten sehen. Dann aber interessiert mich noch Vieles was ich bei ihm sehe, und besonders die Art wie er über Fr. v. Staël spricht. Bekanntlich, lieber Vater, bin ich ein Frauenzimmer, demnach freut mich treue Verehrung eines berühmten Mannes, wenn sie auch nicht* m i r *gilt.*[17] Zur Fraktion der anderen gehörte Louis Mertens, auf dessen Kosten man sich Scherze erlaubte, wie Johanna ihrer Tochter berichtete: *Sonntag Abend kam die Mertens mit ihren beiden großen Jungen, mit denen sie auch schon in der Woche einmal zum Thee war, es macht ihr Freude, sie mitzubringen; mir ist es gleich, die guten Dinger machen einem zwar die Stube voll, mit der Gräfin Marschall zu reden, aber weiter thun sie einem nichts. Schlegel kam dazu, fragte viel nach Dir und war nach seiner Art ganz aimable. Nun aber kam halb neun Mertens, um die Seinen zu holen; Gott weiß wie, Schlegel gerieth in eine lange Erzählung von Frau von Staël, stellte sich vor Mertens hin, sodaß dieser nicht aus seiner Ecke herauskonnte, und perorierte, lachte, erzählte bis halb zehn, sodaß Mertens wahrer Angstschweiß ausbrach und der dicken Therese immer die Augen zufielen. Ich amusierte mich köstlich dabei und habe noch gestern mit Billen recht herzlich darüber gelacht.*[18]

Johanna Schopenhauer stand in diesem ersten Bonner Winter auf dem Zenit ihres Ruhms. Im Dezember 1829 schloss sie mit F. A. Brockhaus in Leipzig und J. D. Sauerländer in Frankfurt einen Vertrag über die Herausgabe ihrer *Sämmtlichen Schriften*, die in vier Lieferungen à sechs Bänden 1830/31 erschienen. Die Auflage betrug ambitionierte 4000 Stück, 100 wurden auf besonders gutem Velinpapier gedruckt, von denen die Verfasserin 12 Freiexemplare erhielt. Vor allem aber handelte Johanna ein ungeheures Honorar von 8000 Talern aus. Als inoffizielle Mitarbeiterin wurde Adele in den Vertrag mit allen Rechten und Pflichten explizit aufgenommen. Arthur Schopenhauer hingegen erhielt für keines seiner Bücher je ein Honorar.

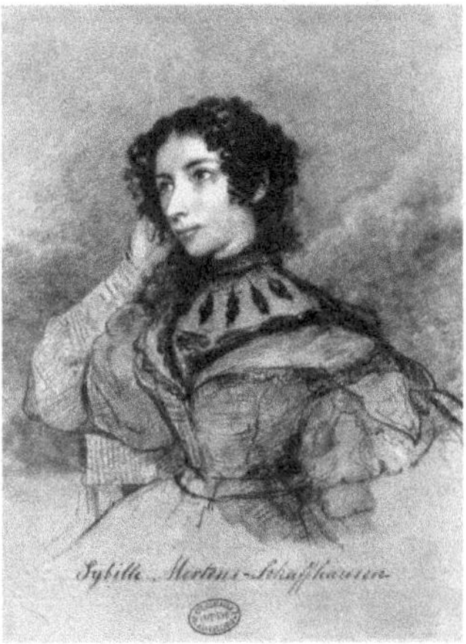

(11) Sibylle Mertens, Zeichnung von Ludwig Krevel, 1833

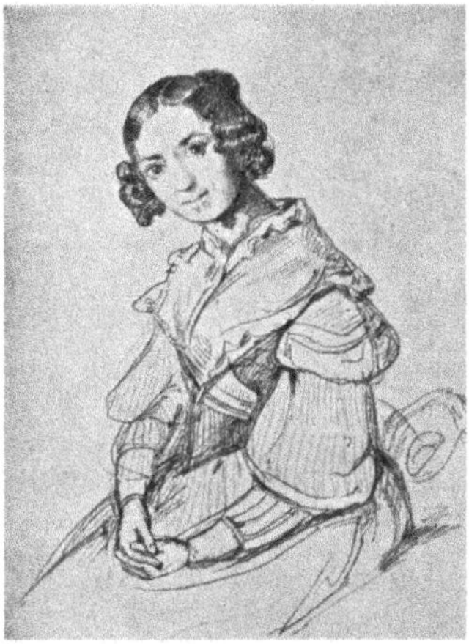

(12) Adele Schopenhauer, Zeichnung von Alexander Ungern von Sternberg, 1841

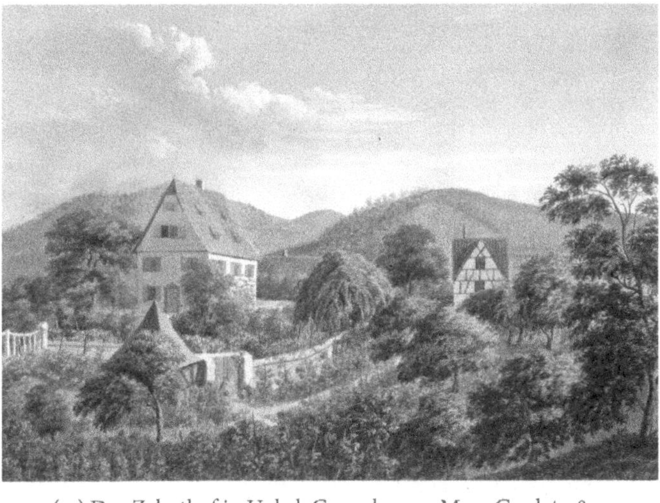

(13) Der Zehnthof in Unkel, Gouache von Mme Goulet, 1829

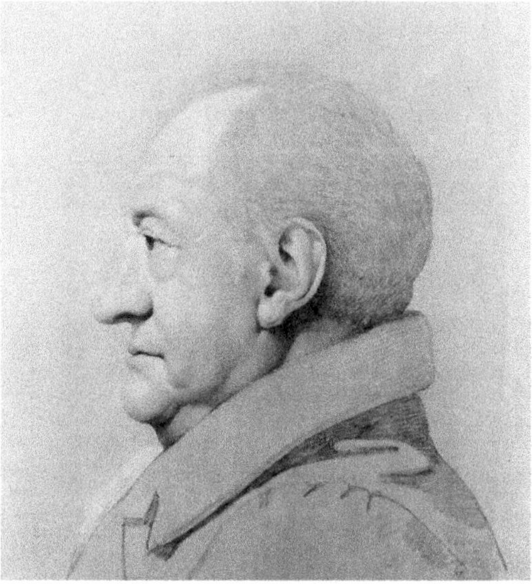

(14) Johann Wolfgang von Goethe,
Kreidezeichnung von Ferdinand Jagemann, 1817

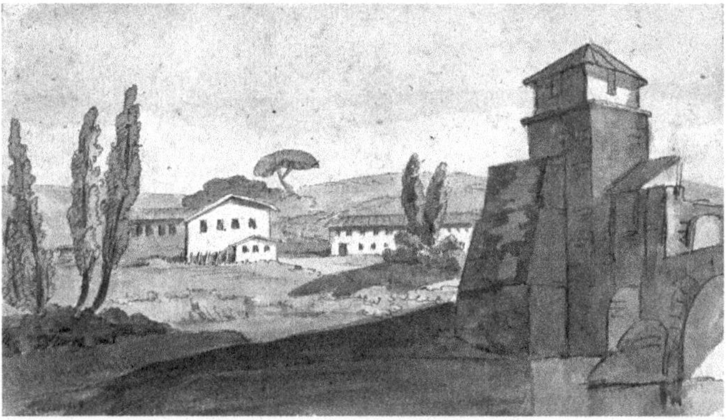

(15) »Am Ponte Molle«,
Aquarellierte Tuschezeichnung von Goethe, 1787

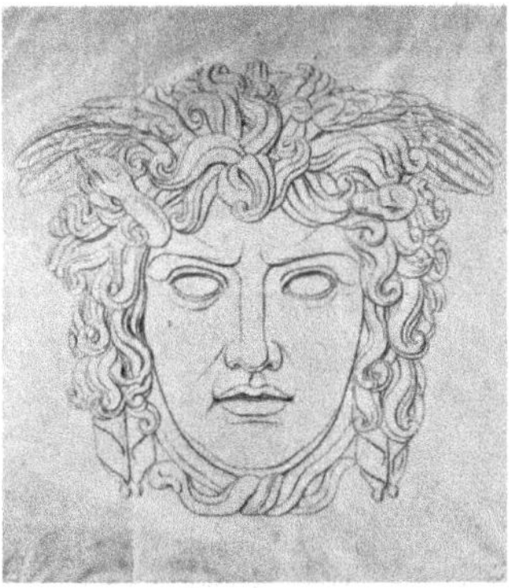

(16) Wallraf-Medusa, Fotografie der Zeichnung von Johann Adam Heinrich Oedenthal, 1829

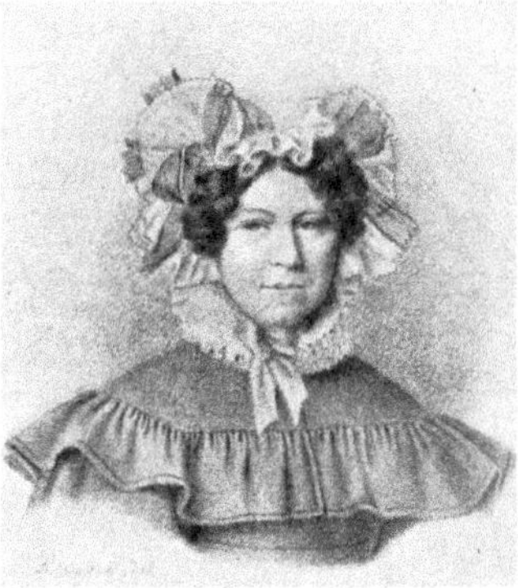

(17) Johanna Schopenhauer, Zeichnung von Johann Adam Heinrich Oedenthal, um 1830

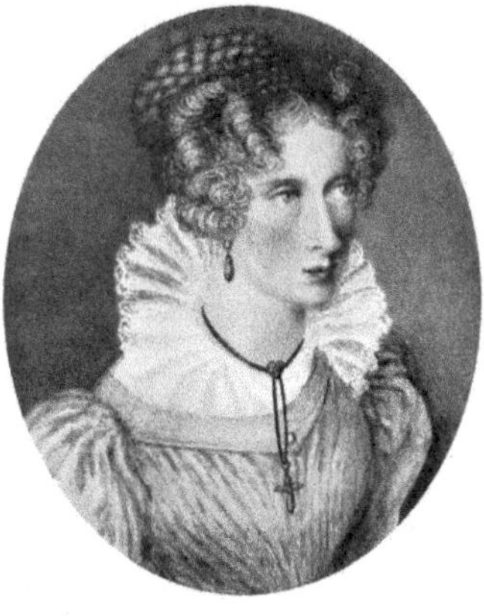

(18) Annette von Droste-Hülshoff, Miniatur von Jenny von Droste-Hülshoff, um 1820

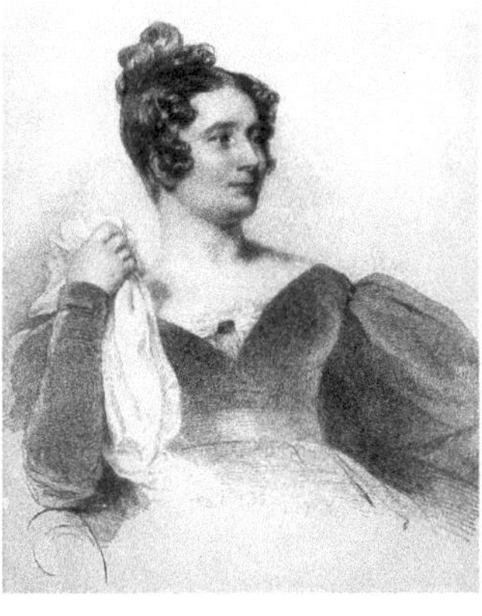

(19) Anna Jameson, Lithographie von R. J. Lane nach dem Gemälde von H. P. Briggs

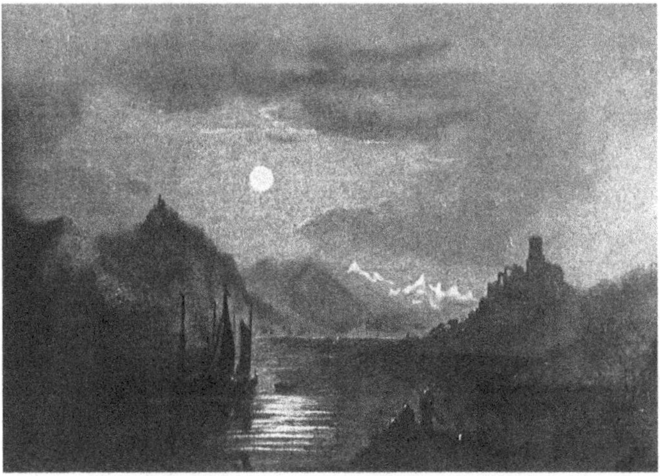

(20) »Der romantische Rhein bei Nacht«,
Zeichnung von Anna Jameson, 1833

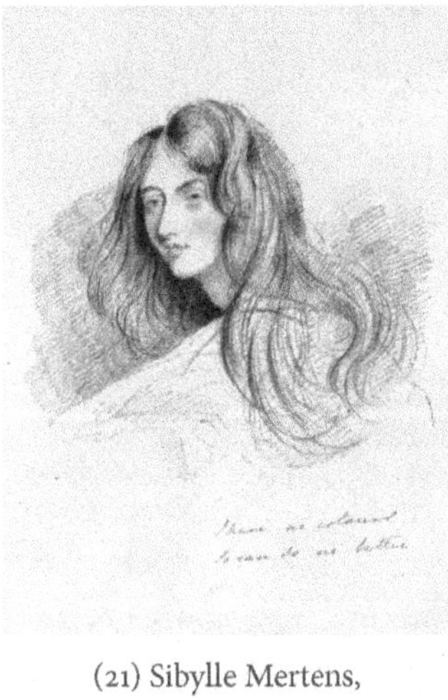

(21) Sibylle Mertens,
Zeichnung von Anna Jameson,
1834

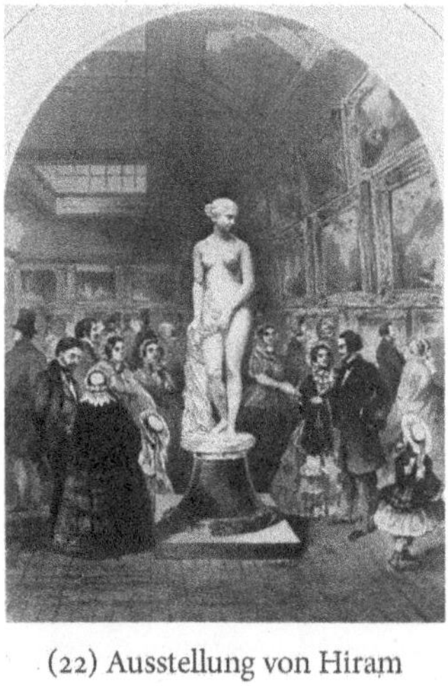

(22) Ausstellung von Hiram
Powers' Statue »The Greek Slave«
in der Dusseldorf Gallery,
New York City, 1857

Mein kleiner schwarzer Araber: Im Dreieck

Seit dem 1. Januar 1830 fand Sibylle noch mehr Gelegenheiten, sich *v Mertens wieder krank geärgert*[1] zu fühlen. Denn Louis wurde von seiner Schwiegermutter Therese Schaaffhausen als Bankdirektor entlassen. Er soll mit dem global agierenden Handelshaus überfordert gewesen sein. Fortan bewirtschaftete der 49-Jährige höchst erfolgreich die Ländereien um den Auerhof und betrieb außerdem Weingüter in Dollendorf und Unkel sowie in St. Thomas bei Andernach eine Gerberei für Schuhsohlen. Da seine Aufgaben nun in Bonn und südlich davon lagen, verlagerte die Familie ihren Lebensmittelpunkt ganz in das ehemalige kurkölnische Residenzstädtchen, damals wie heute die feine Vorstadt Kölns. Der Auerhof blieb Sommersitz, dazu sollte nun noch ein Stadthaus kommen. In der Wilhelmstraße, die außerhalb der Stadtmauern neu angelegt wurde, errichteten die Eheleute Mertens in den nächsten beiden Jahren ein repräsentatives zweigeschossiges Gebäude mit eingeschossigen Seitenflügeln. Ihr Kölner Haus in der Trankgasse 21 vermieteten sie an den neuen Gouverneur der Rheinprovinz, Wilhelm Prinz von Preußen, den Bruder von Friedrich Wilhelm III. Geschäfte und Hausbau in Bonn bedeuteten für die Gatten, dass sie enger zusammenlebten als früher – und Adele Sibylle *jetzt nicht so viel sehe, ihres Mannes wegen.*[2] Auch ihr Austausch von Billetten wurde *durch den mir höchst widerwärtigen Mann gehemmt, unsicher gemacht.*[3]

In dieser angespannten Situation begrüßten alle freudig die Ankunft Annette von Droste-Hülshoffs Ende September 1830. Es war ihr dritter Besuch am Rhein. Nach dem langen ersten Aufenthalt 1825/26 war sie im Mai 1828 zu einer Stippvisite zurückgekehrt, bei der sie Adele Schopenhauer kennen gelernt hatte. Nun suchte sie im Rheinland Erholung von den Schicksalsschlägen, die sie in den letzten Jahren heimgesucht hatten. Zuerst war ihr geliebter Vater gestorben. Mit Mutter und Schwester hatte Annette in den Witwensitz Rüschhaus ziehen müssen, ein paar Kilometer von Schloss Hülshoff entfernt, wo nun ihr Bruder Werner mit seiner Familie residierte. Kaum war sie selbst von schwerer Krankheit genesen, erlag ihr Lieblingsbruder Ferdinand, trotz ihrer aufopfernden Pflege, der Tuberkulose. *Große Schwermuth, mit Furcht vor einer Gemüthskrankheit, Todesgedanken, Verzweiflung an der Genesung, und den Kopf voll Sterbescenen u. d. gl.*[4] setzten ihr zu. Da es mit ihr nicht besser werden wollte und eine anvisierte Familienreise nach Italien im europäischen Revolutionsjahr 1830 aufgegeben wurde, erhielt die Droste die Erlaubnis, den Winter in Bonn bei ihrem Lieblingsvetter, dem Professor für Kirchenrecht Clemens August von Droste-Hülshoff, und seiner Frau Pauline zu verbringen.

Hier freute sie sich auf die *Winterplaisirs,* kaufte Abonnements für die Leihbibliothek und das Theater und wurde *Ehrenmitglied eines sehr niedlichen m u s i k a l i s c h e n Kränzchens,*[5] das von der erst zwanzigjährigen, hoch begabten Johanna Mockel, später verheiratete Kinkel geleitet wurde. Um *bella figura* zu machen, hatte sich die Droste *bei einem* FRISEUR ABONNIRT, *und so würdest du das Vergnügen haben, mich täglich* À LA *dernière mode aufgetackelt zu sehn.*[6] Das gefiel auch einem rheinischen Gutsbesitzer, der um sie warb. Ein Leben als selbstständige Ehefrau inmitten ihrer rheinischen Freundinnen, fernab der dominanten Mutter, schien die Droste zu locken. Als der Gutsbesitzer sie jedoch *auf seinen Schooß* zog, floh sie *mit Abscheu.*[7]

Adele tat Annettes Anwesenheit – zunächst – sehr wohl. *Die Droste ist jetzt hier, das geistreiche Geschöpf von welcher ich dir oft erzählte, ihre Gegenwart wirkt belebend oft auch betrübend auf mich, ein wunderschönes Leben u Wesen in sich zerstört, theilweise vernichtet, doch lebt mein Geist an ihrem auf.*[8] Obwohl die ironische Droste diese pathetische Vernichtungscharakteristik wahrscheinlich verlacht hätte, folgte sie gern Adeles Einladungen. *Schwester Scheherezade, wenn Ihr nicht mehr schlaft, so erzählt mir bitte, bitte eines jener hübschen Märchen, die Ihr wißt. Das heißt ich hatte Kopfweh und habe sie noch und wenn Sie sehr gütig, sehr freundlich sein wollten, so kämen Sie diesen Abend einige Stunden und vertrieben mir die böse krankenschwere Zeit.*[9] Zu Hause bei Adele beobachtete Annette interessiert die berühmte Mutter und ließ sich, wie Adele und Sibylle, willig vor ihren Karren spannen. Für die erfolgreiche Erwerbsschriftstellerin fertigte sie eine Beschreibung von St. Columba in Köln an, die Johanna teilweise wörtlich ihrer Novelle *Der Bettler von Sankt Columba* (1832) einverleibte. So publizierte die Droste erstmals unter dem Namen Schopenhauer. Halb bewundernd, halb kritisch durchschaute sie die Effizienz, mit der Johanna trotz Bildungslücken souveräne Reisebeschreibungen *in ganz oder halb erzählender Form* verfasste. *Einmahl war sie auf ein paar Stunden in CALCAR, wo eine der XANTHENschen ähnliche Kirche ist, nur lange nicht so schön und merkwürdig, und hat ein dickes Buch drüber geschrieben, was den Leuten eingeht wie Zuckerwasser oder ein Roman von COOPER.*[10]

Ihre Freundin Sibylle Mertens inspirierte Annette von Droste-Hülshoff bei diesem Aufenthalt zu dem Roman *Bei uns zu Lande auf dem Lande*, der zehn Jahre später Fragment bleiben sollte. Sibylle erscheint dort als *kluge, rasche, tüchtige Hausregentin, die dem Kühnsten wohl zu imponiren versteht.* Sie gehört zu den *Frauen, die Hosen tragen* und *hat Blut wie ihre Reben, sie ist heftig, ich habe sie sogar schon sehr heftig gesehen, wenn sie bösen Willen voraussetzt.*[11] Vor dieser Strenge bewahrte Annette im wirklichen Leben einmal die achtjährige Betty und den sechsjährigen Gustav. *Einer meiner Brüder und ich waren einmal unartig gewesen und sollten zur Strafe, da man solch unartige Kinder nicht gebrauchen könne, weggeschickt werden. So standen wir, ich in verwaschenem blauem Kattunkleidchen unten an der Hausthür, um, wie Hänschen und Gretel, bei strömendem Regen ins Weite zu ziehen. Da kam im letzten Momente von oben die Botschaft, Annette habe*

Fürsprache für uns eingelegt, und wir seien wieder zu Gnaden aufgenommen. Der Eindruck ist mir unvergeßlich geblieben.[12]

Im Winter 1830/31 waren Sibylles Kinder zwischen dreizehn und drei Jahren alt. Marie und Therese, die beiden ältesten, lebten schon in einem Pensionat für höhere Töchter. Beiden hatte die Mutter ihr musikalisches Talent vererbt, über dessen Ausbildung sie streng wachte. Marie wurde eine gute Pianistin, Therese eine gefragte Sopranistin. Die Elementarbildung ihrer Kinder übernahm die Mutter teilweise selbst, zuweilen unterstützt von Adele. *Hier im Zimmer erklärt Billchen den Kindern außerordentlich geistreich die Griechische Mythologie, sie arrangiert eben den Neptun ganz prächtig,* schrieb Adele einmal mitten aus einer Unterrichtsstunde für Betty und Gustav an Annette von Droste-Hülshoff; *(eben erklärt sie Pästum – griechische Tempel den Aetna Kastanienbaum und brüllt wie der Krater: Da sind so entzündbare Sachen wie Schwefelhölzer und wenn die im Berg ein Loch gebrannt haben etc) à ce trait là je reconnais mein Thierchen.*[13]

Waren die Kinder aufmerksam und wissbegierig, unterrichtete Sibylle sie klug und phantasievoll. Dumme Streiche, Geschrei oder Trotz bestrafte sie streng. Wer Schularbeiten vernachlässigte, wurde ohne Essen ins Bett geschickt, wer sich heimlich am Gelee vergriff, musste den Wert im Garten abarbeiten. Die Jungen züchtigte der Knecht, die Mädchen mussten stundenlang auf einem Fleck stehen bleiben und etwas auswendig lernen. Die Strafen waren hart, aber nicht unüblich für die Zeit. Was schlimmer wog, war die Ambivalenz, mit der die Mutter ihren Kindern begegnete. Ihnen haftete aus ihrer Sicht ein nicht zu behebender Makel an: Sie waren die Kinder ihres Mannes; *trenne von ihrem Bild jeden störenden Nebengedanken – sage Dir daß sie die Enkel Deines von Dir grenzenlos geliebten Vaters sind, daß es sein Blut ist was in ihren Adern fließt,* beschwor Henriette Paalzow Sibylle aus der Ferne, *lasse sie nicht an Liebe darben, da Du ihnen Alles sein mußt – Du siehst was ich fürchte – ach! ich tadle Dich nicht, ich beklage Dich nur grenzenlos wenn Du ein solches Maß von*

Kränkungen tragen mußtest, daß Du Dich von Allem entfremdet fühlst, woran auch er Eigenthumsrecht besitzt.[14] Trotz dieses freundschaftlichen Zuredens blieb Sibylle gegenüber ihren Kindern reserviert. Dass ihr Stand und ihre Zeit sie in die Rolle der Ehefrau und Mutter zwang, für die sie nicht geboren war, versetzte sie in größte psychische Anspannung, wie die Droste in ihrem literarischen Porträt meinte: *Sehr stattlich und vornehm sieht sie aus, muß sehr schön gewesen sein und wäre dies vielleicht noch, wenn ihre bewegten Gefühle sie etwas mehr* EMBONPOINT *ansetzen ließen, denn das innere Feuer verzehrt alles sonst Ueberfließende, so sieht sie aus wie ein edles, arabisches Pferd.*[15]

Am 30. Januar 1831 bekam *mein kleiner schwarzer Araber,*[16] wie Annette Sibylle privat nannte, einen schweren Stoß an den Kopf. Gleich war Annette zur Stelle. *Die Mertens war so elend, so matt, daß ich dachte, sie wäre in den letzten 14 Tagen der Schwindsucht.* Mit der Verunglückten hatte sie *viel Last,* wie sie fünf Wochen später ihrer Mutter immer noch von der Krankenstation berichtete, *so viel wie in meinem Leben noch nicht. – Ich habe die arme Mertens Tag und Nacht verpflegt – fast ganz allein, – denn ihrer Kammerjungfer hatte sie, grade zuvor, aufgesagt, weil sie trinkt, und konnte sie nun gar nicht mehr um sich leiden, ihre beiden ältesten Mädchen sind in der Pension, – Adele Schopenhauer immer krank; – so war ich die Nächste zu der Sache. – Die arme Billchen hat, die ersten 14 Tage, keine einzige Stunde geschlafen, – jetzt ist es viel besser, aber doch stehe ich fast jede Nacht ein- oder ein paar Mal auf. Dabei habe ich die ganze Haushaltung übernommen, und gewiß mehr als 20 Schlüssel täglich zu gebrauchen; zwischendurch muß ich dabei nach den Kindern sehn.* Solcher Einsatz forderte Tribut. *Ich thue das Alles herzlich gern und befinde mich wohl dabei, aber müde müde bin ich oft, wie ein Postpferd.*[17]

1842 erinnerte sich die Droste dieser schweren Wochen in dem Gedicht »Nach fünfzehn Jahren«, mit dem sie eine Bilanz ihrer Freundschaft zieht. Der Anfang spielt in der Krankenstube auf dem Auerhof.

Wie hab' ich doch so manche Sommernacht,
Du düstrer Saal, in deinem Raum verwacht!
Und du, Balkon, auf dich bin ich getreten,
Um leise für ein theures Haupt zu beten,
Wenn hinter mir aus des Gemaches Tiefen
Wie Hülfewimmern bange Seufzer riefen,
Die Odemzüge aus geliebtem Mund;
Ja, bitter weint' ich – o Erinnerung! –
Doch trug ich muthig es, denn ich war jung,
War jung noch und gesund.

Du Bett mit seidnem Franzenhang geziert,
Wie hab' ich deine Falten oft berührt,
Mit leiser leiser Hand gehemmt ihr Rauschen,
Wenn ich mich beugte durch den Spalt zu lauschen,
Mein Haupt so müde daß es schwamm wie trunken,
So matt mein Knie daß es zum Grund gesunken!
Mechanisch löste ich der Zöpfe Bund
Und sucht im frischen Trunk Erleichterung;
Ach, Alles trägt man leicht, ist man nur jung,
Nur jung noch und gesund![18]

Hilfe von Seiten der ärztlichen Kunst erhielten Kranke und Pflegerin kaum. Brech- und Abführmittel, Aderlässe, Schröpfköpfe und Blutegel waren die hauptsächlichen Therapiemittel für und gegen alles. In Köln wandte man *Elfenbeinspäne in Milch gekocht gegen Blutstürze* an oder auch lebende *Schleichen, auf die nackte Lebergegend gebunden, gegen Gelbsucht.* Masern wurden mit *Quecksilbersalbe* behandelt. Der aufgeklärte Stadtphysikus Elkendorf empfahl allen Ernstes, Hunden ein Brandzeichen zu verpassen *mit einem Schlüssel, welcher die Stola des h. Hubertus berührt hat, als Präservation für dieselben gegen die Hundswuth.*[19] Als Schmerzmittel stand nur Rauschgift zur Verfügung. Adele Schopenhauer gebrauchte einmal eine *Opium Kur* gegen *Kopfweh.*[20]

Die Droste musste die Last der Krankenpflege allein tragen. Denn Johanna Schopenhauer wollte unbedingt den Kölner Karneval erleben, und Adele musste nolens volens mit. Stolz und erschöpft stellte Johanna am Aschermittwoch fest, *daß ich alles Lustige angesehen und mitgemacht habe, soviel mein lahmes Bein es mir erlaubte; daß ich mit Narren ein Narr war, drei volle Tage lang.*[21] Ihrer Tochter erging es wie den meisten Karnevalisten: sie wurde krank. Und so blieb die Droste weiter allein mit Sibylle. Ihre Tochter Betty erinnerte sich später, wie die Dichterin zur Erheiterung der Rekonvaleszentin *uns Kindern dann am Krankenbett sitzend die reizendsten Märchen erzählte, dieselben über dem Erzählen erfindend und weiter spinnend. Am Fuße des Bettes auf demselben lag in pelzgefüttertem Fußsacke ein kleiner, gezähmter Hase.*[22] Auch eine Eule und ein Eichhörnchen bewohnten Sibylles Zimmer, die sich rühmte, jedes Tier zähmen zu können. In dem Gedicht »Nach fünfzehn Jahren« gedachte die Droste auch dieser Märchenstunden.

Und als die Rose, die am Stock erblich,
Sich wieder auf die kranke Wange schlich,
Wie hab' ich an dem Pfeilertische drüben
Dem Töchterchen geringelt seine lieben
Goldbraunen Löckchen! wie ich mich beflissen,
Eh ich es führte an der Mutter Kissen!
Und gute Sitte flüstert' ich ihm ein,
Gelobte ihm die Fabel von dem Schaf
Und sieben Zicklein, wenn es wolle brav,
Recht brav und sittig seyn.[23]

Das Töchterchen, das Annette von Droste-Hülshoff mit dem Märchenversprechen bestach, war die dreijährige Auguste.

Nachdem Sibylle das Schlimmste überstanden hatte, dachte ihre Pflegerin in der zweiten Märzhälfte an Heimkehr. Doch *die armselige Mertens hatte kaum ein Wort davon gehört, als sie so erbärmlich anfing zu weinen, daß ich,* PER COMPAGNIE, *mit daran kam, und ihr versprach nicht eher zu gehn, bis sie sich wenigstens einigermaßen erholt hätte, – das kann nun noch immerhin einige Wochen dauern. Das arme Thier!*[24] Am Krankenbett der Freundin hatte Annette fast alle abonnierten Theater- und Konzertabende verpasst, die Ballsaison und den Karneval ohnehin. Da Adele die Krankenpflege nur kurz Mitte April übernehmen konnte, kam Annette sogar um den ihr so wichtigen Besuch bei ihrer alten Freundin Wilhelmine von Thielmann in Koblenz. Von ihr und ihrer Tochter Julie hatte sie drei Jahre früher wichtige Impulse für ihr Versepos »Das Hospiz auf dem großen St. Bernhard« erhalten. Nachdem sich Annettes Ferien am Rhein in ein Desaster verwandelt hatten, lud Sibylle ihre treue Pflegerin im Mai 1831 ein, sie auf eine Reise nach Vevey am Genfer See zu begleiten. Ihre neu gewonnene Lebenslust deutete die Droste in dem Gedicht »Nach fünfzehn Jahren« in einem dezenten Bacchanal an:

Und dort die Hütte in der Tannenschlucht,
Da naschten sie und ich der Rebe Frucht,
Da fühlten wir das Blut so keimend treiben,
Als müss' es immer frisch und schäumend bleiben;
Des Ueberstandnen lachten wir im Hafen:
Wie ich geschwankt, wie stehend ich geschlafen;
Und wandelten am Rasenstreifen fort,
Und musterten der Stämmchen schlanke Reihn,
Und schwärmten, wie es müsse reizend seyn
Nach fünfzehn Jahren dort![25]

Die anvisierte Reise versetzte Adele in Panik. Wegen ihrer eigenen Erkrankung, den Ansprüchen ihrer Mutter und Louis' Abneigung hatte sie Sibylle kaum beistehen können. Annette hatte in den letzten Monaten mit ihrer Partnerin so eng gelebt, wie es sich Adele immer erträumt hatte. Sibylle hatte ihr die volle Kontrolle über ihr Leben eingeräumt, und Annette durfte und musste schalten und walten, weil Louis Mertens sie, anders als Adele, nicht als Bedrohung, sondern als Hilfe betrachtete. Jetzt fürchtete sie, Sibylle ganz an Annette zu verlieren. *Sybille war ein anderes Wesen geworden, jede Kraft zerbrochen, Krämpfe die sie nicht bekämpfte sondern eher durch Aufregung herbei führte, Inconsequenz, Launen, Muthlosigkeit, grenzenlose Härte gegen mich, abwechselnd mit Vertrauen u Hingebung, das waren die Früchte des Umgangs mit Annetten. Sybille zeigte sich Charakterlos.* Gegenüber Ottilie ließ sie ihrer rasenden Eifersucht freien Lauf: *Die Annette sollte mit, ich stehe bei M– ganz in Ungnade u die Mutter kan mich auch nicht entbehren. Ich litt unsäglich. Ich fühlte daß ich mich trennen müßte, sie gedachte vielleicht den Sommer u Winter wegzubleiben dann war ich in Weimar – was wir einander dann seyn könten fühlte ich undeutlich. Daß ich aber so mit Annette ihre Neigung nicht theilen mochte war mir gewaltig klar. Wolff* – Sibylles Arzt – *war höchst besorgt u bat mich aufs Land zu gehen, Ruhe sey mir höchst nöthig. Beim Abschied war Billa einen Tag bei mir u die alte Liebe siegte. Sie schrieb bald darauf sehr trübe über sich selbst, ich tröstete u rieth; aber mein Entschluß blieb fest, reiste sie mit Annetten war sie verloren, ich wollte selten od: gar nicht schreiben, sie Annetten still lassen.*[26]

Still überließ sie Annette von Droste-Hülshoff gerade nicht das Feld. Die Münsterländerin war ihr *böser Genius*[27] geworden, ja ein *Popanz,*[28] dem sie ordentlich die Meinung geigte. Die Droste klagte, Adele war *dermaßen* RESOLUT *mit mir, daß ich wohl von keiner Person in meinem Leben soviel Unangenehmes zu hören bekommen habe.* Sie wiederum fand nun Adele *eitel und mitunter wirklich lächerlich,* ja *ganz widerlich,* und gestand später, dass sie *sie sehr lange nicht habe ausstehn können.*[29] Obwohl Adele die Daumenschrauben ihrer Besitzansprüche so fest wie möglich gezogen hatte, kam die Rettung von anderer Seite. Therese von Droste-Hülshoff verbot ihrer Tochter kurzerhand die ganze Reise und beorderte sie nach Hause. *Erstens kann Nette ohne Vormund*

und Geschäftsführer gar nicht in der Welt bestehen. Dies ist hier Jänny, in Bonn war es Pauline. Die Mertens stelle dir nun gerade so für, nur noch um ein Nötchen schlimmer, jetzt so gar um vieles schlimmer, da sie körperlich und g e i s t i g krank (quasi halb verrückt) war. Diese beiden dusseligen P r i n z e s s i n n e n wollten und sollten nun auf ihre e i g e n e H a n d wie ein paar Meteore im südlichen Frankreich, in der Schweiz umherziehn, dies war Herr Mertens sein Plan, der nicht h a l b, sondern g a n z verrückt ist. Dabei sollte Nette noch die Hälfte der Reisekosten stehen, denn darum war es Mertens wohl zu thun, der Geitzhals wollte keine Gesellschafterin für seine Frau bezahlen, da sollte Nette die Last und die Sorge aufnehmen und ihre Gesundheit und ihr Geld zugleich aufopfern, sie selbst war sehr angst und besorgt dabei und ich war recht böse, betrieb auch mit Gewalt ihre Zurückkunft.[30]

Für Adele war dieses mütterliche Machtwort ein Geschenk des Himmels. *Vor 4 Tagen kam sie zu mir, sagte eigentlich nichts war erstaunlich innig, weich wie ein Kind, u ganz nebenbei erfuhr ich: Annette habe von ihrer Mutter Briefe, d i e s e w ü n s c h e N e t t e n s R ü c k k e h r. Hat das inconsequente Geschöpf Sybillen weh gethan, ich weiß nicht – kurz ich danke Gott! denn Annette reist nicht mit.*[31] Triumphierend missgönnte sie ihrer Partnerin lieber eine Erholungsreise, als sie in Gesellschaft ihrer Rivalin zu wissen. Da Adele selbst als Reisebegleitung undenkbar war – weder ihre Mutter noch Louis Mertens hätten dem zugestimmt –, musste Sibylle ganz auf die Reise verzichten. Froh sah Adele Annette Anfang Juni 1831 nach Münster zurückkehren.

Mein Herz gebrochen: Krise

Sibylles Nähe zu Annette schockierte Adele nachhaltig. *Ob die Wunde je verharschen wird? ob ich sie wieder ganz als mein Eigenthum lieben kan – o liebe Tille, ich weiß nichts wir müßen es still kommen lassen wie Gott will!*[1] Vier Monate nach der Krise, im September 1831, hatte sie das Gefühl, ihr Leben sei aus und vorbei; *die Erfahrung mit Sibyllen hat mein Herz gebrochen. Ich fühle jetzt welche Mühe sie sich giebt zu vergüten aber das Vertrauen u der Wunsch in ihr Leben ein zugreifen, ihre Kinder erziehen zu helfen – alles das ist t o d t. Getrenntes Leben – wer vereint es wieder Vernichtetes wer stellt es her?*[2] Im Schmollwinkel registrierte sie, dass Sibylle die Versöhnung suchte und *Alles thut um auszugleichen was leider unausgleichbar bleibt – weil sichs nicht vergessen läßt.*[3] Als Adele mit ihrer Mutter im Herbst wieder in die Stadt zog, kam Sibylle täglich von der Baustelle des neuen Hauses herüber. Ihr *geliebtes Herz!* gab Sibylle immer noch Kraft und Vertrauen, *wenn die fatale Prosa des Lebens so recht herbe und derbe auf mich anrennt.*[4] Trotz ihrer Kränkung half Adele Sibylle, von ihrer fixen Idee zu lassen, sie sei nach der Gehirnerschütterung verrückt gewesen und könne es wieder werden. *Adele mußte es mir wenn ich davon redete, wohl halbweg zugeben aber sie scheuchte mir die Sache immer wieder aus den Sinnen und da beruhigte ich mich nun so sehr, da sie überhaupt da war, und mir das eine Sicherheit gab.*[5] Sie fingen auch wieder an, gemeinsam zu musizieren, und dichteten für das *Chaos* eine rätselhafte Apotheose eines *Riesengeistes*, den Untergang und Neu-Aufgang der Welt. Ottilie von Goethe gab dem Ganzen den Titel »Weltenpoesie«. *Alte, Kleine – habt Ihr uns zum Besten, daß Ihr das verrückte Zeug abdrucktet,* protestierte Adele geschmeichelt; *u – wenn sogar die T a p e t e n t h ü r e gut verschlossen ist so sage: was habt Ihr* e i g e n t l i c h *unter der Weltenpoesie verstanden? Meintest du wir hätten uns unterstanden den Papa ›hinterlistig‹ zu besingen*? Wie auch immer, es hatte ihnen *königliches Vergnügen gemacht daß der Scherz gelungen ist das kann ich allen Ernstes sagen, obschon uns ganz bange war.* Freimütig gestand sie ein, *Schlechteres habt ihr nie gedruckt.*

Trotz dieser Wiederannäherung fühlte sich Adele nicht mehr bei Sibylle geborgen und resignierte angesichts der Aussichtslosigkeit ihrer Beziehung. Sibylle *kann nie den Abend bleiben,* klagte sie, *u geht fort wenn ihr Bär sie hohlt, oft mitten im Gespräch, meistens wenn wir erst eben warm geworden.*[6] Louis unterband ihre Beziehung und sorgte persönlich dafür, dass seine Frau zu ihm und den Kindern nach Hause zurückkehrte. *Sybille ist sehr gut, leider aber ist mir deutlich: dass unsre Leben nicht zu verzweigen sind, sie erträgt diese grässliche Gemeinheit des Mannes, schon das scheidet unsere Häuser, denn ich mag mir nicht grob begegnen lassen, und gehe also gar nicht zu ihr, wenn er da ist.*[7]

Adele begann einen Flirt mit Sibylles Arzt Heinrich Wolff. Er war *ein sehr geistreicher milder harmonischer Mensch,* wie sie Goethe wissen ließ, *aber erschrecken Sie nicht! ein Jude.*[8] Adeles Avancen ließen Sibylle nicht kalt. *Die Mertens ist wüthend, sie behauptet dass ich Wolff gross Unrecht thue, very likely, aber mein Gefühl bleibt sich gleich.*[9] Ein Stück aus Sibylles Liederbuch zeigt, dass ihr Adeles Eifersuchtsqualen durchaus vertraut waren. Nach der Spielanweisung *Unruhig, heftig* bricht es im Allegro vivace, B-Dur, über der aufgewühlten Klavierbegleitung los: *Aimant sans jalousie ah! tu ne sauras jamais par quels tourmens j'expie, l'ivresse où je me plais; jours et nuits déroulent pour moi tourmens d'enfers.*[10] Wolff selbst bot keinen Grund für solche Höllenqualen. Er war verheiratet und hegte für Adele nur freundschaftliche Gefühle.

Von der Gefährtin nicht so frei geliebt, wie sie es sich ersehnte, unglücklich mit einem verheirateten Mann tändelnd, fühlte sich Adele Schopenhauer bitter als *Anhängsel meiner Mutter.*[11] Sie musste den Haushalt führen, die Mutter versorgen und unterhalten, abends Whist oder Domino mit ihr spielen. Adele verfügte kaum über Zeit für sich selbst und konnte *weder Kunst noch Natur genießen vor all den Anforderungen der Mama.*[12] Johanna, die *nicht einen Pfifferling drum giebt, wie es ihr zu Muthe ist, sie den ganzen Tag extert,* zwang Adele sogar, *im Fieber aufzustehn, und mit ihr in Gesellschaft zu gehen,* wenn ihre *Langeweile überhand nahm.*[13] Denn sie hielt ihre Tochter nur für ein *dummes hipochondriches Blählämmchen.*[14] Die Abhängigkeit von ihrer Mutter peinigte Adele um so mehr, als das Geld wieder knapp war. Das fürstliche Honorar für Johanna Schopenhauers *Sämmtliche Schriften* hatte Schulden begleichen müssen, von denen Adele nichts gewusst hatte. Trotzdem hielt Johanna unbeirrt an ihrem aufwändigen Lebensstil fest, leistete sich eine komfortable Wohnung, schöne Kleider und gutes Essen. *Zum Diät halten ist sie nicht zu bringen, u sie wird unförmlich dick,*[15] konstatierte die asketischer veranlagte Tochter. Heimlich nahm die Mutter immer wieder Geld auf. Und so fühlte sich Adele in schlaflosen Nächten *an ganz lumpigen miserablen Sorgen zu Grunde* gehen, *an Geldsorgen, weil wir nie auskommen uns durchaus nicht verständig einschränken können und ich nicht meine Mutter zu einer klaren festen Art bringen kann, weder in ihren An und Einsichten noch in den nicht zu vermeidenden Gesprächen über Geldsachen mit mir. Das drückt mich, lähmt meinen Geist, zwingt mich zu Kleinlichkeiten, ja oft zu einer Art Miserabililtät.*[16]

In Adeles Unzufriedenheit wirbelte im Sommer 1832 Ottilie von Goethe herein, samt Kindern und Mutter. Ottilie hatte bewegte Jahre hinter sich. 1827 war als Nachzüglerin ihre Tochter Alma zur Welt gekommen, 1830 war ihr ungeliebter Mann überraschend in Rom gestorben. Den tief erschütterten Goethe hatten Adele und Sibylle mit antiquarischen Raritäten über den Schrein der Heiligen Drei Könige abzulenken versucht. Am 22. März 1832 war dann auch er gestorben, und Adele hatte einen fernen und doch ihr nahe stehenden Vater verloren, der ihrer Liebe zu Sibylle wohlwollend gegenüberstand. Sibylle war nicht von Adeles Seite gewichen, als die Todesnachricht eingetroffen war. Ottilie fühlte sich ganz orientierungslos: *er war meine Zeit denn er füllte sie ganz aus, und mit der endlosen die ich jetzt habe, weis ich nichts anzufangen, sie ruht wie eine todte Masse vor mir, der ich kein Leben einhauchen kann.*[17] Dass sie Goethes häuslichem Leben eine Fasson gegeben hatte, dass er bis zuletzt dank ihr repräsentieren konnte, war und blieb der Stolz, die Würde ihres Lebens.

Sein Testament allerdings brachte sie aus der Fassung. Goethe setzte seine drei Enkel als Erben ein. Unter der Voraussetzung, dass sie nicht wieder heiratete, erhielt Ottilie 500 Taler jährlich für sich sowie für jedes unmündige Kind weitere 500 Taler, außerdem lebenslang freie Wohnung im Haus am Frauenplan. Ihre Mutter, Henriette von Pogwisch, fand die Bestimmungen vernünftig. Ottilie aber wähnte sich am Bettelstab. Ihre Laune besserte sich erst, als Charles Sterling sie um ein Wiedersehen bat. Unbelastet von Ehemann, Schwiegervater und dem *Urtheil der Welt,*[18] initiierte Ottilie eine Reise ihrer ganzen Familie an den Rhein, um mit Charles auf dem Dampfschiff von Mainz bis Köln zu fahren. Von dort gesellte sie sich zu Mutter und Kindern auf den Unkeler Zehnthof.

Der Besuch bei Adele Schopenhauer war überfällig, stellte die alte Vertrautheit zwischen ihnen jedoch nicht wieder her. Während Adele die Freundin in den zurückliegenden Jahren nicht nur auf dem Laufenden gehalten, sondern auch immer noch als enge Vertraute behandelt hatte, hatte Ottilie ihre langen Briefe kaum beantwortet. Die drei Wochen, die sie nun miteinander verbrachten, konnte Ottilie *nicht ganz genießen.* Das lag nicht nur daran, dass äußerlich *die Beschränktheit des Hauses uns alle zusammen zu sein zwang.*[19] Auch innerlich fühlte sich Ottilie eingeengt. Adele drängte sie, ebenfalls an den Rhein zu ziehen, nun, da sie in Weimar keine Verpflichtung mehr hatte. Ottilie wich aus, doch Henriette von Pogwisch wurde deutlich: *nach Bonn zieht sie niemals u darann sind Sie zum Theil Schuld, sie liebt u ehrt Sie u die Mama, allein sie sagt sie wolle sich nicht in der Wahl ihres Umgang be-*

schränkt seyn u das könnte dort der Fall seyn, u würde nur Diskussionen hervorbringen die sie hasse.[20] Auf Adeles Einmischung in ihre Liebesangelegenheiten konnte Ottilie verzichten.

In anderer Hinsicht jedoch hatte Adele sich verändert, wie Ottilie staunend feststellte. Dass *eine Ruhe und Harmonie in Adelens Wesen gekommen*[21] war, schrieb sie Sibylles Einfluss zu, die sie in diesem Frühsommer 1832 erstmals persönlich kennenlernte. Ottilie und Sibylle, die über Adele viel voneinander wussten, gefielen sich auf Anhieb. Sibylle hatte eine Vorliebe für ausgefallene Frauen wie Ottilie, *liebenswürdig, unerträglich, verrückt, geistreich.*[22] Und Ottilie ließ Adele noch von der Rückreise wissen, *Ich liebe deine Sybille recht daß sage ihr von mir.*[23] Nicht mehr so recht lieben konnte sie dagegen Charles Sterling, der ihr in seinem ersten Brief nach dem Wiedersehen die Bordelle Rotterdams beschrieben hatte. Sie tröstete sich auf der Durchreise in Frankfurt mit Captain Story, einem Engländer, der noch eine fatale Rolle in ihrem Leben spielen sollte.

Der Sommer, in dem die Goethes nach Unkel kamen, wurde der letzte, den Mutter und Tochter Schopenhauer im Zehnthof verbrachten. Die zwei Umzüge pro Jahr waren Adele zu viel geworden, und Johanna langweilte sich auf dem Land. Ende Oktober 1832 gaben sie den Sommersitz auf. Ihre zwei Hunde, Iris und Stella, begleiteten sie in die neue Wohnung samt schönem Garten in der Bonner Wenzelgasse. Einer Dienstmagd mussten sie kündigen, weil sie sie nicht länger bezahlen konnten. Nach dem Umzug hatte Adele Herzprobleme. Das Gefühl, nicht alt zu werden, beruhigte sie; *altseyn ist tausendfältiges sterben; alt und allein sein ist eine Hölle, und wahrhaftig die verdiene ich nicht. So mag denn der Strom der Zeit mich fortreißen wie er will!*[24] Sie war mehr Schopenhauerianer als ihr Bruder, der, seinen pessimistischen Schriften zum Trotz, so ess- und trinklustig wie ihrer beider Mutter das Leben genoss.

Der maskierte Liebhaber:
Anna Jameson

Wenn wir neue Menschen kennen lernen, wir sie und sie uns liebgewinnen, so waltet nicht nur in der ersten Zeit, sondern in den ersten Jahren noch, bei allem laisser aller der Intimität, ein gewisses Ansichhalten und Bestreben vor; man hat unbewußt den Drang, den andern durch alle guten und liebenswürdigen Eigenschaften, die man besitzt, recht fest an sich zu ketten, meinte Sibylle Mertens. Fünf Jahre nach dem Beginn ihrer Liebe zu Adele Schopenhauer war diese erste Euphorie vorüber. *Nach und nach stellt sich, ohne daß man kälter wird, ein anderes oder eigentlich das natürliche Verhältniß wieder her; man sieht sich nicht nur in grande toilette, sondern auch in der Nachtmütze und die ist zwar nicht immer kleidsam, aber doch ganz unumgänglich.* So realistisch wie prosaisch stellte sie fest, *jede Freundschaft so wie jede Liebe wird zuletzt eine Art von Ehe, in welcher man di tempo a tempo sich in der moralischen Nachtmütze sieht!*[1] Während sie und Adele in ihren Lebensumständen gefangen blieben, lernten sie im Juli 1833 eine entschieden rothaarige Irin mit hellem Teint kennen, in *a very becoming state of blooming plumptitude.*[2]

Anna Brownell Jameson geb. Murphy stammte aus Dublin, wo sie 1794 als erstes Kind eines Miniaturenmalers geboren worden war. Zusammen mit vier jüngeren Schwestern wuchs sie in England auf, immer in prekären finanziellen Verhältnissen. Das Gehalt, das sie als Gouvernante verdiente, steuerte sie zum Familieneinkommen bei. 1825 heiratete sie den Juristen Robert Jameson, den sie vier Jahre später allein nach Dominica in die Karibik ziehen ließ, wo er zum Richter ernannt worden war; *a union such as ours is, and has ever been, a real mockery of the laws of God and man.*[3] Sie widmete sich lieber ihrer literarischen Karriere. Ihr Debut, der fiktive Reisebericht *Diary of an Ennuyée* (1825), wurde ein großer Achtungserfolg. Rasch entwickelte sie sich zur Berufsautorin mit einem unterrepräsentierten Spezialgebiet: Frauen. *Memoirs of the love of the poets. Biographical sketches of women celebrated in ancient and modern poetry* (1829) handelte von den Musen der Dichter, *Memoirs of Celebrated Female Sovereigns* (1831) von weiblichen Herrscherinnen. Ihr Buch über Shakespeares Frauengestalten, *Characteristics of Women. Moral, poetical, and historical* (1832) wurde ein großer Erfolg und nicht weniger als dreimal ins Deutsche übersetzt. Selbst Heinrich Heines *Shakespeares Mädchen und Frauen* (1839) beruht – uneingestanden – auf ihrer Arbeit. Als Anna Jameson 1833 nach Deutschland reiste, um Stoff für ein neues Buch zu sammeln, öffnete ihr Ruf als exzellente Sachbuchautorin ihr sofort die Tür Ottilie von Goethes in Weimar.

Es war Liebe auf den ersten Blick – für Anna. *I am not one to spoil the men. I care not for them, either in general or in particular.*[4] Ottilie bezauberte sie als die argloseste, im schönsten Sinne naivste Persönlichkeit, die ihr je begegnet war, unfähig zu Verstellung und Pose. Bald schon fühlte Anna, *how much my happiness depends on you, how entirely my existence is entwined with yours.* Bis in ihr Alter sollte Anna an Ottilie hängen. Doch die große Obsession ihres Lebens antwortete nur freundschaftlich auf ihr *love me as I love you.*[5] Schon nach wenigen Tagen reiste Ottilie mit ihrem Sohn Walther nach Frankfurt, um für ihn ein Internat zu suchen, auf Charles Sterling zu warten und ihren Liebhaber vom letzten Jahr, Captain Story, wiederzusehen. Kurzerhand schloss sich Anna ihr an. Sie wollte Ottilie um so weniger missen, als diese ihr für ihr neues Buch Zugang zu privaten Sammlungen, Auskünfte über lokale Ereignisse und Vorhaben, wichtige neue Bekanntschaften verschaffen konnte. So fuhr sie denn auch am 19. Juli von Frankfurt nach Bonn weiter, wohin Ottilie sie mit Empfehlungen an Adele Schopenhauer und Sibylle Mertens geschickt hatte. *Was die gute Jameson in dieser Stadt soll ohne dich ist mir nicht klar, ich thue was ich kann, aber ich bin krank, Wolff liegt an der Grippe und die Mertens kann kein Englisch, mit dem Französisch der guten Jameson ist's nicht weit her,* schrieb Adele Ottilie etwas enerviert. *Indessen war sie gestern zu einer Fête bei der M in Plittersdorf, vorgestern bei uns, und Schlegel ist sehr artig, also was möglich geschieht.*[6]

Adeles Sorgen waren unbegründet. Anna war von Land und Leuten begeistert. Neugierig beobachtete sie Ottilies alte Freundin, die sie als eine der umfassendst gebildeten Frauen bewunderte, die ihr je begegnet war – *tho we may not agree on all things.*[7] Von Sibylle Mertens dagegen war Anna Jameson vorbehaltlos angetan – *a rare creature!* Sibylle lud sie zum familiären Abendessen auf den Auerhof, wo Anna die unprätentiösen Sitten angenehm überraschten, denn trotz vieler Dienstboten deckten Marie und Therese den Tisch und schenkten den Wein ein. Bei Mondschein unternahmen sie romantische Kutschfahrten *tête-à-tête*[8] durch die Weinberge zum Rolandsbogen und zur Godesburg, von denen Anna in ihrem Buch später nicht genug schwärmen konnte. Ihre stimmungsvolle Zeichnung vom Rhein im Mondenschein klebte Sibylle in ihr Album, zu Goethes und Adeles Arbeiten. Auch in Köln führte sie die neue Freundin herum und erzählte ihr so schauerliche und haarsträubende Geschichten, dass Anna Jameson in ihrem Buch die Stadt als schmutzstarrende Bastion halbwilder bigotter Heiden schilderte. Nach drei Wochen zog Anna von ihrer billigen Pension zu Sibylle, die sich als Vorhut provisorisch im neuen Haus in der Wilhelmstraße niedergelassen hatte. Ungestört von ihrem Ehemann widmete sie sich der Einrichtung des Hauses und der neuen Freundin.

Adele nahm die Nähe zwischen Sibylle und Anna – noch – gelassen zur Kenntnis, denn die Engländerin ließ keinen Zweifel daran, wem ihr Herz gehörte. Anna *liebt dich sehr, mehr noch seit dem sie mich kennt, und durch mich ohne daß ichs wußte, manche Erklärung über dich erhielt,*[9] schrieb Adele Ottilie, sich in alter Weise hineinmengend. Anna ihrerseits beobachtete die Beziehung zwischen Sibylle und Adele genau. In ihrem Buch schildert sie die beiden als zwei Frauen, die unterschiedlicher nicht sein könnten, sich aber dennoch glänzend verstehen. *Opposed to each other in the constitution of their minds – in all their views of literature and art, and all their experience of life –, in their tastes, and habits, and feelings – yet mutually appreciating each other: both were distinguished by talents of the highest order and by great originality of character, and both were German, and very essentially German: English society and English education would never have produced two such women.*[10]

Ende August verließ Anna Bonn, um Ottilie in Frankfurt wiederzusehen, die dort wie im Vorjahr vergeblich – oder vorgeblich – auf Charles Sterling wartete und sich die Zeit mit Captain Story verkürzte. Anna durchlitt dabei heftige Gefühlsstürme. *Always my first wish is to be near you, but it is true that sometimes I fear it too, for it is like being bound on a wheel of fire, which whirls me round with its restlessness and consumes me with its feverish glow.*[11] Als Ottilie zu ihren Kindern zurückkehren musste, folgte ihr Anna nach Weimar. Ottilie war glücklich, sich von ihr *so geliebt zu sehen, bin oft ausgelassen, lustig oder exaltirt.*[12] Anna dagegen litt unter ihrer eigenen Leidenschaft – und den Grenzen, die Ottilie ihr setzte. Von ihrer Obsession blockiert, konnte sie nicht mehr schreiben. *Alas! Alas! I know not how it is, but whenever I see you, all my ideas are magically put to flight. Not seeing you they are clear enough.* Das war für eine Berufsautorin, die von ihren Schriften nicht nur sich, sondern auch ihre Eltern und zwei unverheiratete Schwestern ernähren musste, fatal. Sie rettete sich vor Ottilie und sich selbst, indem sie den Rückweg nach London antrat. Unterwegs kämpfte sie in Frankfurt, Goethes Geburtsort, nibelungentreu um Ottilies Ruf, als sie nach Story ausgefragt wurde. *I denied everything,* teilte sie Ottilie mit, *I ridiculed Frankfurt and all its Klatschen.*[13]

Von Frankfurt kam Anna Jameson Ende November 1833 wieder nach Bonn. Was bei diesem Wiedersehen zwischen ihr und Sibylle geschah, lässt sich aus Adeles rasender Eifersucht erahnen.

Erbittert und tief enttäuscht stellte sie fest, dass Sibylle zu Treue nicht fähig oder willens war. *Sybille hat sich gewaltig exaltirt und mich sogar unfreundlich behandelt aus lauter Liebe zur Jameson, welche Sybillen wie eine Todtkranke behandelt, und dieselbe stets schonende Klugheit von mir verlangt. Eine ernste frühere Erfahrung* – damit meinte sie die Geschichte mit Annette von Droste-Hülshoff – *hat mich längst vorsichtiger gemacht, doch glaube ich dieser Wechsel von Stimmungen in der M., der etwas ganz krampfartiges hat ist so gefährlich, daß man ihn nicht fördern solte durch gänzliche Nachsicht. Sieh Ottilie, ich muß nach 5 Jahren mir wirklich sagen ich habe Sybillens Liebe zu mir ganz mißverstanden, ihre erste Freundin, die König, hatte ganz recht, denn wirklich liegt eine mir unberechenbare Exaltation in diesem Wesen. Sie hat die König, die Droste, die Paalzow, mich – jetzt vieleicht die Jameson auf ganz gleiche Art geliebt u. Zufälligkeiten haben das Gefühl für mich ausgebildet und mich getäuscht. Leider war ich nicht mehr eifersüchtig – ich war nur sehr ernst, ohne daß es Jemand ahndet, wenn ich einst von Sybillen gehe – sie wird Trost finden!*[14]

Ottilie versuchte sich in ihrer Antwort an einer Erklärung von Sibylles Verhalten und Gefühlen. *Ich verstehe ganz Deinen Schmerz um Sybille, glaube mir ihr Hauptunglück bestand darin keinen Mann geliebt zu haben, das gab ihr diese Wunderbarkeit der Empfindung in der Freundschaft – denn d i e s e Art ist zwischen Frauen nicht natürlich. Sie hatte die Freundin als Surrogat des Geliebten, – deshalb war sie so anfordernd, so leidenschaftlich, – und hat sie wirklich wieder dieselbe Weise für die Jameson, so möchte ich daraus behaupten,* schloss sie, *die Jameson wäre ihr der maskierte Liebhaber.*[15] Für Ottilie überschritten die Sehnsüchte Sibylles, Annas und implizit Adeles eine Grenze. In Anspielung an die Sünde wider die Natur nannte sie Sibylles Begehren *nicht natürlich* – wohl, weil sie es nicht nachvollziehen konnte. Sie hatte sich selbst früher die Zuneigung Adeles gefallen lassen, jetzt die Liebe Annas, ohne den daran sich anknüpfenden Wünschen entsprechen zu wollen oder zu können. Anna *liebt mich mehr als sie sollte.*[16]

Die so Getadelte blieb nicht lange in England. Rasch schrieb Anna *Visits and sketches at home and abroad* und veröffentlichte die vier Bände noch in der ersten Jahreshälfte 1834. Obwohl sie in London als berühmte Autorin gehätschelt wurde, hatte sie keinen anderen Wunsch, als wieder nach Deutschland zurückzukehren. Schon am 11. Juli 1834 war sie zurück in Bonn. Doch fand sie dort zu ihrer großen Enttäuschung nur Adele Schopenhauer vor. Sibylle Mertens war, entgegen ihrer Absprachen, noch nicht wieder von einem Aufenthalt aus Frankfurt zurückgekehrt. *Welche Fatalitäten die Mertens auf mich gezogen ist nicht zu sagen,* klagte Adele, die, um die gesellschaftliche Fasson zu wahren, mit dem berühmten Gast verkehren musste. Anna schenkte Adele ihr neues Werk, doch *unglücklicher Weise fand die Mutter ihr Buch, u ist über Alles was sie mit bester Absicht über dich, uns, die Mertens, Julia Eglof. etc gesagt hat, empört – ich habe sehr laviren müssen. Obschon ich Annas Absicht durchaus nicht verkenne, so will ich doch gestehen, mir ist nicht lieb was sie geschrieben besonders wird es mir u d. Mertens viele Spöttereien zuziehen.*[17] Entrüstet wies Johanna Schopenhauer Anna Jameson das Haus.

Während dieses Bonner Eklats stand Sibylle Mertens Ottilie von Goethe in ihren Frankfurter Kalamitäten bei. Seit Mai schon machte sie bei ihrer Lieblingstante Urlaub, Margaretha Mülhens geb. Schaaffhausen, die mit ihrem Mann, dem Bankier Johann Theodor Mülhens, ein repräsentatives Palais an der Großen Eschenheimer Straße Ecke Stiftstraße bewohnte. Zu ihrer größten Freude traf kurz nach ihrer Ankunft Ottilie von Goethe in Frankfurt ein, begleitet von Wolf und Alma. Wie in den beiden Jahren zuvor wollte sie Charles Sterling abpassen – der wie immer nicht kam – und zugleich die Affäre mit Captain Story fortsetzen. Dieses Mal wurde jedoch alles anders. Erst teilte Story der konsternierten Ottilie mit, er sei verlobt, nahm dann seine Behauptung als Scherz zurück und versöhnte sich mit ihr, nur um acht Tage darauf endgültig Schluss zu machen.

Ottilies rückhaltloses Vertrauen zu Sibylle brachte die beiden einander sehr nah. Sibylle bewunderte Ottilies Verachtung gesellschaftlicher Konventionen. Ottilie hatte es sich *zum Gesetz gemacht, nach meinem innern Gesetz zu handeln, unbekümmert welchen Anstrich es mir giebt, und ob es nicht vielleicht falsch verstanden wird.*[18] Auch Sibylle stand *so sehr über allen konventionellen Begriffen.*[19] Über ihren vielen Gemeinsamkeiten – beide durchlitten eine unglückliche Ehe, waren unmütterliche Mütter, trachteten nach sexueller Selbstbestimmung – wurde die Tatsache nebensächlich, dass sie beide in Adele Schopenhauers Leben eine große Rolle spielten. *Sie thut was sie nur kann, und möchte gerne die Hand unter meinen Fuß legen, damit er weicher träte,*[20] beschrieb Ottilie Sibylles Anstrengungen, sie im Theater, Konzert und mit gemeinsamen Bädern im Main von ihrem Kummer abzulenken.

Nach einem Ausflug nach Darmstadt, Heidelberg und Mannheim wollte Sibylle Mertens Anfang Juli nach Bonn zurückkehren, denn für den 11. erwartete sie dort Anna Jameson. Doch in Frankfurt fand sie Ottilie aufgelöst vor, die zum zweiten Mal vergeblich auf den Eintritt ihres *natürlichen Unwohlseyns*[21] wartete. Die beiden erfahrenen Frauen – die eine Mutter von drei, die andere von sechs Kindern –, dürften herumgerechnet haben, aber es gab nichts zu deuteln. Ottilie von Goethe, 37 Jahre alt, seit vier Jahren Witwe, war schwanger. Sie trug den berühmtesten Namen Deutschlands und saß tief in der Patsche. *Ganz Deutschland blickt auf Dich,*[22] hatte Adele schon Jahre zuvor gewarnt. Sofort warf Sibylle alle Pläne über Bord, schrieb der verärgerten Adele, dass sie doch noch nicht zurückkomme, ließ sie mit der pünktlich eintreffenden Anna Jameson in Bonn allein und versuchte, Ottilie zu beruhigen. Die hätte Story gern geheiratet. Doch nur als Witwe von Goethes Leibrente versorgt, ohne eigenes Vermögen, war sie keine attraktive Braut. Auch Captain Story war ihre prekäre finanzielle Lage nicht entgangen. Wahrscheinlich hatte er nicht gescherzt, als er sich beim Wiedersehen im Mai als Bräutigam bezeichnete. Denn schon im Jahr darauf heiratete er *ein SCHÖNES Englisches Mädchen mit £ 6000 –!,*[23] wie Arthur Schopenhauer mit untrüglichem Sinn fürs Wesentliche seiner Schwester mitteilte.

Um den 20. Juli traf Anna Jameson in Frankfurt ein und wurde sofort eingeweiht. Zu dritt bildeten sie eine Verschwörerzelle, um Ottilie und ihr werdendes Kind heil aus dieser gesellschaftlichen Katastrophe herauszubringen. Zunächst sollte Ottilie nach Weimar zurückkehren, um kein Aufsehen zu erregen. Bevor ihre Schwangerschaft sichtbar wurde, sollte sie dann mit Anna nach Wien gehen, um in der Anonymität der Großstadt ihr Kind inkognito zu entbinden. Sibylle versprach, das nötige Geld zu schicken. Ende Juli reiste Ottilie von Frankfurt ab.

Sibylle hatte es nicht eilig, nach Hause zu fahren. Am 4. August zeichnete Anna ein erotisches Porträt von ihr mit gelöstem, wirrem Haar und verschlafenem Gesichtsausdruck, die Schultern von einem Laken oder einer Decke umhüllt, keinesfalls von Kleidung. Sie sieht aus, als habe sie sich gerade im Bett aufgesetzt. Die Zeichnerin ist ihr dabei so nah, als teile sie das Lager. *I have no colours So can do no better,* setzte Anna dazu. Am selben Tag trug sie sich in Sibylles Stammbuch ein, mit melancholischen Versen ihrer Freundin Fanny Kemble, einer berühmten Schauspielerin, der sie ihr Buch über Shakespeares Frauenfiguren gewidmet hatte. Sibylle schenkte ihr eine runde Büchse aus Kristall mit Gipsabgüssen von Gemmen, die sie selbst angefertigt hatte, sowie einen Ring, den Anna in den nächsten Jahren stets trug.

Es wird mich von Sibyllen trennen: Lebewohl

Während Sibylle Mertens in Frankfurt weilte, verliebte sich Adele Schopenhauer in einen Juristen namens Martius, der sie täglich besuchen kam. Er musste nur noch eine Beförderung samt höherer Besoldung abwarten, bevor er direkt um sie werben konnte. *Wir sind geistig vertraut wie ich n i e mit einem Manne war, er kennt meine ganze Gegenwart en detail. Wir sind aber nie zärtlich obschon vertraulich. Noch nie hat er nur meine Hand geküßt, aber dennoch sind wir vertraulich, wie ruhige, phantasielose Menschen, die sich l i e b e n. So sehr wir Beide noch lieben können, lieben wir uns es ist ein gewaltiger Ernst! aber es ist nicht die Art Liebe, die dir genügen würde!,*[1] schrieb sie Ottilie. Trotzdem stellte sie sich fast genüsslich immer wieder Sibylles Eifersucht vor. *Die Mertens wird wüthend seyn, und ich werde mich nicht darum kehren.*[2] Als Sibylle so unerklärlich lange in Frankfurt blieb, glaubte Adele, sie wolle *blos mich u Martius meiden* und wünschte ihr Zeit, *sich in das Unvermeidliche zu finden. Der Zwiespalt wird greulich seyn.* Während Sibylle sich von Anna zeichnen ließ, malte sich Adele ihre Trauung aus; *ich fürchte es wird mich von Sybillen trennen – sie ist sehr sehr hart.*[3]

Ein Zwischenfall mit Louis Mertens zeigte Adele einmal mehr, dass die Beziehung zu Sibylle schon allein wegen ihres Mannes keine Zukunft hatte. Sibylle hatte Adele gebeten, ihr den Klavierauszug von Bellinis *I Capuletti e i Montecchi* nach Frankfurt zu schicken. Adele tat wie ihr geheißen und suchte in Sibylles Haus in der Wilhelmstraße nach Bellinis Oper, in der nicht nur Julia, sondern auch Romeo für eine Frauenstimme gesetzt ist – nur um unversehens in Louis' Hände zu geraten: *Mit Mertens habe ich eine sehr fatale Scene gehabt, er hat mich in seinem Hause gefun-*

den, ich habe v der Oper gesagt, und er hat mich so gröblich, so ganz abscheulich behandelt u dich par Parenthese mit, daß ich die Oper nicht schicken u in Abwesenheit der Frau nie mehr das Haus betreten kan. Ich würde keine Magd der mein Mann einen solchen Auftrag gäbe so ehranrührig behandeln, und wäre der Patron nicht so erzgemein, u nicht als solcher anerkannt so würde ich nicht mehr zu ihr gehen können. So aber kann mir dies Unthier nichts schaden es ist als wenn ein böser Hund mich anbellt.[4]

Das Haus, aus dem Louis Mertens Adele Schopenhauer geworfen hatte, war ihr ohnehin nicht lieb; *mir ist nie wohl dort sogar die Kinder, alle häuslichen Zustände, alles ist mir zuwider u meinem Wesen so fremd daß ich mich gedrückt fühle.*[5] Mit viel Arbeit, Liebe, Kunstverstand und Geld hatte Sibylle den Neubau eingerichtet. Das Erdgeschoss enthielt ausgedehnte Gesellschaftsräume, im Obergeschoss befanden sich die privaten Räume der achtköpfigen Familie, darunter Sibylles Schlafzimmer, ein dreifenstriges persönliches Wohnzimmer und ihre Bibliothek. Geschmückt wurden die Räume durch ihre Sammlungen, die das Haus fast in ein Museum verwandelten.

Diesen *goldnen Käfig*[6] konnte Sibylle, von Frankfurt zurück, ab Herbst 1834 kaum noch verlassen. Seit ihrer Gehirnerschütterung 1831 war sie nie ganz die Alte gewesen. *Lecture im Bett*[7] anstelle von ausreichend Schlaf, *10 Tassen Caffeebraunen Thee* am Tag und unregelmäßige Mahlzeiten, weil sie sich lieber *zur Tafel-Zeit mit interessanten Dingen*[8] beschäftigte, hatten sie noch nervöser werden lassen. Seit Dezember 1834 litt *das kapute Caput*[9] unausgesetzt an Migräne. Selbstironisch stimmte sie im *tragisch gestimmtem, Abraham Voßisch Aeschyleischem Ton* an: *O! Toe, toe, Weh, toe, toe! Weh! der scharfbrennenddurchschneidenden Qualen, Sinnenberückendzerstörenden Pein – schmerzdurchwühlten Gehirnes!!!*[10] Ende April 1835 stellte sie sich vor den Spiegel. *Bah! zwei Stunden post mortem sehe ich aus.*[11]

Alle Ärzte, Freundinnen und Freunde stimmten überein, dass einzig ein langer Aufenthalt im warmen Süden Sibylle würde heilen können. Adele rang sich Selbstverleugnung ab. *Billa ist krank, ich halte sie durchaus* n i c h t *für Lebens gefährlich aber ich glaube wenn sie nicht in ein südlich Clima geht kan ihr Zustand sehr traurig werden u ein langes Siechthum entstehen, was in meinen Augen tausendfacher Tod ist. Wolff und ich thun alles Mögliche, sie will aus Eigensinn nicht, unsere Hoffnung war daß sie u die Jameson sich irgend wo treffen sollten, und daß dies sie zur Reise bestimmen könte. Du siehst wohl seit Eurer Reise nach Frankf. ist jede Eifersucht, jede heftige Regung todt in mir, mag sie nun noch zehn Freundinnen finden, und mir vorzeigen, ich gönne sie ihr, und bin ganz zufrieden in den Schatten zurück zu treten, obschon sie mir theuer ist.*[12]

Adele war in den ersten Monaten 1835 durch ein anderes Fegefeuer gegangen als Sibylle. Nachdem in Bonn das Gerücht aufgekommen war, sie und Martius seien verlobt, hatte ihr Freund sie kaum noch besucht. Im Jahr zuvor hatte er die Universitätsrichterstelle nicht bekommen, an eine Heirat war nicht zu denken. Ohne eigentlich mit ihr zu brechen, entfremdete er sich von ihr, wurde auch *immer materieller und philistriger,* wie Adele klagte, die das der *Judenfamilie*[13] anlastete, bei der er zur Untermiete wohnte. Adele war damit wieder ganz auf ihre Mutter zurückgeworfen, ohne jede Hoffnung auf Veränderung. Immer noch hatte sie Sibylle *von Herzen lieb,*[14] doch von dem Traum eines Lebens mit ihr hatte sie Abschied genommen.

Indes wehrte sich Sibylle standhaft gegen den langen Kuraufenthalt im Süden. Sie wusste, dass Adeles Vorschlag illusorisch war. Anna Jameson war im Begriff, ihren Mann aufzusuchen, der in Kanada zum Staatsanwalt ernannt worden war. Bevor sie die lange, gefährliche Reise über den Atlantik antrat, wollte Sibylle *ma tendre amie*[15] unbedingt noch einmal sehen, und das war in Bonn eher zu bewerkstelligen als in Italien. Schließlich wurde es Louis Mertens zu viel. Er bestand darauf, dass seine Frau die schöne Jahreszeit zur Erholung nutzte, wollte sie wahrscheinlich auch von den ihm dubiosen Freundinnen entfernt sehen, und befahl ihr zu reisen. Da ihr die Entfernung von ihm immer gut tat, entschloss sie sich schließlich, nach Genua aufzubrechen, das sie schon von ihrer Hochzeitsreise 1816 kannte. Drei ihrer sechs Kinder nahm sie mit, die zwei jüngsten, den zehnjährigen Gustav und die siebenjährige Auguste, sowie die älteste, Marie, die mit ihren 18 Jahren der Mutter beistehen konnte. Therese ging in ein Institut nach Brüssel, die beiden mittleren, Julius und Betty, blieben im Gymnasium bzw. im Mädchenpensionat.

Zum Abschied schrieb Adele in Sibylles Stammbuch Verse, die mit ihrem Fatalismus ihrem Bruder alle Ehre gemacht hätten:

O laß die Tage mit Dir schalten
und tun, was ihnen wohlbehagt!
Soll dir das Leben stets gefallen,
das nie auf Dauer sich verstand,
so laß das Schönste wieder fallen
und schließe nicht zu fest die Hand![16]

III

Getrennt

1835-1842

Puls meines Herzens:
Laurina Spinola

Am 11. Juni 1835 um 17 Uhr brach Sibylle Mertens mit ihren drei Kindern nach Genua auf. Sie fuhren luxuriös, aber langsam im eigenen, zweispännigen Wagen, mit Kutscher, Kammerjungfer, einem großen Hund und dem halben Hausstand. Über den Simplon, dessen Passstraße halb weggerissen war, erreichten sie das Königreich Sardinien, zu dem Savoyen, das Piemont und die ligurische Küste mit Genua gehörten. Bei der Einreise konfiszierten Zollbeamte Sibylles Bücher, *altitalienischen Poeten, einige Grammairen und Dictionnaire, Chaucer, Spenser, Shakespeare, die Nibelungen, genug alles gefahrlose Sachen*, nur, *weil der König nicht will, daß Bücher in seine Staaten einpaßiren ohne Erlaubniß seiner Censoren.*[1] Italien war damals auf der Landkarte ein fast ebenso kleinteiliger Flickenteppich wie Deutschland. Überall sicherten die restaurativen Herrscher ihre Macht mit einem Polizei- und Spitzelapparat. Das machte die Fahrt jedoch nicht sicherer. Als letzte und allerletzte Mittel legte Sibylle unterwegs ihren *kleinen Damascenerdolch über die Knie, und ein Beutelchen mit 10 Nap d'or* neben sich. Am 4. Juli kamen sie glücklich, aber todmüde in Genua an.

Die Familie bezog eine großzügige Wohnung über drei Etagen in der Casa Grimaldi am Ponte delle Legne *mit einer grandiosen Aussicht über Hafen, Meer und einen Theil der Stadt,*[2] die im großem Halbkreis wie ein Amphitheater zum ligurischen Appenin aufsteigt. Heute liegt an der Via Sottoripa Ecke Via Ponte Calvi die Galeere aus Roman Polanskis *Pirates* (1986) vertäut, und die Aussicht wird durch die Sopraelevata Aldo Moro, eine hochgelegte Autobahn, empfindlich gestört. Sibylles erste Anlaufstelle war der Bankier Hector Steinhaeuser, der mit Frau und Töchtern etwas außerhalb an der Riviera di Levante lebte. *Morgens 5 Uhr stehe ich auf, ½ 6 fahre ich zu Steinhaeuser nach Albaro, um 6 gehe ich dorten zwischen den Felsen baden, 7 frühstücke ich mit der Familie, 8 fahre ich zurück in die Stadt, wo gewöhnlich die Herren des Hauses mich begleiten. Bis 10 wird geruht, dann etwas gelesen, Clavier gespielt, genäht oder geschrieben, oder Comissionen gemacht, um 11 kommt Galli zu den Kindern und mir italienischen Unterricht geben; dann nimmt Marie bei Degola Klavierstunde; um 1 wird gefrühstückt, dann mache ich Toilette und es kommen gewöhnlich Visiten bis 4: denn ich gehe zwischen 2 Uhr und 4 nicht aus. Um 4 eßen wir, um ½ 6 mache ich entweder Besuche oder lese oder arbeite, um ½ 7 fahre ich nach Acquasola* – einem, selten genug in dieser am Abhang gelegenen Stadt, flachen Park, damals besser in Schuss als heute – *oder zu Paulucci, denn die wohnen auf dem Lande, oder nach San Pier d'Arena* – dessen liebliche Küste von der italienischen Schwerindustrie zerstört wurde; *um 8 gehe ich alla Villetta zu di Negro, und um 10 à 11 komme ich nach Hause. Oder ich fahre um 7 bis 8 auf dem Meere in Toninos Barke, der Morgens um 7 dem Gustav Schwimmunterricht giebt. Ein paarmal in der Woche eße ich aus, oder gehe mit di Negro die Taubstummen, oder eine Bilder-Sammlung oder sonst so etwas besuchen. Voilà tout!*[3] Während Sibylle Adele ihren Genueser Alltag als streng geregelte Kur schilderte, zwar in angenehmer Umgebung, doch nicht allzu spektakulär, kam sie tatsächlich oft nicht vor Morgengrauen ins Bett.

Ein Empfehlungsschreiben hatte ihr die Tür zur Villetta des Marchese Gian Carlo di Negro geöffnet. Als *höchst geistreicher, vielseitig gebildeter Mann und Schriftsteller* scharte er das Gros der *Künstler, Fremden, Gelehrten, kurz aller Leute von Bildung und Geschmack* um sich. Mme de Staël, George Sand, Washington Irving, Byron und Stendhal waren schon vor Sibylle Mertens in seinem klassizistischem Pallazino gewesen, den er auf einer Höhe mitten in der Stadt errichtet und von einem Park mit künstlichen Wasserkaskaden und Felsengrotten umgeben hatte. Heute steht das Museo d'Arte Orientale Edoardo Chiossonne an der Stelle der Villetta, doch durch den steil ansteigenden Park rauscht immer noch der Wasserfall, vorbei an Kamelien und Magnolien. Der 18 Jahre ältere Gian Carlo wurde Sibylles väterlicher Freund und die Villetta ihr zweites Zuhause. *Unter den aufgehäuften Kunstschätzen frappirte mich vor allem ein Basso Rilievo, nach des Marchese Andeutung, von Phidias, jedenfalls ein Erzeugnis der höchsten Blüthezeit griechischer Kunst. Es mag 8 Fuss Länge, 4 Fuss Höhe messen, und stellt den Kampf der Amazonen mit Kriegern dar. Ich halte es nach der ersten Ansicht für ein den Phigäischen Marmorn wenigstens gleichzeitiges Denkmal griechischer Kunst, ebenso fern von den Aegineten einerseits als den Marmorn des Parthenons andererseits, mogte aber weder eine Meinung, noch viel weniger Widerspruch äussern*[4] – noch nicht.

Gian Carlo, *improvisirend, sonettierend, harangirend, jubilirend, comme toujours,*[5] liebte Festlichkeiten und gab regelmäßig große Gesellschaften für mehrere hundert Gäste aus ganz Italien. Bald nach Sibylles Ankunft wurde unter großem Tamtam eine Büste Paganinis enthüllt – neben Kolumbus ein berühmter Sohn der Stadt –, die Gian Carlo für seinen Park hatte anfertigen lassen. Während Sibylle Mertens im illuminierten Garten mit Paganini über ihren gemeinsamen Freund Ferdinand Ries plauderte, tanzte Marie im Gartenpavillon bis 3 Uhr. *Um ½ 4 kamen wir nach Hause* notierte Sibylle in ihr Tagebuch, *und gegen 4 hatte ich die Freude, von meinem Balkon das erste ordentliche Gewitter zu beobachten. Um 5 Uhr ein erfrischendes Seebad und dann zu Bette.*[6] So viel zu dem strengen Lebenswandel, den sie Adele vorgaukelte.

Über Gian Carlo di Negro lernte Sibylle Mertens die gesamte genuesische Aristokratie kennen, Nachfahren stolzer Seefahrer und -räuber, mit denen sie sich hervorragend verstand, *obgleich ich keine Gelegenheit unbenutzt ließ, meine Bürgerlichkeit mit großer Deutlichkeit zu dekliniren.*[7] Die bedeutendste neue Bekanntschaft war Gian Carlo di Negros Tochter, Laurina Spinola. Drei Jahre später erinnerte sich Sibylle an ihre erste Begegnung auf der

Villetta: *Als ich zuerst dich sah, da tratest du kalt und ernst und förmlich mir entgegen: es war ein wunderbar reizender Sommertag! die Luft durchwürzt von Düften, der Himmel so dunkelblau, die Ferne so purpurn, und von den Terrassen der Villetta die Ansicht so reich, so reizend, so gross über Berge und Ufer und Hafen und Marmorpalläste und Meer! Deine konventionelle Kälte ängstete mich, denn ich fühlte es, wie fernher dämmernde Morgenröthe uns die Ahnung des nahenden Tages giebt, dass deine Seele der meinen verwandt sei.* Die neun Jahre jüngere Laurina hingegen war voreingenommen, wie sie *später oft lächelnd selbsten* gestand, weil ihr Vater eine geistreiche Frau angekündigt hatte, was ihrem *einfachen edlen Wesen* Unbehagen bereitete. Trotz Laurinas Zurückhaltung war es um Sibylle geschehen. *Wie wenig konnte ich an jenem Tage es voraussehen, trotz jenes mir selbst damals unbegreiflichen Etwas, was mich zu dir hinzog, dass du mir sobald die Seele meines Lebens, der Puls meines Herzens werden solltest.*[8]

Ähnlich wie Sibylle war Laurina ohne die früh verstorbene Mutter aufgewachsen und schon mit 17 Jahren verheiratet worden. In den sechs so kurzen wie unglücklichen Ehejahren mit Agostino Spinola schenkte Laurina drei Söhnen das Leben. Seit 1829 war sie schon Witwe. Ihre Unabhängigkeit nutzte sie für politische Arbeit im Untergrund. Denn Laurina war eine Jugendfreundin von Giuseppe Mazzini, dem theoretischen Kopf des demokratisch orientierten Risorgimento. Zusammen mit ihm und seinen Freunden, den Brüdern Jacopo, Giovanni und Agostino Ruffini, hatte sich Laurina durch die europäischen Literaturen gelesen und die niederdrückende politische Lage diskutiert. Nach ersten Artikeln im bald verboteten *Indicatore Genovese* musste Mazzini ins Exil. In Marseille gründete er den revolutionären Bund *Giovine Italia* und die gleichnamige Zeitschrift, die illegal in ganz Italien verbreitet wurde. Giuseppe Garibaldi, der zukünftige Militärstratege des Risorgimento, schloss sich ihm an. Zwei Jahre bevor Sibylle Mertens nach Genua kam, 1833, wurde der Plan zu einem Aufstand des Jungen Italiens in Genua und

Savoyen von den Spitzeln des Königs Carlo Alberto aufgedeckt und brutal geahndet. Viele von Sibylles neuen Bekannten waren damals als tatsächliche oder vermeintliche Mitverschwörer monatelang ohne Anklage und Prozess gefangen gehalten worden. Vor die Wahl gestellt, hingerichtet zu werden oder seine Mitverschwörer zu verpfeifen, nahm sich Jacopo Ruffini im Kerker das Leben. Seinem Bruder Giovanni hingegen konnte Laurina Spinola zur Flucht verhelfen. Sie stand seitdem unter geheimer Beobachtung, doch traute sich die Regierung nicht an die hocharistokratische Frau heran.

Mit ihren Kindern lebte Laurina im Palazzo Spinola in der Salita di San Caterina am Fuße der Villetta ihres Vaters. Heute befindet sich dort die Prefettura und Amministrazione Provinciale. Vier Tage nachdem sie sich bei Gian Carlo kennen gelernt hatten, besuchte Sibylle die neue Bekannte. Es war ein heißer Juli-Tag, der Schirokko drückte. Laurina führte sie durch den kühlen Palast bis in ihr *Schlafzimmer; gross, mit tiefer Alkove, alle Fensterläden geschlossen, über dem Bette blauseidne Decken. ›E trista, come la stanza di Desdemona!‹ sagte meine Führerinn; ›Que voulez-vous? J'y suis habituée, j'y reste; quoique pour une malade, comme moi, un peu de gaieté ne ferait pas mal du tout!*[9] *– Kokett ist sie auch,*[10] kommentierte Sibylle die flotte Bemerkung in ihrem Tagebuch, in dem sie mehrfach um dieses Gespräch in Laurinas Schlafzimmer kreiste. Sibylle fragte sie, ob sie sich nicht wieder verheiraten wolle. Als Laurina antwortete, *›J'aime trop la liberté et mes enfants pour perdre l'une et les autres en me remariant une seconde fois‹ da wusste ich jenes geheimnisvolle Etwas zu deuten, und meine Seele erkannte in der Deinen die Zwillingsschwester!*[11]

Sibylle Mertens und Laurina Spinola hatten sich gerade befreundet, da brach in Toulon, Marseille und Nizza ein *schauderhaftes Amalgam von Pest und Cholera* aus, das sich *wie die Afrikanische Boa langsam*[12] Genua näherte. Seit Ende des 18. Jahrhunderts wanderte die Seuche von Indien nach Westen. Moskau erlebte im September 1830 die erste Cholera-Epidemie, Berlin im

August 1831, London im Februar, Paris im März 1832. Tausende starben an dem extremen Flüssigkeitsverlust, den der Cholera-Bazillus verursacht, u. a. Hegel, Clausewitz und Gneisenau. Angesichts der drohenden Gefahr zog sich Laurina Spinola am 5. August mit ihren Jungs nach Torrazza in ihr Landhaus in den Bergen zurück, ein paar Stunden von Genua entfernt. Sibylle folgte ihr wenige Tage später mit Gustav, der in Laurinas Söhnen Spielkameraden gefunden hatte. Marie und Auguste gingen zu Steinhaeusers. Mit von der Partie waren der Marquis Damaso Pareto, *ein Meer von Kenntnissen und guter Laune,*[13] sowie Laurinas Verehrer, der Advokat Alberti. *Nach einem vortrefflichen Frühstück mit Tee, Schinken, Koteletts, Salami, Anchovis, Trüffeln und tausend Genuesereien bestiegen sämtliche Herren sehr gut ausstaffierte Esel, und ich setzte mich mit geziemender Grandezza in einen bequemen Samtsessel,* den zwei Bauern den Berg hinauftrugen, wie Sibylle Adele brieflich erzählte. Heute erreicht die Schmalspurbahn nach Casella Torrazza in zwanzig Minuten. Auch von dem eigentlichen Aufenthalt bei Laurina, deren Landhaus an der Piazza della Torrazza 5-7 samt eigener Kapelle und terrassiertem Garten noch heute weit ins Gebirgsrund blickt, berichtete sie der alten Gefährtin vornehmlich, was sie gegessen hatte. *Andern Morgens das Frühstück mit Tee, Eiern, Omelette, Fleisch, Obst etc., dann die Messe in der Schloßkapelle, dann gelesen, geplaudert, nichts getan. Um 4 das genuesische Mittagessen, dann ein bißchen Siesta, und wieder geplaudert, vom Wetter, von der Cholera, etwas Chronique scandaleuse, dazwischen Eiswasser mit feuilles de rose sucrées oder Limonen und so weiter.*[14] Laurina selbst erwähnte sie nur kurz als *un peu Ottiliana, nur nicht so geistreich wie diese.*[15] Nach einem Tag kehrten die Herren in die Stadt zurück, Sibylle blieb mit Gustav eine Woche.

Durch die totenstillen Straßen Genuas hallten nach ihrer Rückkehr die Schritte der Leichenträger. Riesige Scheiterhaufen wurden zur Abwehr der Krankheit entzündet. Am 18. August berichtete die Zeitung von 2 137 Kranken und 818 Todesfällen, wie

Sibylle ihrem Kölner Freund Mathias de Noël schrieb, zusammen mit der Bitte um Diskretion: *Sie begreifen, daß ich in allen Briefen an meine Familie die Zahlen modifiziere, und werden daher keinen unnöthigen Schrecken, durch weitererzählen erregen wollen.*[16] Auch gegenüber Adele schönte sie die Zahlen. Wer irgend konnte, floh, auch Sibylles Freunde von der Villetta. *Es ist, als ob der Schrecken diesen reichen Leuten alle Besinnung, alle Urteilsfähigkeit geraubt habe.*[17] Sibylle sah keinen Grund zu fliehen, da sie die Cholera nicht für ansteckend hielt. Sich in die Schweiz zurückzuziehen war ihr *zuwider,* weil das *der Anfang meiner Rückreise sein würde, vor welcher mir graust.*[18]

Doch Sibylle Mertens blieb nicht nur, weil sie den schönen Süden, die neuen Freunde und insbesondere Laurina Spinola noch nicht verlassen wollte. Sie blieb auch, um das Elend zu lindern. Entsetzt beobachtete sie die Untätigkeit der Verwaltung und die Verantwortungslosigkeit der Besitzenden. *Und nun das Schrecklichste: keine Hospitäler in Bereitschaft, ein Theil der Aerzte entflohen, Regierung und Stadtrath uneinig; nichts vorausgesehen, an nichts gedacht, für nichts gesorgt, keine Ordnung, keine Polizei, kein Gewerbe, Fabriken und Werkbuden geschlossen, alles Volk sich selbst überlassen, und dem bewältigenden Tode.* Zu den wenigen, die an ihrem Platz blieben, gehörte ihr Arzt, Dr. Solari, der tagsüber an der Riviera improvisierte Krankenhäuser einrichtete und nachts Patienten aus ärmeren Schichten behandelte. Die vielen Waisen, die die Cholera gebar, ließen Sibylle handeln. *An die armen Kinder, denen Vater und Mutter der Seuche unterlag, dachte Niemand. Die Reichen waren entflohen; Frauenvereine sind hier nicht; vorgesorgt von den Behörden war in keiner Art. Einige Personen legten Gold in meine Hand, ich verständigte mich mit den Commissionen, den Pfarrern, mein italienischer Bedienter war Dollmetsch, und so erhalten seit dem 27. August eine Menge Waisen die Mittel, wenigstens leben zu können,* berichtete Sibylle Adele; *ich sorge für Reinlichkeit, zweckmäßige Nahrung, wärmere Kleidung, besuche die Pfleger u. s. w.*[19] Mit dem älteren Bruder ihres Arztes, dem Advokaten Domenico Solari, versuchte sie, *ein Lokal zum Unterbringen jener Elenden auszufinden, so wie einen Verein der gemeinschaftlich die Sorge der Kinder, so wie der arbeitsunfähigen überlebenden Alten übernehmen würde zu bilden.*[20] Da sie das Pflegegeld für die 70 Waisen, die sie vorübergehend in 28 bedürftigen Familien untergebracht hatte, weitgehend aus eigener Tasche bezahlte, trieben ihr vermögende Personen wie die Marchesa Raggi Spinola die Zornesröte ins Gesicht, als sie zu ihr kam, *um 2 Waisen unter meinen Schutz zu stellen! Die Italiänerinn, deren elegante Morgentoilette vielleicht 500 Franken gekostet, brachte mir 2 Waisen! Ich war etwas stolz in dem Augenblicke, Ottilie! Aber ich habe die Regung gleich bereut, und ich will redlich sorgen, so lange ich kann, für die beiden Kinder.*

Das Chaos, das während der Cholera in Genua herrschte, und die vielen Waisen, die sie betreute, brachten Sibylle auf eine tollkühne, aber nicht abwegige Idee, wie Ottilie von Goethe zu helfen war, die ein halbes Jahr zuvor, Mitte Februar 1835, in Wien ihr uneheliches Kind zur Welt gebracht hatte. Da Anna Jameson ihr vor Ort beistand und Sibylle moralische Unterstützung und großzügige Schecks schickte, nannte Ottilie ihr gesundes Mädchen nach ihren persönlichen Nothelferinnen Anna Sibylle. Sibylle verpflichtete sich zum Unterhalt der Kleinen, den sie der Mutter vierteljährlich auszahlen wollte, und vermachte ihr testamentarisch eine Mitgift. Anna wickelte derweil ihr Patenkind und fütterte es mit Kuhmilch und Brei, da die Mutter nicht stillte. Lange konnte diese unkonventionelle Regenbogenfamilie jedoch so nicht weitermachen. Ottilies drei ältere Kinder, ihre Mutter und Großmutter verstanden den ausufernden Aufenthalt schon lange nicht mehr. Doch Ottilie konnte und wollte sich nicht von ihrem Neugeborenen trennen und spielte mit dem Gedanken, einmal mehr auf die Meinung der Welt zu pfeifen, sich zu Anna Sibylle zu bekennen und sie mit nach Weimar zu nehmen. Entsetzt beschworen daraufhin Anna Jameson, Adele Schopenhauer und Sibylle Mertens die Freundin, die Gesellschaft nicht herauszufordern. Schweren Herzens kehrte Ottilie schließlich Anfang Juni 1835 ohne Anna Sibylle nach Weimar zurück. In Wien riskierte derweil Anna Jameson mit einem fremden Säugling ihren Ruf, ihre Karriere und ihr Auskommen als Schriftstellerin. Schließlich handelten die Patinnen, weil die Mutter es nicht vermochte. Anna übergab die sechs Monate alte Anna Sibylle am 1. August Pflegeeltern, denen Sibylle 60 Gulden für die ersten drei Monate überwies.

Just zu dieser Zeit brach in Genua die Cholera aus, und Sibylles Engagement für die Waisen versetzte sie in eine Situation, die *Glück und Zufall nicht besser senden konnten, als hier Tod und Elend*, wie sie Ottilie am 14. September schrieb; *vielleicht, wenn ich bis zum Frühjahr hier bleibe, kömmt Anna noch nach Genua, und läßt entweder das Kind hierher bringen, oder holt es selbst hierher: mir, grade mir – wie sonderbar – stehen in diesem Augenblicke alle Pfade frei, um ein Kind unter irgend einem Namen, irgend ein Verhältnis zu bringen.*[21] Auf diesen genialen Plan ging Ottilie zu Sibylles größtem Unverständnis mit keiner Silbe ein. Sie träumte lieber tausend Unmöglichkeiten, wollte mit der Kleinen nach Griechenland auswandern oder mit ihr und Anna nach Kanada. Wegen ihrer Untätigkeit blieb Anna Sibylle bei der gedungenen Pflegefamilie in Wien, wo sie schon im Jahr darauf, am 4. Juli 1836, starb. Sie wurde nur eineinhalb Jahre alt.

Während Sibylle Mertens auf Ottilie von Goethes Antwort wartete, erkrankte sie selbst leicht an der Cholera. Da sie Marie zusammen mit Gustav und Auguste bewusst bei Steinhaeusers außerhalb der Stadt belassen hatte, wurde sie von ihrem Mitstreiter, dem Advokaten Solari, gepflegt. Während sie sechs Tage nach den ersten Symptomen wieder aufstand, verstarb er am selben Tag urplötzlich, *einige Stunden, nachdem er heiter neben mir im Sopha gesessen.* Tief betroffen von seinem Tod, den sie, unwissend und unwillentlich, wahrscheinlich verursacht hatte, führte sie in seinem Sinne ihr gemeinsames Projekt weiter, die Betreuung der Waisen zu institutionalisieren.

Denn allzu lange konnte auch die vermögende Sibylle Mertens nicht die karitativen Aufgaben der Stadt Genua schultern. Nach und nach musste sie die Waisen aus ihrer Akutaufnahme entlassen. Am 22. Oktober 1835 kamen die letzten, wie immer morgens um 8 Uhr, zu ihr. Da war die Epidemie verebbt, die nach Sibylles Schätzung 4-5 000 von insgesamt 100 000 Einwohnern das Leben gekostet hatte. Sie selbst war an der Krankheit gesundet. *Diese Thätigkeit inmitten eines großen allgemeinen Unglücks hat mich erhalten und erkräftigt. Menschen, Natur, Kunst, alles hat für mich die frühere Frische, den alten Reiz wieder erworben, und ich bin an diesem ungeheuren Elende geistig geheilt.*[22] Der König von Sardinien-Piemont, Carlo Alberto, ließ wegen Sibylles Verdiensten um die Cholera-Waisen eine Münze auf sie schlagen. Ihre konfiszierten Bücher gab er ihr trotzdem nicht zurück.

Kaum hatte Sibylle die Betreuung der Waisen abgegeben, brach sie mit Gustav erneut zu einem einwöchigen Besuch bei Laurina und ihren Söhnen auf. Als Laurina Mitte November in die Stadt zurückkehrte, begannen sie, miteinander zu leben, auch ohne miteinander zu wohnen. Schon frühmorgens besuchten sie sich, zuweilen lag die eine noch im Bett, fuhren mit Sibylles Kutsche am Meer entlang, besichtigten Paläste, Kirchen, Bibliotheken, Kunstsammlungen, physikalische und chemische Kabinette oder gingen durch den Garten des Palazzo Andrea Doria spazieren, dessen Loggien damals bis ans Meer reichten. Heute sind sie samt der berühmten Aussicht durch Hafengebäude und die Sopraelevata ersetzt, doch der Neptunbrunnen im formalen Garten, an dem sie gerne saßen, steht noch. Die Freundinnen lernten miteinander Spanisch, betrachteten ägyptische Altertümer und lasen sich auf der Ottomane in Laurinas Boudoir Boccaccios *Decamerone* vor. Obendrein flogen Billette hin und her, nur *pour que te dire je t'aime.*[23]

Kein Mensch auf dieser Erde hat mich mehr geliebt, wie diese Laurine, und keiner hat mich so verstanden; Keiner! – Auch Adele nicht, gestand Sibylle Ottilie von Goethe. *S i e, zehn Jahre jünger als ich, ganz Aristocratin, ganz Italiaenierinn, ganz fromme Catolikinn, ich, um so vieles aelter, bürgerlich durch Geburt und Grundsatz, Deutsche, Deistinn ... und wir hatten stets dasselbe gedacht, und bei gleichen Dingen das gleiche empfunden; und wir verstanden einander fast ohne Rede; unser gegenseitiges Leben lag so klar in uns, als hätte jede der andern ihres erlebt.* Gegenüber Ottilie hob Sibylle hervor, dass Laurina, anders als Adele, auch jene Seite in ihr verstand, *die ganz den Ansichten und Empfindungen der staatsbürgerlichen Verhältnisse zugewendet war, und, in einer Republik geboren, fremde Herrschaft duldend, fühlte sie auch hier wie ich.*[24] Laurina unterstützte weiterhin die Republikbewegung im Untergrund und schickte Mazzini und den überlebenden Brüdern Ruffini Geld in die Schweiz, wo sie im Exil lebten. Über Laurina lernte Sibylle Maria Mazzini kennen, die Mutter Giuseppes, die ihr während der Cholera zwei Waisen brachte. Auch sie unterstützte ihren Sohn, und vieles spricht dafür, dass Sibylle Mertens es ihnen gleichtat. Denn Jahre später, während der von Mazzini geleiteten kurzlebigen Römischen Republik, stand sie unter seinem persönlichen Schutz. Sibylle mied bereits seit Jahren mit erklärter *Prinzenscheu*[25] Gelegenheiten, bei denen sie mit Angehörigen des preußischen Herrscherhauses hätte verkehren müssen. Von Ottilie hatte sie sich im Jahr zuvor die *Paroles d'un croyant* des Abeé Félicité de Lamennais erbeten, kaum dass sie in Paris erschienen waren. Ludwig Börne, der selbst gerade mit seinen *Briefen aus Paris* (1831-34) die deutsche Öffentlichkeit im Vormärz beben ließ, übertrug die christlich-soziale Revolutionsschrift ins Deutsche. Im autokratischen Königreich Sardinien nannte sich Sibylle Mertens bewusst *bourgeoise, même assez républicaine.*[26] Und so dürfte Laurinas Ottomane Zeuge von wirklich Geheimem und Verbotenem geworden sein – Politik und Revolution.

Nach dem Weihnachtsfest, das Sibylle für ihre und Laurinas Kinder nach deutscher Sitte samt Tannenbaum ausrichtete, nahm die Theater- und Opernsaison Schwung auf. Die anspruchsvolle Sibylle fesselten dabei weniger die mäßigen Sänger und erbärmlichen Bühnenbilder – in Rossinis *Moses wurde das Ertrinken der Armee Pharaos in den pappdeckelnden Wogen des Roten Meeres lächerlich*[27] – als der Anblick der *Damen en grande toilette.*[28] Zuweilen achtete sie gar nicht mehr auf das Bühnengeschehen; *eine blonde junge Dame, in der dritten ParterreLoge, offenbar eine Fremde, die mir gleich den Eindruck einer Bergischen oder Westphalinn machte, fesselte bis nach dem ersten Ballette, wo sie das Theater verliess, meine Ganze Aufmerksamkeit. Dieser Blick aus der Heimath, war mir, was die junge Sonne dem Polarländer! Wer es nur sein mag?!*[29] Nach ihren Tagebüchern zu urteilen gab sich Sibylle in Genua – fern der Heimat, ohne die soziale Kontrolle durch ihren Ehemann, ihre Familie oder Adele – der erotischen Anziehung rückhaltlos hin, die Frauen auf sie ausübten. Gleich zu Beginn ihres Aufenthaltes lernte sie die Schwiegertochter des aufklärerischen Juristen Cesare Beccaria kennen und schwelgte in ihrem Journal: *Hinreissend ist Madame Beccaria, mit dieser feinen zierlichen Gestalt, diesen dunkeln geistvollen Augen, der ungemeinen Grazie und ... ich habe fast niemals ein Organ gehört, von dieser Weichheit, dieser Melodie, dieser einschmeichelnden Modulation. Ich schließe mitunter unwillkürlich die Augen, um ganz ungestört den Wohllaut dieser lieblichen Klänge zu genießen.*[30] Schöne Frauenstimmen hatten sie schon immer schwachgemacht. Auch Adele, die Rezitatorin, hatte sie früher mit ihrer Stimme berückt. In Genua allerdings lauschte Sibylle nicht nur, sondern sah auch genau hin. Von der Tochter ihrer Freundin Theresa Pallavicini schwärmte sie, die sei *das Ebenbild von Caecilie Grève, nur viel viel schöner, und reizend gewachsen.*[31] Nina Centurione *bleibt doch noch immer eine der schönsten Frauen hier.*[32] Selbst die älteren Waisenmädchen, die im Spital und als Prostituierte arbeiten mussten, gefielen ihr. *Die meisten dieser Mädchen sind schön: ich sah nur wenige hässliche unter ihnen, einige sogar hatten wirklich antike Züge: sie glichen Messalinen.*[33] Bei den glanzvollen Bällen im Karneval kam sie vollends auf ihre Kosten. An einem Abend setzte sie sich *ein eben von Paris angelangtes him-*

melblaues Barett mit Reiher und anderm Gefieder auf den Kopf, *und gegen 8 steckte ich mich in Atlas und Blonden und fuhr mit Marie und Madame Pareto zur Soirée der Gouvernantinn. Eine zahlreiche Gesellschaft war versammelt; reicher Putz und wunderschöne Frauen; vor allem die Marquisinn Durazzo, und die Prêtresse Anglaise, wie man hier die Frau des englischen Predigers bezeichnet. Auch Miss Sterling nicht übel, nur zu krankhaft blass. Dann Mad. Th. Doria, Mad. Aur. Pallavicini, Mad. Mar. Spinola und noch einige andere, eine immer hübscher als die vorige. Es wurde getanzt: Marie schwamm in Wonne!*[34] Ihre Mutter nicht weniger.

Dreh- und Angelpunkt ihres Herzens blieb allerdings Laurina, die ihr fast jeden Morgen blühende Zweige aus der Rosenlaube vor ihrem Schlafzimmer schickte, wenn nicht gleich ein Bukett von 19 verschiedenen Kamelien. Im Minnesang fand Sibylle den Ausdruck ihrer Gefühle für die Geliebte. *Nicht vieles habe ich gelesen, was mir tiefer empfunden und inniger ausgedrückt erscheint, als Heinrich von Morungens Liebeslied: In sô hôher swebender Wunne / sô gestunt mîn herze an frouden nie: / ich war, alse ich fliegen kunne / mit gedanken immer umbe sie.*[35] Überwältigt von Laurinas Liebe – *die edelste, umfassendste, demüthigste, überwallendste, innigste Liebe!* – fühlte sie sich angenommen wie nie zuvor. *Ach! wie Wenige verstehen es zu lieben, wie du,* schrieb sie in ihr Tagebuch, *selbstvergessen, ganz hingebend, aufopfernd ohne Eitelkeit, ohne Selbstsucht, ohne Herrschbegierde, ohne Anmassung!*[36] Bei diesen Vergleichen mag sie an Adele gedacht haben, die so lange versucht hatte, sie zu beeinflussen, zur Scheidung zu bewegen, ihre übrigen Beziehungen zu kontrollieren. Was Sibylle mit Adele bis dahin vergeblich gesucht hatte, gelang ihr mit Laurina, das Glück *der tiefen, innigen, unbegrenzten Ineinander-Verlebung.*[37] Freilich hatten sie es auch erheblich leichter: Beide waren in Genua so gut wie ungebunden, mussten nur auf ihre Kinder Rücksicht nehmen. Kein Ehemann, keine Mutter, und auch keine Armut grätschten dazwischen. In und wegen dieser utopischen

Freiheit – denn Sibylle war ja nur für ein Jahr halbwegs frei – empfand sie Laurina lange als die große Liebe ihres Lebens. *Du warst der einzige Geist, die einzige Seele, das einzige Herz, welche wirklich sympathisirten mit meinem Geiste, meiner Seele, meinem Herzen!* ›Sympathie‹ verstand Sibylle dabei als die *tiefe Uebereinstimmung der Grundgefühle, jene Harmonie aller Hauptansichten, jenes stete, bestimmte fast instinktmässige Verstehen, und jenes klare Bewusstsein des Verstandenwerdens; jenes unbedingte Hingeben, und jene unerschütterliche Sicherheit, in jedweder Handlung, jedwedem Worte, fast mögte ich sagen, jedwedem, auch unausgesprochenen Gedanken begriffen zu werden.* Sie und Adele waren unterschiedlicher gewesen, ja, nach Anna Jameson sogar gegensätzlich in ihrem Denken und ihrer Art. Nach der herausfordernden Reibung mit Adele schwelgte Sibylle im Gleichklang mit Laurina. *Diese Sympathie aber ist eine Seeligkeit höher als jede andere; ein Glück, ein Genuss unabhängig von dem Unterschiede des Geschlechtes und des Alters; und dennoch ein so starkes ernstes leidenschaftsvolles, tiefes Empfinden, wie Liebe und Freundschaft vereint.* Diese geistige Verschmelzung mit Laurina erlebte Sibylle geradezu orgiastisch. *Ja, ich wage zu behaupten, dass jenes gegenseitige klare und tiefe Durchdringen der Gedanken, Empfindungen, Ansichten, Begriffe und Grundsätze, und das Gefühl der harmonischen Ineinanderstimmung Momente des Genusses gewährt, welche der höchsten Sinneslust die Waagschale halten.*[38]

Ab April 1836 konnte Sibylle nicht länger die Augen davor verschließen, dass sie in Genua nur zur Kur war. *Mertens knurrt mir mit jedem Tage die Ohren voll, daß ich noch nicht abreise; als ob ich über die Alpen fliegen könnte, wo alle Wege fast inpraktikabel sind.*[39] Um den Aufenthalt zu verlängern, bestand sie darauf, im Mai die Seebäder wieder aufzunehmen. Mitte Juni musste sie dann endlich abreisen. Den letzten Abend verbrachte sie mit Laurina in der Villetta. Laurina gab Sibylle *das schwarzemaillirte Medaillon, ihre Haare enthaltend, was ich auf meinem um sie blutenden Herzen trage.*[40] Sie selbst schenkte Laurina einen Ring – den dritten, den sie einer Frau gab. Spät in der Nacht am 13. Juni 1836 fanden sich 15 ihrer engsten Freunde ein, um Sibylle zu verabschieden. *Um 1 kamen die Pferde; Hüte und Mäntel wurden gebracht, und wir stiegen zum letztenmale den Weg zu diesem Paradies hinab: ich that alles um mich zu betäuben; es half nicht – bis ans Ende der Strada Nuova* – heute die Via Garibaldi mit den in Museen verwandelten Palästen ihrer Bekannten – *gingen die Freunde neben dem Wagen: dann der letzte Händedruck, das letzte Wort – es war vorbey!* Alle vier Mertens weinten in der Kutsche. *Und Laura! Doch hierüber keine Worte!*[41]

Qui me néglige me perd! Nähe und Distanz

Noch am Abend des 14. Juni erreichten sie Turin. *Früh Morgens war mein erster Gedanke Genua, mein zweiter meine Kinder und Adele.*[1] Sibylles Gefühle für ihre alte Geliebte hatten einige Wandlungen erlebt. Von den ersten Monaten in Genua schrieb sie ihr lange, anschauliche Briefe, in dem vertrauten Ton zweier Menschen, die sich *von innen und außen*[2] kennen. Gleichwohl blitzen in Sibylles Briefen – Adeles sind nicht erhalten – die Verstimmungen auf, die ihr Verhältnis zuletzt geprägt hatten. Adele reagierte gereizt auf Sibylles neuen Umgang und wollte von all den Marcheses explizit nichts wissen. Sibylle musste sich für die Schilderung ihrer ersten Landpartie zu Laurina rechtfertigen. Adele mag gespürt haben, dass es dabei nicht nur ums Frühstücken gegangen war. Entgegen Adeles Wünschen beharrte Sibylle in den ersten Monaten darauf, *so sehr du dich auch dagegen verwehren magst, von meinem Leben, nicht von meinen Empfindungen*[3] zu schreiben. Von Laurina erfuhr Adele kaum mehr als den Namen.

Während der Cholera-Epidemie wurden Sibylles Briefe an

Adele seltener, aber weicher und inniger. *Ich habe lange nicht geschrieben: an Dich, an die nächsten Freunde gedacht, täglich, mein theures Herz! Der Gedanke an Euch alle, der Gedanke unter allen an Dich, und die beiden Berl Freunde weckte mir täglich Muth und Kraft inmitten dieser Tage, wo Elend, Tod, Verzagtheit, Gemeinheit und Schrecken mich rings umgaben.*[4] Die Begegnung mit dem Tod ließ sie die Missklänge, die zwischen ihnen herrschten, wenn nicht vergessen, so doch anders beurteilen. Sie begann, sich nach Adele zu sehnen. *Die Equinoxial Stürme waren hier arg und jeder Windstoß rief deinen Namen: aber Schmerzlich, bitter, entbehrend! Schreibe mir gute treue Worte! Lebe Wohl Deine Alte.*[5] In Briefen und im Tagebuch suchte sie von Herbst 1835 an Adeles Nähe neu. *In Gedanken sitze ich nun jeden Tag einige Zeit bei dir, sehe dich zeichnen, malen, plaudre, zanke, öffne alle Bücher und alle Schiebefächer, streiche mir vor dem Spiegel die Haare zurecht, und treibe mich in angestammter Unart bei dir herum; aber – mein Gott! – was sind diese Gedankenflüge neben der Wirklichen Entbehrung, was ist das Zauberpanorama der reichsten Fantasie neben dieser todten kalten Wahrheit? Ich mögte dich sehen, deine Hand faßen, an deinem Herzen ruhen, deine lieben Worte hören – und ich muß mich mit glänzenden Traumbildern abfinden. Es wäre eine arge, dumme und freche Lüge, wenn ich behauptete, daß der Gedanke an dich, an die Heimath, an die andern Freunde mich unfähig mache, den Reichthum meiner Gegenwart zu genießen – ich freue mich des gegebenen, ich genieße für mich, und genieße in dem Gedanken an Euch, mit dem Vorsatze, später manches Gute und Schöne und Interessante Euch mittheilen zu können – aber inmitten dieser guten Stunden greift die Erinnerung an dich mitunter schmerzerregend herüber, und eine Sehnsucht, für die ich keine Worte habe, reißt mich gewaltig in deine Nähe zurück!*[6]

Obwohl sie just zu dieser Zeit, Ende November 1835, fast mit Laurina Spinola zusammenlebte – sehr allgemein deutete sie ihr Glück ja auch Adele an –, geriet ihr die alte Freundin doch stärker wieder in den Blick. Ihr Tagebuch wandelte sich zu einer direkten

Rede an ihren *Deler* oder ihre *Adelina mia!*, für die sie überhaupt nur schrieb. *Ich denke, da hast du Anekdoten für 4 Wochen, Wau: Gut Nacht bis morgen.*[7] Im Tagebuch begann sie, so innig mit Adele zu leben wie in der Bonner Wirklichkeit schon länger nicht mehr. *Gute, liebe Adèle! welchen Tag hätte ich nicht Deiner mit tiefer Empfindung gedacht!*,[8] schrieb sie zu Weihnachten und bescherte für sie heimlich mit. Zum Jahreswechsel stellte sie sich vor, *Adèle hat zur Mutter gesagt: Was mag sie jetzt treiben, fern am Mittelmeere, in der Sylvesternacht; was es auch sei, sie denkt unser dabei. Und so leerte ich um Mitternacht auf Euer Wohl das Glas.*[9] Regelmäßig rief sie aus, *Wärest du nur hier, Dèler!*[10]

Trotz oder wegen der permanenten Zwiesprache mit Adele in ihrem Tagebuch schrieb Sibylle der realen Freundin gar nicht mehr. Während sie mit Laurina und den neuen Freunden zu Beginn des Jahres 1836 auf Bällen und Soireen, in der Oper und in trauten Stunden bei sich zu Hause das Leben genoss, konnte sie mit Adele nur noch im Tagebuch reden. Was hätte sie der alten Gefährtin in Bonn von ihrem lustvollen Treiben auch schreiben sollen? Ihre widersprüchliche Gefühlswelt, in der sie die eine wollte, ohne die andere zu lassen, wäre schwer zu erklären gewesen. Adele verstummte ebenfalls, so dass eine beklemmende Funkstille zwischen ihnen eintrat. Anfang März versetzten Sibylle ihre *ängstlich ahnenden* Gedanken an Adele schließlich *in die unbeschreiblichste Unruhe,* und sie nahm sich ein Herz und schrieb *der theuren.*[11] Dieser Brief vom 8. März 1836 ist der expliziteste Liebesbrief, der von Sibylle an Adele erhalten ist. Ohne Anrede fiel sie ihr sofort verbal um den Hals. *Warum kann ich nicht an Deinem Herzen ruhen! – O laß mich einmal die Sehnsucht nach Dir, nach Deinem treuen Blicke, nach Deinen treuen Worten, nach Deinem treuen Handeln Dir aussprechen! Einmal nur! – Denn Du weißt, wie mir dies Wiederholen von Empfindungen Phrasenhaft und abgeschmackt vorkömmt, wenn man einmal auf dem Punkte steht, wo man sich kennt, würdigt und nicht mehr steigern kann! – Aber es ist mir ein Lebensbedürfniß in dieser Ferne, Dir zu sagen:*

ich liebe Dich, fest, offen, innig, ich achte Dich hoch, ich vertraue auf Dich ohne Rückhalt, ohne Irrung ohne Ende! Du magst fragen Adèle, und mit Recht: und doch schriebst Du, Sibylle, solange mir nicht! – Soll ich Dir all die kleinen Dinge und Nebendinge herzählen, die sich zwischen das Blatt welches ich senden wollte, sollte, konnte, und die Ausführung schoben, fragte sie, und schob *Unwohlsein, Ermüdung, Verdrießlichkeit, Faulheit, Unzufriedenheit mit meiner eignen Trödeley* vor, ohne den eigentlichen Grund zu benennen. Stattdessen bekräftigte sie noch einmal *ich liebe Dich, wie jemals – wäre es möglich, noch mehr, noch treuer, noch ernster, noch sorglicher, und – Du vertraust mir!,* schob sie beschwörend nach, wissend, dass sie Adele dazu schon lange keinen Grund mehr gab. Ihr Verstummen erklärte Sibylle zum Ausdruck ihrer Liebe: *Aber eines sage ich Dir, wie bei diesem langen Schweigen meine Gedanken sich immer enger an Dich schloßen, immer rascher und rascher zu Dir von allen Gegenständen und Punkten aus, zurückkehrte, Dich zuletzt fast einzig umkreisten, und es mir nun eine Wollust ward, dieses innere Fühlen und Denken und Leben um Dich mit keiner Sylbe zu unterbrechen, so wie man mitunter nicht reden mögte, weil man zu unendliches zu sagen hat.* Den Brief beendete sie mit einer doppelten Liebkosung. Erst eine für Adeles Hund: *küße Deiner Iris in meinem Namen die Schnauze, und suche ihr deutlich zu machen durch Mimikworte und ein Stück Braten, daß ich ihr bei der Rückkehr eine der berühmten Genueser Kälberkeulen, gebraten, farcirt und glacirt, à la génoise mitbringen werde.* Dann eine für Adele: *Ich küße Dir die treuen, lieben Augen und bin ganz Deine Sibylle.*[12]

Während Sibylle Adele leidenschaftlich und wortreich ihre Liebe gestand, erlebte sie mit Laurina den Himmel auf Erden. Für Sibylle bedeutete dieses rasende Glück eine kurze Auszeit aus ihrem Leben. In Genua war sie keine Ehefrau, war kaum belastet von Kindern und Haushalt, sie war ganz sie selbst oder wie sie sein wollte. Eine größere Freiheit war ihr nicht möglich. In diesen flüchtigen Traum von einem anderen Leben gehörte Laurina, mit der sie ein Jahr Ferien machte. Adele dagegen bedeutete für Sibylle Heimat, Normalität und Alltag. Sie wusste auch im Liebesüberschwang mit Laurina, dass sie nur zu bald würde zurückkehren müssen. Dort, wo sie hingehörte, an die Seite ihres Ehemannes, mit sechs Kindern im größtenteils schwierigen Alter, mit Aufgaben ohne Ende, wollte sie bei ihrer Rückkehr nicht ins Bodenlose fallen. Sie brauchte Adele, ihre einzige Stütze, die ihr die Prosa des Alltags dauerhaft erträglich machen, zu der sie sich flüchten konnte. Ihre Liebe zu Adele und ihre Gefühle für Laurina waren zwei Welten, die nichts miteinander zu tun hatten.

Adele hingegen fühlte sich umfassend von Sibylle enttäuscht, emotional schon lange, und zunehmend auch in ihren existentiellen Sorgen. Sie hatte keine Ferien von ihrem Leben. Tag und Nacht musste sie sich um ihre alternde Mutter kümmern, die weiterhin das nicht vorhandene Geld mit vollen Händen ausgab; *ich kann auf keine Art auskommen trotz aller Einschränkung, meine Redlichkeit leidet unsäglich, über den Schein von Wohlhabenheit, über die Schulden, die sich steigern, obgleich ich schon einiges Silber und dergl. verkauft habe.*[13] Ende November 1835 starb der Danziger Bankier Muhl, der seit seinem Beinahe-Bankrott 1819/20 Johanna zum Ausgleich von Adeles Verlust eine jährliche Rente von 300 Talern gezahlt hatte. Die Monate, bis sich auch sein Schwiegersohn und *Associé* Abegg verpflichtete, die Rente weiterzuzahlen, bereiteten Adele die größte Pein. Um ihre finanziellen Ängste zu komplettieren, wollte Louis Mertens ihr letztes, bei ihm angelegtes Kapital von 1600 Talern mit einem Mal geringer verzinsen. Wie so oft sprang Sibylle ein. *Wegen der Zinsendifferenz sei nur außer Sorgen: M. hat Dir 5/100 versprochen, und Du erhältst sie, aber von mir, mein Kind, und das ist billig.*[14] Auch aus Genua fand sie Mittel und Wege, *eine kleine Summe in deine Hände zu legen ohne daß es weder Dich noch mich compromettirt.*[15]

Dabei musste Sibylle jedoch gegenüber ihrem Mann größte Vorsicht walten lassen; *sie kann nie über Geld disponiren und er thut als ob du und ich Profit ziehen möchten von ihm,*[16] warnte

Adele Ottilie. Die Verständigung über finanzielle Hilfen musste Umwege nehmen, da Louis mehrfach Briefe von seiner Frau an Adele abfing. *M wird keine Rosen erndten von dieser Sache, das schwöre ich ihm zu,* schrieb Sibylle Adele wütend; *es drängt mich, ihm gegenüber zu stehen: bei Gott! er muß lange leben um gut zu machen! Und er wird hundertemale den Moment verfluchen, der ihn hinriß, dies Siegel zu zerbrechen!* Um ihren Mann zu überführen, schickte Sibylle einen fingierten Brief an Adele ab, *für den ich Gott bitte, daß M. den Schmitz besticht um ihn ihm auszuliefern.*[17] Ihre tatsächliche Korrespondenz lief über Frankfurt, wo Sibylles Cousine Speltz ihre Briefe an Adele in neutralen Umschlägen weiterbeförderte.

Die einfachste Art, Adele zu unterstützen, waren für Sibylle Geschenke, die ihr Mann nicht als solche erkennen konnte. So kaufte sie in Genua *3 Ellen Battist um für mich und Adèle Kragen sticken zu lasen.*[18] Außerdem brachte sie ihr *Chinesische Tusche aus einem Chinafahrer, von der ächtesten, und Sepia, wie eine Reliquie so köstlich und brauchbar*[19] mit, Kupferstiche sowie Miniaturen, die sie eigens aus einem Band von 1350 für sie kopieren ließ. *Wie ich mich freue, Dich wiederzusehen, die ich eben so sehr liebe als ich dich hoch achten mußte, brauche ich nicht zu sagen: Du kennst mich genug um für beides keiner Betheuerung zu bedürfen,*[20] schrieb sie ihr vor der Rückkehr. *Gott sei mit Dir und mir! Vergieb mir was ich verschuldete und liebe nicht minder Deine Sibylle.*[21]

Adele reagierte mit Zurückhaltung. *Ihre Neigung zu mir erwacht in vollem Maaße seitdem Mart. sich von mir löst – ich begreife es, aber ich fühle ganz anders.*[22] Obwohl ihre Hoffnung, sich durch eine Heirat mehr Autonomie zu verschaffen, wieder einmal gescheitert war, sehnte sie sich nicht nach Sibylle zurück. Das Jahr in Genua hatte sie ihr weiter entfremdet. *Ich denke nicht mehr wie ehemahls, daß uns ein Zusammenleben beglücken müßte, das tiefe Gefühl ist zerdrückt, zerrissen worden, ich habe sie herzlich, und für immer lieb – aber ich lebe allein nicht mehr geistig zusammen mit ihr. Wie schmerzt michs daß sie sich jetzt täuscht, und vom*

Glück des Beisammenlebens schreibt, schrieb Adele Ottilie; *qui me néglige me perd! es ist eine traurige Wahrheit! Gewißermaßen hat sie mich verloren!*[23]

Das fuchsige Buch: Entfremdung

Auch Annette von Droste-Hülshoff war nicht mehr gut auf Sibylle Mertens zu sprechen. Sie fühlte sich als Opfer einer Intrige, mit der Sibylle, so glaubte die Droste, ihren ersten Buchversuch torpediert hatte. Ursprünglich war Annette von Sibylle im Schreiben ermutigt worden; in ihrem Kreis war sie als Dichterin gereift. Mit zwei Versepen wollte sie schließlich an die Öffentlichkeit treten: »Das Hospiz auf dem großen St. Bernhard« und »Des Arztes Vermächtnis«. Mit dem Letzteren hatte sie ihren eigenen Ton und ihre kunstvoll verknappte Erzählform gefunden. Im Wissen, wem sie für ihre Entwicklung zu danken hatte, widmete sie das Werk Sibylle.

Nicht wie vergangner Tage heitres Singen
Der Ton den ich in frischer Jugend fand,
Nein anders muß das düstre Lied erklingen
Das schaudernd sich dem kranken Haupt entwand,
Doch wag ich's dir, du treues Herz zu bringen
Gelang es, oder mocht es nicht gelingen,
Vertrauend leg ich's in der Liebe Hand.

Wohl war er schön, wohl muß ich ihn beklagen
Der frohe Blick, der ungetrübte Sinn,
Doch naht die Mittagssonne unsren Tagen
So reift die Frucht, und ist die Blume hin,
Was soll ich dir, mein zweites Selbst, noch sagen

So bin ich, und so muß mich Billchen tragen;
Nicht wahr, mein Kind, du nimmst mich wie ich bin.[1]

Voller Vertrauen in die Freundin und ihre Verbindungen schickte die Droste ihrem Billchen im Sommer 1834 die *einzige zugleich leserliche und richtige Abschrift*[2] der Versepen zusammen mit diesem Widmungsgedicht in der Hoffnung, *daß Du sie mit Adelen und D'Alton kritisch durch sehn mögest, da ich befürchte, daß durch all zu vieles Streichen Manches unzusammenhängend geworden, dem aber durch Einschieben des Gestrichnen leicht zu helfen, auch sonst, fürchtete ich, sey manches zu gewagt* ET CET. Außerdem bat sie um Rat, *an Wen ich mich wohl wegen des Verlags zu wenden, und auf welche Weise.* Obwohl Sibylle sofort *enthusiastisch, so überaus dienstwillig* antwortete, geschah erst einmal nichts. Selbst auf Nachfrage gab sie keinen Laut von sich. Als Sibylle schließlich schrieb, ohne die Versepen zu erwähnen, antwortete Annette nicht mehr. Erst nach weit über einem halben Jahr ließ sie ihrem Ärger freien Lauf: *von früherhin ließ sich allerdings Manches sagen, und müste sogar gesagt werden,* schrieb sie Sibylle am 19. Februar 1835, *nur so viel, ich war Dir böse, und bin es nicht mehr.* Trotzdem hörte sie, einmal in Fahrt, nicht mit Vorwürfen auf: *hätte ich Dir nur nicht so fest geglaubt und mit so ängstlicher Spannung von einem Posttage zum andern geharrt, es würde mich weniger geärgert haben, daß so gar Nichts geschehn ist, ich würde nicht so allen Muth und Lust verloren haben, je wieder Etwas zu unternehmen.*[3]

Sibylle hatte über die Werke der Droste geschwiegen, weil sie ihr nur für den privaten Kreis, nicht für die Öffentlichkeit geeignet schienen. *Die Droste besitzt wirklich poetisches Talent, Phantasie, Darstellung und große technische Fertigkeit. Mich hatte früher manches Erzeugnis ihres Geistes höchlich erfreut; es waren die Gaben einer Dillettantinn, und so gewannen sie von dem Unbeabsichtigten schon einen lieblichen Reiz: nun wollte sie als Dichterin auftreten, drucken lassen, und in meinen Augen stellten sich also für*

Lob und Tadel ganz andere Bedingungen heraus. Ich dachte mich in die Stelle des Publikums hinein, fast gewaltsam, weil ich die Droste als Freundinn liebte, und mußte nun hier und dort, wo ich sonst applaudirt hatte, verstummen. Sie aber begriff das nimmermehr.[4] Wie von der Droste gewünscht, hatte Sibylle Mertens ihrem Freund, dem Bonner Professor Eduard d'Alton, die Versepen zur Begutachtung gegeben. Doch auch er bescheinigte der Droste zwar *bedeutendes Talent,* aber kein *eigentliches Genie.* Einer Empfehlung zum Druck wich er aus. *Wer könnte in solchen Fällen und in dieser Zeit für den Erfolg einstehen?*[5] Um die Freundin zu schonen, leitete Sibylle seine Kritik nicht an sie weiter, verlor selber kein einziges Wort darüber und reiste nach Genua, ohne sich bei Annette abzumelden.

Einen Monat später, im Juli 1835, kam die Droste nach Bonn. Sie war auf der Reise nach Eppishausen im Thurgau, wo ihre Schwester Jenny mittlerweile mit Joseph von Laßberg verheiratet war. In Bonn fand sie zu ihrem Ärger *Nichts! nämlich die Frau Mertens abgereist nach Italien, wo sie ein rundes Jahr zu bleiben gedenkt, – mein Manuskript unsichtbar geworden, – entweder mitgenommen, oder verliehen, oder verlegt, – weder ihr Mann, noch ihre Töchter, noch ihre Freunde meinten andres, als daß es seit wenigstens einem halben Jahre, wieder in meinen Händen sey – D'Alton sowohl als die Schopenhauer hatten mir ellenlange Briefe geschrieben, vollkommene Abhandlungen, der von D'Alton soll sogar drey Bogen stark gewesen seyn, aber Alles war der Mertens anvertraut, und sie hat Eins mit dem Andren Gott weiß wohin gethan – so waren die Bemerkungen dieser sehr geschmackvollen Litteratoren für mich verloren, denn, obgleich ich das fuchsige Buch bey mir hatte, fehlte mir die Zeit, es mit ihnen neuerdings durchzulesen, und die Erinnerung vergegenwärtigte ihnen jetzt, nach Jahres Frist, nur noch Bruchstücke – doch war ihr Urtheil, im Ganzen, so günstig gewesen, als ich es wünschen konnte, sie hatten mich dringend zur Heraus-Gabe ermahnt, und täglich der Ankündigung entgegengesehn.*[6] Offensichtlich hatte Eduard d'Alton bei der persönlichen

Begegnung nicht den Mut, der Dichterin seine Kritik ins Gesicht zu sagen. Johanna Schopenhauer hatte sehr wahrscheinlich gar kein Gutachten geschrieben, wand sich aber charmant aus der Situation heraus. Beider Verhalten musste den Zorn der Droste auf Sibylle noch verstärken.

Während die Droste die Alpen erkundete und ihrer Schwester bei der Entbindung der Zwillinge Hildegard und Hildegunde beistand, zeigte sie Sibylle Mertens die kalte Schulter. Auf ihre Briefe aus Genua antwortete sie nicht. Trotzdem kaufte Sibylle 24 Marmorproben für Annettes Steinesammlung. In Bonn sahen sich die beiden schließlich am 7. November 1836 wieder. Annette wollte auf dem Rückweg von der Schweiz den Winter wieder im Rheinland zubringen. Wie zuvor wohnte sie bei ihren Verwandten. Schon am Tag nach ihrer Ankunft traf sie sich mit Sibylle – und nun endlich explodierte die Bombe, deren Zündschnur schon seit über zwei Jahren glomm; *so ging ein inniges Verhältniss fast auseinander, weil ich die allerliebsten Verse meiner Freundinn weniger geeignet fand für den Druck und die Oeffentlichkeit, als für die Schreibtafel und das Ohr eines befreundeten Kreises,*[7] schrieb Sibylle rückblickend in ihr Tagebuch. Ihr Urteil über die Gedichte der Droste war die größte Fehleinschätzung ihres Lebens. Die Droste, tief gekränkt, meinte zu ihrer Stieftante Sophie von Haxthausen, *die Mertens gebe ich dir gänzlich preis, sie war zwar wirklich mahl angenehm, vor 12 Jahren, aber jetzt ist keine Spur mehr daran, und sie kann dir schwerlich mehr misfallen, als sie es jetzt mir thut, – wenn du sie kennen lernst, wird es dir unmöglich seyn, heraus zu finden, was so Vielen, z. b. Betty, Anna, mir, daran hat gefallen können.*[8]

In diesem Winter 1836/37 näherten sich ausgerechnet der ›Popanz‹ und der ›böse Genius‹ an. Als Annette von Droste-Hülshoff und Adele Schopenhauer noch um Sibylle Mertens konkurrierten, im Frühjahr 1831, waren sie sich spinnefeind gewesen. Nun hatte sich beider Verhältnis zu der einstmals Umworbenen abgekühlt und ihr von Eifersucht nicht länger geblendeter Blick nahm mit einem Mal die Vorzüge der jeweils anderen wahr. Adele war zwar keine berühmte Schriftstellerin wie ihre Mutter, aber eine belesene und erfahrene Kritikerin, von und an Goethe geschult. Die Droste sprang über ihren Schatten und bat sie um Rat und Kritik – und Adele hatte die Größe, trotz ihrer früheren Antipathie die Kunst der Droste zu erkennen und zu benennen. Obwohl sie *Einiges an der Haushaltung des Gedichtes, an der Vertheilung von Licht und Schatten – von Ruhepunkten und bewegteren Momenten* auszusetzen hatte, manche Metaphern sowie Vers- und Reimfehler rügte, fühlte sie sich insgesamt doch *tief ergriffen*, lobte Annettes *Naturschilderungen, die so zart und wahr, so neu sind, daß sie entzücken* und drückte die *reine Bewunderung Ihres Talentes* aus.[9]

Die Droste nahm Lob wie Kritik dankbar auf und stellte im persönlichen Umgang in Bonn fest, Adele sei *um vieles liebenswürdiger und bescheidener geworden.* Selbst unter der Fuchtel einer dominanten Mutter stehend, bewunderte sie Adeles Demut. Denn trotz Johannas Zumutungen betrage sie sich *musterhaft hierbey, weicht nicht von ihr, schläft fast keine Nacht, und giebt ohne Klage nach und nach ihr ganzes Vermögen her, um der Alten Alles zu gewähren, was ihr Erleichterung oder Freude geben könnte.*[10] Das, so meinte die Droste, *sind doch Eigenschaften um die man wohl ein Bischen armeselige Empfindsamkeit und Eitelkeit übersehn kann, da Adele zudem so* HONETTE *und anständig ist, und gar nicht verliebter Natur, sondern blos für* INTERESSANT *passiren will, bey Damen so gut wie Herrn, d. h. so oft sie Damen findet, wo sie glaubt ihre schönen Reden anbringen zu können, was freylich oft fehlschlägt, öfter wie bey Herrn.* Sie selbst trug ihr solche Prätentionen nicht länger nach, zumal Adele keine hohlen Reden schwang, sondern etwas zu sagen hatte; *glaube nicht daß sie mich durch Liebeserklärungen bestochen,*[11] schob sie an ihre Tante Sophie nach, die sich über solch einen Sinneswandel wundern musste. Adele ihrerseits stellte überrascht fest, dass Annette *jetzt mein einziger Trost und meine Stütze ward.*[12]

Während sich Annette von Droste-Hülshoff und Adele Schopenhauer befreundeten, nahm Sibylle ihren Ehekrieg wieder auf. Louis Mertens stellte gereizt fest, dass der einjährige Aufenthalt seiner Frau in Genua ihr Verhältnis nicht verbessert hatte. Auf *seinen Mißmuth und die Tadelquälerei*[13] antwortete Sibylle mit totaler Verweigerung. Sie konnte *mit Mertens nicht in einer Kalesche*[14] von Bonn nach Köln fahren, so wenig ertrug sie ihn; *mit ihm zu leben aber war schwer und hart!*[15] Für ihn dürfte es nicht anders gewesen sein. Um der häuslichen Misere zu entkommen, stürzte sich Sibylle in einen Gesellschaftsstrudel. Inspiriert vom Salon Gian Carlo di Negros in Genua, machte sie ihr Haus in der Wilhelmstraße zum kulturellen, musikalischen und gesellschaftlichen Mittelpunkt Bonns, vielleicht des ganzen Rheinlands. *Nicht selten wurden große Feste veranstaltet, bei denen sie einen gewissen Aufwand liebte, wozu ein glänzendes Vermögen ihr die Mittel gab; mehr aber als alles andere war der feine Geschmack bewunderns-werth mit dem sie alles was sie unternahm auszustatten wußte,*[16] erinnerte sich ihr Vetter Hubert Schaaffhausen.

Adele betrachtete diese Entwicklung mit schiefem Blick. *Bonn ist nicht mehr zu erkennen, so brillant ist es geworden, Bälle u Fêten, Diners, Soupers jagen sich, es ist ein Kreis von englischen Familien, und andern Fremden, u hiesigen reichen, Offizieren. – Geist ist nirgends, aber viel Champagner, Gänseleber Pastete, u großer Toilettenluxus. Ich habe zu viel Schulden um dergl mitzumachen, ich schämte mich todt; auch ist die Mutter meistens doch ganz unfähig gewesen an dergl theil zu nehmen, so bin ich denn immer zu Hause – ach, u so traurig!*[17] Irgendwann nach ihrer Rückkehr hatte Sibylle ihr von Laurina Spinola erzählt. Da Sibylle einmal der Grund gewesen war, nach Bonn zu ziehen, mochte Adele nun *den Rhein augenblicklich und auf imer verlassen. Ich muß in Thüringen leben, nur dort ist mir wohl.*[18] Freudig unterstützte sie die Mutter in ihren Bestrebungen, ihr Leben noch einmal zu verändern. Seit Jahren hielt Johanna Schopenhauer den Großherzog in Weimar über ihre drohende Armut auf dem Laufenden. Schließlich bewilligte er ihr ab Juli 1837 eine Pension unter der Bedingung, in Jena zu wohnen. Das war Adele nur recht, die dort mit Allwina Frommann und Louise Wolff alte Freundinnen hatte. Im Mai 1837 begann Adele, ihren Hausrat zu verkaufen, um die Schulden zu begleichen und die Umzugskosten niedrig zu halten. Sibylle, die vergeblich gegen den Umzug opponierte, kaufte ihr aus alter Loyalität einiges Silberzeug ab, zu Adeles Gunsten. Bis Ende August blieben die Schopenhauers noch in Godesberg, des schönen Sommers wegen, dann reisten sie ab. Adele verließ Sibylle ohne Bedauern. *Sie ist nicht mehr wahr, nicht mehr natürlich – Gott gebe daß diese Krisis übergehe; es ist schwer sie zu lieben, so wie sie jetzt ist.*[19]

Frauen bilden eine Nation für sich: Frauenliebe

Laurina Spinola war anderer Meinung. Sie schickte Sibylle Mertens sehnsuchtsvolle Briefe, die sie nach Genua zurücklocken sollten. In immer neuen Wendungen versicherte sie ihr, nur für sie und dank ihrer Liebe überhaupt zu leben; *dieu comment te le peindre ce feu d'amour et d'enthousiasme que j'ai pour toi.* In Träumen und Tagträumen bereitete Sibylle ihr *une si douce sensation que j'en ai etée heureuse toute la journée.*[1] Laurina machte keinen Hehl daraus, dass Sibylle ihr körperlich fehlte. Ersatz mussten die Dinge bieten, die sie von der Freundin hatte: *je t'aime tant que je t'aime tous ce qui te touche et ce que tu as porté.*[2] Tag für Tag trug sie eine Schürze Sibylles, nachts nahm sie ihr Taschentuch mit ins Bett und presste ihren Ring aufs Herz, den sie küsste, wann immer sie ihn betrachtete. Sehnlich wünschte sie sich Sibylles Porträt, noch sehnlicher den Duft ihres Körpers: *fais moi la grace si quelques etrangers vient chez nous envoyes moi quelque chose que tu aies portée beaucoup cet automne.*[3] Das Kölnischwasser und die

Haarsträhne, die Sibylle ihr daraufhin schickte, waren Laurina nicht genug. Sie bat Sibylle schließlich um – getragene Wäsche: *il faut absolument que tu m'envoyes quelque chemisettes comme celle que tu m'as données mais que tu aie bien portées.* Im Bewusstsein, wie gewagt ihr Wunsch war, fügte sie hinzu: *aime cette folie que j'ai de vouloir des choses de toi mais je t'aime tant.*[4] Die Unterhemden passierten den Zoll ungehindert.

Sibylle Mertens und Laurina Spinola konnten keine realistischen Hoffnungen hegen, sich bald wiederzusehen. Beide waren familiär gebunden. Ihre Liebe verlagerten sie in einen intensiven Briefwechsel, von dem nur Laurinas Part erhalten ist. Sibylle muss ihr versichert haben, Adele stelle keine Gefahr für sie dar, und Laurina versuchte, nicht eifersüchtig zu sein: *tu m'aimes trops et tu me le dis avec certains mots de feu qu'on peut pas en douter, car sans ça je t'assure que je le serais joliment.*[5] Allmählich mischte sich in ihre Liebesbriefe ein elegischer Ton, denn seit Sibylle gegangen war, hatte sich Laurinas Gesundheitszustand ständig verschlechtert. Seit März 1837 war sie bettlägerig, im Juni begann die erst 31 Jahre alte Frau, an ihrer Genesung zu zweifeln; *je t'aime plus que jamais: tout le long de ma maladie je me suis enveloppée de tout ce que tu m'as donné ta bague je l'ai arrosée de larmes on devait te la rendre si je ... je ne veux pas dire le mot pour ne pas te faire souffrir ah!*[6] Im September bat sie Sibylle noch um Empfehlungsschreiben für ihre politischen Freunde Mazzini und die Brüder Ruffini, die von der Schweiz nach London weiteremigrieren mussten und dort als Italienischlehrer ein Auskommen suchten. Ab Weihnachten ging es ihr so schlecht, dass mit dem Schlimmsten zu rechnen war. *Die Mertens ist in einer entsetzlichen Stimmung ihre liebste Freundin ist sterbend,* berichtete Adele Schopenhauer Ottilie von Goethe. Sibylle hielt Adele auf dem Laufenden, auch wenn deren Empathie begrenzt war: *darüber hat sie meine Geschäfte nicht besorgt, und mich in eine höchst unangenehme Geldverlegenheit gesetzt, alles dies lastet Centner schwer auf deiner Adèle.*[7]

Laurina starb am 11. März 1838. Zehn Tage später erreichte die Nachricht Sibylle. *Sie starb, und ihr letztes gebrochenes Wort war mein Nahme!*[8] Drei Tage lang weinte Sibylle ununterbrochen. Schließlich begann sie ein Tagebuch, das einzig Laurina, ihrer Liebe, ihren Erinnerungen und ihrem Leid gewidmet war. *Nimmer werden sie enden, meine Trauer um dich und mein Schmerz! Aber dein Andenken sei von nun an das geweihte Heiligthum meines innersten Herzens, und was ich die kalten Menschlein um mich her nicht werthachte, zu vernehmen, die reine Kunde von deinen Tugenden und deiner Liebe, das soll in diesem Buche niedergelegt werden und treu aufbewahrt.*[9] So, wie Laurina sich in ihrer Krankheit von Sibylles Geschenken umgeben hatte, versammelte nun Sibylle Laurinas Gaben um sich, einen Schachtisch, Silberblumen, eine schwarze Vase, einen Reisesack, den Laurina bestickt hatte. Sie konnte nicht anders, als sich mit der Vorstellung von Laurinas verwesendem Leib zu quälen, erinnerte sich verzweifelt an ihr Lächeln, ihren Mund, ihre Hände. *Werde ich dich wiederfinden, wiedererkennen in jenem Lande, von welchem uns noch keine Kunde ward? Wirst du mich lieben, wirst du mich verstehen, wie du es hier? Der Glaube daran ruft zum Selbstmord, der Unglaube zur Verzweiflung! O rette mich vor beidem, verklärter Geist! Das Andenken an dich sei mir ein Schutz gegen mich selbsten.*[10]

Im Abgrund ihrer Trauer begann sie, über die Art ihrer Liebe nachzudenken. Diese Reflexionen machen Sibylle Mertens' Laurina-Tagebuch zu einem einzigartigen Dokument, das einen Blick auf die Selbstsicht einer Frauen liebenden Frau in der ersten Hälfte des 19. Jahrhunderts erlaubt. *Mon amitié pour toi était une passion,*[11] bekannte sie, wie früher mit Laurina auf französisch redend. Eine solche Liebe war, so fühlte sie, anderen nicht vermittelbar, ja, kaum ihr selbst. *Ich kann über all meine Empfindungen in dieser Beziehung gegen N i e m a n d e n sprechen; denn wer würde mich begreifen? Ist es mir selbst doch mitunter wie ein Räthsel, zu dem meinem Verstande jeder Schlüssel fehlet, und dessen Lösung nur mein Herz denkt.*[12] Sie liebte Frauen anders, als sich die Theoretiker der keuschen Weiblichkeit Frauenfreundschaften so dachten – ohne freilich selbst ein Wort, einen Begriff dafür zu haben. Sie wusste nur, dass sie die Leidenschaftlichkeit ihrer Liebe zu Frauen verbergen musste. *Und doch dürfte ich dies nicht laut aussprechen ohne Gefahr zu laufen, für eine überspannte Schwärmerinn gehalten zu werden! So armselig ist das Leben, so klein der Mensch!*[13] Gefangen in den Bildern und Vorstellungen ihrer Zeit träumte sie sich Laurina als den Mann ihres Lebens: *Si les qualités de ton âme et de ton coeur pouvaient se rencontrer dans un homme, si un homme pouvait aimer comme toi, ce que nul homme n'a jamais pu, et ne pourra jamais, cette homme aurait fait la félicité et le malheur de ma vie; car j'aurais vécu et je serais morte pour lui, je lui aurais tout sacrifié, toutes les rélations toutes mes affections, tout mon existence, ma vie, mon éternité, toi même peut-être; car un homme avec tes vertus et ton amour serait un Dieu!*[14] Nach Laurinas Tod blieb ihr nur die Bitterkeit, der Liebe ihres Lebens begegnet zu sein, um sie fast sofort wieder zu verlieren. *Schütze mich vor Wahnsinn und Selbstmord!*, flehte sie die Verstorbene an. *Ach! ich bin so ganz verlassen und allein!*[15]

An dem Tag, an dem sie diese Zeilen schrieb, am 16. April 1838, starb im fernen Jena Johanna Schopenhauer, so friedlich und leicht, wie sie ihr ganzes Leben zu führen gewusst hatte. *Es kam plötzlich – ich war in Weimar wurde geholt kam 2 Stunden zu spät!*, schrieb Adele ihrem Bruder. *Ich weiß daß sie vollkommen gepflegt war – aber ich werde es nie vergessen u nie ganz verwinden daß man mich zu spät geholt hat.*[16] Adele war zwar getroffen, doch auch erleichtert. Jahrelang hatte sie auf ihr Leben ohne die Mutter gewartet. Nun war sie endlich frei. Sibylle hatte kaum die Todesnachricht vernommen, da lud sie Adele ein, wieder in Bonn, und jetzt ganz bei ihr zu leben. Laurina war tot, Sibylle fühlte sich Adele immer noch nah. Doch Adele war nicht nur von Sibylle entfremdet, da war auch immer noch der Gatte; *da Mertens mich so erniedrigend behandelt, daß ich es kaum ertrage,*[17] war ihr ein Leben unter seinem Dach undenkbar.

Stattdessen versuchte sie, ihre Existenz selbstständig in den Griff zu bekommen. Dazu musste sie zunächst die peinigenden Geldverlegenheiten klären. Dass Johanna Schopenhauer ihren Sohn dreimal enterbt hatte, half Adele nicht viel. Als einzigen Aktivposten erhielt sie ein Neuntel Anteil an den Schopenhauer'schen Ländereien in Ohra bei Danzig, so dass Adele nun drei Neuntel besaß, während sich Arthur mit seinen bisherigen zwei Neunteln zufriedengeben musste. *So besitzt denn jetzt von dem großväterlichen Stammgut die spät geborene Tochter mehr als ich, der alleinige Stammhalter. Es sei.*[18] Hätte er das Testament angefochten und einen Pflichtteil verlangt, hätte er auch einen Teil der Schulden übernehmen müssen. Lieber ließ er Adele, die ihm genauestens über das verbliebene Hab und Gut Rapport abstattete, die bescheidenen Rechte und beträchtlichen Pflichten. Auch am Grabstein für die Mutter beteiligte er sich nicht. Um Johannas Schulden zu begleichen, versetzte ihre Erbin Bücher, Perlen, ein Bild von Paolo Veronese und gab *eine Zeitlang für 8 gr. Stunde.*[19] Mit ihrer Freundin Allwina Frommann plante sie eine Mädchenpension, in der sie deutsch und französisch unterrichten wollte. Doch statt das unsichere Brot der Selbstständigkeit zu essen, nahm Allwina lieber in Berlin eine Stelle als Hausdame bei einem preußischen Minister an. Trotzdem gelang es Adele, mit der Muhl'schen Rente, den Einnahmen aus dem Danziger Grundbesitz, den Zinsen aus ihrem verbliebenen Kapital und einer bescheidenen Lebensführung, ihre Finanzen zu ordnen.

Von den peinigendsten Existenzsorgen befreit, fragte sich die 41-Jährige, was sie mit dem Rest ihres Lebens anfangen wollte. Am liebsten wäre sie Illustratorin geworden. Um aus ihren Zeichnungen und Aquarellen Druckvorlagen herzustellen, hätte sie jedoch die Kunst der Radierung lernen müssen. Wie und wo sie als alterndes bürgerliches Fräulein bei einem Kupferstecher lernen könne, wie sie die Kosten bestreiten sollte, beschäftigte sie jahrelang. Zunächst griff sie zum Naheliegenden und gab den literarischen Nachlass ihrer Mutter heraus. Bis zu ihrem Tod hatte Johanna Schopenhauer an ihrer Autobiographie gearbeitet. Sie starb, nachdem sie sich gerade für die Französische Revolution begeistert hatte. Auch damals war der rechte Zeitpunkt auf dem Buchmarkt von entscheidender Bedeutung, und ihre Memoiren mussten erscheinen, solange die Erinnerungen an sie noch frisch waren. Adele redigierte das unvollendete Manuskript und ließ es bei Westermann in Braunschweig 1839 unter dem Titel *Jugendleben und Wanderbilder* in zwei Bänden erscheinen.

Bei all ihren Unternehmungen nach dem Tod der Mutter wurde Adele Schopenhauer von ihrem Stand als ledige Frau behindert. Sie galt nur bedingt als rechts- und geschäftsfähig und brauchte sogar einen Vormund. Zu Arthurs Verdruss entschied sie sich nicht für ihn, sondern für einen gleichaltrigen Jugendfreund, den Jenenser Juristen Gustav Asverus, der ihr diese lästige Beschränkung erleichterte. Dreh- und Angelpunkt der bürgerlichen Existenz einer Frau war die Ehe, und Adele bekam es allenthalben zu spüren, dass ihr Leben *auf den Hauptpunkt für Frauen verpfuscht*[20] war. Trotzdem war sie letzten Endes froh, ledig geblieben zu sein. *Wäre ich verheirathet wäre es vielleicht noch v i e l s c h l i m m e r, also!*[21] Denn *die tausendgestaltige Rohheit, Härte u Fühllosigkeit der Männer* sagte ihr nicht zu. Adele verachtete *die Männernatur, die immer das Hohe bloß ergreifen will, um es ein ganz klein wenig unter sich, so seitwärts hinzustellen.*[22] Männer nähmen Frauen nicht ernst; ihre Verehrung sei eigentlich Unterdrückung: *die meisten, auch die Rechtlichen betrachten uns wie poetische Wesen, darum geben sie uns kein Bürgerrecht auf der Erde.*[23] Diese Missachtung führte ihrer Meinung nach zu einer Aufspaltung der Gesellschaft. *Frauen stehen in Deutschland, wie auf einer Oase, wenn sie sehr gebildet sind, u bilden eine Nation für sich.*[24] Das Gemeinschaftsgefühl, das Adele mit anderen intellektuellen Frauen empfand in dezidierter Abgrenzung von Männern, mag eine Vorform des Gruppenbewusstseins darstellen, das manchen Frauen des späten 19. und 20. Jahrhunderts die Kraft zum politischen Handeln gab.

Während Adele Schopenhauer ihre Kritik an der patriarchalischen Einrichtung der Gesellschaft bis dato nur in Briefen und im trauten Gespräch äußerte, widmete Anna Jameson ihr ganzes publizistisches Werk explizit oder implizit der Frauenfrage – weltweit. Selbst über die Lebensbedingungen der Indianerinnen in Kanada schrieb sie, und zwar aus eigener Anschauung. Denn ihr Mann rief sie im Herbst 1836 zu sich nach Toronto, wo er seit drei Jahren als Generalstaatsanwalt tätig war. Nun wurde ihm die größtmögliche Beförderung in Aussicht gestellt. Doch um Vice-Chancellor von Upper Canada zu werden – der höchste Posten in der britischen Kolonie –, benötigte Robert Jameson ein bürgerliches Familienleben. Er war schon in Dominica als Trinker aufgefallen, in Toronto lebte er allein in einem halbfertigen Haus. Seine Frau sollte ihm zu Respektabilität und einem repräsentativen Heim verhelfen.

Mit ähnlich strategischen, aber ganz anderen Absichten trat Anna ihre schauerliche Fahrt in Sturm und Flaute über den Atlantischen Ozean an. Sie fügte sich ein paar Monate in die Wünsche ihres Mannes, richtete sein Haus am Ontariosee ein und verschaffte ihm eine bürgerliche Reputation. Ihre Selbstüberwindung war von Erfolg gekrönt; schon Anfang März 1837 wurde Robert Jameson zum Vice-Chancellor ernannt. Sein Gehalt verdoppelte sich. Darauf forderte Anna den Lohn ihrer Mühen: die Trennung mit verbindlichem Unterhalt. Ähnlich wie Adele hatte sie in den letzten Jahren immer unter Geldsorgen gelitten. Ihr Mann hatte sie finanziell nur unregelmäßig unterstützt, und ihre Einnahmen als Schriftstellerin reichten nicht auch noch für Eltern und Schwestern, geschweige denn für einen gemeinsamen Hausstand mit Ottilie von Goethe, von dem sie träumte. Nun verlangte sie einen Teil des Gehalts, zu dem sie dem Mann verholfen hatte, mit dem sie nicht leben wollte; scheiden lassen wollte sie sich jedoch nicht – verheiratet lebte es sich gesellschaftlich besser denn geschieden.

Robert Jameson zögerte. Anna klagte Sibylle in reizendem

Deutsch, *wen ich hier bleiben muß, so sterb ich von unglückseligkeit, von Langweiligkeit, von Böshaftigkeit, von Schmerzhaftigkeit, kurz von alle möglicher keiten, die schlechteste und schlimmste sind.*[25] Im Juni 1837 verließ sie ihren Mann und trat eine Reise zu den Großen Seen an. Bei den Niagarafällen packte sie Sibylles Porträt aus und zeigte ihr das überwältigende Naturwunder; *ach! wieviel hab ich dir zu erzählen! liebe mich – wie ich dich liebe!*[26] Den Eriesee entlang reiste sie bis Detroit, von dort im Dampfer über den ganzen Lake Huron nach Mackinaw. Von hier brach sie in Gegenden auf, die vor ihr noch keine Europäerin betreten hatte. In einem Kanu aus Baumrinde ließ sie sich von fünf ›Halbblut‹-Indianern in zehn Tagen durch unberührte Natur nach Sault Ste. Marie am Lake Superior rudern. Trotz sengender Sonne, Millionen Moskitos und harter Nachtlager auf Felsen war Anna begeistert. Von Sault ging es in vier Kanutagen weiter zu den Manitoulin Islands im Lake Huron, wo Anna an einer Versammlung Tausender von Ottawas, Chippewas, Potawatomies, Winnebagos und Menomonies teilnahm, deren Wohlwollen die Regierung durch Geschenke wie Tuch, Nadeln und Messer erkaufte. Anna nutzte die Gelegenheit, die indianischen Kulturen kennenzulernen. In einem Kanu wagte sie sich Stromschnellen hinab und erhielt feierlich den Chippewa-Namen *the woman of the bright foam.*[27] Zurück ging es mit dem Boot nach Penetanguishene an der Südspitze der Georgian Bay, in der Sänfte zum Lake Simcoe und von dort schließlich wieder nach Toronto. Zwei Monate war sie unterwegs gewesen und hatte für eine Europäerin Ungesehenes gesehen, Unerlebtes erlebt.

Nach einer solchen Reise konnte sie ihren Mann erst recht nicht mehr ertragen. Im urbanen New York wartete sie die außergerichtliche Einigung über ihren Unterhalt ab und verarbeitete ihre Reiseeindrücke in einem sehr persönlichen Buch, *Winter studies and summer rambles* (1838), das von Freunden historischer Reisebeschreibungen immer noch gerne gelesen wird. In den *winter studies* versucht Anna Jameson, mit deutscher Literatur dem in klirrender Kälte erstarrten Provinznest Toronto zu entkommen samt seinen ihrer Meinung nach halb- oder gar nicht gebildeten Einwohnern, zu denen sie auch ihren Ehemann zählte. Reflexionen über Goethes Gespräche mit Eckermann, *Tasso*, *Iphigenie*, *Clavigo* oder Grillparzers *Sappho* und *Medea* dienen ihr als zivilisatorisches Gegengift gegen die kanadische Tristesse. Die *summer rambles* dagegen schildern ihren Ausflug in die indianischen Kulturen, die sie als Folie benutzt, um das ach so christliche Abendland zu kritisieren. Sie preist die zwanglose Kindererziehung der Ottawas, rühmt die indianische Medizin und die Kriegsführung der Chippewas, die Vergewaltigungen als unmännlich ablehnten. Überall beobachtet sie die Lage der Frauen. Das Leben einer europäischen Siedlerin etwa erscheint ihr im Vergleich weniger erstrebenswert als das einer indianischen Familienmutter. Hart ins Gericht nimmt sie die kleinstädtische Gesellschaft Torontos und die Kolonialverwaltung – an deren Spitze ihr Mann stand.

Die unerhörte Tour zu den Indianern machte Anna Jameson in der Alten und Neuen Welt berühmt. Als das Buch im Herbst 1838 erschien, lebte sie wieder in London, von ihrem Mann mit einer jährlichen Pension von 300 £ getrennt. Die männerdominierte Kritik zeigte sich irritiert über den forschen Feminismus ihres Werks. Noch in keiner ihrer Schriften hatte sie derart radikale Schlussfolgerungen nahegelegt. Dagegen hagelte es Protest. Doch es gab auch Unterstützung. Genüsslich zitierte Anna Jameson das Resümee ihrer Freundin Anne Procter: *The men, she says, are much alarmed by certain speculations about women; and, she adds, well they may be, for when the horse and ass begin to think and argue, adieu to riding and driving.*[28]

Von all den Frauen um Sibylle und Adele entwickelte sich Anna Jameson zu der exponiertesten Feministin. Sie wurde zu einer Vorreiterin der ersten Frauenbewegung, das Vorbild, auf das sich die nachfolgende Generation britischer Frauenrechtlerinnen bezog, die teilweise in ihrem feministischen Londoner Salon groß wurden. Im englischsprachigen Raum ist Anna Jameson als Autorin eines mutigen Aufsatzes über die fatalen Folgen von Mädchenarbeit bekannt, »Condition of the women and the female children« (1843). Bildung für Mädchen und Frauen zur Verbesserung der Lebensumstände aller Menschen lautete eine ihrer Forderungen, die, global gesehen, noch lange nicht überholt ist.

An Ottilie von Goethe richtete Anna Jameson ein feministisches Glaubensbekenntnis in sechs Artikeln, das ihrer Arbeit zu Grunde lag. Danach schuf Gott Mann und Frau als *equally rational beings with improvable faculties, equally responsible for the use or abuse of the faculties entrusted to them, equally free to chuse the good and refuse the evil.* Der Rückbezug auf Gott war mehr als opportun; schließlich argumentierten manche Gegner der Frauenemanzipation mit demselben Gott, der die Zweitklassigkeit der Frau im Schöpfungsakt gewollt habe. Annas Glaubenssätze galten als radikal, und die Autorin tat gut daran, sich als Strenggläubige zu geben, die nur dem Evangelium folgt. Da sie davon ausgeht, Frauen und Männer seien verschieden, aber gleichberechtigt – *equally tho' differently endowed*[29] –, gehört sie zu den Müttern des so genannten Differenzfeminismus, der bis heute diskutiert wird.

›Feminismus ist die Theorie, Lesbianismus ist die Praxis‹, hieß es in der zweiten Frauenbewegung Ende der 1970er Jahre. Anna Jameson allerdings verzweifelte an Ottilie von Goethe und konnte doch nicht von ihr lassen. *Anna hat wirklich die tiefste innigste treueste Anhänglichkeit für dich,* schrieb Adele Schopenhauer, die erkannte, dass Anna in die unbefriedigende Rolle gerutscht war, die sie selbst einmal eingenommen hatte: *aber allerdings kann Freundschaft deine Seele nie füllen, das eben war ja der Irrthum meiner frühesten Jugend, der mich viel kostet; und den ich durch Sterling aufgeben lernte. Seit dem blieb ich gewißermaßen verödet im Leben nichts hat das je ersetzt in mir, aber ich kan dir keinen Vorwurf machen, ich hatte falsch aufgefaßt und mißverstanden, weil ich noch nie berechnete. Noch einmal irrte ich auf ähnliche*

Weise in Sibillen aber nicht so schmerzlich, auch nicht so edel, da wollte ich schon allerlei andres, eine bestimmte Zukunft, Opfer etc. etc. O glaube mir ich richte mich selbst sehr strenge. Sie bat Ottilie sogar, nicht noch einmal so zu handeln wie an ihr und Anna keine Innigkeit vorzutäuschen, die einzugehen sie doch niemals gewillt war. *Noch immer halte ich für entschieden Unrecht, wenn du in Annas Leben so sehr eingreifst, du giebst ihr zu wenig u sie ist jetzt exaltirt und aus ihrer eigenthümlichen Natur herausgerissen durch Wien, durch das lange Zusammenleben. Du bist die Poesie ihres Daseyns ich bitte dich bleibe es, wolle nicht Wirklichkeit werden Du köntest sie auf die Länge sehr elend machen.*[30] Adeles Empathie mit Anna war umso selbstloser, als *ich sie eigentlich nicht mag.*[31] Doch ihre Sorge war unbegründet. Ottilie zerstörte allein schon mit ihren wechselnden Liebhabern regelmäßig Annas Träume. Als sie aus Kanada zurückkam, hatte sich Ottilie aussichtslos in den zehn Jahre jüngeren Zeitschriftenredakteur Gustav Kühne verliebt. *I suppose you cannot help these fancies made up of passion, temperament, sentiment, ennui, and God knows what. All you say to me of this Kuhne you used to say of Story, and it may end the same. But O! may God forbid! how miserable you make me, Ottilie!*[32]

Anna Jameson trat offen für die Rechte der Frauen ein. Annette von Droste-Hülshoff dagegen schuf ein äußerst subtiles Œuvre fern aller politischen Forderungen, das allerdings wesentlich ungebärdiger, feministischer, leidenschaftlicher und erotischer ist, als gemeinhin angenommen wird. Die Droste war nicht so keusch oder im Zweifelsfall heterosexuell, wie die ältere Forschung sie gerne sah. Elise Rüdiger nannte ihre Freundin Männern gegenüber *undinenhaft kalt* und meinte, dass sie *in der Jugend fast abstoßend gegen die Männerwelt war.*[33] Stattdessen pflegte sie ihr ganzes Leben lang äußerst vertraute Freundschaften mit Frauen. Nach Sibylle Mertens kam Amalie Hassenpflug, die den Grimms Märchen schickte, nach ihr Elise Rüdiger, mit der sie in Münster ein literarisches Kränzchen führte. Sieht man von ihrer Muse Levin Schücking ab, dem siebzehn Jahre jüngeren Autor, der die

Droste auf der Meersburg im Winter 1841/42 zu dichterischen Höhenflügen inspirierte, war Elise Rüdiger die wichtigste und – im Gegensatz zu Schücking – beständigste Beziehung der Droste nach 1840. An ihre Freundinnen richtete sie zahlreiche Gedichte, die im Manuskript etwa durch die Widmung als Liebesgedichte erkennbar sind, in der veröffentlichten Form jedoch unanstößig wirken. Viel Kunst verwendete die Droste darauf, das Geschlecht in ihren Liebesgedichten zu verschleiern. In »Der Traum«, »Das Bild«, »Spätes Erwachen« oder den beiden »An ***«-Gedichten vermeidet sie bewusst Signale, die das angesprochene Du oder das sprechende Ich zum Mann oder zur Frau machen würden. Die Liebe, von der die Rede ist, wird dadurch uneindeutig, universell. Die heteronormative Literaturwissenschaft hat diese bewusste Offenheit jedoch lange ignoriert und wollte selbst in Gedichten, die eindeutig Amalie Hassenpflug oder Elise Rüdiger gewidmet sind, Liebesgedichte an Levin Schücking erkennen.

Gewagter noch als Anna Jameson dachte die Droste in ihrem Werk sogar über die Liebe zwischen Frauen nach – doch tat sie das so kunstvoll verhüllt, dass »Das Fräulein von Rodenschild« (1841)[34] lange nur als schön-schauerliche Gruselballade gelesen wurde. Dabei sprechen schon die ersten Verse das Thema des weiblichen Verlangens unumwunden an:

Sind denn so schwül die Nächt' im April?
Oder ist so siedend jungfräulich' Blut?
Sie schließt die Wimper, sie liegt so still,
Und horcht des Herzens pochender Fluth.

Vor ungestillter Lust schlaflos steht das Fräulein nachts auf und erblickt im Burghof ihre Doppelgängerin, die sie mit begehrlichen Blicken zig Strophen lang verfolgt. Schließlich schleicht sie ihr nach und stellt sie – Höhepunkt der Spannungskurve – an der Schwelle zum Archiv.

Nun stehen die Beiden, Auge in Aug',
Und bohren sich an mit Vampyres Gewalt.

Im Manuskript hatte die Droste zunächst sogar ›saugen‹ statt ›bohren‹ geschrieben. Immer um höchste Dezenz bemüht, schwächte sie für die Veröffentlichung jedoch das allzu eindeutige Verb ab. Das Bild der beiden Frauen als Vampirinnen bleibt mit dem fast obszönen ›bohren‹ freilich erotisch genug. Die lüsternen Blutsaugerinnen wurden in der Folge zu einem oft benutzten Kunstgriff in Literatur und Film, Begehren zwischen Frauen anzudeuten. Der Versuch des Fräuleins, die andere zu berühren, scheitert allerdings.

Langsam das Fräulein die Rechte streckt,
Und langsam, wie aus der Spiegelwand,
Sich Linie um Linie entgegen reckt
Mit gleichem Rubine die gleiche Hand;
Nun rührt sich's – die Lebendige spüret
Als ob ein Luftzug schneidend sie rühret,
Der Schemen dämmert, – zerrinnt – entschwand.

Darauf erfolgt ein Zeitsprung. Die letzte Strophe berichtet von den fatalen Konsequenzen, die dieser nächtliche Berührungsversuch für das Fräulein hatte.

Und wo im Saale der Reihen fliegt,
Da siehst ein Mädchen du, schön und wild,
– Vor Jahren hat's eine Weile gesiecht –
Das stets in den Handschuh die Rechte hüllt.
Man sagt, kalt sey sie wie Eises Flimmer,
Doch lustig die Maid, sie hieß ja immer:
›Das tolle Fräulein von Rodenschild.‹

Hält man sich an die erzählte Fabel, wird das Fräulein verrückt, weil sie einem Gespenst begegnet ist – wenn sie es nicht schon vorher war und deshalb Geister sieht. Liest man die Ballade weniger naiv, erlebt die junge Frau ein physisches und psychisches Trauma, weil sie versucht, ihr Begehren auszuleben und eine andere Frau zu berühren – ihre tastende Hand vereist. Mit dem Wahnsinn des Fräuleins spielt die Droste auf Denis Diderots Äbtissin in *La Religieuse* (1796) an, die als Erste einer langen Reihe lesbisch begehrender Romanfiguren in geistiger Umnachtung endet. Trotzdem ist die Ballade kein moralisches Lehrstück über sexuelle Verirrungen. Denn die Droste erzeugt – im Gegensatz zu Diderot – Mitgefühl für ihre Heldin, nicht Verachtung. Nur die Moral der letzten Strophe ermöglicht ihr überhaupt, das tabuisierte lesbische Begehren eine ganze Ballade lang zu schildern. Das eigentliche Thema des »Fräulein von Rodenschild« ist in dieser Lesart der prekäre Stand der Frauenliebe in der Gesellschaft.

Annette von Droste-Hülshoff musste ihr Thema camouflieren, weil die Frauenliebe anfing, sich zu emanzipieren, als eigenständige Lebensform sichtbar und damit für die traditionelle Gesellschaft bedrohlich zu werden. Sibylle Mertens, Adele Schopenhauer, Anna Jameson begehrten auf und weigerten sich, ihre Liebe zu Frauen einer Beziehung zu einem Mann unterzuordnen. Sie träumten vom Glück der modernen Liebesehe – in ihrem Fall eben mit einer Frau. Je offener sich Frauen wie Sibylle und Anna ihren Ehemännern verweigerten, um mit Frauen zu leben, desto skandalfähiger wurde die zuvor nur belächelte Liebe zwischen Frauen. Die Droste musste vorbeugen, um nicht wie August von Platen zu enden, der Autor der homoerotischen *Sonette aus Venedig* (1825). Provoziert von Platens antisemitischen Ausfällen machte sich Heinrich Heine in seinen *Bädern von Lucca* (1829) achtzig Druckseiten lang mit bemühtem Fäkalwitz über Platens *Saunette* lustig, dieses *Geschenk warmer brüderlicher Freundschaft*, umkreiste naserümpfend *a posteriori* den männlichen Hintern, den Steiß, das Gesäß, die Rockschöße usw. Danach war August von

Platen – ein *trister Freudenjunge*[35] – erledigt, und die Droste gewarnt. Sie war wesentlich vorsichtiger als Platen. Subtil wie niemand sonst ihrer Zeit beherrschte sie die Kunst, in scheinbar idyllischen Naturgedichten oder süß-schaurigen Gespensterballaden Unsagbares auszusprechen.

Schriftstellerin zu werden: Annette und Adele

Annette von Droste-Hülshoff war eine große Dichterin – und ein Tollpatsch auf dem literarischen Markt. Ihre Publikationsversuche mit dem Kölner Verlag DuMont Schauberg und mit Cottas *Morgenblatt für gebildete Leser* scheiterten wie schon der erste mit Sibylle. Als sich im Laufe des Jahrs 1837 die Möglichkeit andeutete, *jene beyden endlos gezupften und geplagten* Versepen bei Aschendorff in Münster erscheinen zu lassen, warnte Adele Schopenhauer, dass sie dort nur *ein kurzes und* OBSCURES *Leben zu erwarten*[1] hätten. Und da sie nicht länger mit ansehen konnte, wie das Talent der Droste unerkannt schlummerte, schaltete sie sich selbst ein: *Lassen Sie Ihr Buch abschreiben und senden Sie mir das Manuscript und Ihren Pseudonamen so will ichs mit O.L.B.* WOLFFS *Hilfe bei einem ordentlichen, bedeutenden Buchhändler anbringen, es ist unter uns Alles bereits abgemacht und besprochen.*[2] Da sich die Droste Aschendorff jedoch schon verpflichtet fühlte, ließ sie dort 1838 die *Gedichte von Annette Elisabeth von D... H...* in einer Auflage von 400 Exemplaren erscheinen.

Kaum war das Buch gedruckt, trug Adele in ihrem Kreis in Jena und Weimar daraus vor und reichte ihr Exemplar mit Empfehlungen herum. *Allgemein entzücken die katholischen geistlichen Lieder; die Herren fühlen die kahle Kälte ihres Pseudokatholizismus z.B. in den Klosternovellen, und erkennen Ihre Kraft an. Sternberg war entzückt, so ist's Ottilie,* konnte Adele Annette melden. Unermüdlich rührte sie die Werbetrommel für die frühere Rivalin und entwickelte sich zu ihrer regsten Literaturagentin. Sie bewegte ihren Buchhändler-Freund Friedrich Johannes Frommann, eine größere Zahl von Exemplaren von Aschendorff zu ordern, und trieb Ottilies Freund Gustav Kühne sowie Gottlieb Theodor Winkler zu positiven Rezensionen an, vielleicht auch Karl Gutzkow. *Lassen Sie die gute Tante Sophie und die Vettern reden, lachen Sie herzhaft,* tröstete sie die Dichterin über die familiäre Kritik hinweg, *und vor Allem lassen Sie sich nicht irre und nicht ernst machen.* Überzeugt von ihrem Werk prophezeite sie ihr: *Sie werden allmählich überall durchbrechen.*[3]

Leider behielt Adele Schopenhauer auch mit ihrer Meinung über die ›obscure‹ Buchhandlung recht. Aschendorff setzte nur 74 Exemplare ab, und trotz Adeles professioneller Bemühungen blieb die Resonanz gering. Dennoch verfolgte sie das Schaffen der Freundin weiter mit größter Anteilnahme. *Daß Sie schreiben freut mich unendlich, ich bitte Sie mir wenn es geht bald einmal etwas mitzutheilen – sparen wir doch nicht einen Gulden Postgeld Nette, sondern schicken und schreiben, und zanken uns nach altem Brauch fort.*[4] Das Versepos »Die Schlacht im Loener Bruch«, – *wo Christian von Braunschweig die Jacke voll kriegt*[5] – gefiel Adele wie *eine Perlenschnur vollkommen schöner Einzelheiten, von einem einzigen wahren warmen Gefühle aneinander gehalten und gereiht.*[6] Sie bewunderte die Naturbilder der Droste und ihren geradezu naturwissenschaftlichen Blick: *indessen haben Sie (neumodisch gesagt) eine so ungeheure Objectivität, und fassen und durchfühlen das Fremde, mit so eigenthümlicher Kraft und Gewalt,*[7] dass ihr ihre Werke fast nicht von einer Frau zu stammen schienen. Die zweite Hälfte des 19. Jahrhunderts erhob diese ›männliche‹ Droste in den Pantheon der Dichter. Vergeblich ermutigte Adele sie zu Ausflügen ins humoristische Fach; *ich meine der Humor steht nur Wenigen, und am seltensten einer weiblichen Feder, der fast zu engen Beschränkung durch die (gesellschaftliche) Sitte wegen – und Nichts kläglicher als* H*UMOR* *in engen Schuhen,*[8] winkte die Droste ab. Auch auf Annettes westfälisches Alleinstellungsmerkmal gab Adele acht, die von ihrer Mutter die Gesetze des Marktes kannte. Sie warnte sie vor ihrem *fürchterlichen Rival* Karl Immermann, *der eben im Münchhausen Westphalen schildert und Furore macht. Also glaube ich, dem berühmten Feind sehen Sie erst in's Auge, und lesen gleich seinen Münchhausen, aber gleich. Vielleicht wirft Sie das in die rechte Bahn.*[9] Auch mit konstruktiver Kritik sparte sie nicht. An der Ballade »Der Graf von Thal«, die Adele in Bernhard Wolffs *Poetischer Hausschatz des deutschen Volkes* lancierte, vermisste sie *die Handgriffe, die Oekonomie der Darstellung, die eigentliche Kunst des Schriftstellerns* und bemängelte, *daß das gewaltige Talent noch nicht von bewußter Willkür geleitet wäre.*[10] Die großen Werke der Droste enstanden in den nächsten Jahren auch dank der Kritik und Unterstützung Adele Schopenhauers.

Adeles begründetes Urteil in literarischen Fragen, ihre fließende Briefprosa ließen die Droste fragen, weshalb sie nicht selber zum Stift griff. *Nie, liebe Nette, mag ich schriftstellern, mehr als je widert es mich an.*[11] In diesem Ton beschied sie schon seit Jahren Sibylle Mertens und Ottilie von Goethe, die überzeugt waren, dass sie schreiben könne und müsse. Dabei war sie de facto bereits Schriftstellerin und hatte allerlei veröffentlicht – anonym, unter Pseudonym oder unter fremdem Namen. Schon der Partner ihrer Mutter, Gerstenbergk, hatte drei ihrer Gedichte aus der Heinke-Zeit in seiner Sammlung *Phalänen* (1817) veröffentlicht. Jahrelang hatte sie mit ihrer Mutter das Autorinnenkollektiv ›Johanna Schopenhauer‹ gebildet. Als in Bonn die Schulden drückten, veröffentlichte Adele 1835 unter dem Pseudonym Adrian van der Venne in der Zeitung *Phönix* eine historische Novelle aus der Zeit Richelieus, »Die lothringischen Geschwister«, in 39 Fortsetzungen. Weil das Honorar ausblieb, ein anderer Text abgelehnt wurde, fühlte sich Adele in ihrer Abneigung bestätigt. *Uebrigens haße ich die Schriftstellerei wie Martius sie haßt, ich wollte lieber für Geld nähen oder stricken.*[12] Ein Jahr später musste sie ihn trotzdem wieder um Erlaubnis bitten, *einige Kleinigkeiten drucken zu lassen, ohne Nahmen, in Bonn wäre ich gesteinigt worden, hätte man es geahndet.*[13]

Sibylle verfolgte diese Entwicklung mit der größten Genugtuung. *Ich hatte mich heimlich gefreut, dich die ersten Versuche einer litterarischen Bahn wagen zu sehen, weil ich für die Zukunft (und ich halte fest die Ueberzeugug, mit Recht) Bedeutendes von dem Aufschwunge deiner Fantasie, von der angebohrenen Grazie deiner Empfindungen, von der geordneten Klarheit deiner Gedanken, und von der Reflexions Uebung, oder Geübtheit richtiger, deines Geistes erwartete. Dazu kam deine reine Sprachkenntniß, und deine vielseitige Ausbildung … aber ich mogte nicht viel darüber reden, weil die Erfahrung mich auf den Punkt fast abergläubisch machte; viel beredtes gelingt nicht. Ich schwieg, und hoffte.*[14] Für eine bürgerliche Frau zählte die Schriftstellerei dank des expandierenden Lesemarkts zu den wenigen unabhängigen und halbwegs anständigen Einkommensmöglichkeiten. An die Öffentlichkeit zu treten galt für eine Frau jedoch als anstößig, weshalb fast alle Autorinnen versicherten, nur in ihren ›Nebenstunden‹ geschrieben zu haben, wenn Mann und Kinder versorgt waren. Selbst die berühmteste Autorin ihrer Zeit, Johanna Schopenhauer, beendete das Vorwort zu ihren Memoiren mit den Worten, sie sei *eine heitere, anspruchslose alte Frau, der man im geselligen Umgange die Schriftstellerin gar nicht anmerkt. Und darauf bilde ich mir etwas ein.*[15] Die Droste, ganz selbstbewusste Künstlerin, verzichtete als eine der wenigen auf solche Floskeln.

Entmutigt von ihren jahrelang vergeblichen Versuchen, die Kupferstecherei zu erlernen und Illustratorin zu werden, ergriff Adele Schopenhauer widerwillig zwar, aber endlich doch den Beruf der Schriftstellerin. Keine unterstützte sie dabei so entschieden wie Sibylle. Noch in Genua fand sie in Simonde de Sismondis vielbändiger *Histoire des républiques italiennes du moyen age* (1809-1818) für Adele ein geschichtliches *Novellen Sujet* ähnlich wie »Die lothringischen Geschwister«, *das Historischste, und das in Zeit, Orten Sitten, u. s. w. Interessanteste was Dir ein Gott, oder eine Göttin, wie ich, n. b. senden konnte.* Sie verfertigte ihr Abschriften, gab Tipps, wie *sich à l'aide d'un petit anachronisme von etwa 20 Jahren* Geschichten verbinden ließen, und schickte eine Literaturliste zur weiteren Recherche. Kaum war in Genua ein kleines Bändchen reizvoller Gedichte erschienen, zerpflückte sie ihr Exemplar und schickte Adele die Blätter, um Zoll und Zensur zu entgehen, einzeln; *und Du fängst gleich an zu übersetzen, aber hübsch im Versmaße, und sendest dann die Dinger zum Einrücken in ein deutsches Blatt, und nach einigen in der Art bekannt gemachten, beredest Du mit einem Buchh: gegen Honorar die ganze Uebersetzung.*[16] Möglicherweise kam Adele auf diese Weise zu dem *Wiener Flügel, den ich mit Uebersetzen mir erworben.*[17] Nach und nach sollte sie zu einer gefragten Schriftstellerin und Journalistin werden.

Die Rheingräfin: Sibylle

Sibylle Mertens stand in diesen Jahren auf dem Höhepunkt ihres kulturellen, wissenschaftlichen, mäzenatischen und gesellschaftlichen Wirkens in Bonn. Fast nichts ging ohne sie, und vieles drehte sich um die *Rheingräfin,*[1] die in einem intellektuellen und materiellen Reich herrschte – *sie weiß Alles – sie hat Alles – sie kann Alles – sie wird Ihnen für All u jedes den besten Rath geben!*[2] Von all ihren Begabungen und Interessen nahm die Musik stets die erste Stellung ein. So engagierte sie sich etwa vor, auf und hinter der Bühne für die Niederrheinischen Musikfeste, die seit 1818 jährlich zu Pfingsten stattfanden. Für die künstlerischen Leiter dieser Monumentalkonzerte, ihren guten Freund und ehemaligen Nachbarn Ferdinand Ries und seinen Nachfolger Felix Mendelssohn-Bartholdy, arbeitete sie als Assistentin. Sie leitete die Bonner Abteilung des riesigen Oratorienchors, der in einer Besetzung von 300 bis 500 Ausführenden aus dem ganzen Rheinland erstmals zur Generalprobe zusammenfand. Für das Musikfest 1839 in Düsseldorf studierte Sibylle mit ihrem Chor Händels *Messias* sowie Beethovens *Messe in C-Dur* ein. Darüber hinaus besorgte sie Noten und Instrumente – zehn Kontrabässe in eine Stadt zu bekommen war damals keine Kleinigkeit –, suchte Solisten und kümmerte sich um die Reiselogistik der Mitwirkenden und Gäste. So tat die Rheingräfin künstlerisch, organisatorisch und finanziell das ihrige, um die Niederrheinischen Musikfeste zum bedeutendsten deutschen Musikfestival dieser Zeit zu machen.

Ihr eigenes Haus verwandelte Sibylle Mertens regelmäßig in einen Kammermusiksaal. Bei ihr gastierten berühmte Sängerinnen wie Pauline Anna Milder-Hauptmann, für die Beethoven den *Fidelio* geschrieben hatte, die Kölner Altistin Sophie Schloss oder Adelaide Kemble aus London, die Schwester von Anna Jamesons Freundin Fanny Kemble. Vom Düsseldorfer Musikfest 1839 brachte Sibylle die Berliner Sopranistin Auguste von Faßmann auf den Auerhof mit. Wie vor Jahren, als die Droste zuerst im Mertens'schen Salon auftauchte, waren beide Eheleute entzückt von ihrem Gast. Großzügig trat dieses Mal die Gattin hinter dem Gatten zurück: *Mertens unruhiger und treibender wie jemals (er war, nach Möglichkeit, in Auguste verliebt, denke ich, und ich schenkte ihm zu einer ihrer blonden Locken ein hübsches Médaillon; finden Sie das nicht himmlisch? – Der alte Herr!!).*[3]

Anfang Juni stieß Anna Jameson zu ihnen, die Sibylle fünf Jahre nicht gesehen hatte. Sie kam verdrossen von Ottilie, die immer noch ihr aussichtsloses Verhältnis zu Gustav Kühne pflegte. *You are at once the most constant and the most inconstant of woman kind, the most faithful and the most fickle: es ist nicht zu helfen!*[4] Doch der Trost, den Anna einmal mehr bei Sibylle suchte, blieb dieses Mal aus, da mit Auguste von Faßmann *ein wahres Treiben und Hetzen von Musik, Spazierfahrten, Diners, Abendgesellschaf-*

ten bei mir los war, wie Sibylle Ottilie schrieb. *Anna aber, die sich ein stilles Beisammenleben gedacht und gehofft hatte und unwohl und reiseangegriffen war, fühlte sich, wie ich sah, nicht bequem und wohnlich dabei und war mehr verstimmt als heiter.*[5] Und so sehnte sich Anna doch wieder nach Ottilie zurück. *I am at this moment very sad, very dejected. I want comfort, sympathy, – I want* y o u. *I believe you are my only real want.*[6]

Aus Kanada brachte Anna Sibylle ein Matthäus-Evangelium in einer indianischen Sprache sowie Mokassins mit. Pfeil und Bogen wären der Sammlerin vielleicht lieber gewesen, denn neben den römischen Münzen und Gemmen, den antiken Bronzen und Alltagsgegenständen sammelte Sibylle Waffen. *Über ihrer Schlafstätte und an der gegenüber liegenden Wand hingen viele, zum Teil wundervolle Waffen, indische, türkische, arabische, solche aus aller Herren Länder,* und die stolze Besitzerin freute sich, Besuchern *die Herkunft und Gebrauchsweise zu erklären.*[7] Außerdem sammelte sie Handschriften der *bedeutenden Menschen aller schreibfähigen Jahrhunderte, und selbst die unbedeutenden hier und dort zu der Aufstellung nach Epochen.*[8] Ihrer dritten Tochter Betty, mittlerweile 16 Jahre alt, erschien die Mutter als Privatgelehrte, die am liebsten in ihrem eigenen Museum forschte: *überall an den Wänden, auf größeren und kleineren Tischen hingen, lagen und standen wertvolle Gemälde, Kunstsachen, Antiquitäten und kostbare fremdländische Waffen. Da sie häufig krank war, hauste sie hier oft wochenlang, ohne auszugehen, studierte, korrespondierte und komponierte. Hier empfing sie am liebsten ihre vertrauteren Freunde, denen sie ihre Kunstschätze zeigte und mit denen sie darüber eifrig sprach, selbst lernend und andere belehrend.*[9]

Einer ihrer Schüler war der junge Ernst aus'm Weerth, der später der erste Direktor des Rheinischen Landesmuseums werden sollte. *Sammeln Sie z. B. römische Münzen und Terrakotten, so müssen Sie gleich dabei alles Vorbereitende lesen, was Sie in den Stand setzen kann, eine echte Münze von einer falschen zu unterscheiden, die auf den Münzen befindlichen Abbreviaturen, d. h. die schon durch Gelehrte erklärten, zu lesen, die Bilder des Reverses zu deuten usw. Dann schreiben Sie jede acquirierte Münze in ein Verzeichnis mit Angabe des Jahrs ihrer Prägung oder vielmehr des Regierungsantritts des Kaisers, den der Kopf zeigt, und seines Todes- oder Abdankungsjahres nach Roms Erbauung und vor oder nach Christi Geburt, und fügen die Beschreibung des Averses hinzu; sodann die umlaufenden Legenden, die Sie eingeklammert ergänzen, etwa Imp(erator) C(aesar) Aug(ustus) usw. Bei den Terrakotten müssen Sie lesen, was über die Töpferkunst und Vasenbäckerei der Römer geschrieben ist, Kupferstichwerke durchsehen, worin solche sowie Lampen und anderes Gerät in Ton abgebildet sind, die Verzeichnisse der Fabriknamen sich geläufig machen und, wenn Sie unter einer Vase oder Lampe den Namen einer Offizin oder eines Töpfers finden, der noch nicht bekannt ist, diesen sorgfältig notieren. – Wollen Sie nun Handschriften sammeln, so öffnet sich ein ganz anderes Feld. Mittlere und neuere Geschichte in ihren Details, Geschichte der Wissenschaften und Literatur, Biographien und Memoiren sowie Briefwechsel berühmter Menschen, Studien der Kalligraphie der letzten fünf Jahrhunderte, müssen mit einer Autographen- und Holographensammlung Hand in Hand gehen.*[10] Ihre wissenschaftliche Bibliothek bildete einen eigenen Sammelschwerpunkt. Jenseits gelehrter Fragestellungen interessierte sie sich – wie beim Diskuswurf und Kottabosspiel – für die praktische Seite der Dinge und lernte, Abdrücke von Gemmen herzustellen. *Sie wusste genau, mit welchen Instrumenten und wie die Alten gewisse Metallarbeiten, künstliche Ketten, Filigranfäden gemacht, und hatte manches Geheimniss ihrer Technik erkannt.*[11] 1839, als sie von Anna die Mokassins bekam, gelang ihr ein besonders glücklicher Griff: Sie erwarb die 1000 Stück umfassende Sammlung vornehmlich römischer Gemmen, die der Nürnberger Patrizier Paulus II. Praun im 16. Jahrhundert zusammengetragen hatte. Sibylle Mertens machte aus diesem Grundstock die bedeutendste private Gemmensammlung des 19. Jahrhunderts, die bei ihrem Tod 1876 Stück umfassen sollte.

Um ihre neu erworbenen Schätze zu ordnen, lud sie Anton von Steinbüchel zu sich ein, den Direktor des Münz- und Antikenkabinetts in Wien. Mit ihm sonderte sie Fälschungen und Dubletten aus und ordnete die Originale. Ziel ihrer Bemühungen war ein Katalog der Gemmensammlung, der jedoch nie fertig wurde. Zwischendurch fuhren sie nach Kreuzweingarten in die Voreifel, wo beim Bau einer neuen Straße von Euskirchen nach Münstereifel – heute die B 51 – die Reste einer römischen Villa gefunden worden waren. Die herrlichen Mosaikböden, die Sibylle Mertens und Anton von Steinbüchel damals noch vor Ort entzückten, können heute im Rheinischen Landesmuseum in Bonn bewundert werden. Anhand solcher Funde wurde die Altertumskunde auf ein wissenschaftliches Niveau gehoben – auch durch die Interpretationen und Zuordnungen von Sibylle Mertens, der ersten Archäologin im deutschsprachigen Raum. 1841 besuchte sie Ausgrabungsstätten in Trier und reiste nach Xanten, wo Kastell und Römerstadt ausgegraben wurden. Da der Regen sie hinderte, selbst zum Spaten zu greifen, ordnete und taxierte sie die Antiken des Notars Philipp Houben, der durch Ausgrabungen vor Ort eine bedeutende Sammlung zusammengetragen hatte. Die immer gefragtere Archäologin wurde 1841 Gründungsmitglied des »Vereins von Alterthumsfreunden im Rheinlande«, der bis heute besteht.

Dem unvollendeten Kölner Dom, in dessen Schatten sie groß geworden war, fühlte sich Sibylle Mertens eng verbunden. Seit ihrer Kindheit, seit der Mittelalter-Sehnsucht der Romantik wurde von seiner Vollendung geträumt. Tatsächlich sollte er als nationales Symbol fertig gestellt werden, mit dem das protestantische Preußen in seiner katholischen Rheinprovinz, mit Blick auf das gegnerische Frankreich, deutsche Einigkeit und Größe demonstrierte. Lange war jedoch kein Geld da, mit dem ein so größenwahnsinniges Unternehmen hätte finanziert werden können. Sibylle Mertens unterstützte den ersten Dombaumeister der Neuzeit, den Protestanten Ernst Friedrich Zwirner, indem sie nicht nur selbst generös spendete, sondern in ihrem großen Bekanntenkreis sozusagen mit dem Klingelbeutel umherging. Zwirner fertigte ihr eigens ein *Pro Memoria den Dom zu Köln betreffend* an, um *das Interesse für den inneren Ausbau möglichst beleben zu wollen, was durch Ihren geistreichen Vortrag umso sicherer gelingen wird.*[12] Im März 1835 wandte sie sich sogar an die Königliche Familie, im April konnte sie Zwirner 1200 Taler Subskription für zwölf musizierende Engelfiguren melden, die ihre verwitterten mittelalterlichen Vorgänger ersetzen sollten. Da der preußische Kronprinz Friedrich Wilhelm, sein Bruder Wilhelm, der spätere Kaiser, und die anderen königlichen Subskribenten jedoch nur schleppend zahlten, scheute sie sich nicht, selbst das Herrscherhaus zu mahnen. Auch in London und Genua trieb sie Spenden für den Kölner Dombau ein. So gelang ihr die Finanzierung dieses himmlischen Orchesters, das nach Entwürfen Schinkels von dem Bildhauer Wilhelm Joseph Imhoff geschaffen wurde. Die Engel stehen noch heute auf den Strebepfeilern, die den Chor stützen, auf halber Höhe zur Traufe.

Solche Bemühungen einer Einzelnen konnten jedoch nicht das ganze Geld für die Domvollendung zaubern. Das gelang erst dem Zentral-Dombau-Verein, der am 14. Februar 1842 gegründet wurde, um in aller Welt Spenden zu sammeln. Wer die zündende Idee mit dem Verein hatte, der Deutschlands meistbesuchtes Bauwerk schuf, ist höchst umstritten. Nach Aussage von Dombaumeister Zwirner war es Sibylle Mertens. Denn er hoffte *auf Ihre gütige Mitwirkung* bei der Gründung des Vereins, *da Sie diese Idee schon früher aufgestellt haben.*[13] Sibylle Mertens trat nicht nur – neben 3 000 anderen – sofort dem Dombauverein bei, sondern gründete auch die Bonner Zweigstelle. Die Vollendung des Doms erlebte sie freilich nicht mehr. Erst 1880 war der Bau fertig.

Mit dem Dombaumeister Zwirner arbeitete Sibylle Mertens noch in einem weiteren Projekt der Denkmalpflege zusammen. In einer stürmischen Nacht Ende Dezember 1839 stürzten auf dem Rodderberg, nicht weit vom Auerhof entfernt, die Reste einer mittelalterlichen Burg ein. Da der so genannte Rolandsbogen zusammen mit der Insel Nonnenwerth zu seinen Füßen einen elementaren Bestandteil der Rheinromantik gebildet hatte, veröffentlichte der Dichter Ferdinand Freiligrath am 12. Januar 1840 in der *Kölnischen Zeitung* einen pathetischen Spendenaufruf in 20 Strophen, der mit den Versen schloss:

Noch einmal ruf' ich: Jeder einen Stein!
Ich will des Ritters Seckelmeister sein!
O, ehrt des Rheines wunderbarste Sage!
Bei Lieb' und Schwur, bei Poesie und Kuß,
Hört meine Mahnung: Euren Obolus!
Bringt euer Felsstück – Roland's Bogen rage![14]

Freiligraths Ausrufezeichen hatten durchschlagenden Erfolg. Bald waren fast 400 Taler zum Wiederaufbau gesammelt. Da der Rolandsbogen *Privat Eigenthum der Prinzessin Wilhelm von Preussen Gemahlin des Bruders seiner Majestät des Königs* war, wie Sibylle Mertens Freiligrath sofort wissen ließ, konnten die Spenden allerdings nicht ihrer Bestimmung zugeführt werden, denn Freiligrath hatte *die Wiederherstellung eines I h r gehörenden Eigenthumes*[15] gefordert. Sibylle ahnte Kalamitäten und wandte sich über ihre Freundin, die Hofdame Edda von Kalb, an die Prinzessin. Die reagierte kühl und behielt sich den Wiederaufbau selbst vor. Freiligrath musste daher am 18. Februar in der *Kölnischen Zeitung* peinlich zurückrudern. Sibylle Mertens aber gab nicht so schnell auf und rettete hinter den Kulissen diplomatisch geschickt die heikle Situation: Sie bewegte Prinzessin Marianne dazu, die patriotischen Spenden für den Wiederaufbau anzunehmen und dafür der verarmten Gemeinde Rolandswerth in gleicher Höhe einen Schulfonds zu stiften. Dank ihres Eingriffs konnten alle Beteiligten ihr Gesicht wahren, auf dem Berg wurde der Rolandsbogen von Dombaumeister Zwirner neu errichtet, und im Tal verbesserte sich die Schulbildung. Freiligrath erhielt 1914 im Wald unterhalb des Rolandsbogens ein pompöses Denkmal. Sibylle Mertens' Verdienste blieben unerwähnt.

Hilf, Sibille! Die Wende

Während Sibylle diesen heiklen preußisch-rheinischen Konflikt bereinigte, traf am 22. März 1840 Adele bei ihr ein. Zweieinhalb Jahre waren seit ihrem Wegzug vergangen. In Briefen hatten sie sich gezankt und wieder versöhnt; *ich werde nicht von Sibillen lassen, ich halte sie für halb verrückt aus Krankheit.*[1] In den acht Wochen, die Adele in Bonn verbrachte, lernte sie die Gravur auf Stein. Immer noch verfolgte sie den Wunsch, Illustratorin zu werden. Sibylle, die nichts von Adeles Asyl in Jena hielt, versuchte sie zu bewegen, ihren Lebensmittelpunkt wieder an den Rhein zu verlegen. Dem kam Louis zuvor. Um ihm aus dem Weg zu gehen, hatte sich Adele eigens ein Zimmer in der Stadt genommen. Nur in den letzten fünf Tagen ihres Besuchs wohnte sie bei Sibylle – und provozierte das übliche Desaster. *Mertens war beständig in Wuth.*[2]

Dieses Mal rächte sich Adele Schopenhauer publizistisch. Im ersten *Frauen-Spiegel*, Louise Marezolls moderat feministischer *Vierteljahrschrift für Frauen*, veröffentlichte sie unter dem Pseudonym ›Henriette Sommer‹ die Erzählung »Aus dem Tagebuche eines alten Herrn«. Die Handlung folgt der vom Schicksal geplagten Liebe zwischen einem Petersburger Kaufmannssohn und einer verarmten Adligen, die ihren Eltern zuliebe den brummigen Kaufmann van der Rey heiraten muss. Mit seinem *Strome von Verwünschungen, Klagen und pöbelhaften Schimpfreden*, seinen *gröbsten und schimpflichsten Anschuldigungen für mich* diente Louis

Mertens Adele als Vorbild. Er *ging mit knarrenden Stiefeln durch beide Zimmer auf und ab, warf jedesmal die eine oder die andere Thüre, riß die Fenster auf und schlug sie wieder zu*, schilderte Adele Szenen, die ihr im Hause Mertens nur zu oft begegnet waren. *Es war ihm durchaus unmöglich, auf das, was ich oder sie sagte, zu hören, er fluchte, sie ansehend, leise fort, und bedauerte sie abwechselnd, schlug ihr ein Dutzend ganz unmöglicher Dinge vor, die sie alle thun sollte, und schimpfte auf das unaussprechliche Elend, eine kränkliche Lebensgefährtin zu haben.*[3]

Mit Sibylles Gesundheit war es nie weit her gewesen. Nun hatte auch Adele verunsichernde Beschwerden. Eine starke Schwellung im Unterleib ging gelegentlich zurück, nur um wiederzukommen. In Bonn ließ sie sich daher von ihrem alten Freund Heinrich Wolff untersuchen. Er diagnostizierte eine Drüsenerkrankung und riet ihr dringend zu einer Kur in Karlsbad. Ihre lange und schwere Krankheit zum Tode hatte begonnen. Sie war nicht ganz 43 Jahre alt.

Trotzdem reiste sie wie geplant Mitte Mai von Bonn nach Düsseldorf zu Karl Immermann und seiner Frau. Er bewunderte ihre Scherenschnitte und hatte drei Jahre zuvor vergeblich versucht, ihre »Zwergenhochzeit« beim Kölner Verlag Renard & Dubyen zu veröffentlichen. Während sich Adele darüber klar zu werden suchte, ob aus ihr noch eine Illustratorin werden könne, wartete die Droste in Münster schon acht Tage mit größter Ungeduld auf sie, *da ich die üble Eigenschaft habe Nichts unternehmen zu können, wenn ich Jemanden erwarte, d. h. so stündlich erwarte.* Am 19. Mai erhielt sie endlich ein Billett von Adele, sie träfe jeden Moment in Rüschhaus ein. Jäh sprang Annette auf *und wohin? – vor den Spiegel! – ja, lieber Schlüter, der Panther kann seine Flecken nicht ablegen, und kein Frauenzimmer die Eitelkeit – ich dachte daß wir uns seit vier Jahren nicht gesehn, und wollte mich doch gern ein bischen* REPUTIRLICH PRÆSENTIREN *– aber, o Himmel! welche babylonische Verwirrung zwar nicht* i n *aber* a u f *meinem Kopfe! jedes Haar schien auf dem Punkte mit seinem Nachbar handgemein* *zu werden.* Schließlich *hatte ich es nicht weiter als vom halben* N*EGLIGÉE zum Völligen gebracht, als Adele ankam – ich habe mich doch sehr gefreut!*[4] Adele nicht minder.

Die folgenden zweieinhalb Wochen erlebte sie wie im Traum. Das *kleine fabel oder märchenhaft stille Rüschhaus* mit seinen Hunden und Hühnern, den mächtigen Eichen und Buchen, den Wiesen und der Heide bezauberte sie. *Wir heitzen tüchtig, wir leben winterlich, klösterlich still u sacht – man träumt fast anstatt zu leben. Da ruhe ich denn aus, an der Seite des geistreichsten Wesens was ich unter Frauen kenne.*[5] Traut plauderte sie mit Annette auf ihrem schwarzen Sofa, blickte von ihrer Stube durch das kleine Auge Gottes *hinunter in die wunderliche Küche,* wo die Speisen noch wie von alters her über dem offenen Feuer zubereitet wurden, und fühlte sich *wohl und sehr gemüthlich!*[6] Selbst mit Annettes Mutter und ihrer Tante Sophie von Haxthausen, die zunächst *eine heilige Scheu für diese gelehrte Dame* hatten, verstand sie sich; *dieses tägliche Zusammenleben hat sie uns in einem ganz anderen Lichte gezeigt, und sie gefällt uns recht gut, ist sehr gescheut, sehr gebildet, spricht Englisch, Französisch und Italienisch, malt und zeichnet sehr hübsch, auch etwas eine Dichterin und Schriftstellerin, worauf sie aber gar keinen Werth legt, ist bescheiden bei allen diesen gelehrten Sachen noch praktisch für's Leben, hat bei ihrer Mutter, die die Bücher schrieb, viel zu ertragen gehabt und ist bei alle diesem eine sehr edle Natur, sehr brav und ein guter Umgang für Netten.*[7]

Zwei Tage lang zeigte Annette Adele die spitzgiebeligen Häuser und prächtigen Kirchen Münsters. Auch ihrer Freundin Elise Rüdiger stellte sie Adele vor. *Daß Ihr Beyden Euch einander so gut gefallen habt, ist doch ein braver Einfall von Euch,*[8] seufzte die Droste im Anschluss erleichtert auf. Auch Levin Schücking lernte Adele kennen, Annettes 17 Jahre jüngeren Freund, den sie in Elises literarischem Kränzchen als begabten Kritiker schätzen gelernt hatte. Seit einem halben Jahr kam er jeden Dienstag ins Rüschhaus. Der 26-Jährige, der seinen juristischen Brotberuf mit der

Berufung zum Schriftsteller vertauschen wollte, und die 43-jährige Dichterin, die ihr halb im Verborgenen entstehendes Werk diskutieren wollte, hatten sich immer mehr zu sagen. Adele fertigte von beiden eine poetische Zeichnung an, wie sie einen Stern zu haschen suchen. Von der Droste schuf sie außerdem ein Porträt in ihrer typischen Haltung, mit untergeschlagenen Beinen auf ihrem geliebten Sofa sitzend. Sie ist ein bisschen dicker als auf ihren sonstigen Porträts, Zeugnis der Butterbrote, die sie für ihr Leben gern aß. Annette von Droste-Hülshoff revanchierte sich mit einem Blumenaquarell, das sie in Adele Schopenhauers Silhouettenbuch malte. Anders als bei Sibylle in Bonn genoss Adele jeden Augenblick. Ottilie von Goethe schrieb sie über die lange misskannte Freundin: *Du u Annette habt als Gott die Welt vertheilte die Liebenswürdigkeit beide gefaßt und getheilt unter Euch, Ihr seid die liebenswürdigsten Frauen die ich auf Erden kenne. Nettens Herz ist himmlisch. Es ist hier so still so grün und friedlich wie im Traum eines Kindes.*[9]

Wahrscheinlich las Annette Adele aus ihrer Erzählung »Die Judenbuche« vor, die sie Anfang des Jahres vorläufig abgeschlossen hatte. Sicher trug sie der Freundin eine neue Ballade vor, deren Thema und Schicksal dem »Fräulein von Rodenschild« gleichen. Auch in »Der Graue« kommt es nächtens zu einer homoerotischen Geisterbegegnung. Nach Genuss von viel Alkohol in einer reinen Herrenrunde legt sich der blonde Waller ins Bett und liest noch spät Walter Scotts *Ivanhoe*, als auf einmal der »Graue« vor ihm steht. Vergeblich versucht Waller, das Gespenst zu erschießen, das nah und näher kommt und schließlich *langsam in die Kissen sinkt*, zu ihm ins Bett.

›Ah, je te tiens!‹ er hat's gepackt,
Und schlingt die Arme wie 'nen Strick, –
Ein Leichnam! todessteif und nackt!
Mit einem Ruck fährt er zurück;
Da wälzt es langsam, schwer wie Blei,

Sich gleich dem Mühlstein über ihn;
Da that der Waller einen Schrei,
Und seine Sinne waren hin.[10]

Auch Waller überlebt diese nächtliche Begegnung, deren Homoerotik gewaltvoller dargestellt wird als in »Das Fräulein von Rodenschild«. Immerhin kommt es hier zu einem Ringkampf zweier Männer im Bett, von denen einer nackt ist und sich auf den anderen legt. Dass einer von beiden ein Gespenst ist, macht die Ballade, wie ihre Vorgängerin mit dem Fräulein, erst veröffentlichbar. Doch anders als die Doppelgängerin, die das Fräulein von Rodenschild verlockt, geht vom ›Grauen‹ eine existentielle Bedrohung aus. Die Umarmung erscheint als Vergewaltigung – will man nicht Wallers Schrei, als ihm die Sinne vergehen, als lustvollen Höhepunkt eines Schauers deuten, den er zuvor mit der Lektüre Scotts selbst gesucht hat.

»Der Graue« fuhr mit, als Adele Anfang Juni 1840 abreiste. Sie empfahl die Ballade Louise Marezoll, die sie in ihrem *Frauen-Spiegel* (1841) veröffentlichte. Seit den innigen Tagen in Rüschhaus stand zwischen Adele und Annette der vage Wunsch im Raum, zusammenzuleben. Wie Levin Schücking seinem Freund Ferdinand Freiligrath schrieb, hatte die Droste *aufs ernsteste den Plan gemacht, mit uns beiden, Dir und mir und Adele Schopenhauer ein Landgut zu beziehen, der Frau Mertens Haus in Unkel zum Beispiel.*[11] Auch Levin war von der Idee einer Dichterkolonie begeistert, die seine, Ferdinands und Annettes gemeinsame Arbeit an *Das malerische und romantische Westphalen* (1841) erleichtert hätte. *Kommen Sie hierhin, liebes Fräulein Adele*, lud Levin die konstruktive Kritikerin ein dreiviertel Jahr nach ihrem Besuch wieder nach Münster ein. *Sie sollen dann erst recht sehen, wie nett es hier eigentlich ist – nur ein Odiosum würde Ihnen dabei drohen, Sie würden ohne Gnade alles lesen müssen, was ich schreibe, und mir Ihr Urteil darüber sagen – das könnte allerdings einige Abschreckungskraft für Sie haben. Denn Sie müssen wissen, daß ich hier eigentlich niemanden habe, auf dessen Urteil ich so viel gäbe, wie auf das Ihre; Sie müssen nicht glauben, ich wolle Ihnen eine Schmeichelei damit sagen, denn geradeheraus gesagt, es soll das nicht heißen, ich hielte Sie für viel klüger als Fr. v. Droste, die offenbar, Sie mögen sich nun sträuben oder nicht, uns beide in die Tasche steckt (wenn sie sie nicht grade wie gewöhnlich mit hunderterlei alten Münzen, Steinen, Uhren und dergl. Schätzen schon zu voll gepfropft haben sollte) wenn es auf eine originelle Erfindung und Ausführung ankommt.*[12] Auch Adele wollte von den Münsteraner Freunden lernen und schickte der Droste Gedichte samt der Bitte *um ein ganz umbarmherziges Urtheil. Das thut mir noth. Ich muß Eure Talente als ein Wissen in mich saugen, dann kann ich produziren.*[13]

Die Poetenkolonie blieb ein Traum. Die Gesellschaft und die vier ledigen Wolkenschieber waren noch nicht so weit. Nicht einmal der anvisierte zweite Besuch Adeles in Rüschaus kam zu Stande. Dennoch unterstützte sie die Freundin weiter nach Kräften und begeisterte sich für ihre jüngsten Werke, die in Cottas *Morgenblatt* erschienen, u.a. »Der Knabe im Moor«, »Im Moose« und »Die Judenbuche«. Vehement riet sie der Freundin, eine neue Werkausgabe bei Cotta und keinem anderen als dem besten Verlag herauszubringen und in den Verhandlungen nicht zu schüchtern aufzutreten: *Honorar für Gedichte bekomme man schwer, doch möchten die Ihrigen wohl eine Ausnahme machen. Also, liebe Nette, frisch voran!*[14]

Sie selbst dagegen konnte nach ihrem Besuch am Rhein und in Münster an keine Arbeit denken. Zurück in Jena war sie gesundheitlich so angeschlagen, dass ihre Ärzte sie zunächst nur in das nahe Solebad Sulza ließen. Erst nach fünf Wochen in der tiefsten Waldeinsamkeit durfte sie in das weltstädtische Karlsbad weiterreisen. Dessen *Eleganz und Zierlichkeit*[15] hatte sie schon bei früheren Aufenthalten bezaubert. Auch jetzt genoss sie wieder den internationalen Charme, die Luft der großen weiten Welt, die in Karlsbad wehte. Heilsamer als Trinkbrunnen, Promenade und

Kurkonzert erwies sich ein Urlaubsflirt: *nein ich vermags nicht den Namen zu schreiben, zwölf Tage lang habe ich geliebt, war ich geliebt, wahr, leidenschaftlich Herz um Herz, Seele um Seele! Daß walte Gott im Finden – und im Meiden.*[16] Auf Anraten ihrer Ärzte reiste Adele schon Ende April 1841 erneut nach Karlsbad. Auch dieses Mal waren es mehr die anderen Gäste als der Sprudel, die sie erfrischten. Mit der Schriftstellerin Sarah Austin begann sie eine Freundschaft *à la mode Germanorum*,[17] wie Anna Jameson den Gedankenaustausch zweier Philosophinnen nannte. Zu Hause schwoll Adeles Leib jedoch wieder an, sie hatte starke Schmerzen und fühlte sich *sterbend matt.*[18] Im Spätsommer dieses Jahres begab sie sich zum dritten Mal nach Karlsbad.

Etwas gekräftigt und schmerzfrei machte sie eine rigorose Bestandsaufnahme. *In mir ist aber allmählig die Überzeugung gewachsen daß erstlich Jena nicht, zweitens Allwina nicht, drittens die Art Leben durchaus nicht länger für mich paßt,* schrieb Adele im Juni 1842 Sibylle, die sie schon seit Jahren am falschen Ort mit den falschen Menschen wähnte. *Ich werde matt, einseitig, gewöhnlich; meine Freunde genügen mir nicht, u daran ist nur dies todte wartende nichtsergreifende von Körperleiden zerstückte Dasein schuld.* In einem neuen Anflug von Vertrauen legte Adele der alten Gefährtin ihre Lebensängste und -hoffnungen offen. Ein Teil ihrer Enttäuschung hing mit dem Jenenser Professor für Geologie und Mineralogie Karl Gustav Schueler zusammen. Mit dem 13 Jahre jüngeren Mann hatte sie eine Zweckehe erwogen zur gegenseitigen Versorgung. Um einen gemeinsamen Hausstand gründen zu können, musste Schueler jedoch erst seine umfangreichen mineralogischen und antiken Sammlungen verkaufen, die in nicht weniger als 16 Zimmern untergebracht waren. Doch weder das Verkaufs- noch das Heiratsprojekt kamen voran. *Mein Verhältniß zu S. ist im Grunde sich gleich,* vertraute Adele Sibylle an. *Er hofft fortwährend seine Sammlungen anzubringen, sieht mich wie seinen Lebensgefährten an, trödelt aber, theils mit, theils ohne Schuld.* Angesichts ihrer ernsten Erkrankung verstrickte sie sich dieses Mal nicht in jahrelang vergebliche Hoffnungen, sondern stellte Sibylle und sich selbst gegenüber fest, dass auf den Professor nicht zu bauen war; *so sehr ich ihn liebe, achte, brauche sogar – so kann michs doch nicht hemmen.*

Auch ihre älteste Freundin hielt sie nicht mehr in Thüringen: *leider selbst Ottilien entbehre ich nicht schwer*[19], schrieb Adele Sibylle in ihrem großen resümierenden Brief. Seitdem sie wieder in Jena lebte, hatten sie sich weiter entfremdet, u. a. wegen Adeles gut gemeinten, aber kontraproduktiven Bemühungen um Ottilies Söhne. Walther und Wolfgang von Goethe, beide mittlerweile Anfang zwanzig, trugen schwer an ihrem Namen, den sie als Künstler rechtfertigen zu müssen glaubten. Walther wollte Komponist werden. Während Felix Mendelssohn-Bartholdy nichts von ihm hielt, stieß er bei Robert Schumann auf Gegenliebe – allerdings nicht als Komponist, sondern als Liebhaber. 1837 widmete Schumann Walther seine *Davidsbündlertänze* op. 6. Der Titel ist eine Hommage an ihre Affäre: *ich habe große Freude und Wonne an dir gehabt*, klagt David in 2. Samuel 1, 26 um Jonathan, *deine Liebe ist mir wundersamer gewesen, als Frauenliebe ist.* Nachdem Walthers erste Oper *Anselmo Lancia* im Theater in Weimar nicht mehr als höflichen Applaus erhielt und seine zweite Oper *Alessandro Stradella* trotz Sibylle Mertens' Bemühungen von der Kölner Bühne abgelehnt wurde, begann Walther mit sich zu hadern, weil er nicht, wie sein Großvater mit *Götz* und *Werther*, als Senkrechtstarter begonnen hatte.

Adele Schopenhauer sprang ihm bei und schrieb das Libretto *König Enzio oder Der Gefangene von Bologna. Große romantische Oper in 3 Aufzügen.* An Walthers Komposition über den illegitimen Sohn des Stauferkönigs Friedrich II. monierte die Kritikerin Adele dann das Übergewicht von Männerstimmen, für die sie als Librettistin zumindest mitverantwortlich war. Nichts als Streit resultierte aus dem Projekt. Während Ottilie Walther als Künstler in Schutz nahm, setzte sie ihn als Mann unter Druck. Sie klagte, er blicke an den Frauen vorbei, *als wären sie ein Regiment, wo ein*

Soldat wie der andere erscheint, und als wäre es eine Sorte Geschöpfe, die Dich nichts angingen.[20] Dem Wiener Freund seiner Mutter, dem Arzt Romeo Seligmann, vertraute sich Walther an – oder näherte er sich mit amourösen Absichten? In jedem Fall kam es zwischen ihnen zum Eklat. *Seligmann und ich sind voneinander geschieden wie zwei Menschen, deren Lebenswege für immer auseinandergehen,* teilte Walther seiner Mutter mit, *zerbrich Dir nicht den Kopf über eine Sache, die Du doch nie erraten kannst, über die Seligmann nicht sprechen darf und über die ich nicht sprechen werde.*[21] Die Mutter und ihre Freundinnen dürften Walthers Not längst begriffen haben, konnten ihm aber nicht helfen. Er stand als Mann unter einem viel stärkeren gesellschaftlichen Druck als Adele Schopenhauer oder Sibylle Mertens. Sexualität zwischen Frauen galt mittlerweile als so undenkbar, dass sie mit der Einführung des neuen *Strafgesetzbuches für die Preußischen Staaten* (1851) erstmals nicht mehr strafbar war. *Die widernatürliche Unzucht* von Männern hingegen war *mit Gefängniß von sechs Monaten bis zu vier Jahren, sowie mit zeitiger Untersagung der Ausübung der bürgerlichen Ehrenrechte zu bestrafen.*[22] Die sozialen Folgen eines Skandals waren freilich meist noch viel bedrückender als die strafrechtlichen, wie das Schicksal des Dichters August von Platen zeigte. Angesichts der Widerstände, die ihm im Reich der Musik und der Liebe entgegenstanden, gab Walther von Goethe auf. Ab 1842, mit nur 24 Jahren, zog er sich für den Rest seines Lebens eigenbrötlerisch in Großvaters Haus am Frauenplan zurück.

Nach dem Fiasko mit Walther versuchte Adele Schopenhauer, seinem jüngeren Bruder zu helfen. Wie sein Großvater studierte Wolfgang Jura und schrieb. Damit wollte es aber noch weniger gehen als mit Walthers Kompositionen. *Wolf Göthe trotz seines Geistes steht neben mir wie ein Kind,* klagte Adele Sibylle, als sie im Sommer 1842 mit ihm an seiner allegorischen Märchendichtung über die Ilm-Nixe »Erlinde« arbeitete. Sie tröstete sich mit dem unfreiwilligen Nutzen, den sie aus ihrem Literaturseminar zog:

Von Wolfgang lerne ich wie man von jedem Schüler lernt, ich lerne logisch denken, logisch ordnen im Schaffen, und ich fühle wie ich wachse. Bei Goethens, musste Adele feststellen, war Hopfen und Malz verloren – und auch bei Ottilie, die auf Kosten ihrer Kinder lebte; *meine theure Billa, ich muß Dich sehr ernst bitten, auf den Fall daß Du sie siehst ihr kein Geld zu leihen! Ottilie ruinirt ohne alle Frage ihre Söhne, ich beschwöre Dich, trage nicht bei dazu! Es ist das Schmerzlichste was mir geschehen konnte, daß ich an i h r die Wiederhohlung der Noth mit meiner Mutter erlebe!*

Angesichts dieser vielgestaltigen Entfremdungen von Jena, von Schueler, von den Goethes veränderte sich Adeles Gefühl und Haltung gegenüber Sibylle. Sie sehnte sich nach Post von ihr, nach einem Wiedersehen und spürte, dass sie nur mit Sibylle ihr Leben angesichts ihrer ernsten Krankheit befriedigend verändern konnte. *Jetzt oder nie muß mich eine Arbeit an die Welt ketten, oder eine Neigung oder eine Pflicht*, schrieb sie Sibylle in ihrem großen Wiederannäherungsbrief im Juni 1842. In ihr, der früheren Gefährtin, sah sie den Menschen, der sie neu ans Leben fesseln konnte. *Du hast den stärksten Geist unter meinen Freunden – hilf wenn Du irgend kannst!* Wie Sibylle immer gewünscht hatte, wollte sie jetzt *ruhig als Schriftstellerin* auftreten – mit Sibylles Unterstützung. *Hilf, Sibille! Jetzt kann was sehr Gutes oder was sehr Albernes aus mir werden hilf!* Schon jetzt nahm sie ihre Ratschläge wieder an – *ich halte mich jetzt an alles was Du geschrieben hast* – und nannte sich, ihrem *lieb Herz* gegenüber, *Immer auch in bösen tagen Deine eigenste Dèle.*[23]

Adeles zärtlicher Brief erreichte Sibylle in gedrückter Stimmung. Im Frühjahr dieses Jahres hatte sie im Tagebuch geklagt, sie *lebe seit ein paar Jahren so vereinsamt, dass ich mich eigentlich über mich selbst wundere.*[24] Inmitten ihres lebhaften Salons fühlte sie sich allein, weil niemand mehr ihr wirklich nahestand. Ihr engster Bonner Freund Eduard d'Alton war 1840 gestorben. Bitter vermisste Sibylle noch im März 1842 Laurina Spinola. *Es sind nun 4 Jahre dass sie gestorben ist; mein Schmerz um sie ist wie am ersten Tage; und doch ist es mir durchweg dabei, als lebe sie auf irgend eine Art noch; denn eine Menge meiner Gedanken suchen stets bei ihr den End- oder Anknüpfungspunkt, mitunter steigert dies mystische Gefühl sich sogar bis zur Illusion, wo ich dann in ganz direkten Mittheilungsbeziehungen zu ihr denke.*[25] Wenige Wochen später stellte sich heraus, dass Louis Mertens ernsthaft krank war. Die Nachricht versetzte Sibylle in Panik, weil ihr der Gedanke zuwider war, ihn pflegen zu müssen. *Ich fühle es, dass ich mich ernst und stark zusammenfassen muss, um das, was vor mir liegt zu ertragen. Mein eigenes Körperleiden war ein Scherz gegen diese Qualen, die mir bevorstehen. Und doch muss ich es tragen, nicht nur tragen, was von seinen Leiden, seiner Ungeduld, seiner schlimmen Laune auf mich zurückfällt, aber es wird Pflicht sein, nein es ist Pflicht, ihm dies Leiden zu erleichtern, ihn zu erheitern, ihn nicht nur zu pflegen, sondern so zu pflegen, als liebte ich ihn.* Nur im Gedanken an Laurina fand sie die Kraft, sich auf das Kommende einzustellen. *Laurine! Du Heilige! Erhebe du mich, und gieb mir die Kraft und Ausdauer und Freude am schmerzlich schweren Vollbringen! Der Gedanke an dich ist wie ein Strahl von Gottes Geist, und ich fühle es, daß dich geliebt zu haben, Tugend war!*[26]

Sie scheint ihrem Vorsatz nachgekommen zu sein, denn Anfang August 1842 traf Annette von Droste-Hülshoff auf der Rückreise von der Meersburg in Bonn ein und bemerkte mit spitzer Feder, Louis Mertens sei *sehr aufgedunsen und übel aussehend, und seine Frau zu ihrer Ehre sehr niedergeschlagen darüber.*[27] Das Wiedersehen mit Sibylle war kühl und inspirierte die Droste zu ihrem Gedicht »Nach fünfzehn Jahren«, das, wie oben zitiert, in den ersten Strophen ihre enge frühere Freundschaft schildert – und zum Schluss ihre Entfremdung.

O fünfzehn Jahre, lange öde Zeit!
Wie sind die Bäume jetzt so starr und breit!
Der Hütte Thür vermocht' ich kaum zu regen,
Da schoß mir Staub und wüst Gerüll entgegen,

Und an dem blanken Gartensaale drüben
Da steht 'ne schlanke Maid mit ihrem Lieben,
Die schaun sich lächelnd in der Seele Grund,
In ihren braunen Locken rollt der Wind;
Gott segne dich, du bist geliebt, mein Kind,
Bist fröhlich und gesund!

Sie aber die vor Lustern dich gebar,
Wie du so schön, so frisch und jugendklar,
Sie steht mit Einer an des Parkes Ende
Und drückt zum Scheiden ihr die bleichen Hände,
Mit Einer, wie du nimmer möchtest denken,
So könne deiner Jugend Fluth sich senken;
Sie schaun sich an, du nennst vielleicht es kalt,
Zwei starre Stämme, aber sonder Wank
Und sonder Thränenquell, denn sie sind krank,
Ach, Beide krank und alt![28]

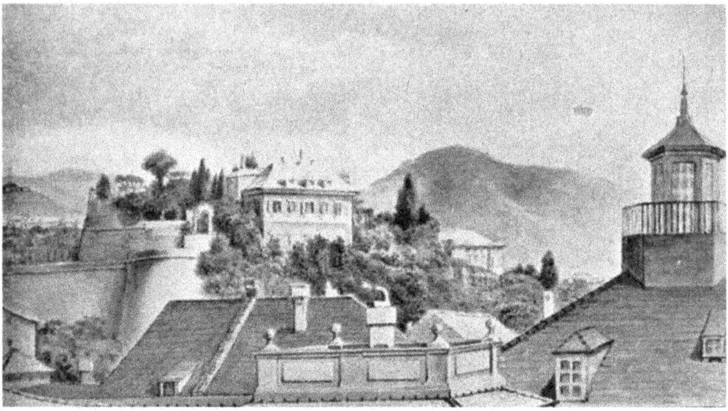

(23) Die Villetta Di Negro in Genua, Aquarell von Giuseppe Isola

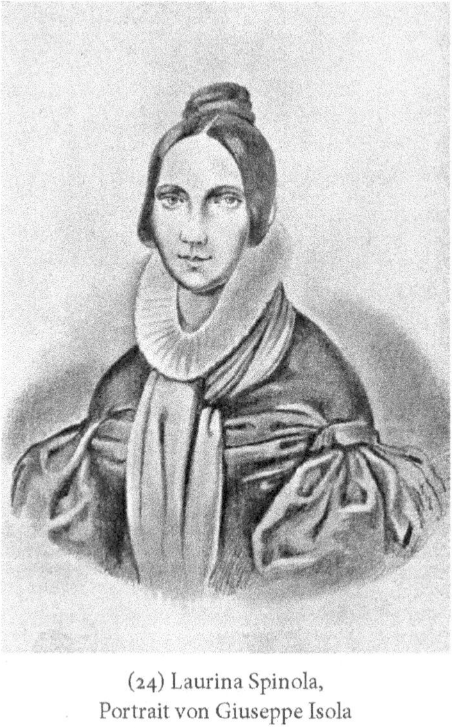

(24) Laurina Spinola,
Portrait von Giuseppe Isola

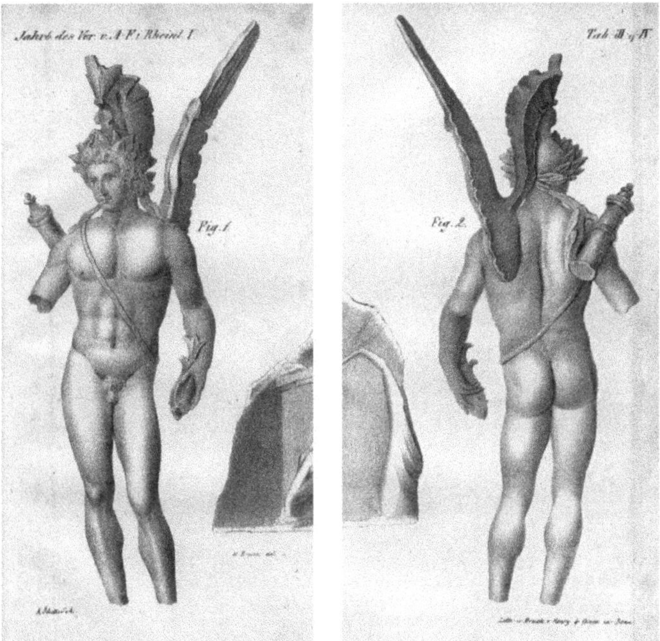

(25) Bronzener Amor aus der Sammlung Mertens

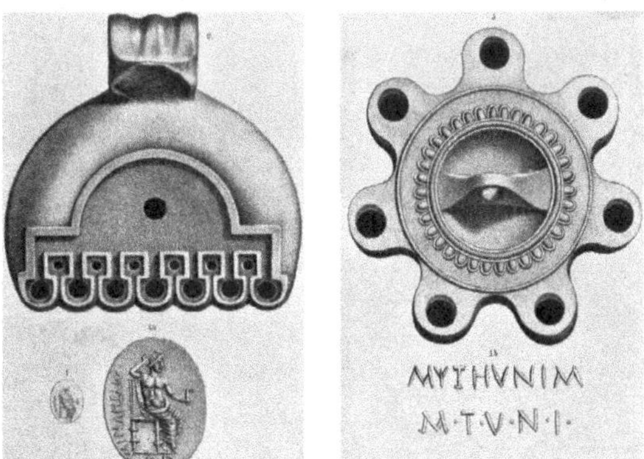

(26) Saturn mit Inschrift sowie eine jüdische antike Tonlampe aus der Sammlung Mertens

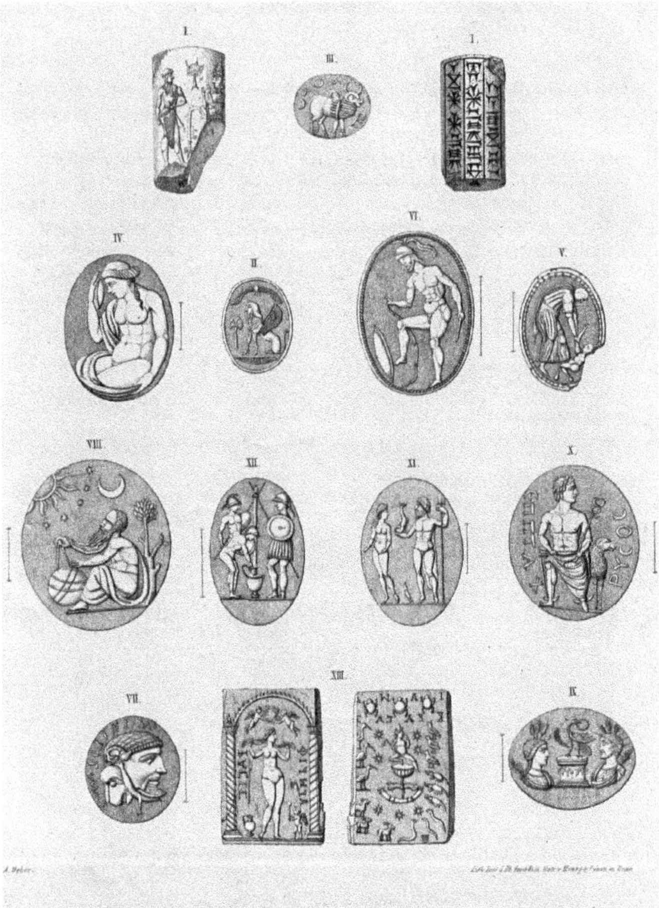

(27) Dreizehn Gemmen aus der Sammlung Mertens

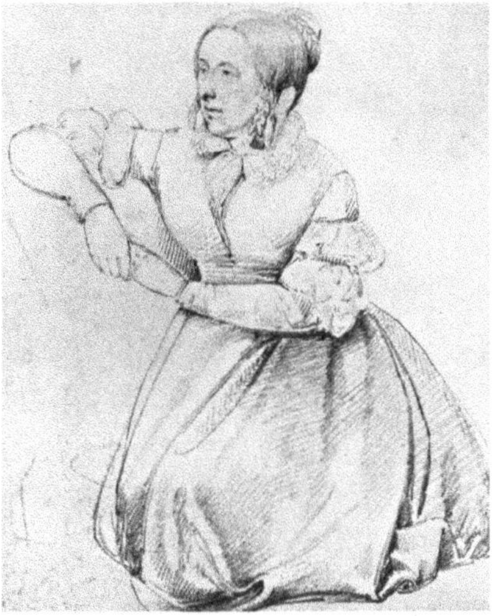

(28) Annette von Droste-Hülshoff,
Zeichnung von Adele Schopenhauer, 1840

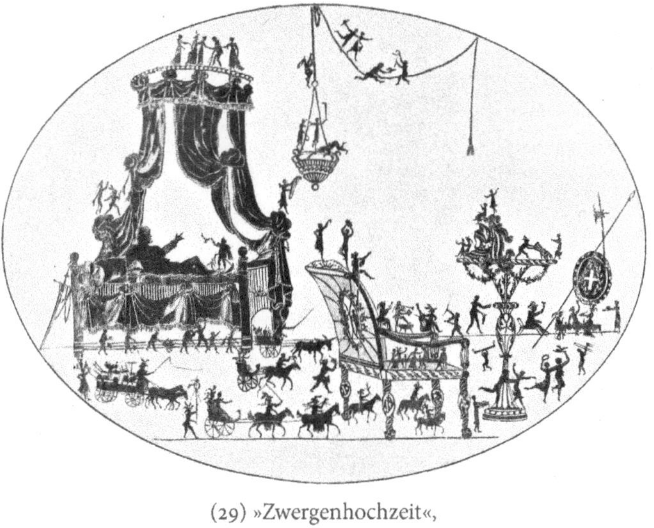

(29) »Zwergenhochzeit«,
Scherenschnitt von Adele Schopenhauer, 1820

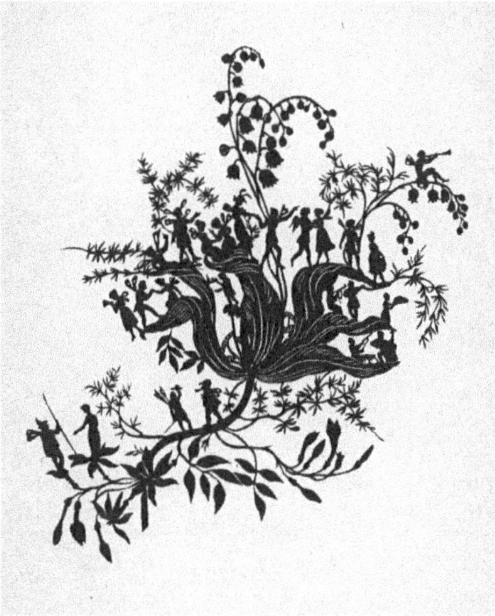

(30) Scherenschnitt von Adele Schopenhauer

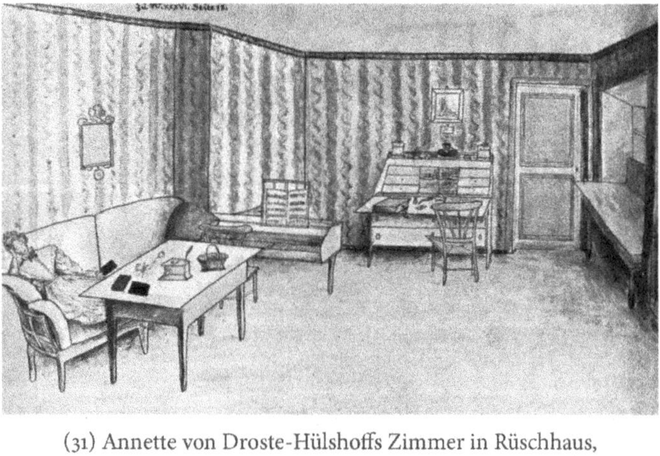

(31) Annette von Droste-Hülshoffs Zimmer in Rüschhaus, von ihr selbst gezeichnet

IV

Wieder vereint

1842-1849

Mertens ist todt:
Neuanfang

Obwohl die Ärzte Louis Mertens ein langes Siechtum vorhergesagt hatten, starb er schnell und schmerzlos am 10. August 1842 in St. Thomas bei Andernach, wo er zusammen mit seinem Schwiegersohn Rudolf Esser die Lederfabrik betrieb. Seine Tochter Therese hatte ihn *besonders heiter und scherzhaft gefunden, er hatte Alles mit großer Zufriedenheit besichtigt, lange mit seinem Enkelchen gespielt, bei Tisch Abends mit Appetit gegessen und viel* DISCURIRT *und Morgens liegt er kalt und steif in seinem Bett, so daß er wahrscheinlich schon um Mitternacht gestorben ist, und zwar wie es scheint ohne sich zu bewegen, denn er hat ganz ruhig und gerade gelegen.*

Die Nachricht erreichte Sibylle am Spätnachmittag. Tags darauf bestieg sie früh um 4 Uhr das Dampfboot gen Süden und traf *gefaßt aber doch sehr erschüttert*[1] die notwendigen Anordnungen. Eigentlich hatte ihr Mann auf dem Petersberg bestattet werden wollen, den er mit seinem guten Gespür für Grundstücke erworben hatte. Damals stand dort oben nur eine Kapelle. Sibylle hatte Sichtschneisen hauen lassen. Mit Blick über den Rhein und das Siebengebirge hatten sie auf dem Petersberg im Freundeskreis Bowle getrunken und Quartette gesungen. Dem romantischen Wunsch ihres Mannes konnte oder wollte sie jedoch nicht entsprechen. Sie bestattete ihn auf dem Andernacher Friedhof. Ihn nach Bonn mitzunehmen, kam ihr nicht in den Sinn.

Gleich nachdem Sibylle vom Tod ihres Mannes erfahren hatte, schrieb sie Adele. Ihr *erster Wunsch, erste Bitte war daß ich kommen mögte!*[2] Erst wenige Wochen zuvor hatte Adele Sibylle angedeutet, dass sie sich ein Leben mit ihr und in ihrer Nähe wieder vorstellen konnte. Nun war der alte Widersacher gestorben, und es lag nur noch an ihnen beiden, ob und wie sie ihre Beziehung wieder aufnehmen wollten. *Du theure Liebste!*, antwortete Adele sofort nach Erhalt von Sibylles Brief, *Könnte ich nur Dich sehen bei Dir sein – mit Dir reden!* Denn ein weiterer Kuraufenthalt in Karlsbad hinderte Adele, Sibylle sofort beizustehen. *Sei doch recht fest in Deiner Seele überzeugt, daß ich Dich so liebe, so hoch stelle daß ich ordentlich mit Herzschlagen auf Dich sehe, wozu Dich Gott nun brauchen wird!* Nicht einmal der Form halber kondolierte sie Sibylle, sondern beglückwünschte sie zu der zweiten Chance, die sie durch den Tod ihres ungeliebten Mannes erhalten hatte; *denn nun wirst Du ein edles bedeutendes Leben führen, und viel sehr Gutes thun, das weiß ich! Nun wirst Du erst Dein Wesen erkennen, Deinen innern Reichthum anwenden, so groß und frei, wie es Dir natürlich gewesen wäre.* Dass Sibylle andere Widersacher erwachsen waren, beobachtete Adele daher mit großer Sorge. *Wenn nur die Kinder recht gut sind, recht lieb, Gott! wenn sie nur fühlen, wie unendlich gut Dein Herz immer war! wie Du gelitten! Jetzt wo sie nur Dich haben, ganz abhangen von Dir, wenn sie nur jetzt alles vergessen – was klug wäre, und nur Herz zu Herz Dir nahe stehen!*[3]

Adele hatte lange genug Sibylles Kinder mit großgezogen, um die zukünftigen Verwerfungen zu erahnen. Bis auf Gustav hatten die Kinder mehr am Vater als an der Mutter gehangen – und umgekehrt. Die beiden ältesten Töchter waren schon verheiratet, hatten Kinder und Ehemänner, die entschieden in Familienangelegenheiten hineinredeten. Für ihre drei minderjährigen jüngsten, Betty (19), Gustav (17) und Auguste (14), brauchte Sibylle einen Vormund. Auf Adeles Rat berief sie ihren alten Freund Philipp Joseph Riegeler, der schon ihr Trauzeuge gewesen und lebenslang ihr Nachbar erst in der Kölner Trankgasse, dann in der Bonner Wilhelmstraße war. Größten Kummer bereiteten der Mutter die beiden Söhne. Julius, der ältere, hatte eine Ausbildung zum Architekten abgebrochen, jetzt hospitierte er lustlos in St. Thomas bei seinem Schwager in der Gerberei. Als saturierter Jüngling ohne berufliche, künstlerische oder wissenschaftliche Interessen hatte er seine Eltern oft verzweifeln lassen. Louis hatte daher auf den verständigeren Gustav als Nachfolger gesetzt und ihn im Herbst 1841 in eine kaufmännische Lehre nach Antwerpen gegeben. Doch Gustav hatte einen fatalen Hang zum Spiel. Zweimal schon hatte seine Mutter seine Schulden begleichen müssen, die sie vor ihrem Mann, nicht aber vor Adele verheimlichte. Gustav war ihr Liebling, der einzige ihrer Kinder, der Sinn für die Schönheit und den ideellen, nicht nur materiellen Wert ihrer Sammlungen hatte. Nach Louis' Tod holte sie ihn sofort nach Bonn zurück, damit er unter ihren Augen seinen einjährigen Militärdienst ableistete.

In Karlsbad fand Adele keine rechte Ruhe angesichts der großen Veränderung in Sibylles und möglicherweise in ihrem eigenen Leben; *aber mein Herz konte nicht ruhig werden, ich wußte Sibillen so ganz verlassen!*, schrieb sie Ottilie. *Sibille ist ganz erschöpft u sehr abgemattet, von der mit einem Male ihr zu gefallenen Last der Vermögens Verwaltung – und nun Gustav! und all die Kinder die sie n i c h t lieben! – Ich muß hin, ich fühle das.*[4] Mitte November war sie endlich am Rhein. Etwas über zwei Jahre nach ihrem letzten, mäßig schönen Wiedersehen fanden sich Adele und Sibylle unter völlig anderen Umständen wieder.

Bis Mitte Dezember zogen sich die beiden Frauen auf den Auerhof zurück. Hier waren sie zu Beginn ihrer Liebe vor über 14 Jahren glücklich gewesen. Nach dem offenen Bruch mit Louis Mertens hatte Adele es dort nie mehr ausgehalten. Ohne ihn war ihr dort *sehr wohl, auch heiter* und sie genoss das naturnahe Leben. *Unaussprechlich schön war es aber den Rhein vor dem Fenster zu haben, mit seinen Dampf-schiffen, Schlepp-schiffen, etc. Und dazwischen die Nachen von Oberwinter mit ihren Focksegeln, die wie Riesenvögel sich hin u her bewegen!*[5] Adele hatte sich Arbeit mitgebracht. Im Jahr zuvor hatte sie in Louise Marezolls *Frauen-Spiegel* ihre Novelle »Theolinde« veröffentlicht, in die sie als Binnenerzählung ein »Waldmärchen« eingebettet hatte. Jetzt diskutierte sie mit Sibylle das Manuskript eines zweiten Kunstmärchens, wahrscheinlich des »Hausmärchens«, das von der rebellischen Bärbel handelt, die nicht zur Hausfrau taugt, und von ihrer Tochter Marianne, die ein geisterhaftes ›Gütchen‹ einem echten Mann vorzieht. Drei bis vier Stunden pro Tag arbeitete Adele außerdem an ihrem ersten Roman *Anna*, der Rest der Zeit gehörte Sibylle. Bei schönem Wetter fuhren sie aus, was sich Adele im Vorhinein besonders gewünscht hatte. Eigens für die Freundin hatte Sibylle neue Pferde angeschafft. Auf Weihnachten kehrten sie nach Bonn in die Wilhelmstraße zurück.

In diesen Wochen und Monaten fanden die beiden 45-jährigen Frauen wieder in ihre alte Vertrautheit. Sibylle unterstützte Adele in ihren literarischen Arbeiten, Adele Sibylle bei der Regelung des Nachlasses ihres Mannes. *Uebrigens ist sie von Geschäften ganz aus der gewöhnlichen Frauensphäre herausgerißen. Sie theilt sich ab mit den Kindern u giebt ihnen den ihnen zukommenden Antheil am väterlichen Erbe – sie selbst bleibt s e h r sehr reich.* Sibylle ging davon aus, mit Adeles Hilfe in einem halben Jahr die Besitzverteilung der Familie geregelt zu haben und dann nach Genua reisen zu können. Das kleinstädtische Bonn, das Sibylles selbstbewusstes Anderssein nicht kommentarlos hinnahm, vergällte ihr allmählich die Heimat. *Die Mertens steht leider in gänzlicher Opposition zur Gesellschaft – man hackt von allen Seiten nach ihr, macht sie lächerlich u verläumdet sie – das ist natürlich für mich fatal,* befand Adele. *Es hat in den letzten Jahren Ueberhand genommen. Ein bischen ist es ihre Schuld, sie hat die wohlwollende Unbefangenheit verloren, ich würde vielleicht mehr gut machen können wenn die strenge gehaltene Trauerzeit mir's nicht erschwerte.*[6]

Sibylle betrachtete die Zeit mit Adele als *die einzigen heitern Stunden, die ich seit einem Jahre und drüber erlebte!*[7] Sie bat sie, mit nach Italien zu kommen. Eine solche Reise war für Adele seit vielen Jahren der Traum aller Träume. Dennoch konnte sie zunächst nicht zusagen. Ihr Bonner Arzt Heinrich Wolff diagnostizierte nun eine Wassersucht und schickte sie sofort wieder nach Böhmen, obwohl der Karlsbader Sprudel bislang keine Wunder vollbracht hatte. Zu Adeles größter Verunsicherung widersprachen sich ihre Ärzte in Diagnosen und Therapievorschlägen, einer verortete ihre Beschwerden in den *lymphatischen Drüsen*, ein anderer *in dem Gekröse, in den Eingeweiden.*[8] Ende Januar 1843 reiste sie nach einem Vierteljahr in Bonn direkt nach Karlsbad zurück. Sibylle begleitete sie wehmütig bis Frankfurt. *So treu ist sie, so klar und so mild! Ich werde besser in ihrer Nähe! Warum kann sie nicht mit mir zusammen bleiben!*[9]

Diese wunderliche phantastische Erscheinung: Schluss mit Annette

Während Adele in Karlsbad kurte, folgte Sibylle einer spontanen Eingebung und versuchte, ihre desolate Beziehung zu Annette von Droste-Hülshoff zu kurieren. Vorausgegangen war – wieder einmal – ein Streit. Annette hatte Sibylle im zurückliegenden Sommer *griechische Münzen versprochen, die ich nicht Alle für Ächt halte, aber doch Einige darunter, hatte sie ihr auch geschickt, und den dankbarsten Brief erhalten, worin sie zugleich mein Urtheil über Aechtheit und Nichtächtheit bestätigte. – hierauf verhinderte mich meine Krankheit zu antworten, und nun erhielt ich den allerimpertinentesten Brief, sie schickte mir die Münzen zurück, ›sie seyen Alle unächt und nichts werth, würden auch, wenn sie ächt wären, von so großer Seltenheit seyn, daß sie dann kein Sammler, selbst als* DOUBLETTEN, *verschenkt hätte‹ – in diesem Tone giengs fort, schließlich: – ›da ich ihr, wie es scheine, sonst nicht mehr zu schreiben denke, bitte sie sich wenigstens, der Ordnung halber, einen Empfangsschein über die Münzen aus‹ – Ich ärgerte mich so schmählich darüber, daß ich Fieber bekam wie ein Pferd, und antwortete ihr, so krank ich war, mit ein paar Zeilen ›wie elend ich sey, daß ich deshalb nicht geschrieben,* ET CET*‹ – am fünften Tage war sie in Rüschhaus, in Thränen zerfließend, – mit Geschenken be-*

packt, – hatte sich gleich nach Empfang meines Briefs aufs Dampfboot gesetzt – Tag und Nacht durchgefahren – noch keine Stunde geschlafen.[1]

Die Droste war nicht nur freudig überrascht, sondern auch höchst alarmiert von diesem spontanen Besuch. Sie sah eine gewaltige Kollision voraus zwischen ihrer Freundin, der reichen, demokratisch gesinnten Bürgerlichen, die großspurig samt Kammerjungfer, Kutscher und eigenem dreispännigen Wagen im Gasthof Nölken abstieg, und ihrer Mutter, die Adelsstolz zur Genüge, aber wenig mehr besaß. Aus dieser Spannung schmiedete Elise Rüdiger 19 Jahre später eine Anekdote von höherer Wahrheit. Danach bat Annette Elise, den Überraschungsgast abzufangen und *auf diplomatische Weise dahin zu wirken, daß Frau Mertens wenigstens möglichst bescheiden und unscheinbar in Rüschhaus auftrete. Die junge Frau* – damit meinte Elise Rüdiger sich selbst – *eilt in den Gasthof, wird in das Zimmer der Damen gewiesen und steht erschrocken und erstaunt vor einer Erscheinung, die sie für einen genial aussehenden Mann hält. Ein Profil, womöglich noch schärfer wie das von Franz Liszt, kurze wilde Locken dazu und ein Anzug so seltsam wie alles andere. So sah Frau Sibylle damals aus, die eben aus Italien und Paris kam, wo sie mit George Sand und Daniel Stern verkehrt hatte; sie floß von deren Lob über. Jedes Wort würde die strengen Ansichten von Rüschhaus herausgefordert haben. Das Komische der Situation überwältigte die Abgesandte und riß sie zu dem offensten Bekenntniß der Sachlage hin, was sich jedoch unverhofft als das wirksamste Correctiv bewies. Die geistreiche Sibylle lachte herzlich mit und schloß ein Compromiß ab, wonach sie die Dichterin nur auf die von ihre vorgeschriebene Weise besuchen wollte, gleichsam incognito.*

Elise Rüdiger war nicht nur die letzte enge Freundin der Droste, sondern auch die erste und sehr lange Zeit einzige Biographin, die auf die Bedeutung von Frauen für die Dichterin hinwies, auf *ihre Begabung für die Freundschaft; sie weihte dem Kultus derselben die schönsten Gedichte, die jemals diesem Gegenstande gewidmet wurden.*[2] Wer Sibylle Mertens wirklich war, konnte Elise Rüdiger 1862, als sie diese Anekdote veröffentlichte, nur deutlich machen, indem sie Dichtung zur Wahrheit fügte. Sie schilderte Sibylle als faszinierend uneindeutiges, durch Kleidung, Frisur und Gesichtszüge verwirrendes Geschlechtswesen; auf den ersten Blick hielt Elise Sibylle sogar für einen Mann. Was das Äußere betrifft, decken sich ihre Erinnerungen mit Zeugnissen anderer. Frei erfunden sind dagegen die Situation selbst – laut ihrem Tagebuch lernte Sibylle Mertens Elise Rüdiger erst in Rüschhaus kennen – und die Behauptung, Sibylle sei damals gerade aus Paris gekommen, wo sie George Sand getroffen habe. Diese Zutat Rüdigers war eine Chiffre für Wissende, die die französische Dichterin als Männerkleider Tragende und – auch – Frauen Liebende kannten. Das *peccatum mutum*, die stumme Sünde, hat die beredtesten Weisen gefunden, sich zu erkennen zu geben.

Von Münster aus fuhr Sibylle jeden Tag nach Rüschhaus *mit dem besten Willen, wenn auch nicht sonderlichen Geschick,*[3] Annette zu pflegen. Trotzdem verschaffte sie ihr *die liebste und heilsamste aller Aufregungen,* die, wie die Rekonvaleszentin später betonte, *in diesem Grade, nur von dir ausgehn konnte, – Alte Billa, freuts dich auch, daß du mich wieder gesund machst?* Mehr als jede Medizin half ihr *unser Verständigen mit einander, das Wiedereintreten des alten innerlich belebenden Verhältnisses.*

Als Sibylle nach über vier Wochen wieder abgereist war, schickte die Droste ihrem *Liebchen* Briefe hinterher von einer Zärtlichkeit, wie sie sich kaum sonst von ihr finden. *Alte Billa, wie froh bin ich, daß jetzt Alles zwischen uns wieder rein und fest ist – ich habe deine Liebe so schwer und bitter verloren gegeben, soll ich mich denn jetzt nicht freuen?* Während sie sich von Levin Schücking, der ihr seine Verlobung mitgeteilt hatte, just zu dieser Zeit entfremdete, flirtete sie mit Sibylle. *Wenn nur die schwarzen Südländerinnen meine blonde Figur nicht all zu sehr verschatten,* schrieb sie im Hinblick auf Sibylles mögliche neue Eroberungen in Italien, um selbstbewusst hinzuzufügen: *indessen ich denke ›da bin ich mahl was Extra's –* VARIATIO DELECTAT‹. Kokett zahlte sie ihr das Gefallen an anderen Frauen heim: *Wir haben jetzt eine h ü b s c h e Stapel hier, das ist doch ein Meerwunder!*[4]

Tatsächlich wollte sie keine andere Freundin, sie wollte Sibylle, mit der sie sich – nur halb im Scherz – verheiratet fühlte. *Alte Billa, weißt Du wie lange wir uns schon lieb haben? – im Herbste werden es achtzehn Jahre; und ich darf schon eine ehrwürdige* AN-ÇIENNITÆT *in Anspruch nehmen. – Vergiß das nicht zwischen deinen Schwarzaugen, deren Freundschaft kaum trocken hinter den Ohren ist. – in sieben Jahren können wir unsre silberne Hochzeit feyern. – mit silbernen Haaren? – Ich nicht, ich bin blond, ›ewig jung und ewig schön!‹ ein geborner Schimmel! – aber Du, schwarzer Rappe, magst Dich nur tüchtig aufheitern, wenn Du nicht endlich wenigstens ein Scheck werden willst! – Ach! ich schreibe dummes Zeug, und wozu bist Du anders da als um es zu lesen? wozu hat man Freunde, als um ihnen aufzutischen womit man andern Leuten nicht kommen darf? – also, mein kleiner schwarzer Araber, wir wollen die sieben Jahre richtig ableben, und – wenn's gelingt – noch fünf und zwanzig dazu, bis zur goldnen Hochzeit, um Alles nachzuholen was wir uns in den achtzehn Jahren mitunter haben ab Handen kommen lassen, allen Mitschmerz, alle Mitfreude, – nicht wahr, mein gut Herz?*[5]

Zwischen diesem Brief von Mitte Juli 1843 und Mitte August muss etwas vorgefallen sein, was die so zärtlich wiederbelebte Freundschaft endgültig zerschellen ließ. Gerade noch hatte Annette Sibylle geneckt, mit Kosenamen bedacht, da brach ihr Kontakt abrupt für immer ab. Warum, lässt sich nicht nachvollziehen. Annette charakterisierte Sibylle als *eine sonderbare Frau, es sind* GRANDIOSE *Elemente in ihr, aber wunderlich durcheinandergewürfelt, und mit Widersprechendem versetzt – sie erläutert mehr als sonst Jemand, wie sich die* EXTREME *berühren.*[6] Ende August schrieb Annette einer Cousine, Sibylle ginge nach Italien, womöglich für immer, *und diese wunderliche phantastische Erscheinung ist dann für immer von einer Bühne verschwunden, für die sie auch aller-*

dings schlecht genug paßte. – jetzt hintennach kömmt mir die ganze Frau wie ein Traum vor, – kein angenehmer, aber doch ein merkwürdiger, wie man ihn nicht jede Nacht hat.[7] Anfang September verbrannte sie zwei Tage lang Briefe. Von Sibylle Mertens ist kein einziger an Annette von Droste-Hülshoff erhalten.

Meine Märchen gefallen: Bäder und Bücher

Von Münster nach Bonn zurückgekehrt, machte sich Sibylle energisch daran, die Vermögensverhältnisse ihrer Familie zu klären. Louis Mertens war gestorben, ohne ein Testament zu hinterlassen. Zu Sibylles Verdruss sollte sie nach der gesetzlichen Regelung eine Hälfte des Vermögens erben, die Kinder die andere. Schon immer hatte sie darunter gelitten, nicht die Verfügungsgewalt über das Vermögen zu haben, dessen Grundkapital von ihr stammte. Hinzu kam, dass nicht nur Gustav mit Geld nicht umgehen konnte. Im Februar 1843 hatte auch Julius ein nicht näher bekanntes Malheur angerichtet, infolgedessen die Mutter abermals viel Geld in die Hand nehmen musste und der Sohn eine Zeitlang spurlos verschwand. Ausgerechnet er sowie Maries Ehemann Franz Karl Haßlacher verlangten nun die Auszahlung ihres Erbes. Welche Summen sie fordern durften, war nicht leicht zu ermitteln, denn das Vermögen war in Grundbesitz, Immobilien sowie in der Lederfabrik in Andernach angelegt. Die kostbaren Kunstsammlungen betrachtete Sibylle Mertens, anderen unverständlich, als Privateigentum außerhalb der Erbmasse. Auch nachdem sie allen Kindern im Mai 1843 je 10 000 Taler als Vorschuss auf ihr Erbe ausgezahlt hatte, drohte Haßlacher, seine Schwiegermutter zu verklagen. Daraufhin verzichtete Sibylle zusätzlich auf 2 000 ihrer jährlichen 8 000 Taler Einnahmen aus

Pacht und Unternehmungen zu Gunsten ihrer Kinder. Zum Vergleich: Zur selben Zeit verfügte Adele Schopenhauer über 610 Taler jährlich, mit denen sie ausgekommen wäre, hätte sie nicht die Kurkosten bestreiten müssen.

Nachdem sich Sibylle mit ihren erblustigen Kindern auf einen Burgfrieden geeinigt hatte, richtete sie die Hochzeit ihrer dritten Tochter Betty mit dem Bonner Privatdozenten Friedrich Heimsoeth aus. Der Neffe von Mathias de Noël war von Beruf Altphilologe und von Berufung Musiker. War er verhindert, hatte Sibylle früher für ihn die Proben seines Chors für Alte Musik geleitet. Im Jahr zuvor hatten sie zusammen Händels *Semele* als Benefizkonzert für die Opfer der großen Hamburger Brandkatastrophe aufgeführt. Die Neuvermählten bezogen als Hüter das große Haus in der Wilhelmstraße, und Sibylle konnte am 14. September 1843, abends 22 Uhr, endlich nach Genua abreisen. Adele sollte nach Abschluss ihrer Kur nachkommen.

Mit von der Partie waren die 16 Jahre alte Auguste, die als Einzige noch unversorgt war, und ein eigenhändig erstellter Reiseführer, der zwischen Pisa und Sizilien alle archäologischen und kunsthistorischen Sehenswürdigkeiten verzeichnete. Intensiv hatte sich Sibylle auf diesen Italienaufenthalt vorbereitet, der sie endlich auch nach Rom führen sollte, hatte Fachbuch um Fachbuch exzerpiert und sich von dem Archäologieprofessor Ludwig Urlichs und dem Universitätsbibliothekar Friedrich Wilhelm Krosch Vorträge halten lassen. Die Lust auf Neues bestimmte schon die Reiseroute, die dieses Mal nicht über die Alpen führte. Mit dem Dampfboot »Stadt Mannheim« ging's bis Straßburg, von dort per Eisenbahn nach Mühlhausen und in der Postkutsche – die Sibylle mit Bestechungsgeldern in einen privaten Wagen verwandelte – bis Châlon-sur-Saône. Von dort brachte sie das Dampfboot über Lyon nach Marseille und die Küste entlang bis Genua, wo Mutter und Tochter Mertens vierzehn Tage nach Reiseantritt eintrafen.

In Genua erwarteten sie die alten Freunde mit offenen Armen. Gian Carlo di Negro hatte Sibylle nach dem Tod seiner Tochter als

Hinterbliebene betrachtet. Die traurigen Verse, die er über Laurinas Krankheit und Tod drucken ließ, trugen anstelle eines Titels nur die Widmung *A Sibilla Mertens Schaffhausen.* Bald nach ihrer Ankunft besuchte Sibylle den Palazzo Spinola in der Salita di San Caterina, um endgültig von Laurina Abschied zu nehmen. *Mir brachen die Knie, als ich vor der sooft beschrittenen Pforte anhielt.* Sie schlenderte durch Laurinas verwaiste Räume, setzte sich in ihrer Bibliothek auf das vertraute Sofa und betrachtete durch die Jalousien die Rosenlaube, von der sie einige Blüten mitnahm und in ihr Tagebuch legte. Danach besuchte sie Laurinas Grab. *Oh! dass ich bei ihr ruhte, unter jenen Cypressen des CapucinerKlosters!*[1] Mit diesem letzten Seufzer schloss sie ihr inniges Laurina-Tagebuch und ein bedeutendes Kapitel in ihrem Leben.

Während Adele ausblieb, stürzte sich Sibylle in das Gesellschaftsleben. Beim Opernhaus mietete sie eine Wohnung, in der Oper eine Loge, wo sie fast jeden Abend zubrachte. Samstags gegen 22 Uhr öffnete sie ihre eigenen Pforten und sorgte für *des soirées à la Boccaccio, ou l'on amuse fort bien; des soirées tout à fait savantes.*[2] Der Charme, der Witz und die Klugheit der Gastgeberin machten ihren Salon zum begehrtesten Treffpunkt der Stadt. Doch all die Heiterkeit war ständigen Schmerzen abgetrotzt. Schon seit zwanzig Jahren plagten Sibylle Hämorrhoiden. Als sie im Frühjahr 1844 keine fünfzig Schritte mehr gehen konnte, entschloss sie sich zu einer Operation, für die sie eine Kapazität aus Pisa kommen ließ. *Regnoli operirte wie ein Gott! Ich hätte aber lieber mit dem lieben Deus Piket oder Tarrock gespielt, als diese Parthie ›schneiden‹, wo der Einsatz mein Leben war.*[3]

Sonne und Meer brachten sie wieder zu Kräften. Schon früh um 5 Uhr legte sie sich im Wasser zwischen die Felsen. Da sie nicht schwimmen konnte, nahm sie sich eine persönliche Assistentin. *Ich hatte eine Frau aus Albaro, welche vortrefflich schwimmt, kommen lassen und durfte mich, von ihr gehalten, nun schon etwas weiter hinaus in die Felsen wagen; Die See ging hoch und jede Welle mir über den Kopf; ein prächtiges Behagen!*[4] Am liebsten hätte sie geschnorchelt; sie träumte davon, sich *um den Hals das Ende eines kleinen Camins zu appliziren, dessen obere Mündung über See stände.*[5] Abends ließ sie sich von ihrem Gondoliere Tonino im Hafen hinausfahren, wartete die Dunkelheit ab, *und dann stieg ich auf der kleinen, der Barke angehängten Treppe ins Meer, fasste ein starkes Thau, und ließ mich von den Fluthen tragen.*[6] Mit ihrer Freude am neuen bürgerlichen Badevergnügen war sie nicht allein. *Der ganze Hafen war voller Badenden; was würden unsre prüden Engländerinnen für Augen machen, oder zumachen, wenn sie sich mit einemmale inmitten dieser Nuditäten sähen. Man merkt hier garnicht darauf, und das ist gewiss ein grösserer Beweis, wenn auch nicht von Gedankenreinheit, doch von Gedankeneinfachheit – oder Einfalt.*[7]

Adele Schopenhauers Bade- und Trinkkur war weniger heilsam. Eigentlich wollte sie im Herbst 1843 nachkommen. Doch als sie am 2. Oktober ihre zweite Kur in diesem Jahr in Karlsbad beendete, war sie reiseunfähig. *Ich habe 6 Becher getrunken u täglich 45 Minuten in einem ganz reinen Sprudelwasser gesessen zu 28 Grad. Davon bin ich todtmatt.*[8] Statt Sibylle in Italien aufzusuchen, schloss sie in Jena ihre *Haus,- Wald- und Feldmärchen* ab, die sie in Bonn mit Sibylle besprochen hatte. Als sie Ostern 1844 erschienen – ihre erste Publiktion unter eigenem Namen –, war Adele schon wieder in Karlsbad. *Meine Märchen gefallen, sind gut recensirt aber das 3te gefällt am wenigsten,* berichtete sie Ottilie von Goethe. Von Alexander von Sternberg bekam sie überschwängliches Lob und herbe Kritik, von Allwina Frommann ein *gesalzenes u gepfeffertes Urtheil.*[9] Obwohl sie sich körperlich nicht gut fühlte, verabredete sie sich mit Sibylle für den Herbst 1844 in Genua. Sie gab ihre Wohnung in Jena auf, verkaufte alles nicht Notwendige und zog für den Sommer ins Goethehaus nach Weimar, wo sie ihren autobiographisch geprägten ersten Roman abschloss.

Anna. Ein Roman aus der nächsten Vergangenheit schildert den entsagungsreichen Kampf der Titelheldin, die nach einer unglücklichen Ehe erst im reifen Alter ihren geliebten Gotthard heiraten kann – eine *ganz gewöhnliche Liebesgeschichte,* wie Elise Rüdiger monierte, die den Roman unter ihrem Kürzel »FvH« in der *Kölnischen Zeitung* mit Spott und Hohn übergoss. *Anna wird natürlich ganz nach der vorgeschriebenen Idealität geschildert, überirdisch schön und tugendhaft; alle Männer, die in ihren Bereich kommen, beten sie an, das lieben die schreibenden Damen gar sehr und machen ihren Heldinnen so oft wie möglich dies Vergnügen.*[10] Rüdiger, die von der Droste gelegentlich BIEN OU MAL, *ein Stück Novembermorgen-Poesie zum Frühstück gebraten*[11] bekam, schätzte andere Kost – und überlas die subtilen Widerhaken Schopenhauers.

Denn Anna steht eine Freundin zur Seite, Leontine von Waldau, ein entzückend kapriziöses Wesen, und neben der Haupthandlung erkundet der Roman auch ihre Beziehung. Von Kind auf sind sie eng befreundet, und *mit immer tiefer wurzelnder Liebe blieb sie Leontinens Gefährtin.* Diese Beziehung trotzt Anna ihrem missbilligenden Vater ab, der nicht zugeben möchte, *daß eine solche Empfindung auch bei Frauen statthaft sei.* Als der eigentlich nette Vetter Otto sich in Anna verliebt und sie küssen will, reißt sie sich entsetzt los und *mit einem jubelnden Freudenschrei stürzte Leontine in Anna's Arme! Lange hielten sich die Mädchen eng umschlungen. Anna konnte es nicht begreifen, keinen klaren Gedanken fassen, sie sah nur mit Entzücken ihrer Freundin in das strahlende Gesicht.* Während der Roman vorgibt, Annas tugendhafte Pflichterfüllung und weibliches Warten auf den richtigen Mann zu schildern, zeichnet er eine innige Beziehung zwischen zwei Frauen. An späteren Stellen fragt Leontine Anna *unter tausend Liebkosungen,* ob sie ihr auch nicht böse sei, oder *warf ihr beide Arme um den Hals, küßte sie wiederholt und heftig.*[12] Obwohl Anna und Leontine als Muster edler Weiblichkeit gelten, widersprechen sie tatsächlich diesem Klischee. Anna, ein *geborner Prinz Regent,* hätte etwa nach Meinung Leontines einen besseren Ehemann abgegeben als ihr Gatte Roderich. Am Ende des Romans entzieht sich Leontine den häuslichen Aufgaben der Frau und reist mit Lady

Frederic, die nicht nur dem Namen nach mehr einem Lord gleicht, in den Orient. Dort wollen sie gar einen Harem besuchen – in der abendländischen Projektion Hort der zügellosen Lust von Frauen mit und ohne Sultan. Am Ende ist Anna nicht nur mit ihrem Gotthard im biederen *Zauberkreis der Häuslichkeit* vereint; heißer umgibt sie der *glühende Zauber* eines Spaziergangs mit Leontine. So unterwandert der Roman seine vorgebliche Moral, indem er sie durch eine verwegene Lebensalternative ergänzt. Dass die Autorin pro domo sprach, bekannte sie mit der Zueignung: *Meiner Freundin Ottilie von Goethe geb. Freiin von Pogwisch gewidmet.*[13]

Kaum hatte Adele Schopenhauer das Manuskript an Brockhaus abgeschickt, den Verleger ihrer Mutter und ihres Bruders, setzte sie sich am 11. September 1844 in die Postkutsche und eilte über den Gotthard – dessen alter Saumpfad *in eine überall, auch für große Fuhrwerke, brauchbare Kunststraße umgewandelt*[14] worden war –, Mailand und Pavia nach Genua. Schon acht Tage später kam sie wohlbehalten an.

Behaglich, ja heimisch:
Rom

Obwohl mit ihrer Ankunft ein Lebenstraum in Erfüllung ging, taten sich Adele und Sibylle zunächst schwer zu zweit. *Adele secchirt mich unaufhörlich,* klagte Sibylle am Tag nach ihrer Ankunft; *dann hat sie einen Schlüssel verloren, dann ein Taschentuch; dann kann sie nicht reden mit der Cameriera, dann nicht mit dem Schuster: mein Gott!*[1] Ängstlich hängte sich Adele an Sibylles Rockzipfel, ging nicht ohne sie aus, sah deshalb weniger, als sie wollte, und legte die Versäumnisse Sibylle zur Last. Mit der Zeit gab sich das. Die herrlichen Paläste und Kirchen, die schönen Sammlungen, aber auch die Oliven-, Feigen- und Orangenbäume verfehlten nicht ihre Wirkung auf Adele. Sie erlebte geradezu eine Wende ihrer Persönlichkeit oder Lebenseinstellung. Italien, schrieb sie später, *hat mich von mir selbst gelöst, und ganz andre Interessen u Ideen in mir geweckt. Daß mir die Kunst so viel gewähren könne wußte ich nicht.*[2] Früher hatte sie sich an Sibylles gelehrter Beschäftigung mit antiken Kunstwerken fast gestört; *heftiges Studiren mag eine Zerstreuung sein, für nöthig zum Genuß halte ichs nicht.*[3] Nun gab sie ihre *poetische* Herangehensweise auf und analysierte Gemälde nach Epochen und Schulen, Motiven, Farbgebung und Bildaufbau, kurz, mit Sibylles wissenschaftlicher Umsicht. Ihr Tagebuch wandelte sich immer mehr vom einstigen Journal intime zu einem ausführlichen Notizbuch über Kirchenschätze und Kunstsammlungen. Für die Leipziger *Novellen-Zeitung* verarbeitete Adele ihre Eindrücke in fünf »Genueser Briefen. An Walther von Goethe«, in denen sie die noch heute atemberaubenden Fresken im Palast Andrea Doria beschrieb, aber auch das Alltagsleben, die Garküchen und die *schönen Frauen, die mit Recht in Italien des Rufs genießen, sich am anmuthigsten zu kleiden.*[4] Mit zwei eigenständigen Buchveröffentlichungen war sie für Zeitschriften in der Heimat eine attraktive Beiträgerin geworden.

Dass Sibylle sich hier so heimisch fühlte, konnte sie dennoch nicht nachvollziehen. Den frivolen *Rococostyl* ihrer Freunde verachtete sie. *Liebe u Liebschaften, Neckereien u sehr derbe oder schlüpfriche Anspielungen bilden einen Haupttheil der Gespräche von welchem Politik, alles Ausländische, Litteratur und Kunst fast ganz ausgeschlossen bleiben und den Umständen nach bleiben müßen.*[5] Schon nach drei Wochen machten sie sich auf zu ihrem eigentlichen Ziel, Rom. Am 9. Oktober reisten die beiden Frauen ohne Auguste, die in einem Mädchenpensionat blieb, dafür aber mit einem Koch, einem Diener und zwei Kammerfrauen per Schiff nach Livorno, von dort mit der Eisenbahn weiter nach Pisa, das Adele über die Maßen entzückte, und schließlich nach Florenz; *ich bin wie trunken von der Menge künstlerischer Eindrücke.*[6]

Unterwegs kam Adele nicht damit zurecht, von Sibylle ausgehalten zu werden. Fahrtkosten, Wäsche und ihre Kammerfrau bezahlte Adele selbst, den Rest übernahm Sibylle. *Daß nun Sibille dreimal so viel zahlt als ich für mich für Kost Logis u Trinkgelder* – die waren zum Eintritt in Kirchen und Museen üblich und mussten auch für die Dienerschaft eines Hauses entrichtet werden, bei dem man zu Gast war – *u Wagen in der Stunde ausgeben würde, liegt in ihrer Art Einrichtung; aber dadurch glaubt sie auch unendlich viel mehr für mich zu thun, u thut manches, besonders in Bezug auf Essen was mir ganz unnütz vorkommt.*[7] Sibylle wollte Adele mit ihren *pompeusen Gasthofs Arrangements*[8] verwöhnen und stürzte sie doch nur in Verlegenheit. *Kurz mich drückt das was sie mir giebt unsäglich; und dennoch obschon ich ihr sehr viel koste, habe ich persönlich nicht so viel davon als sie sich einbildet. – Dies muß man erleben um es so gerade zu begreifen.*[9]

Von Florenz kehrte das grummelnde Paar nach Livorno zurück, von wo sie per Schiff nach Civitavecchia reisten, der Hafenstadt Roms. Auf der letzten Etappe fanden sie ihren gemeinsamen Humor wieder. Eineinhalb Stunden vor den Toren der Stadt scheute ein Pferd der Diligence, die Sibylle für ihre sechsköpfige Reisegruppe gemietet hatte. Es war 8 Uhr abends, und die Reisenden standen ratlos in Wind und Regen. *Adele und ich auf der Landstraße vor Rom abgesetzt, vor Rom, wo wir jubelnd einzuziehen gedachten: ich brach in ein lautes Gelächter aus, in welches Adele einstimmte.* Per Anhalter gelangten sie schließlich spät nachts ins Hotel Minerva, wo man ihrem *etwas dubitösen Erscheinen*[10] erst Zimmer gab, als ihr Gefolge nachkam. Eine Woche später fanden sie *ein kleines Haus, theuer, ordinär, schlecht möblirt, aber ziemlich bequem in der Via Gregoriana No. 49, nahe beim Pincio, aber miglienweit von Capitol, Forum und Vatican.* Seit Humboldts Tagen als preußischer Gesandter in Rom war die Via Gregoriana, die zur Spanischen Treppe führt, das Zentrum deutscher Touristen in Rom. In der heutigen Nummer 50/51 begannen Sibylle und Adele ihren gemeinsamen römischen Hausstand. Die kommenden gut anderthalb Jahre sollten zu den glücklichsten in beider Leben zählen.

Rom war damals eine Stadt von 175 000 Einwohnern, die schon bessere, aber auch schon schlechtere Tage gesehen hatte. Trotz des andauernden Regens schwärmten Sibylle und Adele seh-, erlebnis- und bildungshungrig aus, um Roms Monumente aus Antike, Renaissance und Barock, die Kirchen, Palazzi, Brunnen, Museen, Sammlungen, Straßen und Häuser gründlich zu erkunden. Was Sibylle schon an ihrer heimatlichen Colonia fasziniert und geliebt hatte, Stein gewordene, Schicht auf Schicht getürmte Geschichte, wurde ihr hier zur Offenbarung. In Rom fühlte sie sich *von der ersten Stunde an behaglich, ja heimisch.*[11] Auch Adele wurde die ewige Stadt *so theuer daß ich den Boden küssen mögte.*[12] Die Malerin und Zeichnerin beachtete selbst *Eigenthümlichkeiten der Luft, des Lichtes, der Strahlenbrechung*, wie Sibylle auffiel; *nichts entging ihrem Blicke: alles Schöne oder Ungewöhnliche weckte ihr Interesse.*[13] Sibylle dagegen *lebt nur für Archeologie, u Numismatik.*[14] Sie machte sich sofort mit Emil Braun bekannt, der das Instituto di corrispondenza archeologica – heute das Deutsche Archäologische Institut – leitete und die Sammlerin bei ihren Neuerwerbungen beriet.

Gemeinsam erforschten Sibylle und Adele die Bibliotheken des Vatikans und des Klosters S. Croce di Gerusalemme. Sibylle sah Handschriften von Augustin, Dante, Petrarca und Boccaccio durch und pauste Seiten aus der Bibel Christinas von Schweden ab. Als Intellektuelle, als Mäzenin von Kunst und Wissenschaft, als Kunstsammlerin, als Frauen liebende Frau, als Außenseiterin und Enfant terrible des 17. Jahrhunderts bot Christina Sibylle Mertens viele Anknüpfungspunkte. Adele studierte derweil ein *prachtvolles Manuscript* der *Göttlichen Komödie* Dantes, *das mit einer langen Reihe herrlicher Miniaturen geziert ist.*[15] Im *Kunstblatt*, einer Beilage des *Morgenblatts für gebildete Leser*, veröffentlichte sie einen Beitrag über »Darstellungen des Dante in vier Jahrhunderten«, in dem sie diesen berühmten Urbino-Codex des Federico da Montefeltro aus dem 15. Jahrhundert ausführlich beschrieb.

Ausflüge in Roms Umland führten die beiden Frauen in die Albaner Berge nach Ariccia zum Palazzo Chigi und seinem damals urwaldartigen Park, nach Lanuvio und Castel Gandolfo. Auf Eseln ritten sie dort längs des Kraterrandes und erblickten begeistert in der Ferne das Meer. In Anzio ging für Sibylle ein Kindheitstraum in Erfüllung, als sie von einem Fischerboot aus die ins Meer gestürzten Trümmer des römischen Antiums untersuchten. *Mir war wie im Traume, und ich hatte es ja auch von frühester Jugend an so oft geträumt, wie ich schiffte über untergegangenen Pallästen, deren Ruinen ich erschaute auf dem Meeresboden.* Solche Antikenseligkeit musste mit allerhand Unbilden im Gasthof erkauft werden. *Fürchterliche Schweinerey; hunderttausend Flöhe; grosse Verzweiflung!* Anderntags besichtigten sie die Funde, die ein lokaler Hobbyarchäologe gemacht hatte. Hier erfüllte sich ein zweiter Traum Sibylles, jener der archäologischen Sensationsentdeckung. Denn zwischen allerlei antikem Gerümpel bemerkte sie eine *kleine Marmorplatte, an zwei Seiten wenig verletzt, mit einer Reihe römischer Namen. Ich traute meinen Augen kaum, denn unbezweifelt hatte ich ein Bruchstück der römischen Consularfasten vor mir!*[16] Ihr Versuch, dem Sammler die Platte mit der Liste römischer Konsuln sofort abzukaufen, scheiterte an dessen gesundem Misstrauen. Kaum zurück in Rom, verständigte sie ihre Kollegen vom Instituto. Umgehend feierte Brauns Mitarbeiter Wilhelm Henzen in der *Archäologischen Zeitung* ihren Fund als eine *der wichtigsten Entdeckungen, welche uns auf dem Gebiete der lateinischen Epigraphik die letzten Jahre gebracht haben.*[17] Heute befinden sich die »Fasti Antiati« in den Vatikanischen Museen.

Adele schwelgte derweil in der *Welt der Körperschöne*, der Kunst, die *mit fast dämonischer Gewalt auf mich einströmte.*[18] Sie beschäftigte sich mit Giulio Romano, einem Schüler Raffaels, über den sie im *Kunstblatt* eine biographische Skizze veröffentlichte. Ihre Art, Kunstgeschichte mittels biographischer Notizen zu vermitteln, kam an. Ottilies Freund Gustav Kühne druckte einen Aufsatz Adeles in seiner *Europa. Chronik der gebildeten Welt* über den Barockmaler Giovanni Battista Paggi. In der *Illustrirten Zeitung* übte sie an einer aktuellen »Kunstausstellung in Rom« Kritik und verwarf langweilige Stillleben und religiösen Kitsch ebenso wie die merkantile Berechnung eines Michelangelo Pacetti, der, *wie schon oft, eine Gegend Neapels, mit einer Palme im Vorgrund, gebracht. Er vereint Alles, was Fremde, die nach kurzem Verweilen abreisen, als Zimmerschmuck in ihre Heimat zum Andenken mitzunehmen pflegen, hat eine ganz geübte Hand, und seine Bilder, die meistens klein sind, verkaufen sich leicht.*[19]

Sibylle bewunderte Adeles journalistische Arbeiten über Kunst. *In jeder Zeile, in jedem Worte begegnet man jener klaren ungetrübten Anschauungsweise, jenem festen, sichern Urtheile, jener feinen Unterscheidungsgabe, welche in ihr Gabe der Natur und Folge gediegener Ausbildung in dem theoretischen Gebiete der Kunst waren. Da sie selbst ausübende Künstlerin, so galten und wogen in ihren Beurtheilungen alle überwundenen Schwierigkeiten der Technik an betreffender Stelle mit, und sie blieb davor bewahrt, Unmöglichkeiten zu fordern sowohl, als Erreichtes nicht zu begreifen.*[20] Adele selbst fühlte sich durch die immensen Anregungen um sie her und ihre Schaffenskraft zwar nicht genesen, aber *vom eigentlichen Druck meiner Krankheit frei.*[21]

Das kleine Haus in der Via Gregoriana hatte Sibylle Mertens für ein Jahr gemietet. Zu Beginn der gesellschaftlichen Saison 1845/46 bezog sie ein großzügigeres *Quartier, gerade ober der Fontana die Trevi, die unter den Fenstern meines Saales in ein ungeheures Becken fällt, ziemlich nahe dem Corso, fast im Mittelpunkte des belebteren Theiles der Stadt. Eingerichtet und moebliert bin ich, nach rheinischer Ansicht, schlecht; hier passirt es.*[22] Sibylle wollte zusammen mit Adele in den Palazzo Poli ziehen, dessen Fassade den Hintergrund des berühmtesten Brunnens von Rom bildet. Adele, *die mir Muth gab und Festigkeit,*[23] verscheuchte trotz ihrer Launen Sibylles eigene Launenhaftigkeit: *Ich habe mein ganzes Leben gegen einen gewißen Hang zur Misanthropie ankämp-*

fen müßen: Adele that das Meiste dagegen bei mir. Mehr noch, die Gefährtin gab ihrem eigenen Leben Sinn. *Adelens Dasein trug zu meiner Selbsterhaltung vieles bei, da ich fühlte, daß ich ihr wirklich etwas war.*[24] Adele dagegen fühlte sich durch die finanzielle Abhängigkeit von Sibylle gefangen und beschränkt. *Mit der Mertens auf immer leben geht nicht, weil sie meine Freiheit beeinträchtigt und dazu bin ich zu alt, und habe zu lange eigne Wirtschaft geführt.*[25] Sie fühlte sich weiterhin von der *Art Verwöhnung* bedrängt, mit der Sibylle sie umhegte, weil sie die Entwöhnung fürchtete. Da sie in Rom so glücklich war, dachte sie zwischendurch sogar an Abreise: *Rom würde mir zu lieb, ich könte nachher mich nicht gewöhnen!*[26] Um weder Rom noch Sibylle zu lassen, mietete sie sich schließlich zwei Zimmer ganz in der Nähe des Palazzo Poli, verschaffte sich damit ein Grundgefühl an Unabhängigkeit und lebte ansonsten bei und mit Sibylle.

Bei der ging seit September 1845 auch Ottilie von Goethe ein und aus, von einem herben Schicksalsschlag gezeichnet. Im Jahr zuvor hatte sie ihre Tochter Alma gegen deren Willen von Weimar zu sich nach Wien beordert. Kaum war die 16-Jährige eingetroffen, infizierte sie sich mit Typhus und starb. Damit hatte Ottilie ihre zweite Tochter in Wien verloren, und die Familie ihren einzigen frohgemuten Sonnenschein. Die Presse weidete sich an der Tatsache, dass die ewig klamme Mutter die 60-70 000 Taler der Tochter erbte. Auch Annette von Droste-Hülshoff kolportierte mit Wonne, *in Weimar zweifelt Niemand daß sie, zu diesem Zwecke, vergiftet worden ist. – Das Publikum hält die Göthe dieser That fähig, und würde sie (wie jene Dame sagt) mit Koth und Steinen werfen, wenn sie's wagen sollte zurück zu kommen.*[27] Wie immer stand Anna Jameson Ottilie bei. Zwei Monate verbrachte sie mit ihr in Wien und begleitete sie dann nach Venedig. *When I parted from you, dearest Ottilie, I felt more deeply than I had ever felt before how much I really love you.*[28]

In Rom unterstützte Ottilie Sibylle und Adele dabei, ihren Salon zum glanzvollen Mittelpunkt des römischen Gesellschaftslebens zu machen. Schon in ihrem ersten Jahr in Rom hatten sich bei Sibylle jeden Dienstag Künstler, Wissenschaftler, Sammler, Geistliche und Politiker eingefunden. Dank ihrer Genueser Freunde fand sie auch Anschluss an römische Familien. *In den Häusern der Gräfinn Orfei, der Madame Carnevali, der Marchisinn Carucci behandelt man mich fast wie eine Landsmänninn, wozu mein gleich von Anfang an durchgesetzter Vorsatz mein schlechtes Italiaenisch tant bien que mal zu reden, nicht wenig beitragen mag,* schrieb sie ihrer Halbschwester Lilla nach Hause, *ich verliere nur meinen intellectuellen Vortheil dabei, indem ich manches schlecht, manches gar nicht sage, was ich denke; aber ich gewinne mir eine gemüthliche Annäherung, und da ist das, was ich aufgeben muss, wenig.* Daher befand sich Sibylle in der glücklichen Lage, sowohl zu den Einheimischen zu zählen als auch zu den internationalen Gästen, die Rom als Wahlheimat betrachteten. Dank dieser doppelten Zugehörigkeit vermochte sie ihren Salon im Palazzo Poli in eine utopische Insel zu verwandeln, in einen liberalen Raum, in dem prinzipiell jeder jedem begegnen konnte. *Uebrigens könntest Du Dinstag Abends bei mir einen grossen Theil der europaeischen Sprachen reden hören und alle Confessionen vereint sehen, denn ich mache nur Sitte, Bildung und Geist, sowie Duldung und so wenig Klatsch, wie möglich zur Bedingung einer Présentation. Deutsch, französisch, italiänisch, dänisch, russisch, polnisch und neugriechisch klingen da gegeneinander, denn in Rom affluiren die bedeutendsten Menschen aller Nationen,* schrieb sie Lilla. *Und nicht nur die verschiedenen Nationen, auch die Stände gehen ruhig durcheinander her: brilliante Salondamen, Gelehrte, Geistliche, gute Hausfrauen, Künstler, musikalische Celebritäten, Touristen, der Monsignore und die Schriftstellerinn, der Kaufmann und der Prinz, der Gesandte und der Dr. Juris, der Arzt und die elegante Frau!* Im Grunde fußte ihr Salon auf den Idealen der Aufklärung, in den Vormärz übersetzt. *Duldung* – Toleranz – war ihr kein leeres Wort. Nationalismus, Konfessions- und Standesgrenzen, adligen Standesdünkel verachtete sie. Diese Freiheit, diese Liberalität war es, die ihren Salon vor allen anderen auszeichnete. Luigi Canina, der Architekt, Archäologe und Numismatiker, konnte dort die polnische Malerin Elisabeth Baumann treffen, die Dichterin Enrica Dionigi Orfei den preußischen Konsul Marstaller, der Archäologe Eduard Gerhard die Astronomin Mary Fairfax Greig Somerville, die Pierre-Simon Laplaces' mathematische Interpretation des Sonnensystems *Mécaniques célèstes* in ein allgemein verständliches Englisch übersetzt und damit ein bahnbrechendes Standardwerk für Jahrzehnte geschaffen hatte. Alles in allem war die Gesellschaft, die sich bei Sibylle einfand, *um den gesellschaftlichen Ausdruck dafür zu brauchen, eine ganz mondäne.*[29]

Ein gern gesehener Gast in dem großen Empfangssaal im Palazzo Poli wurde Fanny Lewald. Fünfzehn Jahre jünger als Sibylle Mertens, Adele Schopenhauer und Ottilie von Goethe lebte sie noch radikaler selbstbestimmt. Dass sie sich hatte taufen lassen, bereute die Jüdin aus Königsberg, die an so ziemlich gar nichts glaubte als an den gesunden Menschenverstand. Dieser schlichte Maßstab ließ sie zu einer entschiedenen Verfechterin der Frauenemanzipation und zur Demokratin werden. Als freie Autorin lebte sie bescheiden von ihrem selbst verdienten Geld in einer eigenen kleinen Wohnung – zum Entsetzen ihrer weitläufigen Mischpoche alleine. Wie Adele und Sibylle hatte sie eine *große Empfänglichkeit für Schönheit* von Frauen. Auf dem Weg nach Rom machte sie in Interlaken Ferien mit ihrer Freundin Therese von Bachteracht, deren *lange und schlanke Taille und eine sehr schöne Büste,* schwarzbraunes Haar und samtweiche Haut Lewald später in ihrer Autobiographie seitenlang rühmte. *Es waren zunächst ihre äußeren Vorzüge, die mich an sie fesselten. Es machte mir so großes Vergnügen, sie anzusehen, ihre Bewegungen zu betrachten, ihre liebliche Stimme und die heitere kluge Anmut ihres Wortes zu vernehmen. Dann gewannen ihre unvergleichliche Güte und Freundlichkeit mir das Herz.* Erst zuletzt fiel ihr auf, dass Therese auch noch etwas in ihrem hübschen Köpfchen hatte. *Sieben Jahre lang,* bis zu Thereses frühem Tod, *haben wir alles, Leid und*

Kummer, Sorge, Genugtuung, Freude und Glück treulich miteinander getragen und geteilt.[30]

Für Rom hatte Fanny Lewald ein Empfehlungsschreiben an Adele Schopenhauer dabei. *Sie war sehr groß, mager, ungewöhnlich starkknochig und hatte dünnes, gelbliches Haar, das die breite Stirn und die weit vorstehenden Backenknochen kaum notdürftig umgab. Die großen, wasserblauen Augen waren übermäßig gewölbt und traten weit vor den Lidern heraus, und ein breiter, äußerst häßlicher Mund wurde durch die langen Zähne nicht verschönt. Alle ihre Bewegungen waren steif und eckig, und dazu hatten ihre Manieren etwas so seltsam Anspruchsvolles und Gespreiztes, daß ich förmlich Zeit gebrauchte, mich an diese Geschraubtheit zu gewöhnen.*[31] Adele war durch ihre schwere Krankheit nicht schöner geworden und musste selbst mit ihren 48 Jahren noch heftige Reaktionen ertragen, die ihr Äußeres hervorrief. Der junge Friedrich Hebbel weidete sich an ihrer *grauenvollen Häßlichkeit*, über die er sich mit dem Bildhauer Heinrich Kümmel und dem Maler Louis Gurlitt lustig machte. *Che Brutta! rufen die, sonst höflichen, Italiäner aus, wenn sie im Theater erscheint; ein verkleideter Mann! schreien die Buben, wenn sie sich auf der Straße blicken läßt.* Als Hebbel ihr auf dem Corso im offenen Wagen begegnete, trieb er seinen Begleiter an, die *practisirende Poetin* mit Karnevalssträußen zu bewerfen, bis *er ihr den Hut völlig zerknittert hatte.* Mit seinen Kumpanen kam er *überein, daß es Hochverrath am Vaterland sey, sie als Deutsche anzuerkennen.*[32] Während er sich an seiner Heldentat berauschte, ein wehrloses Opfer zu treten, revidierte Fanny Lewald ihr erstes Urteil; *sie ist, nachdem wir uns näher hatten kennenlernen, immer freundlich, oft gefällig gegen mich gewesen, und ich habe manch gute Stunde mit ihr zugebracht, nachdem ich gelernt hatte, ihre Wunderlichkeiten mit in den Kauf zu nehmen, was eben nicht schwer war.*

Sibylle Mertens traf Fanny Lewald das erste Mal zufällig im Petersdom. *Sie sah nicht aus wie die anderen Frauen, nicht wie alle Welt. Reich und frei geboren, mochte sie damals über fünfzig Jahre alt sein, eine über das Mittelmaß große, magere Gestalt. Der schmale, fast fleischlose Kopf war von glattem, dickem und kurz abgeschnittenem Haar umgeben. Der ganze Knochenbau lag zutage, die Backen- und Augenknochen sprangen hervor, die Lippen waren schmal, der Mund nicht klein, das Kinn stark; und doch konnte man von diesem Kopfe den Blick nicht abwenden, wenn man ihn einmal darauf gerichtet hatte.*[33] Für ihre Frisur hatte sich Sibylle von einer Frau Poniatowsky inspirieren lassen; die *hatte sich ihre Haare hinten ganz kurz abschneiden lassen und sah ungemein piquant aus.* Nachdem Sibylle einer weiteren Mutigen begegnet war – *die Frau hat sich auch die Haare abgeschnitten und sah sehr nett aus*[34] –, machte sie selbst kurzen Prozess. Wie ihr Porträt im Profil aus der Zeit zeigt, entsprach ›kurz‹ dem heutigen ›schulterlang‹. Das Revolutionäre eines solchen Haarschnitts lag in der Verweigerung einer strikt gezähmten Haartracht, wie sie etwa die Droste ihr Lebtag flocht, ringelte und steckte.

Fanny Lewald war zunächst sehr verwundert, dass *diese ernste und einsame Frau* sie zu einer Gesellschaft einlud. Dann erlebte sie ihr blaues Wunder im Strudel von Sibylles Salon, wo sie selbst nicht wenig zur allgemeinen Unterhaltung beitrug. 1846 fiel das Fest der Heiligen Drei Könige, der Kölner Stadtpatrone, auf einen Dienstag, und so feierte Sibylle Mertens mit ihren Gästen das rheinische Fest des Bohnenkönigs. *Die Gesellschaft war, wie immer, sehr glänzend,* erinnerte sich Fanny Lewald. *Der Bohnenkuchen wurde in aller Form gegessen. Groß wie er war, mußte er in sehr viele Stücke zerteilt werden, denn die Zahl der Gäste war noch größer als sonst, und der Zufall teilte mir die Bohne zu. In aller Eile wurde auf einer kleinen Erhöhung ein im voraus bereiteter Ehrensessel aufgestellt, man hing mir einen roten Schal als Mantel um; und nachdem ich so in aller Form in mein Amt eingesetzt worden, erschienen Frau Mertens, Frau von Goethe und Fräulein Schopenhauer im Kostüm der heiligen drei Könige, die in drei Körben ihre Gaben darbrachten, welche ich nach dem Anweis der von ihnen gesprochenen Gedichte an die Gesellschaft zu verteilen hatte. Es waren kleine Nippes, Ansichten von Rom, kleine Marmor- und Alabastersachen, aber alles eben nur Gegenstände von mäßigem Werte, wie man sie Fremden ohne Zudringlichkeit anbieten darf, und die Gesellschaft hatte an der kleinen Szene ihre große Freude. Ich verteilte die Geschenke nach bester Einsicht; man überhäufte mich, die ich gar nichts dazu getan hatte, mit Liebenswürdigkeiten, und ich konnte an mir selber mit Heiterkeit ermessen, wie leicht und gut diejenigen es haben, die, wie ich, durch des Zufalls blinde Gunst zum Thron gelangt, zu gewähren vermögen, was andere begehren. Indes der Gäste waren doch mehr, als der Gaben. Frau Mertens füllte mir die leerwerdenden Körbe wieder mit verschiedenen Kleinigkeiten, welche sie aus ihrem Vorrate herbeiholte, und als das endlich auch nicht reichen wollte und immer noch zwei, drei Personen übrigblieben, die nichts bekommen hatten, nahm ich die Kamelien, die ich an der Brust und im Haar trug, und verteilte diese an die Leerausgegangenen. Solch kleine Entschlossenheit und Ungezwungenheit waren nun recht im Sinne der Italiener,* die immer ausgelassener wurden. *Die Gesellschaft, äußerst angeregt, fing gegen die Sitte des Hauses zu tanzen an.*

Einen der gelungensten Abende veranstalteten Fanny Lewald und Sibylle Mertens zusammen. Sibylle hatte Fanny am Flügel überrascht, wie sie ganz passabel Beethoven spielte. Daraufhin kündigte Fanny scherzhaft ein Wohltätigkeitskonzert an – und Sibylle nahm sie beim Wort. Zusammen arrangierten sie ein Programm, dessen Erlös karitativen Zwecken zufließen sollte. *Adelaide Kemble Sartoris versprach toskanische Romanzen, der erste Musiklehrer von Rom, Chevalier Landsberg, übernahm eine einleitende Ouvertüre, Fräulein Schopenhauer las den Goetheschen Epilog zum Essex, ich ein eignes kleines, skizzenhaftes Märchen, der Maler Carl Müller von Stuttgart stellte uns ein paar lebende Bilder,* erinnerte sich Fanny Lewald. *Endlich ließen die anwesenden Künstler sich bereitfinden, während man musizierte und las, auf zurechtgelegte kleine Blätter leichte Skizzen zu entwerfen, um sie zum Schluß des Abends in einer Lotterie verlosen zu lassen, deren*

Ertrag gleichfalls unserem Wohltätigkeitskapital anheimzufallen bestimmt war. Das war denn ein Programm, wie man es besser gar nicht verlangen konnte; und es trug an seinem Schlusse die Bedingung, daß die ausübenden Teilnehmer zwei Paoli (acht Groschen), die Zuschauer drei Paoli bezahlen sollten. Dadurch vergrößerte sich am Abende der Akademia die Zahl unserer Dilettanten noch um einige Personen, die scherzhaft ökonomisieren wollten. Der eine erbot sich Kartenkunststücke, der andere ein Jongleurstück zu liefern; und da die Gesellschaft äußerst zahlreich war, steigerte sich die Heiterkeit während des Abends bis zu einem solchen Grade, daß auch die eigentlichen Zuschauer, die ihr volles Entree gezahlt hatten, sich zu den Akteuren gesellten. Selbst der hannöversche Gesandte, Herr Kestner, der Sohn von Werthers Lotte, eine Künstlernatur, die noch im Greisenalter sich einem Scherze nicht abhold zeigte, wollte auch ›mitwirken‹ und ließ sich, da alle Arten von Kunstleistungen bereits erschöpft waren, einen Kamm herbeibringen, auf dem er zu allgemeinem Ergötzen ein ganz sentimentales deutsches Volkslied blies. Der Frohsinn, die Lachlust, die tolle Laune hatten in diesem Saale nie zuvor in solchem Grade ihre Herrschaft geltend gemacht.

Die Lachsalven bei der *principessa tedesca,*[35] wie Sibylle Mertens in Rom genannt wurde, schollen bis in die Redaktion der *Deutschen Allgemeinen Zeitung: Unter den gelehrten Abendcirkeln dieses Winters sind diejenigen die besuchtesten und von Seiten der Besucher die interessantesten, welche Madame Mertens aus Köln an jedem Dienstage zu geben pflegt. Außer den hier lebenden deutschen Celebritäten, unter denen auch Fräul. Lewald aus Königsberg und Frau v. Goethe erscheinen, finden sich dort die berühmtesten italienischen Literaten, auch Engländer und Franzosen ein. Ein Club dieser Gattung ist in unserm Rom eine außerordentliche Seltenheit, weil man hier nicht daran gewöhnt ist, die Frauen auf gleichem geistigen Niveau mit den Männern stehen zu sehen.*[36] Der römische Korrespondent deckte mit seiner Bemerkung ein weiteres utopisches Element von Sibylles Salon auf: die intellektuelle Gleichrangigkeit der Geschlechter.

Im Sommer zerstreute sich alljährlich die Gesellschaft in Rom, und auch Sibylle und Adele nahmen ihre Landpartien wieder auf. Doch am 1. Juni 1846, als sie sich gerade in Albano befanden, starb Papst Gregor XVI., und eilends kehrten die beiden Frauen zurück, um sich nicht die Begräbnisfeierlichkeiten, das Konklave und die Inthronisation des neuen Papstes entgehen zu lassen. Ohne mit der Wimper zu zucken, ließ Sibylle ihre höchsten römischen Beziehungen spielen und bestach Diener und Wächter, um sich und Adele Plätze in der Sixtinischen Kapelle zu sichern, wo Gregor XVI. aufgebahrt lag – *schlecht einbalsamiert grau und schwarz, weil beim Waschen ein Versehen geschehen ist.*[37] Im Petersdom beobachteten sie von hervorragenden Plätzen, wie sichtlich unwohl sich der neue Papst, Pius IX., auf dem goldenen Sessel fühlte, auf dem er getragen wurde. Als alles vorüber war, trennten sich ihre Wege, vorübergehend, wie sie dachten. Am 3. Juli 1846 trat Sibylle die Heimreise an, weil ihre Kinder sie mittlerweile auf Auszahlung des Erbes verklagt hatten. Da sie vor November zurück sein wollte, behielt sie ihre Wohnung im Palazzo Poli. Adele hielt derweil die Stellung.

Unrecht, Wahnwitz, Tollheit: Familienkrieg

In Bonn fand sich Sibylle Mertens mit gerichtlichen Forderungen ihres Schwiegersohns Karl Haßlacher konfrontiert. Er war nervös geworden ob des aufwändigen Lebensstils seiner Schwiegermutter, die in Italien ihre Sammlungen bereicherte und dienstags halb Rom bei sich verköstigte. Auch Betty und Friedrich Heimsoeth wollten an ihr Erbe, erhielt der Bonner Privatdozent und Musiker doch zwar Lorbeeren, aber kaum Taler. Zum Dank für die Leibrente, die Sibylle Betty gewährte, und das Wohnrecht im Haus in der Wilhelmstraße samt Schlüssel zu den Tischweinen verklagten die Heimsoeths die Heimgekehrte auf mehr. *Sei weich, bleibe gut ich bitte dich, ich sterbe noch dran, wenn Du es nicht bist,*[1] beschwor Adele die Gefährtin aus der Ferne. Sibylle konnte ihr schlechtes Verhältnis zu ihren Kindern gänzlich ruinieren, ohne sich in der leidigen Erbangelegenheit einen Dienst zu erweisen. Die übrigen vier Kinder Sibylles versteckten sich derweil hinter den Forderungen Haßlachers und Heimsoeths.

Eine gütliche Einigung wäre möglich gewesen, wenn alle Parteien den Wert des Erbes hätten einvernehmlich schätzen lassen. Haßlacher und Heimsoeth bestanden jedoch auf dem Verkauf des gesamten Mertens'schen Besitzes, aller Häuser und Ländereien, der Möbel und Sammlungen, des Tafelsilbers und der Blumenvasen, um sich ihren größtmöglichen Anteil zu sichern. Mit dieser Forderung kamen sie vor Gericht durch. Am 3. November 1846 zog Sibylle aus ihrem Haus aus, *weil die Kinder die Mobiliar Verpackung darinn begannen!*[2] Im Dezember ersteigerte sie dann bei der ersten Auktion wutschnaubend ihr eigenes Heim. Den Kaufpreis hielt sie zurück, um ein Druckmittel zu behalten. Adele verschlug es ob dieser Entwicklungen die Sprache. *Du schreibst mir Dinge, die mir alle unglaublich, ja unmöglich erscheinen!*[3]

Auch Adele lebte im Zwist mit ihrer Umgebung. Nachdem Sibylle abgereist war, verbrachte sie mit Ottilie und Wolf von Goethe alles andere als harmonische Monate in Neapel. Der von seiner Opiumsucht gezeichnete Wolf warf Adele *Dummheit, Gemeinheit, Rohheit, Prahlsucht*[4] vor, während sie seine Kopien nach Raffael, auf denen einmal *das Christkind d u m m a u s s i e h t* ein andermal *der J o h a n n e s d u m m aussieht,* als *Wischiwaschi*[5] abkanzelte. Da Wolf außerdem *die Mertens, die ihm zuwider,*[6] hinterging, indem er ihren römischen Bediensteten unentgeltlich für sich arbeiten ließ, entzweite sich Adele mit dem jüngeren Goethe-Enkel. Auch mit Ottilie lief es nicht gut. *Du hast mir einen unbewußten schmerzhaften Beweis gegeben, liebe theure Ottilie, wie du seit ich a m R h e i n lebte, eigentlich n i e mehr auf m e i n inneres*

Leben gehört; sind wir zusammen, so ist immer nur von Euch, von Euren Krankheiten, Sorgen, Büchern, Geschenken, die Rede; und das eben hat mich so stumm gemacht über mich.[7] Sie trennte sich daher Anfang März 1847 von den Goethes und begann ihre Heimreise zu Sibylle, der sie in Bonn beistehen wollte, sowie die Alpenpässe frei waren.

Einen Monat blieb Adele in Florenz, wo sie sich systematisch die Kunstschätze erarbeitete. Über die Stadt am Arno plante sie *ein Buch, das belehrt und unterhält, während der Reise als vorbereitende Lektüre, am Ort den es behandelt als guide, daheim aber für die welche das Land nicht selbst besuchen als anmuthige Schilderung Interesse hat.*[8] Ottilie von Goethe hatte geklagt, *daß Niemand für die Frauen schrieb die etwas lernen möchten, die aber keine Vorkenntnisse über Italien hätten, die in allen Büchern vorausgesetzt würden.*[9] Adele Schopenhauer, auf der Höhe ihrer Zeit, beabsichtigte, die Bedürfnisse des aufkommenden Massentourismus zu bedienen.

Wie in Rom interessierte sie sich auch in Florenz für die zeitgenössischen Künstler, die sie in ihren Ateliers aufsuchte. Dabei kam die Frauen liebende Frau auf ihre Kosten. Bei dem Maler Paolo Feroni sah sie ein Bild, das man *im sechzehnten Jahrhundert eine Venus benannt* hätte. *Der reizendste Mädchenkörper, Üppigkeit und Jungfräulichkeit vereinend, ruht auf einem Lager, dessen rothbunte Decken bis zur Mitte desselben zurückgeschlagen nur den Obertheil des Leibes, diesen aber völlig nackt sehen lassen. Den Kopf aufgestützt auf Hand und Arm, das Gesicht mit geistvoll blickenden Augen aus dem Bilde herausschauend, zur Seite gewandt – hier pulsirt das Leben in solcher Gewalt und Frische daß man die Natur in höchst möglichster Schöne vor sich zu sehen glaubt.* In Gustav Kühnes *Europa* berichtete sie mit noch kaum beruhigtem eigenem Puls von diesem Fund. Die *büßende Magdalene* des Bildhauers Pampaloni war dagegen nicht ihr Fall: *die welkende Brust und die erschlafften Glieder der schönen Frau gefielen mir nicht.* Umso mehr sagten ihr die Skulpturen in Marmor und Holz der französischen Bildhauerin Félicie de Fauveau zu – wie die Frau selbst. *Es ist sehr viel über diese Dame gesprochen worden, Gutes und Böses. Denn sie – trägt eine Männercravatte und ein kleines Hemdkräglein drüber geschlagen, einen langen dicht zugeknöpften Tuchüberrock, der dem Reitkleide einer Engländerin gleicht, die Haare à la George Sand, ein Raffaelsbarett und ich glaube sogar manchmal einen Männerhut und Halbstiefelchen. – Ich war natürlich sehr neugierig auf ihre Bekanntschaft, gespannt auf alle ihre Emancipationsansichten, ich hatte alle ›Weiblichkeit‹ die zu einer schonungslosen S t r e n g e gegen andere ›berechtigt‹, in mir wachgerufen, und fand ganz etwas Anderes als ich erwartete. Es war eine französische, durchaus harmonische, durchaus nicht Pariser Erscheinung, deren Talent und Tüchtigkeit jeden Blick, jedes Wort durchleuchteten; sie kam mir durchaus n i c h t excentrisch vor, und ich vergaß sie über ihre Werke.*[10] Adeles öffentliche Apologie einer die Zeitgenossen verstörenden, ›männlichen‹ Frau war umso mutiger, als sie selbst, siehe Hebbel, ähnlich provozierte. Sich selbst als ›weiblich‹ zu charakterisieren und somit von Félicie de Fauveau zu distanzieren, war aus rhetorischem Selbstschutz notwendig.

Bei der Formulierung dieser gewagten Passage, in der sie wie später Elise Rüdiger ›George Sand‹ als Chiffre benutzte, mag Adele Sibylle konsultiert haben. Denn der Artikel entstand bei ihr in Bonn, wohin Adele am 13. April 1847 zurückgekehrt war. Sibylle empfing sie mit offenen Armen – und staunte über die Veränderung, die mit ihrer grummelnden Partnerin vorgegangen war. *Die unausgesetzte Beschäftigung mit dem edelsten und schönsten, was die Kunst aller Zeiten schuf, hatte ihre Einwirkung über Adelens ganzes Wesen verbreitet. Die Unruhe und der Anflug von Herbheit, mit denen ein in manchen billigen Anforderungen nicht glückliches Leben Adelens von der Natur mit graziöser Heiterkeit begabten Charakter gefärbt hatte, waren abgestreift wie Staub des zurückgelegten Weges, und die reine Milde ihrer Natur umfloß mit wohlthuendem Ernste gepaart ihr ganzes Wesen. Dabei trat jene eigenthümliche Heiterkeit stets wieder hervor, ihre Ausdrucksweise hatte an Bestimmt-*

heit und Klarheit gewonnen, und an Weichheit zugleich; ihr festes Urtheil war nirgend verletzend, ihre Weltansichten hatten sich geweitet an dem großen Maaßstabe der Geschichte, und man fühlte es im Umgange mit ihr, daß die Kunst ihr die geheimnißvolle Weihe des Wissens gegeben habe.[11]

Zusammen standen sie nun den Verkauf der Mobilien der Familie Mertens durch. Bis auf Sibylles Wäsche und die ihres verstorbenen Mannes kam im Sommer 1847 der gesamte Hausrat unter den Hammer, nicht einmal die Gegenstände ausgenommen, die Freunde Sibylle persönlich geschenkt hatten. Vergeblich suchte Sibylle, ihre Sammlungen den Erben vor der öffentlichen Versteigerung abzukaufen. In einem Bieterwettstreit, der den Preis in die Höhe trieb, musste sie ihre Sammlungen und ihre Bibliothek zurückersteigern.

Erbstreitigkeiten kommen in vielen Familien vor. In Geld werden Liebe und Häme, Bevorzugung und Benachteiligung verrechnet. Die Bilanz der Familie Mertens war desaströs. Sibylle waren ihre eigenen Kinder, die sie von einem ungeliebten Mann in einem verhassten Ehejoch hatte, fremd. Als ihre Jüngste 1845 aus dem Pensionat in Genua zu ihr nach Rom kam, konnte sie nichts mit ihr anfangen. *Die Mertens ennuyrt sich todt mit Augusten, das ist das Elend, u gegen Ennuy hilft Moral gar nicht,*[12] klagte Adele, die das verquere Verhältnis ihrer Gefährtin zu ihren Kindern schon seit vielen Jahren gequält beobachtete. Augustes *ewiges Maulen, zu Haus bleiben, unglücklich spielen* ging ihr allerdings wie der Mutter auf die Nerven. In Rom kam es schließlich zu einem Eklat zwischen ihnen, als Auguste den eigentlichen Grund für die Distanz zwischen den Kindern und ihrer Mutter aussprach. Auguste trat als *der furchtbare Richter ihrer Mutter* auf, wie Adele Ottilie von Goethe entsetzt berichtete, und zwar dezidiert, weil Sibylle Frauen liebte: *die exentrischen Freundschaften der Mutter wurden vom Kind wie vom Vater wie Unrecht, Wahnwitz, Tollheit erfasst.* Deutlicher hätte Auguste nicht werden können. Die Kinder hatten die bitteren Auseinandersetzungen zwischen ihren Eltern hautnah erlebt, hatten die Mutter vermisst, als die lieber mit Adele Schopenhauer oder Anna Jameson Zeit verbrachte, hörten zu, als ihr Vater Adele Hausverbot erteilte. Als Kleinkind hatte Auguste mit der Mutter bei Adele im Zehnthof gewohnt, als Achtjährige war sie Zeugin der Liebschaft mit Laurina Spinola geworden, in Rom lebte sie wieder mit Adele zusammen. Da Sibylle wegen ihrer Geliebten ihre Familie vernachlässigt hatte, entwickelten die Kinder *die bestimmteste Strenge gegen die Mutter und Liebe gegen den Vater, der die Kinder verzog!*[13] Als Erwachsene zahlten die Kinder der Mutter heim, was sie als Lieblosigkeit, Egoismus und unverständliche Eskapaden betrachteten.

Während Adele Sibylle in diesen bitteren Auseinandersetzungen beistand, schloss sie ihr drittes Buch ab, *Eine dänische Geschichte*, in dem sie für die Selbstbestimmung der Frau eintritt. Vor dem Hintergrund der Bauernbefreiung in Dänemark kurz nach 1789 verweigert sich die adlige Helene der *Leibeigenschaft*, sprich einer standesgemäßen Konventionsehe. Sie liebt einen Bürgerlichen, den Maler Thorald, Jakobiner und Revolutionär, der mit einer *Menge weiblich ausgebildeter zarter Gefühle* attraktiv zwischen den Geschlechtern steht. Nach vielen Intrigen kann sich Helene jedoch gegen ihren patriarchalisch denkenden Bruder – Arthur lässt grüßen – durchsetzen: *ich bin frei wie er.* Neben der Liebesehe deutet der Roman eine Frauengemeinschaft als Lebensalternative an: unverheiratete Stiftsfräulein *sind wahrscheinlich unter sich glücklicher als hier Christians Frau!* Die Ziele der Französischen Revolution, so macht der Roman deutlich, sind erst erreicht, wenn nicht nur die bürgerlichen und bäuerlichen Männer befreit sind, sondern auch die Frauen. *Die aufgegangene Freiheitssonne ruft alle Lebenskeime an's Licht.*[14] Während die realen, von einer Konventionsehe herrührenden Konflikte in Sibylles Leben tobten, löste Adele sie in *Eine dänische Geschichte* fiktiv auf. Obwohl sie den Roman ihrer Partnerin zueignen wollte, erschien er 1848, mit Rücksicht auf Sibylles familiäre Situation, ohne Widmung.

Nachdem die Mertens-Erben alle Mobilien versteigert hatten, nahmen sie sich den Auerhof vor. Mit blutendem Herzen musste Sibylle die Verhandlungen mit Barthold Suermondt betreiben, einem kunstsinnigen Aachener Industriellen, dessen Sammlungen den Grundstock des Suermondt-Ludwig-Museums bilden. Den Verlust ihres über alles geliebten Auerhofs verzieh Sibylle ihren Kindern nie. Um die Kränkung zu überwinden, wollte sie mit ihrem Anteil am Kauferlös ihrer Gefährtin unter die Arme greifen. Schon immer bereiteten Adele die drei Neuntel Gutsanteile, die sie an den Schopenhauer'schen Ländereien in Ohra bei Danzig besaß, mehr Kummer als Freude. Die 150 Taler, die sie jährlich daraus bezog, erkaufte sie mit viel Verwaltungsaufwand und Scherereien wegen der leidigen Aufteilung. Sibylle überlegte daher, den drei Eigentümern, Daniel Friedrichsen, Adele und Arthur Schopenhauer, einfach das gesamte Gut abzukaufen. Da Adele nur eine vage Vorstellung von Lage und Güte der Flächen hatte, bat sie ihren Bruder, ihr alle *Papiere über die Parzellen, oder die genauern Grenzen, Flächen-Inhalt, Abgaben etc., wenigstens alte Jahres-Rechnungen*[15] zu schicken. Arthur antwortete, wie es seine Art war, *argwöhnisch, grob, und die Mertens erklärte sogleich nun habe sie die Lust verloren.*[16] Allerdings hätte Sibylle auch gar kein Geld gehabt. Nachdem Ende 1847 die Verhandlungen über den Auerhof abgeschlossen waren, hintertrieben Karl Haßlacher und Friedrich Heimsoeth die Auszahlung von Sibylles Kaufpreisanteil; *sie sind entschlossen, mich in pecunairer Hinsicht festzusetzen, indem sie jede Auszahlung hindern, um mich dadurch zu Geldconcessionen zu zwingen.*[17]

Um die Daumenschrauben noch weiter anzuziehen, setzten Haßlacher und Heimsoeth durch, dass ihre Schwiegermutter bis zur endgültigen gerichtlichen Klärung der Erbmasse nicht einmal frei über die ihr zustehenden Einkünfte aus ihrem Besitz verfügen durfte. Ihr gesamtes Einkommen wurde unter die Verwaltung des Vormundschaftsgerichts gestellt. Darauf nahm Sibylle bei ihrem Schwager Wilhelm Ludwig Deichmann, dem Nachfolger ihres Mannes als Chef des Bankhauses Schaaffhausen, Geld auf – zu 5 % Zinsen, wie in dieser geschäftstüchtigen Familie üblich. Sie war nicht gewillt, klein beizugeben. Ihre Kinder und Schwiegersöhne zielten zwar auf ihr Geld, meinten aber ihre Unabhängigkeit in intellektueller, wissenschaftlicher, kultureller und erotischer Hinsicht.

Ende Oktober 1847 musste Adele Sibylle schweren Herzens wegen ihrer Gesundheit und des begonnenen Reiseführers wieder gen Süden verlassen; *ich will aber nicht in Italien leben ohne Dich, also stirb mir nicht!* Während die Gefährtin von ihrem Prozess in Bonn festgehalten wurde, berichtete Adele im *Morgenblatt für gebildete Leser* insgesamt zehnmal »Aus Florenz« über neue Theaterstücke, kunsthistorische Abhandlungen und Arbeiten der Bildhauer Lorenzo Bartolini und Hiram Powers. *Ich arbeite fortwährend, allein wenn ich fertig bin, soll's mich freuen. Kind, wunderst Du Dich denn g a r n i c h t über meine stupende Gelehrsamkeit? Und izt kommt's erst!* Bogen um Bogen ihres Florenz-Manuskripts schickte *Dein Wau* nach Bonn, wo Sibylle Adeles Angaben in ihrer Bibliothek überprüfte, Jahreszahlen einfügte, Schreibweisen korrigierte. *Und sag mal, mein Buch sei gut,*[18] bat Adele. *Das alte Wort, das Angenehme mit dem Nützlichen zu verbinden, ist wohl in großem Grad darin erreicht,* urteilte Ottilie von Goethe später über das Werk, *es ist gründlich, verwebt die Romantik der Geschichte mit dem Bestehendem, giebt die Quintessenz und läßt das Unnütze fort, nicht aber den Schmuck der poetischen Anschauung. Es ist noch nebenbei ein angenehmer liebenswürdiger herumführender Freund.*[19]

Adeles Schaffenskraft wurde jäh unterbrochen. *Am 19. Januar ging mir unter g r o ß e n Schmerzen, während ich a l l e i n war, ein großer Polyp ab, der in der Gebärmutter saß – Todes Angst, Schmerz u Instinct, ließen mich das Nöthige thun, er hatte die Größe eines Gänse Eis.* Kaum hatte sie sich von dem Rückfall ihrer Unterleibserkrankung erholt, streckte sie im Februar ein rheumatischer Anfall nieder. Derweil verzehrte sich Sibylle hilflos in Sorge um Adele, von der alle Nachrichten ausblieben. Erst im April konnte die Rekonvaleszentin zwischen Ohnmachtsanfällen mit ganz veränderter Schrift, steil und eckig, nach Hause mitteilen: *ich bin an beiden Beinen gelähmt – man trägt mich ins Bett, man setzt mich hin, nichts wie theure u sehr rohe Krankenwärterinnen.*[20] Für diese Pflege hatte man sie *schrecklich zahlen lassen – Alles immer aus Hass gegen die Deutschen.*[21]

Dieser Vorbehalt gründete in der aktuellen politischen Lage. Inspiriert von Mazzinis *Giovine Italia* brachen im Januar 1848 in der Lombardei Aufstände gegen die Herrschaft Österreichs aus. In den italienischen Landen hoffte man, mit einer von Metternich und seinen Chargen befreiten Lombardei die Einheit Italiens zu erreichen, und zwar unter der Führung von Carlo Alberto, dem Sibylle Mertens' wohlbekannten König von Sardinien-Piemont. Am 23. März 1848 erklärte er Österreich den Krieg, der vier Monate lang in Oberitalien erbittert geführt wurde. Auch das Großherzogtum Toskana schickte Truppen, so dass sich die todkranke Adele in Florenz als feindliche, da deutschsprachige Frau wiederfand. Als sie ihre Korrespondentenberichte »Aus Florenz« wieder aufnahm, schilderte sie die revolutionären, antiösterreichischen Schriften Massimo d'Azeglios und Francesco Domenico Guerrazzis dennoch mit Sympathie. Die Jahre mit der politisch wachen Sibylle waren nicht spurlos an ihr vorübergegangen, auch sie fühlte sich nun *in einem Herzenswinkel Republikaner.*[22]

Derweil löste der italienische Funke im Rest Europas den revolutionären Flächenbrand des Jahres 1848 aus. Frankreich entledigte sich seines Königs Louis Philippe und rief die Zweite Republik aus. Mit Blick auf ihren Familienstreit kommentierte Sibylle, *es scheint viel leichter zu sein mit einem ganzen Königshause fertig zu werden, als mit zwei bösen Schwiegersöhnen.*[23] Fanny Lewald, die auf ihrer Reise ins revolutionäre Paris bei ihr Station machte, las Sibylle sofort ein Manifest des französischen Dichters und Politikers Alphonse de Lamartine vor, dessen wortmächtige Reden die Februarrevolution befeuert hatten. *Ihr kluges, kantiges, charaktervolles Gesicht machte mir das Vorlesen zum*

Genuß.[24] Die geborene Republikanerin verstand sich mittlerweile als Demokratin. *Ich wurde zu heißer Liebe gesetzlicher Freiheit und in dem Abscheu gegen Despotismus erzogen, und das ist auch meine Religion. Gehorsam dem Gesetze, Treue dem Vaterlande, die Pflicht gesetzmäßiger Leistungen der Staatsgewalt – also dem Könige – dahin resumirt sich mein politischer Catechismus: wenn das Democratismus ist, auch gut!*[25] Als Befürworterin liberaler Reformen hoffte Sibylle auf schnelle Veränderungen auch in Deutschland. *Preußen hat die glänzendsten Chancen: wird es sie unbenützt vorübergehen lassen? Wird es sie klug und zugleich würdig ergreifen? Da liegt für uns Deutsche der Schlüssel der Zukunft: wird die rechte Pforte geöffnet, so haben wir den Schatz der Jahrhunderte: wenn nicht! –*[26] Wenige Tage später erhielt sie die Antwort: Am 18. März erschoss das preußische Militär bei Straßenkämpfen in Berlin fast 200 Menschen.

Auch in Köln brodelte es. Am Domkran wehte eine schwarz-rot-goldene Bundesfahne. Da Sibylle Gewaltexzesse der preußischen Machthaber fürchtete, verfasste sie ein Flugblatt, *von welchem ich hier 3000 Ex. habe vertheilen lassen, an die Handwerker, Arbeiter u. s. w.*, um zur Beruhigung der Lage beizutragen. Eingehend tauschte sie sich mit Ottilie von Goethe über die bevorstehenden Wahlen zum ersten gesamtdeutschen Parlament aus und befürwortete das aktive Wahlrecht für Frauen. *Jedenfalls mag manche Frau mehr Judicium haben, als viele 21jährige Herren der Schöpfung!*[27]

Just an dem Tag, an dem das neu gewählte Parlament zum ersten Mal in der Frankfurter Paulskirche zusammentrat, am 18. Mai, klopfte eine völlig erschöpfte Adele Schopenhauer an Sibylles Tür. Teilweise liegend hatte sie sich in der Postkutsche über den Gotthard geschleppt. Ihre Zimmer im ersten Stock neben denen Sibylles fand sie jedoch an ihre Danziger Freundin Flora Kabrun vermietet, die in Scheidung lebte. Sibylle hatte die Untermieterin wegen ihrer eigenen Geldverlegenheiten aufgenommen. Adele bezog daher gleich gegenüber in der Wilhelmstraße bei Alfred Nicolovius ein Zimmer; das war ihr nicht unrecht, da *Auguste M mir Gesichter schneidet.*[28] Davon ließen sie und Sibylle sich jedoch nicht beirren. Adele war entschlossen, *Sibillens ungeheures Schicksal mit auf meine Achsel zu nehmen* und *sie nicht zu verlassen, u sie denkt eben so.*[29] Unter Sibylles Pflege kam Adele noch einmal zu Kräften.

Annette von Droste-Hülshoff dagegen erholte sich zur selben Zeit nicht mehr von dem Schrecken, den ihr die Revolution eingejagt hatte. Mit großer Sorge verfolgte sie auf der Meersburg die Märzunruhen, die in Baden tobten und auch vor Westfalen nicht haltmachten. Mit Schwester Jenny packte die bereits sehr Geschwächte Schmuck, Papiere und Münzen, immer bereit zur Flucht. Zwar wusste sie nur zu gut, dass die Herrschaft des Adels überkommen war. Ansehen wollte sie sich die neue Ära aber nicht. Sie starb am 24. Mai 1848, 51 Jahre alt.

Nicht nur Sibylle, auch Adele hatte keinen Kontakt mehr zu ihr gehabt. Wenn sie auch die Freundin vernachlässigt hatte, der Dichterin hielt sie die Treue. Drei Monate nach dem Tod Annettes schenkte Adele Sibylle zum Namenstag am 17. August ein Exemplar ihrer großen Gedichtausgabe von 1844. Ihre Widmung strich die Bedeutung der Droste heraus – gerade gegenüber der sie verkennenden Sibylle:

Sie war die Reichste von uns dreien
Drum mußt Heute sie mir leihen
Was meine Armuth überdeckt
Die Morgen Gabe die Dich weckt.[30]

Keine Bleistiftspuren in dem schönen Band, der heute in der Anna Amalia Bibliothek in Weimar aufbewahrt wird, verraten, was Sibylle über »Das Fräulein von Rodenschild« oder »Nach fünfzehn Jahren« dachte.

In diesem Sommer 1848 planten Adele und Sibylle ihren gemeinsamen Lebensabend. Sie vereinbarten, ab dem Winter ständig in Rom zu leben, von gelegentlichen Urlauben in der Heimat unterbrochen. Unter höchster Geheimhaltung vor den Schwiegersöhnen verlängerte Sibylle den Mietkontrakt für ihre römische Wohnung ab November um drei Jahre, obwohl sie weiterhin nicht über ihr Vermögen verfügen konnte. In Vorfreude zeichnete Adele *Blumenmetamorphosen* als Dekorationsentwürfe für ihre gemeinsame Einrichtung, *allerliebste arabeskenartige Erfindungen,*[31] mit denen sie die Wände bemalen lassen wollten.

Sibylle wünschte sich nichts sehnlicher, als ihre Heimat zu verlassen, war *bis zum Verrücktsein gesteigert in dem Abscheu gegen Bonn.*[32] Zu der Partei ihrer Gegner schlug sich nun auch ihr Sohn Julius. Er hatte die 10 000 Taler Vorschuss auf sein Erbe von 1843 bereits ausgegeben und Schulden von weiteren 3 000 Talern gemacht. Dass Sibylle ihn wegen seiner Verschwendungssucht – vergeblich – für unmündig erklären lassen wollte, beschleunigte seinen Wechsel der Seiten. Gustav, der weiter spielte, hatte noch höhere Schulden. Seine Mutter verwies ihn des Elternhauses, *weil er jeden Augenblick von seinen Gläubigern arettirt werden kan.*[33] Die Einzige aus ihrer Familie, die dem *Vorwurf der Herzenshärte, der ihr so oft gemacht worden ist,* vehement widersprach, war ihre Enkelin Sibylle Esser. Sie liebte ihre Großmutter, die sich *gütig und liebevoll* mit ihr beschäftigte und sie mit ihren Eichhörnchen-Kunststücken entzückte. *Es war so zahm, daß es auf Anruf zu seiner Herrin rannte und sich mit Vorliebe in die weiten Ärmel ihres Gewandes verkroch. Gewöhnlich trug meine Großmutter ein eigenartiges Kleid, ganz glatt, faltig, in einem nicht der Mode folgenden Schnitt, mit einer dicken seidenen Schnur zusammen gehalten, mit ziemlich langen, weiten Ärmeln mit breiten Aufschlägen. Es war für mich eine Wonne, das kluge Köpfchen des Thierchens bald aus dem linken Ärmel, bald aus dem rechten herausschauen zu sehen.*[34] Dass man es bei Sibylle *mit einer höchst merkwürdigen und originellen Frau*[35] zu tun hatte, war der Bonner Gesellschaft nicht neu. Wegen der außergewöhnlichen Verhärtungen in ihrer Familie meldeten sich jedoch nun Leute zu Wort, *welche sie für sonderbar halten zu dürfen glaubten.*[36] Wenige wollten eine wissenschaftlich arbeitende Frau verteidigen, die mit ihrer Lebensgefährtin zusammenlebte und gegen ihre Kinder prozessierte. Sibylle *würde glaube ich sterben, wäre ich nicht hier, zu ihrer Hilfe,*[37] meinte Adele.

Beide packten. Am 26. September schrieb Adele noch, sie seien *ziemlich entschlossen zu gehen, wenn es hier nicht total unmöglich wird durch Unruhen.*[38] Doch genau an jenem Tag verhängte der Stadtkommandant das Kriegsrecht über Köln, preußisches Militär richtete am Hahnentor Geschütze auf die Stadt. Nachdem Friedrich Wilhelm IV. einen Waffenstillstand mit Dänemark geschlossen hatte, ohne die Nationalversammlung zu konsultieren, hatten 10000 Kölner eine eigene Interessensvertretung gewählt, den ›Sicherheitsausschuss‹, für Demokratie, sozialen Ausgleich und die Nationalversammlung demonstriert und am Alter Markt Barrikaden errichtet. Unter solchen Umständen konnte eine Hausbesitzerin wie Sibylle Mertens nicht nach Rom auswandern. Kam es zum Bürgerkrieg – und von Köln sprang der Funke nur zu leicht nach Bonn über –, musste sie ihr Hab und Gut schützen. Die politischen Träume waren ausgeträumt. Die rheinischen Revolutionäre aller Couleur flohen nach London: Karl Marx, Ferdinand Freiligrath, Carl Schurz, Gottlieb Kinkel und seine Frau Johanna; *mit dem einigen Deutschl ists aus.*[39]

Kaum waren die politischen Unruhen unterdrückt, gab es neuen familiären Ärger. *In unsrem Leben ist ein großes Ereigniß, Auguste ist wieder einmal Braut und diesmal mit einem Herrn Dörn dessen Mama einen kleinen Laden Materialwaren hat, den sie aber nun aufgiebt, Herr Dörn ist ein guter moralischer unbescholtner, höchst dumm und ordinair aussehender Mensch, Auguste hat sich verlobt und dann erst der Mutter die Sache mittgetheilt! Die Mertens schämt sich darüber so, daß sie noch immer nicht hier in der Stadt mit dem Brautpaar Visiten gemacht hat.* Zugleich wurde am 30. Dezember 1848 ein neuer Prozess eröffnet. Nachdem der komplette Mertens'sche Familienbesitz versilbert worden war, stritten sich die Familienmitglieder nun um den jeweiligen Anteil, da Sibylle Vorschüsse gezahlt hatte, da der Besitz neue Einnahmen abwarf, da man sich gegenseitig Schuldzinsen berechnete; *die Kinder nehmen sich fortwährend sehr schlecht,* klagte Adele. *So stehen wir hier!* Da sich die Streitigkeiten noch Jahre hinziehen konnten – *die Mertens ist auf die Appellation an 3 Gerichten ganz gefaßt* –, beschlossen Sibylle und Adele, komme, was wolle, im Laufe des Jahres 1849 nach Rom umzuziehen. Nach Augustes Hochzeit am 14. Februar lebten sie wieder ganz zusammen. *Ich ziehe jetzt, da Auguste bald aus dem Hause kommt, hierrein.* Da sich die beiden Frauen mittlerweile gut genug kannten, um die Tücken des Alltags zu umschiffen, trafen sie Vorkehrungen für ein kollisionsfreies Zusammenleben; *allein ich habe meine besondre Thee- und Kaffeewirthschaft, meine eigne Bedienung, meine eigene Lüsterfeuerung, etc.*[40]

Von beiden Seiten Narben: Geschwisterliebe

Zur Vorbereitung ihres Umzugs nach Rom stellte Sibylle Adeles Finanzen auf eine solidere Grundlage. Neben der Muhl'schen Rente in Höhe von 300 Talern jährlich besaß Adele noch 2000 Taler, die sie Sibylle in einem privaten Darlehensvertrag vom 30. Januar 1849 lieh. Eigenhändig verpflichtete sich Sibylle, *diese Zwey Tausend Thaler Pr. Crt mit fünf von hundert jährlich zu verzinsen* sowie die Zinsen *in zwey gleichen Raten, die Hälfte am ersten July, die Hälfte am 31. December jedes Jahres zu zahlen.*[1] Beide profitierten von dem Vertrag, da Sibylle Geld, Adele gute Zinsen brauchte. Gleichzeitig gingen sie Adeles drei Neuntel der Schopenhauer'schen Ländereien in Ohra bei Danzig an. Da der Verkauf des gesamten Gutes 1847 an Arthur Schopenhauer gescheitert war, beschloss Adele, ihren Bruder zu hintergehen. Skrupel hemmten sie angesichts ihrer familiären Vorgeschichte nicht.

Arthur Schopenhauer war es nicht gut ergangen im Leben, das ihm bis dahin vorenthalten hatte, wonach er sich in seiner grotesken Selbstverliebtheit verzehrte: die Anerkennung als philosophisches Genie, Kants einziger legitimer Nachfolger. *Die Menschheit hat von mir etwas gelernt, was sie nie vergessen wird, und ich habe den Schleier der Wahrheit weiter gelüftet, als irgend ein Sterblicher vor mir. – Aber den will ich sehn, der sich rühmen kann, eine elendere Zeitgenossenschaft gehabt zu haben, als ich?* Obwohl er seine Mitwelt verachtete, erwartete er doch persönliche Genugtuung von ihr. Den Menschen an sich hielt er intellektuell für *ein höchst dürftiges, miserables Wesen, und moralisch taugt er meistens nicht viel, oft gar nichts: daher soll man mit ihm sich unnöthigerweise durchaus nicht einlassen.* Nur widerwillig unterhielt er sich mit anderen. *Man nivellirt sich nothwendig mit Jedem mit dem man spricht, ja oft tut man Dies mit einer Selbstverläugnung, von der er keine Ahnung hat, die also ein verschleudertes Opfer ist.* Gedanken anderer waren ihm *geschissene Scheiße.*[2]

Dieser Menschenverächter führte als Privatgelehrter in Frankfurt am Main ein äußerlich beneidenswertes Leben. Nicht zu früh stand er auf, wusch sich kalt und kochte sich seinen Kaffee, dann arbeitete er drei Stunden am Schreibtisch; mehr Kreativität pro Tag hielt er für unmöglich. Nachdem er eine Stunde Querflöte gespielt hatte, vornehmlich Rossini, nahm er im besten Hotel der Stadt, dem »Englischen Hof«, ein ausgiebiges Mittagessen ein. Anschließend spazierte er mit raschem Schritt zur Stadt hinaus, stets in Begleitung seines Pudels Atman. Die Hunde wechselten mit den Jahren, ihr Name blieb gleich. Abends aß Schopenhauer erneut auswärts, um sich dann in Oper, Konzert, Theater oder naturwissenschaftlichen Vorträgen zu unterhalten und zu bilden. So selbstbestimmt und finanziell unabhängig er war, war er doch nicht glücklich. *Es ist schade daß ihr Bruder so ganz sich selbst nur lebt und leben kann,* schrieb Johann Gottlob von Quandt Adele

Schopenhauer, *er läuft Gefahr, daß sein ganzes Wesen in einem starren Egoismus versteinert, wenn er nicht irgend einen Gegenstand außer sich lieben lernt.*[3]

Nach dem Zerwürfnis 1820 hatte Adele mehrfach versucht, ihren Bruder zu treffen zur Verbesserung ihres *unseligen Verhältnisses.*[4] Der ließ jedoch ihre Annäherungsversuche an sich abprallen. *Was Deine geäußerten Sentimens gegen mich betrifft; so sind das Lärvchen, die wohl in der feinen Welt gelten, darin Du aufgewachsen bist, weil man aus Höflichkeit thut, als nähme man sie für Realitäten: aber in der Welt des Ernstes und der Wahrheit, in der ich gelebt habe, nimmt man das eben für Lärvchen. Deine wahre Gesinnung gegen mich habe ich erprobt, ergründet und erforscht: da kann mich nichts irre machen.*[5] Dem uralten Goethe vertraute Adele an, *von beiden Seiten ist noch vieles ganz Unerörtertes, u von beiden Seiten Narben!*[6]

Nach dem Tod der Mutter 1838 führten die Geschwister notgedrungen eine geschäftliche Korrespondenz, um ihre gemeinschaftlichen Interessen in Danzig abzusprechen. Dabei zogen sie sich brieflich an den Haaren, wie sie es mangels gemeinsamer Kindheit nie hatten tun können. Arthur warf Adele wiederholt *eine arge Verdrehung der Sache* sowie *eine LEERE AUSREDE*[7] vor, sie beklagte seinen *Zorn*, seine *furchtbare Heftigkeit, Deine Bitterkeit* und stöhnte über seinen *Unsinn.*[8] Nicklig stritten sie über Porto und was der eine geschrieben oder nicht geschrieben habe. *Nimm nicht übel Du bist aber wirklich heftig ohne Ursache und würdest selbst lachen wenn Du Deine Tirade ruhig lesen köntest*, beschied Adele ihren großen Bruder. *Das Geschimpfe ist ja dumm Zeug.*[9] Ging gar nichts mehr, hieß es *Basta* oder *so lasse mich doch nun um Gotteswillen in Ruh.*[10]

Nicht nur in geschäftlichen Dingen versuchte der Bruder, die Schwester zu bevormunden. Adele musste sich rechtfertigen, weshalb sie nicht heirate, warum sie sich eine Reise leiste, wie sie ihr Geld anlege, ja, selbst wie sie sich ärztlich behandeln ließ; *ohne im mindesten an Deinem Talent für Medicin zu zweifeln, ists doch begreiflich, daß ich mich nicht durch Deinen, nicht auf directe Kenntniß der Krankheit basirten Rath irre machen lassen will.* Als Finanzratgeber schätzte sie ihn noch weniger. *Ich halte Dich für einen zu tiefen, ich möchte sagen zu heiligen Denker (denn es ist Dir ein so edler Ernst darum) als daß ich erwarten kan, daß Du die kleinen miserablen pecuniären u bürgerlichen Verhältnisse so durchdenken solltest wie andere practischere Menschen.*[11] Gekränkt antwortete Arthur, der sich viel auf seinen ökonomischen Verstand einbildete: *Auch paßt Deine Versicherung sehr lächerlich dazu, daß Du meinst, ich wäre zu praktischen Dingen wie Geldaffären untauglich: Du hast also vergessen, wie ich mich darin schon hervorgethan und mit den Practicis fertig zu werden gewußt habe.*[12] Diese austeilenden und schmollenden Geschwister waren reife Leute von 56 bzw. 47 Jahren.

Den ›tiefen, heiligen Denker‹ lernte Adele weder in seinen Briefen noch persönlich kennen. Seit 1820 hatten sie sich nur ein einziges Mal wiedergesehen, 1842, als Adele auf dem Weg zu Sibylle in Frankfurt Station machte und Arthur ihr einmal nicht auswich. Während er nie ein Buch seiner Mutter oder Schwester las – und Letztere so sehr unterschätzte oder verachtete, dass er ihr allen Ernstes prophezeite, sie werde sich in Rom langweilen –, verfolgte sie seinen intellektuellen Werdegang aufmerksam. *Die beiden Grundprobleme der Ethik* (1841) hatte sie gleich nach Erscheinen *mit großem Interesse gelesen. Da ich Hegeln nicht mag hat mich die Vorrede sehr amüsirt, doch wollt ich Du wärst weniger witzig animos.* Nicht nur in der Abneigung gegen Hegel, auch in der Sympathie für *die indischen Religionsformen*, die sie über Schlegel kennengelernt hatte, stimmte sie mit ihrem Bruder überein. Die zweite Abhandlung, in der Schopenhauer seine Mitleidsethik begründete, fand Adele *bewundernswürdig geschrieben und durchgeführt. Du selbst bist mir in dem Buche lieber geworden. Ich habe Mitleid immer als das Edelste erkannt um so mehr da ich es nicht im g e w ö h n l i c h e n Barmherzigkeitssinne in hohem Grade empfinde.*[13] Der zweite Band von der *Welt als Wille und Vorstellung* (1844) erfreute sie *durch Styl, Schreibart u Darstellung*, Neues fand sie nicht darin. *Dein System kante ich, weil ich das frühere Buch gelesen.* Seine Ausführungen zu Seelenwanderung und Vererbung lehnte sie ab, und bei seinen skurrilen Thesen über Sexualität – nach Schopenhauer begehren Habichtsnasige Stumpfnasige – vermisste sie Liebe. *Bei der Geschlechtsliebe hast du Sympathie zwischen Menschen vergessen, in Freundschaften auch.*[14]

Auf ihrer Beziehung lastete der Fluch des Geldes. Seine fatale Rolle bei der Zahlungsunfähigkeit des Bankhauses Muhl hatte Adele dem Bruder nicht vergessen. *Hättest Du damals nicht Argwohn gehabt gegen mich, die ich so jung, so ganz unerfahren war, Dein Rath hätte vielleicht mein Vermögen gerettet! so tathest Du als könte ich Dich betrügen wollen – und kanntest doch wenigstens meine Jugend, da betrügt man nicht, man ist großmüthig, schon aus Unerfahrenheit, u ich riß mich los von Dir, weil mich Dein Mißtrauen erschreckte!*[15] Immer wieder erinnerte sie ihn an die schreiende Ungerechtigkeit, dass sie ihr Geld verloren, er seines behalten hatte. Dennoch versicherte sie ihm alle paar Jahre, *keineswegs wirst Du mich unsicher u unklar mich an Dich klammern finden! Ich weiß ich werde viel, viel ärmer seyn als Du, aber sey ganz ruhig, ich werde mir selbst helfen, und sterbe ich einst ganz einsam, so wirst Du was dann noch da ist, von mir geordnet u wohlbehalten erben.*[16] Arthur hatte dennoch panische Angst davor, seine Schwester könne ihn um finanzielle Hilfe bitten. Da er regelmäßig betonte, dass sie *Weg Rechtens gar nichts zu fordern hatte*[17] von ihm, bat sie ihn, *quäle mich doch nicht – ich weiß ja daß Du mir nichts geben wirst, ich bitte ja nicht, fordre nicht – ich wünsche nicht einmal, denn Deine Achtung hängt daran, daß ich nichts von dir bekomme u doch nie ganz von Dir lasse.*[18] 1832, 1840, 1844 versicherte sie ihm, er sei ihr Erbe – er hingegen versprach und gab ihr nichts.

Als Adele zu Beginn des Jahres 1849 ihre Finanzen ordnen und ihren Danziger Gutsbesitz im zweiten Anlauf an Sibylle verkaufen wollte, verspürte sie keine Loyalität mehr ihrem Bruder gegenüber. Verhandlungen über einen neuen Kontrakt mit dem Erbpächter Daniel Friedrichsen nutzte sie, um Klarheit über Beschaffenheit, Kataster und rechtliche Bindungen ihrer Ländereien zu erhalten. Am 23. Januar schlossen Adele Schopenhauer und Sibylle Mertens vor dem Notar Maubach aus Königswinter den Kaufvertrag ab. Adele bestätigte per Unterschrift, den vollen Kaufpreis in Höhe von 3700 Talern *von der Frau Ankäuferin ausbezahlt erhalten zu haben.*[19] In Kraft treten konnte der Vertrag jedoch nur, indem Arthur formell auf sein Vorkaufsrecht verzichtete. Am 2. Februar legte daher ein Beauftragter Sibylles Arthur in Frankfurt den Vertrag vor. Da der Kaufpreis höher als der tatsächliche Wert der Gutsanteile war – zu Grunde lag die Annahme, dass jährliche Einkünfte von 150 Talern bei einer Verzinsung von 4% 3700 Talern entsprachen –, konnte Arthur Schopenhauer nicht widersprechen und genehmigte den Verkauf. Adele dankte ihm für *die Beendigung unseres Geschäftes* und rechtfertigte sich lang und breit. *Jetzt weißt Du die Sache weiß Gott so genau als ich selbst.*[20]

Das stimmte nun aber gerade nicht. Denn obwohl Adele im Vertrag den Empfang des Kaufpreises quittierte, hatte sie die 3700 Taler nicht erhalten. In einer geheimen Nebenabrede verpflichtete sich Sibylle, Adele für die Gutsanteile eine Leibrente von 510 Talern jährlich zu leisten. Für beide war diese Regelung von Vorteil: Adele verfügte sofort über weitaus höhere Einnahmen, und Sibylle musste in ihren derzeitigen Beschränkungen nicht den gesamten Kaufpreis aufbringen. Angesichts von Sibylles neuen Existenzsorgen mag Adele noch eine Nebenabsicht verfolgt haben: Starb sie früh, fielen Sibylle die Gutsanteile billig zu und Adele revanchierte sich für die lebenslange Unterstützung. Diese Vereinbarung behielten die beiden Frauen jedoch für sich. Hätte Arthur von den wahren Zahlungsmodalitäten gewusst, hätte er wahrscheinlich versucht, den Verkauf zu hintertreiben, da er Adeles Rente nicht erben konnte. Sibylle hingegen musste die großzügige Rente verheimlichen, *weil ihre Kinder auch mißtrauisch sind, und man nach ihrem Tode, wenn sie früher sterben sollte als ich, glauben würde, sie hätte mir heimlich große Vortheile gegeben.*[21] Denn lebte Adele noch lange, hätte Sibylle die Gutsanteile weit über Wert erworben. Um sich gegenseitig beizustehen, sahen sich die beiden gezwungen, krumme Wege zu gehen.

Da sich der Betrug rechtsgültiger Formen bediente, äußerte niemand Bedenken – nicht einmal Arthur, den Adele und Sibylle vier Wochen später besuchten. Die beiden Frauen weilten Anfang März 1849 zwölf Tage in Frankfurt, wo sie Freunde und Verwandte treffen wollten. Zum Wiedersehen mit Arthur kam Adele in Begleitung ihrer *intimen Freundin,*[22] von der sie ihm all die Jahre schon viel geschrieben hatte. Da Arthur nicht ahnte, hintergangen worden zu sein, verlief das letzte Gespräch zwischen den Geschwistern harmonisch.

Ach ich kann vor Pein nicht mehr: Adeles Tod

In Frankfurt erreichten Sibylle und Adele beunruhigende Nachrichten aus der Stadt, in der sie ihren Lebensabend verbringen wollten. Obwohl Österreich den Krieg gegen Sardinien-Piemont gewonnen hatte, hörten die Revolten in Italien nicht auf. Nachdem sein Premierminister ermordet worden war, floh Pius IX. aus Rom. Im Kirchenstaat, der damals weite Teile Mittelitaliens umfasste, konnten sich daraufhin demokratische Kräfte durchsetzen, die Rom nach freien Wahlen am 9. Februar 1849 zur Republik erklärten. Die Regierung übernahm ein Triumvirat, dem Sibylle Mertens' alter Bekannter Guiseppe Mazzini vorstand. Die Bildungs- und Landrechtsreformen, die die Demokraten anpacken wollten, blieben jedoch ebenso liegen wie die neue Verfassung, die dem Kirchenstaat Religionsfreiheit verordnen sollte. Denn die reaktionären Kräfte Europas glaubten, eine Römische

Republik nicht dulden zu können. Als nach Österreich auch Frankreich sich anschickte, dem Papst militärisch beizustehen, kam Sibylle mit Adele überein, stante pede allein nach Rom zu reisen, *da im Falle einer Belagerung und Einnahme der Stadt durch Stürmung ich von dem treuen Federigo nicht fordern konnte, dass er mein Eigenthum gegen Plünderung schütze und sich wegen meiner Tische und Sessel, Bücher, oder Antiken Vasen und Bronzen solle todtschlagen lassen*. Ihr Weg führte durch Landschaften und Städte in Aufruhr. Erst auf der letzten Etappe von Civitavecchia nach Rom löste sich ihre Anspannung und sie malte sich *heitre Plane aus, für die Zukunft, wenn ich mit Adelen diesen Weg wieder fahren würde um im Genuss ungestörter Ruhe und Behaglichkeit mit ihr zusammen in Rom zu weilen.*[1]

In der noch ruhigen Stadt fand sie ihre Sammlungen und Möbel, die sie im Palazzo Rondanini am Corso gegenüber von Goethes früherer Wohngemeinschaft untergebracht hatte, in bester Ordnung, doch zu exponiert. Emil Braun verschaffte ihr zwei einfache Zimmer in der Casa Tarpea, dem protestantischen Krankenhaus auf dem Capitol, wo das Instituto di correspondenza archeologica neben seinem eigenen Gebäude Gästezimmer besaß. Mit offenen Augen und Ohren machte sich Sibylle Mertens ein Bild von der politischen Lage. Sie wusste, dass sie sich zu einem historisch einmaligen Zeitpunkt in Rom befand, 1900 Jahre nach dem Untergang der letzten Römischen Republik. Zum Schrecken von Brauns Mitarbeiter Wilhelm Henzen schlug sich die *rote Sibylla Rhenana*[2] auf die Seite der Revolutionäre.

Von der Casa Tarpea war und ist es ein Katzensprung zum Forum, wo neue Ausgrabungen stattfanden, die Sibylle mehrfach am Tag besuchte. Mehr denn je suchten die professionellen Archäologen ihren Rat, denn kurz zuvor war ihr der internationale Durchbruch als Altertumswissenschaftlerin gelungen. Vierzehn Jahre lang hatte sie so unermüdlich wie vergeblich deutsche Museumsleute davon zu überzeugen gesucht, dass es sich bei Gian Carlo di Negros antikem Relief um ein außerordentliches

Kunstwerk handelte, dessen Bedeutung nicht hoch genug zu veranschlagen war. Erst jetzt teilte Emil Braun ihre Beurteilung *dieses welthistorischen Denkmals* und gratulierte ihr dazu, *eine der bedeutendsten kunsthistorischen Entdeckungen gemacht zu haben.* Denn Fachleute des Britischen Museums hatten die Genueser Platte mit anderen antiken Reliefs verglichen, die sie jüngst aus einer Johanniter-Festung im türkischen Bodrum hatten brechen lassen. Beim Bau und Schmuck ihrer Burg, so stellte sich nun heraus, hatten die Johanniter das legendäre Mausoleum von Halikarnassos als Steinbruch benutzt. Das von Sibylle Mertens so geschätzte Relief stammte vom Amazonenfries dieses antiken Weltwunders. Reichlich spät fragte Braun sie, ob *vielleicht in jetzigen Zeiten diese Monumente feil sein würden,* und bat sie um die *Eröffnung der Verhandlungen* mit Gian Carlo di Negro. *Daß man für einen solchen Fall weder das British Museum, noch das Mausoleum nennen dürfte, brauche ich Ihrer vielgeprüften Weisheit nicht unter den Fuß zu geben.*[3] Die Londoner kamen jedoch den lahmen Berlinern zuvor. Bis heute gehört der Fries zu den Hauptschätzen des Britischen Museums. Emil Braun sorgte immerhin dafür, dass Sibylle Mertens' Rolle bei seiner Identifikation nicht in Vergessenheit geriet. Er veröffentlichte in den *Annali dell'instituto di corrispondenza archeologica* 1849 einen Brief an sie, in dem er ihren langjährigen Kampf um wissenschaftliche Aufmerksamkeit für dieses Relief beschreibt. Freundlich bat er sie um einen Vortrag im Institut auf dem Kapitol – den ersten, den eine Frau dort hielt. Am 13. April stellte sie 82 Gemmen aus ihrer Sammlung vor; *la nostra membro*[4] nannten die Herren Gelehrten die ›chevaleresker‹ Kollegin süffisant.

Derweil drangen aus Bonn schlechte Nachrichten zu ihr. Adele, die das Haus in der Wilhelmstraße hütete, musste ihr berichten, dass die Schwiegersöhne in einem neuen Schriftsatz behaupteten, Sibylle wolle einen Teil ihres Vermögens im Ausland vor ihnen verbergen. Diese neue Beschuldigung war um so delikater, als Adele über Sibylles Reise höchstes Stillschweigen bewahrte.

Niemand ahnt hier d. Sachlage, sobald es auskommt legen ihre Kinder alles Geld fest.[5] Nur zu bald erfüllte sich Adeles Prophezeihung. Als Sibylle über die Zeit ausblieb, ließen ihre Kinder auch noch ihr letztes verbliebenes Einkommen sperren. Ein Kreditbrief ihres Schwagers Deichmann – später der Finanzier Alfred Krupps – ermöglichte Sibylle jedoch, ihren Gegnern zu trotzen. Um die Mutter gänzlich in die Knie zu zwingen, eröffneten die Kinder im April 1849 noch einen Prozess, und zwar *um dein Muttergut,*[6] wie Adele Sibylle mitteilte. Dabei ging es um die testamentarischen Bestimmungen Abraham Schaaffhausens zum Nachteil seiner Erstgeborenen. Eigentlich hätte Sibylle beim Tod des Vaters als einziges Kind aus erster Ehe ein Anrecht auf die Hälfte seines Vermögens gehabt, während sich ihre Stiefmutter und Halbgeschwister mit der anderen hätten zufriedengeben müssen. Kurz vor seinem Tod schloss Schaaffhausen jedoch mit Sibylle einen Vertrag, der ihren *Antheil aus der Hinterlaßenschaft ihrer Mutter Maria Anna Giesen*[7] auf 42 000 Taler begrenzte. In seinem Testament vermachte er ihr zusätzlich 58 000 Taler. Danach hatte sie *nichts mehr zu fordern, und soll nicht berechtigt seyn, sich in irgend etwas, waß meinen Nachlaß betrifft, einzumischen, dies ist mein ausdrücklicher Wille.*[8] Sein Hauptvermögen hinterließ er seiner Witwe und den Kindern aus zweiter Ehe. Daraus entwickelte sich in den folgenden 25 Jahren ein aberwitziges Kapital. Bei der Umwandlung des Bankhauses Schaaffhausen in eine Aktiengesellschaft 1848 wurde allein Therese Schaaffhausens Anteil mit 1051951 Talern festgelegt. Obwohl krass benachteiligt, hatte sich Sibylle dem Willen ihres Vaters gefügt, der ihr heilig war. Ihre Kinder und Schwiegersöhne betrachteten ihre Pietät dagegen als Raub an ihnen. Sie behaupteten, Sibylle habe sie bestohlen, indem sie das ungerechte Testament nicht angegriffen habe, und forderten von ihr Schadensersatz. Wie Adele Sibylle nach Rom schrieb, würde der neue Prozess mindestens zwei Jahre dauern.

Als Sibylle Adeles Nachricht erhielt, verfasste sie ihr Testament.

Soweit rechtlich möglich, enterbte sie ihre Prozessgegner Marie, Betty und Julius, bevorzugte Therese, Gustav und Auguste und vermachte Adele *mein ganzes Mobiliar in Rom, mein römisches Armband und 100 Bände aus meiner Bibliothek, Druck oder Kupferwerke nach deiner Wahl, so wie alle Gemälde die ich geschenkt erhalten und deine ausgeschnittenen Bilder die ich habe.*[9] Stieß ihr auf dieser gefahrvollen Reise etwas zu, so sollte Adele in friedlicheren Zeiten ihren gemeinsamen Traum in Rom allein wahr machen.

Die schlimmste Hiobsbotschaft Adeles betraf jedoch sie selbst. Wenige Tage nach ihrer Rückkehr von Frankfurt, am 20. März 1849, brach sie erneut zusammen und fühlte sich *dem Tode nah – nehmlich in Verblutungs Gefahr.*[10] Trotzdem wollte sie wie geplant in Berlin, Weimar und Jena ein letztes Mal ihre Freundinnen und Freunde sehen, bevor sie mit Sibylle nach Italien auswanderte. *Ich bat sie flehentlich, nicht von Bonn wegzureisen, solange die Jahreszeit nicht weiter vorgerückt sei,* erinnerte sich Sibylle später. *Die Antwort auf meinen Brief war leider aus Berlin datirt. Zwei Briefe von dort erhielt ich noch, dann hörten alle Nachrichten auf!*[11] Am 15. April war Adele zu Allwina Frommann nach Berlin gereist. Dort überstand sie am 21. eine weitere Krise. Kaum erholt schleppte sie sich nach Jena zu Louise und Bernhard Wolff mit ihrem Töchterchen, Adeles Patenkind. Bei Henriette von Pogwisch, Ottilies Mutter, erlitt sie in Weimar Mitte Mai noch *ein neues heftiges Ausstoßen der fremdem in m. Körper sich bildenden Krankheits Erscheinungen.* Adele ahnte, dass ihr Kampf in seine letzte Runde ging; *darum richte ich Alles auf meinen jetzigen Tod ein, mir scheint er wahrscheinlich; wenn nur Sibille erst zurück kömt – ich muß sie sprechen.*[12]

Keiner der Briefe, den die sterbenskranke Adele von Weimar nach Rom schickte, erreichte Sibylle. Am Tag, als Adele in Berlin zusammengebrochen war, landeten die französischen Truppen in Civitavecchia. Von Norden näherten sich österreichische, von Süden bourbonische Truppen des Königreichs beider Sizilien.

Garibaldis Freischärler verstärkten das Bürgerheer Roms, das an den Toren und strategischen Plätzen Barrikaden errichtete. An eine Abreise mitten in den Vorbereitungen zum Krieg um Rom war nicht zu denken. Am 30. April griffen die Franzosen an. Sibylle beschrieb Adele *mit Accompagnement von Canonenschüßen* die Kampfhandlungen, die sie von der hoch gelegenen Casa Tarpea verfolgte. *Sei ruhig um mich, ich setze mich keiner Gefahr aus, und mich kann nur treffen was jedem droht: ich glaube aber man wird capituliren. Ich denke stets an Dich, mein lieb Herz und bin bis zum letzten Athemzug Deine treue Sch.*[13] Da die Republikaner Rom erfolgreich verteidigten und der Papst seine Stadt nicht gänzlich zerstören wollte, kesselten die fremden Truppen Rom ein und setzten auf Zeit. Aus der belagerten Stadt schrieb Sibylle Adele ausführliche, republikfreundliche Briefe, um den *Übertreibungen und Lügen* der Zeitungen etwas entgegenzusetzen. Ihrem Eindruck nach sehnten sich nur die Kardinäle, Priester und Mönche nach dem alten Regime zurück, während die große Mehrheit die weltliche Herrschaft des Papstes ablehnte. *Du kannst wenn es dir dient übrigens von diesen Notizen den dir beliebigen Gebrauch machen, ohne mich indeßen zu nennen,* fügte sie hinzu, immer um Adeles Karriere und Auskommen besorgt. Hätte Adele arbeiten können, hätten ihr deutsche Zeitungen Augenzeugenberichte aus der Römischen Republik aus der Hand gerissen. *Lebe wohl! Wenn ich keine Briefe von dir sehe, bin ich zu nichts fähig. Deine treue Sch.*[14]

Adeles Antworten blieben lang und länger aus. *Ich kann es nicht ertragen, von dir nichts zu wißen, und ich vergehe dann stets in 1000 Ängsten. Soit dit une fois pour tout. Lebewohl, auf baldiges Wiedersehen! Deine treue S,* schrieb Sibylle händeringend; *das ausbleiben aller Nachricht von Dir* bewog sie schließlich, das Abenteuer zu wagen und aus der belagerten Stadt auszureisen. Den notwendigen Pass verschafften ihr Verbindungen von früher. Der Chef des Triumvirats, Mazzini persönlich, revanchierte sich für ihre finanzielle Unterstützung 1835/36, als er im Exil war, und für ein Empfehlungsschreiben, das sie ihm 1837 für London geschrieben hatte. So geleitete Laurina Spinolas später Segen Sibylle aus Rom.

Der Weg zurück zu Adele war weit; nicht nur, weil in ganz Europa Bürgerkriege und Kriege tobten, sondern auch, weil Sibylle gar nicht wusste, wo sie Adele suchen sollte. Am 24. Mai fuhr sie mit dem Dampfschiff von Civitavecchia nach Livorno, von dort mit der Eisenbahn nach Florenz, um Adeles Sachen abzuholen, insbesondere ihre Notizen für den zweiten Band des Reiseführers. Eine Stunde vor ihr waren die österreichischen Truppen in die Stadt gezogen, die mit Tschingdarassabum ihren Sieg im zweiten norditalienischen Krieg feierten. Ohne Aufenthalt hastete Sibylle über Livorno sofort weiter nach Genua, wo sie auf ihr eigenes Gepäck warten musste, das per Segelschiff nach Korsika verschlagen worden war. *Mir ist zum erstenmal in meinem Leben der Aufenthalt in Genua lang geworden,*[15] schrieb sie Adele ins Blaue. Erst am 8. Juni konnte sie aufbrechen. Über den Gotthard, Luzern und Basel fuhr sie *Tag und Nacht zurück bis Mannheim, wo ich ankam, als die Badischen Truppen Ludwigshaven in Brand schossen.* Auf dem linken Rheinufer stand die preußische Armee unter dem ›Kartätschenprinzen‹ Wilhelm, dem späteren ersten Kaiser, und versuchte, der badischen Revolution den Garaus zu machen. Nachdem Wilhelms Bruder, Friedrich Wilhelm IV., am 3. April 1849 die Kaiserkrone abgelehnt hatte, die ihm die Frankfurter Nationalversammlung samt Verfassung angeboten hatte, war die 48er-Revolution gescheitert. In den Maiaufständen 1849 versuchten Demokraten mancherorts, eine Verfassung wenigstens in Einzelstaaten durchzusetzen – am erfolgreichsten in Baden, wo die Armee meuterte und Großherzog Leopold ins Exil nach Konstanz zwang. So wie die Römische Republik jedoch von den reaktionären Nachbarstaaten nicht geduldet wurde, so schoss nun Preußen die badische Revolution zusammen – und Sibylle Mertens befand sich schon wieder mitten im Krieg um Demokratie, Wahlrecht und Pressefreiheit. Dieses Mal ging es ihr jedoch nur um Adele. *Keine Möglichkeit nach Frankfurt, wo ich schon so nahe war, zu gelangen. Ich mußte nach Heidelberg zurück und über Würzburg gehen. Am 20ten Juni war ich in Frankfurt, am 22. in Bonn.* In ihrem Haus fand sie zu ihrem Entsetzen weder Adele selbst noch Briefe von ihr. Ihr Nachbar und Freund Philipp Josef Riegeler wusste zu berichten, dass Adele *in Weimar sei, sehr krank, und nur die Nachricht meiner Rückkehr erwarte, um hierher nach Bonn zu kommen!* Obwohl sie selbst eine furchtbare Reise durch halb Europa im Krieg hinter sich hatte, zögerte Sibylle nicht, *am 28. gleich abzureisen; am 29. war ich in Halle, die Eisenbahn ging desselben Tages nicht weiter.*

Am 30. Morgens trat ich in ihre Stube. Gott! so hatte ich es mir nicht denken können: abgemagert zum Scelette, kaum fähig sich aufrecht zu erhalten, wankte sie mir entgegen. Ich rang mit Mühe nach Fassung! ›Ach, ich wußte wohl, daß du kommen würdest‹, sagte sie mit schwacher Stimme; ›ich hatte dich erwartet!‹ – Es war ein über alle Beschreibung schmerzliches Wiedersehen! Als sie sich von der ersten Erschütterung etwas erholt hatte, sprach sie mit dankbarem Gefühle von der Liebe, womit ihre dortigen Freunde sie pflegten und alles aufböten, ihr das schwere Leiden, was über sie verhängt sei, zu erleichtern. ›Aber ich muß nach Bonn‹, sagte sie, ›in Dein Haus, in meine Stuben‹ (sie wohnte in Weimar in einem kleinen Quartiere); ›ich habe von Jena schon alle meine Sachen zu Dir gesendet: Ruhe, große Ruhe und Stille, das wird mir helfen. Sprechen und sprechen hören greift mich so an! Mir thut alles, alles weh! Nicht wahr, Sibylle, wir reisen bald!‹

›Sobald Du reisen kannst, liebes Herz!‹ sagte ich – denn mir schien die Reise ein fast unmögliches Wagniß!

›O! ich kann – ich kann gleich in den nächsten Tagen‹, fuhr sie fort. ›Ich werde können – es wird ja dorten mit mir besser werden.‹

Auch Adeles Arzt, Geheimrat Vogel, riet zur baldigen Abreise. Er erwartete einen neuen Ausbruch und wünschte der Patientin eine bessere Pflege und komfortablere Umgebung, zumal er es für möglich hielt, *das Übel in die Schranken eines leidenden Daseins bewältigen zu können.* Daraufhin arrangierte Sibylle die Rückreise so bequem und schonend wie möglich. Am 4. Juli verließen sie Weimar, am 7. kamen sie abends in Bonn an, wo Adele wieder ihre drei Zimmer neben denen Sibylles bezog. *Die Schwelle der Räume, in denen sie an jenem Abende abgestiegen war, überschritt sie nicht wieder. Vier Tage nach unserer Ankunft erklärte mir ihr Arzt, daß keine Rettung möglich sei.* Heinrich Wolff teilte den Optimismus seines Kollegen aus Weimar nicht. Es ging einzig darum, Adele das Sterben zu erleichtern. Sibylle wusste, dass er recht hatte. Als sie Adele von ihren römischen Erlebnissen erzählen wollte, um sie von ihren Schmerzen abzulenken, *wies sie jede Mittheilung zurück! ›Es greift mich nur an‹, sagte sie – ›laß das bis später!‹ – Auch über die Kunst – jenes innigste Element ihrer Seele, sprach sie nicht – frug nicht und zeigte kein Interesse mehr für das, was ihrem Leben den Impuls gegeben hatte. – Hier erfaßte mich die furchtbare Ahndung, daß ihr Leben sich seinem Ende nahe!*[16]

Mit *zerrissenem und blutendem Herzen* sah sich Sibylle gezwungen, Ottilie von Goethe vom *Zustand unserer armen Adele* zu unterrichten, die von *entsetzlichen Verblutungen und Ausstoßen der Polyptheile* gänzlich entkräftet war. *Sie haben keinen Begriff davon, wie schwach Adele ist, wie abgemagert, so daß sie kaum zu erkennen, trotzdem daß sie früher immer sehr mager war.* Schluchzend schloss sie, *ich fürchte, sie wird sterben!*[17] Am selben Tag schrieb auch Adele Ottilie und durchkreuzte Sibylles Absicht. Da sie vor Schmerzen oft nicht einmal mehr sprechen könne, wolle sie Ottilie nicht sehen, teilte sie ihr schroff mit. Trotzdem hielt es die alte Freundin nicht länger in Wien. *Ach ich kan vor Pein nicht mehr,*[18] hatte Adele geschrieben. Am 29. Juli war Ottilie in Bonn.

Trotz der Nickligkeiten, die sie seit dem verunglückten Aufenthalt in Neapel ausgetragen hatten, freute sich Adele sehr über Ottilies Ankunft. Ihre *liebe Gegenwart* sorgte für *die letzten Sonnenblicke, welche Adelens Leben erheitern sollten.* Kurz vor ihrem Tod erlebte Adele Schopenhauer das Glück, noch einmal die beiden großen Lieben ihres Lebens um sich zu haben. An ihrem Sterbebett gingen Sibylle und Ottilie endlich vom ›Sie‹ zum ›du‹ über. Um dieses letzte Wiedersehen so heiter wie möglich zu gestalten, riss sich Adele ungemein zusammen. *Sie hatte mit fast übermenschlicher Geisteskraft die schwindenden Kräfte des Körpers in diesen zehn Tagen, sozusagen, conzentrirt, um der über alles geliebten Freundin die Ahndung ihres nahen Todes zu ersparen!* Sibylle hoffte mit einem Mal wieder, *dies über alles geliebte Wesen noch dem Leben wiedergegeben zu sehen.* Doch täuschte sie nur Adeles eiserner Wille während Ottilies Besuch. *Als ich Ottilien zum Wagen begleitet hatte und an Adelens Bette trat, sagte sie mir: ›Ach! Ich werde sie nie wiedersehen! Nun kann ich mich gehen lassen! Sie würde es nicht ertragen haben, hätte sie gesehen, daß ich sterbend bin! Du m u ß t es aber ertragen, arme Sibylle! Du mußt stark sein!‹ Von da an nahmen ihre Kräfte auf eine reißende Weise ab; das Fieber, was sie nicht verlassen hatte, wurde heftiger.*

An ihr Bett stellte Sibylle jeden Tag frische Rosen vom Auerhof. Vor 21 Jahren hatten sie dort zum ersten Mal gemeinsam die Rosenblüte erlebt. Sibylles letztes Geschenk an die Geliebte war eine Vase aus blauem Porzellan. *Die Freude an Blumen blieb ihr bis zum letzten Tage ihres entschwindenden Lebens: es war dies der vergeistigte Ausdruck jener Freude an der Natur und an allem Schönen, welches ihrem Leben den edlen Gehalt gegeben hatte.* Laut Sibylles Chronik von Adeles qualvollem Sterben, dem bewegendsten Dokument ihrer Liebe, beschäftigten sie sich mit Adeles bescheidenem Hab und Gut und mit gemeinsamen Erinnerungen. *Sie hatte mich wiederholt gedrängt, ihre von Jena hierher gesandten Sachen auszupacken. Ich frug sie, ob sie die kleineren Gegenstände in ihre Stube haben wollte, was sie ablehnte; aber sie bat mich, mir etwas für mich davon zu nehmen. ›Wenn ich genese‹, sagte sie, ›ja w e n n ich genese, so wollen wir es alles recht hübsch aufstellen.‹ Auf ihre wiederholte Bitten brachte ich ihr ein Kästchen mit Spielmarken, welches von ihrer Mutter war: ›Ja, das ist hübsch‹, sagte sie, ›nimm doch das kleine Glas, was da sein muß, auch!‹ Tages darauf begehrte sie eine Mappe, worin Zeichnungen und Porträts lagen; ich reichte ihr eine nach der andern hin: als sie mir Knebels Porträt zurückgab, sagte sie: ›Behalte das doch gleich und lege es zu deinen Autographen; du hast ja seine Handschrift. Wir wollen das später hübsch ordnen.‹*

Dazwischen überkam sie dann wieder die Ahndung ihres nahen Todes. ›Arme Sibylle‹, sagte sie, ›daß du mich überleben mußt! Wie wirst du es ertragen können, das Leben, ohne deine Adele!‹ – Und ein andermal: ›Sei stark, Sibylle! sei stark! Wir dürfen nicht schwach sein! Wir nicht!‹ – Sie gedachte aller ihrer Freunde. ›Ach, es ist doch schön, daß ich Ottilien noch einmal sehen durfte! Wie dankbar bin ich für dieses letzte Glück!‹ – ein andermal: ›Louise Wolff wird mich schmerzlich vermissen! Sie liebt mich so treu‹ – und so sprach sie von allen! Es war fast das einzige, was sie sprach, weil das Reden ihr weh that. Wenn die Schmerzen momentan sich minderten, trat ihre eigenthümliche Heiterkeit wieder hervor. Ich hatte ihr irgend eine Speise schon zerschnitten gebracht: ›Das ist ein schöner Gedanke‹, sagte sie und lachte laut. ›Weißt du noch, Sibylle, wie wir in Unkel waren und du zum Thee die Butterbrote zierlich übereinander gelegt hattest, und die Frau von – (sie nannte die Dame) ausrief: ›Das ist ein schöner Gedanke! So was wäre uns nimmer eingefallen!‹

Am 17ten August zeigten sich die ersten Symptome der Wassersucht; die Geschwulst vergrößerte ihre Leiden: die Todesboten stürmten unaufhaltsam heran; einmal sagte sie: ›Ich fürchte mich nicht vor dem Sterben, nein nicht vor dem Sterben; aber ich bange vor den Schmerzen! Ach, Sibylle, laß mich nicht zu sehr leiden! Ende die Qualen, ehe mich die Verzweiflung faßt! Gieb mir etwas dann, was sie endet! Es ist kein Unrecht! es ist Mitleid!‹ Sibylle versorgte sie mit Alkohol und Opium. *Sie litt unsäglich, und sie war dabei so mild, so hingebend, daß ich glaubte, es würde mir das Herz brechen.*[19]

Am 20. August machte Adele ihr Testament. Sie bat Sibylle, den Notar Maubach aus Königswinter einzubestellen, vor dem sie auch schon den Kaufvertrag über die Gutsanteile in Danzig aufgesetzt hatten, sowie vier Zeugen. In Anwesenheit von Philipp Joseph Riegeler, dem Schreiner Ignatz Lautenschlaeger, dem Aufwärter Jacob Schütz sowie dem Schlosser Nicolaus Münch diktierte sie dem Notar ihren letzten Willen. *Ich Adele Schopenhauer setze hiermit zur Universal-Erbin meines gesammten Nachlasses ein die Frau Sibylla geborne Schaaffhausen, Witwe des verlebten Herrn Ludwig Mertens, Renntnerinn zu Bonn wohnend; meinem Bruder Arthur Schopenhauer Doctor der Philosophie zu Frankfurt wohnend vermache ich eine in den Händen meiner genannten Erbin beruhende Capital-Forderung von Zwey Tausend Thalern pr. ct, zahlbar mit fünfprocentigen Zinsen nach vorheriger sechsmonathlicher Kündigung in vier nacheinander folgenden Jahres-Raten.*[20] Mit ihrer Universalerbin ging sie im Anschluss alle Freundinnen und Freunde durch, denen sie bestimmte Andenken und Gegenstände hinterlassen wollte. *›Es ist gut‹, sagte sie; ›sollte ich einige Namen vergessen haben zu nennen, so wirst du schon sorgen; du mußt für mich denken – ich weiß schon, du wirst es, du Arme, wenn ich gestorben bin!‹*[21]

Nach Adeles Diktat schrieb Sibylle an diesem Tag auch Arthur Schopenhauer. Seit einem Monat hielt sie ihn über die Krankheit seiner Schwester auf dem Laufenden. Auch Ottilie hatte ihm auf der Rückreise von Bonn Adeles dramatischen Zustand geschildert. Wie sie Sibylle schrieb, war er *tief betrübt Adele so leidend zu wissen, und pries das Glück, daß sie Deine Pflege hat.*[22] Anlass für einen tröstlichen Brief an Adele, einen Dank an Sibylle, oder gar für einen Besuch war ihm das nicht. Am 18. August berichtete Sibylle Arthur erneut von Adeles *entsetzlichsten Schmerzen* – und ihrer eigenen Not: *Ich darf an den Verlust, der mir so nahe droht, nicht denken, wenn ich zu dieser traurigen und heiligen Pflicht Muth und Faßung mir bewahren soll.*[23] Für den Fall von Adeles Tod bat sie ihn, jemanden in Bonn mit einer Vollmacht auszustatten, damit ihr Haus wegen Adeles Nachlasses nicht gerichtlich versiegelt werden müsse. Zwei Tage später wiederholte Adele diese Bitte. Sie diktierte Sibylle, die an ihrem Bettrand saß und Arthur mit rascher, fliehender Hand schrieb. Adele kündigte ihm den Rest ihres Vermögens sowie das verbliebene Familiensilber an, berichtete ihm von den Verfügungen über ihre *Damenbibliothek,* ein paar Bilder und Modeschmuck und bat ihn unausgesprochen, ihr Testament nicht anzufechten. *Du würdest sehr wenig durch den Verkauf zu Deiner Gunst gewinnen.*[24] Dass sie Sibylle zu ihrer Universalerbin eingesetzt hatte, behielt sie für sich. Arthur anwortete ihr mit den freundlichsten Worten, zu denen er fähig war, zerstreute ihre Sorgen wegen der Versiegelung und hoffte, dass sie *dies Mal noch nicht* sterben bzw. *wie wir Buddhaisten es nennen, das Leben wechseln*[25] sollte.

Quälend langsam nur gingen Adeles Martern dem Ende zu. *Sie konnte wegen der Geschwulst nur mit großen Schmerzen liegen und mußte stets von einer Stelle zur andern gehoben werden: dabei war sie engelhaft geduldig und mild und dankte jedesmal freundlich, wenn es ihr gelang, ihr momentan eine erträglichere Lage zu verschaffen. Ich nannte ihr mehrere Personen, die sich nach ihrem Befinden hatten erkundigen lassen, und in der Reihenfolge auch den protestantischen Pfarrer Wichelhaus (der indeß nicht geschickt hatte) mit dem Zusatze: er ließe zugleich fragen, ob er sie besuchen dürfe. Ich wollte bei bejahender Antwort den Pastor zu ihr bitten lassen. Sie sagte: ›Nein!‹ und als ich zur Thüre ging, mich zurückrufend: ›Ich will dir meine Antwort sagen. Bestelle, liebe Freundin: ich ließe ihm gar sehr danken für seine große Güte: ich wäre mit meinem Gewissen in Frieden und müßte fürchten, eine Aufregung werde mir schaden.‹*[26] In ihrer letzten Nacht musste die arme Adele noch einen *harten, langen Todeskampfe* durchleiden, *denn sie erkannte bis zum letzten Augenblicke ihre Umgebung, und rief nach Hülfe und nach Luft!*[27] Sibylle hielt sie in den Armen, als sie *ohn Unterlaß rief ›Komm' o' komm' mit‹?!*[28] Am Morgen des 25. August 1849, früh um halb vier, war Adele Schopenhauer endlich erlöst.

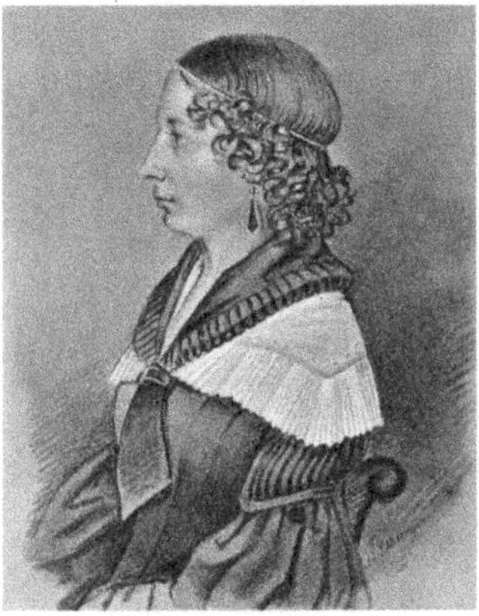

(32) Sibylle Mertens,
Zeichnung von Adolf Schlesinger,
um 1842

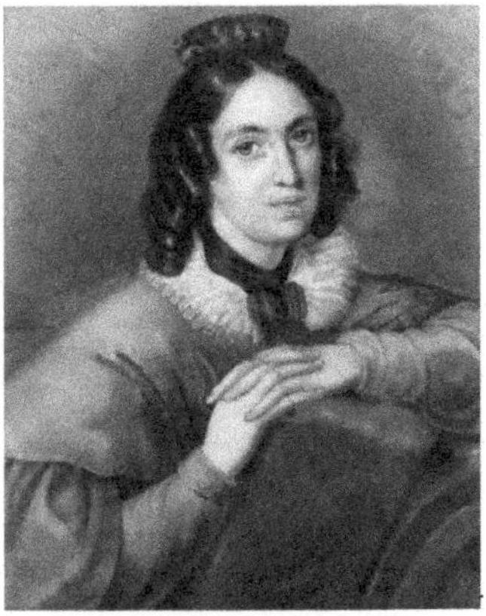

(33) Ottilie von Goethe,
Pastell von Luise Seidler,
um 1845

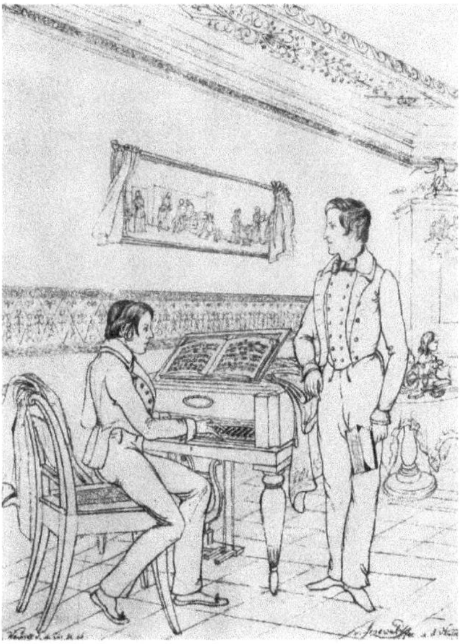

(34) Walther und Wolfgang von Goethe im Juno-Zimmer,
Federzeichnung von Bernhard von Arnswald, 1838

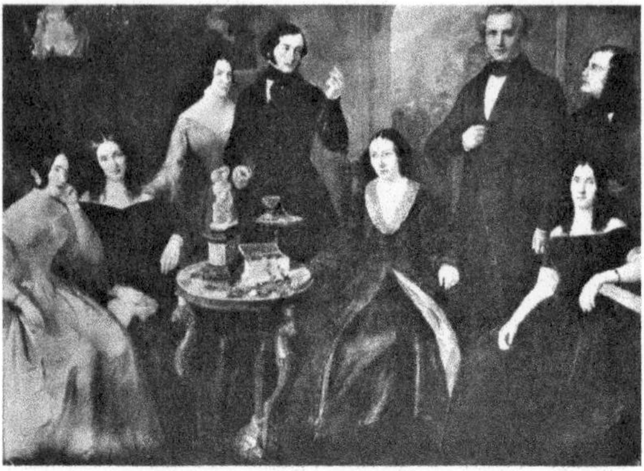

(35) Die Familie Mertens,
Ölgemälde von Carl Friedrich Ludwig Schmid, 1843

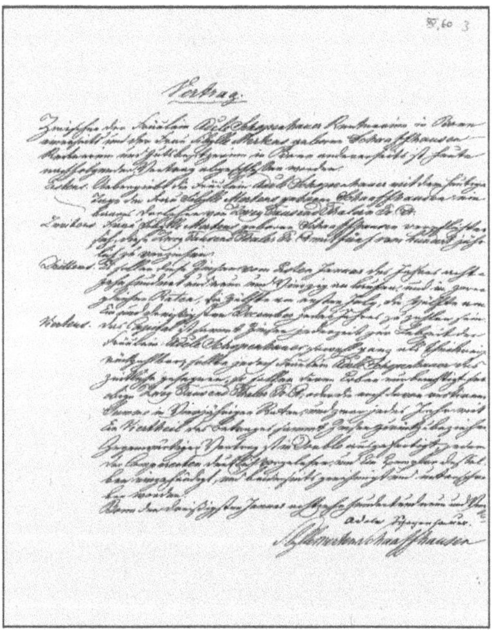

Vertrag

Adele Schopenhauer

S. Mertens-Schaaffhausen

(36) Darlehensvertrag zwischen Adele Schopenhauer und Sibylle Mertens vom 30. Januar 1849

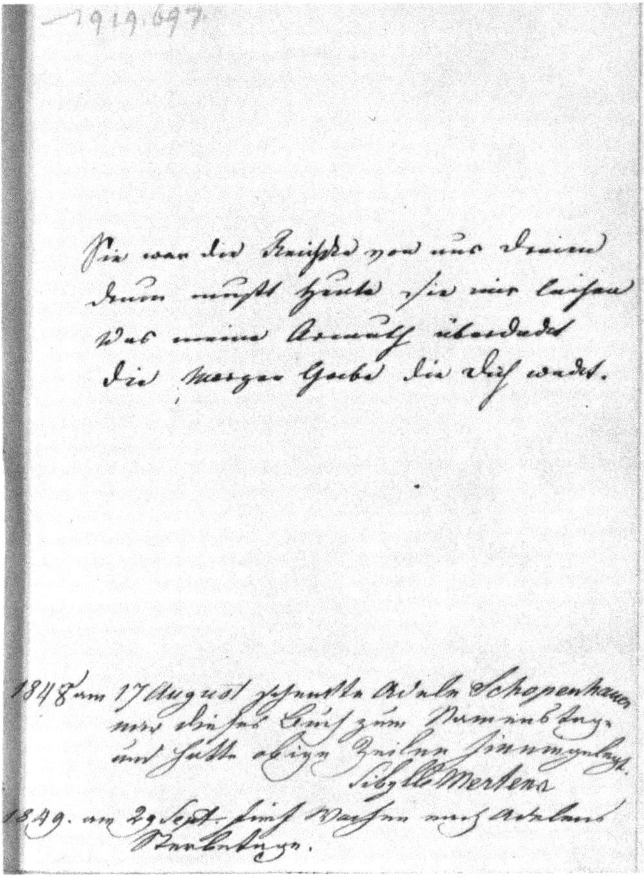

(37) Widmung von Adele Schopenhauer an Sibylle Mertens in einem Gedichtband von Annette von Droste-Hülshoff. Adeles Gedicht fügte Sibylle später einige Zeilen zur Erinnerung hinzu.

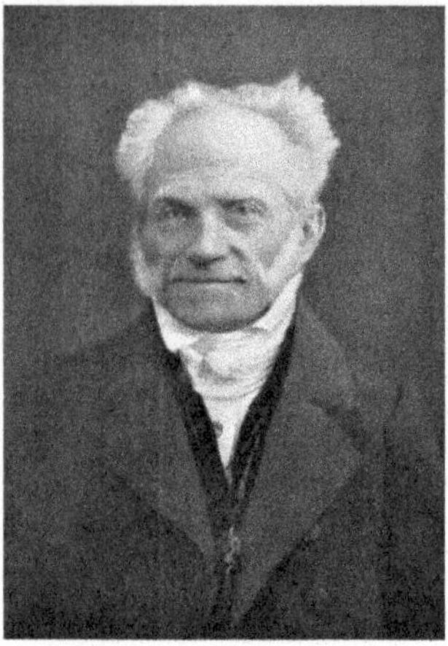

(38) Arthur Schopenhauer,
Daguerreotypie von C. L. Leblanc, 1846

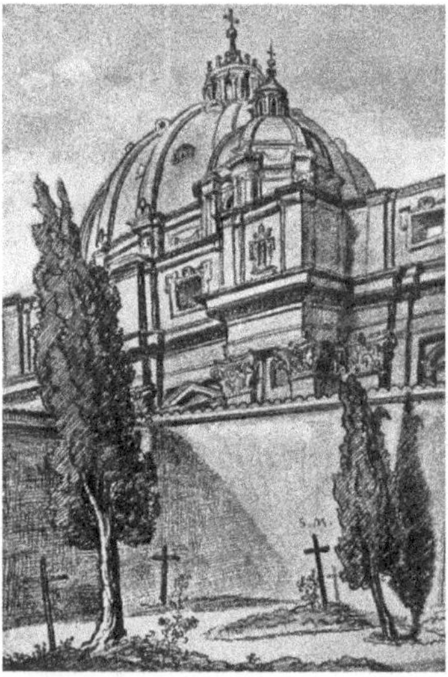

(39) Grab von Sibylle Mertens auf dem
Campo Santo Teutonico in Rom,
Zeichnung von Johann Michael Wittmer, 1857

Mein Schmerz ist nur um Eines: Die Witwe

Taub vor Schmerz, Trauer und Erschöpfung, benachrichtigte Sibylle bei Tagesanbruch die Nächsten. *Ich mag weder gegen Sie noch gegen mich so grausam sein, zu beschreiben, wie Adele starb. Ich habe es erleben können: erzählen kann ich es nicht!,*[1] schrieb sie Arthur Schopenhauer. Sie wusch den gequälten Leib Adeles und bettete sie selbst in den Sarg. Ausgerechnet am *28., dem hundertjährigen Jubiläumstage von Goethes Geburtstag,* musste Sibylle ihre Lebensgefährtin bestatten. Anders als ihren Ehemann, dem sie ein Grab weit entfernt bereitet hatte, begrub sie Adele wenige Schritte von ihrem Haus in der Wilhelmstraße auf dem heutigen Alten Friedhof in Bonn. *Nicolovius sendete einen Lorbeerkranz, Boisserée einen Cypressen- und Immortellenkranz, die auf der Bahre befestigt mit in die Gruft gegeben wurden. Mehrere Damen warfen Blumen und Kränze hinein.* Am Tag nach dem protestantischen Begräbnis nahm Sibylle auf ihre eigene Weise Abschied und beging auf dem Auerhof allein ein antikes Totenritual. *Am 29. ließ ich einen großen Wachholderbaum in meinem Garten fällen und auf dem kleinen Hügel baute ich einen Scheiterhaufen, worauf ich ihre falsche Haarflechte, ihre Öle, Pommaden, Kämme, Schwämme, Essenzen, Räucherwerk, die Rosenbouquetts, die bei ihrer Leiche gestanden, verbrannte. Zuletzt aus dem Garten Zweige von ihren liebsten Pflanzen und Bäumen, ein paar Trauben, eine Feige und einen Epheuzweig. Die Weinreste aus den Flaschen, woraus man sie in den letzten Tagen gelabt, löschten die Asche, die unter dem Rasen meines Gartens dann begraben wurde. Es war in ihrem Sinne.*[2]

Danach verschanzte sie sich in Adeles Zimmern und versammelte *alles, was ich aus letzter und früherer Zeit von ihr habe um mich.* Schon um Laurina hatte sie so getrauert. In ihrem Album betrachtete sie Adeles Blütenaquarelle, Levkojen und Ehrenpreis, einen blühenden Kaktus und Fette Henne. *Jeden Tag stelle ich frische Rosen aus meinem Garten in die kleine blaue Vase,* wie noch ans Sterbebett Adeles. *In dem Arbeits-Tische der in ihrer Krankenstube stand, liegt ihr Nähzeug, auf dem Schreibtische steht ihr Dintenfaß, liegt ihre Papierscheere; dieses Blatt liegt auf ihrer Schreibmappe.*[3] Mit Adeles Schreibfeder benachrichtigte sie über sechzig Freunde und Bekannte; *warum muß ich hier bleiben um sie zu beweinen? Ich kann meinen Schmerz nicht in Worte fassen!*[4]

Wochen- und monatelang fand sie keinerlei Fassung, vermochte kaum zu essen oder schlafen. *Und nun sinds übermorgen schon vier Wochen, daß mein armes treues Herz zum letzten Male schlug! Ach! Ottilie! könnte ich zu ihr hinabsteigen in die enge Gruft, und mich betten zunächst diesem jetzt starren Herzen, das so treu und so warm schlug für seine Geliebten! Könnte ich! Dürfte ich! – Sie war so werth zu leben, und sie mußte sterben! Und keine Hülfe, keine Rettung war möglich! Es ist entsetzlich, daß ich ihren Tod überleben mußte!* Ob des Abgrunds ihrer Trauer fürchtete sie, verrückt zu werden. Die Einzige, die ihr früher die Sorge um ihren Geisteszustand genommen hatte, war Adele gewesen. *Jetzt ist sie nicht mehr da – wenn sich die Idee in mir festsetzt, daß ich verrückt war, wird niemand mir sie ausreden, und an dem Gedanken allein kann ich es wieder werden, wenn ich es nicht schon würde, weil sie mir fehlt, überall, immer! Sie war in den vielen Jahren zuletzt so sehr die Seele meines Wesens geworden, daß ich nun ganz wie unmündig bin.*[5] Sie redete nur noch mit Mme Thuran, einem großen schwarzen Hund, sowie den beiden Eichhörnchen Hanns und Puck. Nach einer dreistündigen Ohnmacht hoffte sie auf die nächste, ewige.

Ottilie machte sich schwere Vorwürfe, nicht noch die paar Tage länger geblieben zu sein, um Adele – und Sibylle – bis zuletzt beizustehen. Sie hatte nach Adeles Tod das Gefühl, *als hätte ich keine Vergangenheit mehr. Ich komme mir seitdem so unvollständig vor.*[6] Rund vierzig Jahre war sie mit Adele befreundet gewesen. Einfühlsam und warmherzig versuchte sie, Sibylle zu trösten; *wird Dir nicht ewig bleiben was von Adelens Geist und ihren Ansichten in Dich übergegangen ist? Ich bin doch eine Art von Vermächtnis Adelens für Dich, denn durch sie haben wir uns kennen gelernt, so laß uns fest aneinander halten.*[7] Dankbar und heftig ergriff Sibylle diese ausgestreckte Hand. Niemand verstand ihren Schmerz so sehr wie Ottilie, Adeles erste Liebe. Offen sprach Sibylle den delikaten Umstand ihrer Konkurrenz an; *ein schmerzlich treffendes, aber zugleich mir günstiges Geschick hat mich in der letzten Zeit zu Adelen auf den Platz gestellt, wo Du fast Dein ganzes Leben standest und geblieben bist; nur äußerlich rückten die Umstände mich in ihre nächste Nähe; innerlich – ob ich nicht eifersüchtig hätte sein dürfen, wenn dies, D i r g e g e n ü b e r, in meinem Karakter gelegen hätte, weiß ich dennoch nicht! Es ist kein Zugeben was ich hier ausspreche, sondern ein Anerkennen – das begreife wohl!*[8] Ottilie dagegen wusste, dass der Zauber, den sie auf Adele ausgeübt hatte, lange verjährt war und die alte Freundin mit Sibylle eine viel realere und befriedigendere Beziehung geführt hatte. Als ihr Sohn Walther in seinem Nachruf auf Adele Schopenhauer in der deutschlandweiten *Allgemeinen Zeitung* erwähnte, dass sie *in den Armen einer treuen, aufopfernden Freundin, der Frau Sibylle Mertens-Schaaffhausen*[9] gestorben war, bat Ottilie um Entschuldigung für diese Indiskretion, bestand aber in ihrer naiv-trotzigen Art darauf, dass, was wahr sei, auch benannt werden müsse; *soll ein Nekrolog von Adelen geschrieben werden,* meinte sie zu ihr, *so muß ja Dein inniges Zusammenleben mit ihr und Alles was Du für sie gethan doch geschildert werden. Dein Nahme ist von Adelens Nahme nicht zu trennen, und ich denke mir Du möchtest es auch nicht.*[10]

Am Leben hielt Sibylle in dieser schweren Zeit einzig die Beschäftigung mit Adeles Nachlass. Nach dem Wunsch der Verstorbenen verteilte sie ihre geringen Habseligkeiten. Ihre Kleider und der Rest Bargeld gingen an Louise Wolff, Walther von Goethe erhielt eine Uhr, die er schon als Kind geliebt hatte, Allwina Frommann Kupferstiche, ein Halsband und einen Ring mit Granaten. Ottilie, die Miniaturen und einen Teekasten bekam, wünschte sich zusätzlich einen Ring zum Andenken und eine intime Gabe Sibylles an Adele, *die Schnur von Deinen Haaren.*[11] Als Ausdruck ihres Bunds mit Ottilie ließ Sibylle außerdem zwei Schmuckstücke bearbeiten. *Aus den Sachen Adelens, die ich eigentlich schon früher besaß und immer von Zeit zu Zeit getragen und ihr dann wiedergegeben habe, sind mir besonders zwei Armbänder lieb, von gegliederten kleinen Goldplättchen mit kl. Perlen: sie rühren noch von der Hofräthinn her. Von diesen habe ich das eine für Dich bestimmt, und beiden Adelens Namen eingravieren lassen. Ich werde das meinige stets tragen, und sterbe ich, so kömmt es mit den andern Sachen an Dich! Sage mir in welcher Weise ich Dir dies kleine Armbandszwillingskind senden soll: Du bist das einzige Wesen auf der Welt, dem ich es geben würde.*[12]

Ihren schriftlichen Nachlass, alle Manuskripte, Tagebücher und Briefe hatte Adele Sibylle vermacht, zusammen mit der Bitte, was davon brauchbar war zu veröffentlichen. Während Adele vornehmlich an das Florenz-Manuskript gedacht hatte, verspürte Sibylle den Wunsch, eine Gesamtausgabe ihrer Werke zu veranstalten. Als Einleitung wollte sie eine Biographie Adeles verfassen. Im Schmerz Läuterung suchend, fing sie mit dem Naheliegendsten an, dem qualvollen letzten Jahr bis zu Adeles Tod. Bei der Sammlung der weit verstreuten Erzählungen, Gedichte und Feuilletons sollten ihr Ottilie von Goethe und Allwina Frommann helfen, der Adele die etwaigen posthumen Honorare vermacht hatte. Allwina arbeitete jedoch mittlerweile als Zeichenlehrerin und Vorleserin von Prinzessin Augusta – der späteren Kaiserin – und geriet durch Sibylles Kontaktaufnahme in Verlegenheit. Denn die erklärte Demokratin sprach in Bonn offen *über das Verdienst der Republikaner in Rom und über die Gewalttätigkeiten der Preußen in Baden.*[13] Am Berliner Hof zirkulierte das Gerücht, sie *habe in Rom ein wenig mit Revolution gemacht! Ach lieber Gott!*, stöhnte Sibylle da auf und antwortete Allwina diplomatisch, es sei in Rom *weder so schlimm, wie es die papalen, noch so schön, wie es die repu-*

blicaner sagten,[14] gewesen. Da sie jedoch den Kartätschenprinzen Wilhelm kritisierte, Augustas Mann, der *einmal König nicht nur über Soldaten sondern auch über Bürger sein wird* und dem daher *etwas mehr vom Bürger und etwas weniger vom Soldaten*[15] gut anstünde, lehnte Allwina ein Treffen mit Sibylle rundweg ab.

Darauf forcierte die Witwe ein Wiedersehen mit Ottilie von Goethe, um die Edition von Adeles Werken voranzubringen. Gegen Sibylles Wunsch kam Ottilie Mitte August 1850 zusammen mit Anna Jameson nach Bonn, die Sibylle *sehr fremd geworden*[16] war. Anna hatte die Karriere als populäre Sachbuchautorin gemacht, die sich Adele erträumt hatte. Ihre Artikelserie im *Penny Magazine* über frühe italienische Maler erlebte als Buchausgabe *Memoirs of Italian Painters* zwölf Auflagen. 1848 erschien der erste Doppelband der Bücherreihe, die zu ihrem Hauptwerk *Sacred and Legendary Art* werden sollte. Ihr Ziel ähnelte dem Adeles in ihren Feuilletons und dem Reiseführer für Florenz – Kunsterziehung für ein sich bildendes großes Publikum, dem es an Vorwissen mangelte. Sie traf damit ins Schwarze, denn ihre flüssig geschriebenen Kunstgeschichten wurden in England und den USA immer wieder aufgelegt. Adeles posthume Karriere hingegen torpedierte sie, mit oder ohne Absicht. Enttäuscht schrieb Sibylle, als Ottilie mit Anna nach einer Woche wieder abgereist war: *es ist mir sehr unlieb die Sachen wegen Adelens litterarischem Nachlaß nicht alle mit Dir zusammen durchgesehen und besprochen zu haben. Ich hatte ein ganzes Jahr lang darauf gehofft, mich darauf hingewiesen, darauf gerechnet: und nun Du endlich hier warest – geschah so wenig! Ich werde es nicht niederkämpfen können, daß Anna, die bei Adelens Tode mir gar keine Theilnahme zeigte, es war, die es verhinderte, daß dieses, was mir auf der Seele liegt, mit Dir besprochen und geordnet wurde. Ich hatte, als Ihr hier waret nur zwei Gedanken: Deine liebe Gegenwart und Adelens Tod und Nachlaß – und sie begriff auch nicht ein tausendsttheil von dem, was in meiner gequälten Seele lag, und wollte ›amüsirt‹ sein! Bei dem ewigen Gotte! Ich werde das nimmermehr vergessen!*[17]

Wie im Jahr zuvor war Ottilie nicht bis zu Adeles Todestag geblieben. Sibylle fiel der Beginn des zweiten Jahrs nach Adeles Tod unendlich schwer, weil damit der Trauerkalender abriss, nach dem sie gelebt hatte. *Dreihundertundfünfundsechzig Mal rollten die Tage dahin, sich stets gleich in immer wachem Schmerze, jedem von ihnen die Erinnerung eingeprägt eines gleichbenannten aus dem letzten Jahre ihres Lebens, jedem die brennende Qual der Entbehrung dessen, was vor Jahresfrist mich noch beglückt, gehoben, gehalten hatte, jedem an die Stirne gedrückt ein Merkmal damaliger Zufriedenheit, Hoffnung, Sorge, Furcht, welche sie zum Gegenstande hatte. Mit jenem Tage riß das letzte Band, welches an ihr Lebensdasein das meinige kettete: denn der geschlossene Kreislauf der Zeit war abgeflossen, und auf das ›Heute‹ antwortete nur das trostzernichtende ›Vorm Jahre war sie todt!‹ Ich hatte von dieser Verlassenheit, die mich jetzt umfaßte, in dem ganzen kummervollen Jahre keine Ahndung gehabt.*[18]

Da nichts mehr von Interesse für sie war *außer jenen Aufträgen Adelens, die ich gerne noch erfüllen möchte,*[19] reiste sie im Jahr darauf mit dem unvollständigen und heterogenen Material aus Gedichten, kunstwissenschaftlichen Beiträgen, Märchen und Zeichnungen zur Leipziger Buchmesse. Doch höchst unglücklich darüber, *mit dem, was die mir so theure Verstorbene geschrieben und mir gelaßen hatte, ›von einer Thür zur andern‹ zu wandern, um den Verleger dafür zu finden,*[20] entschied sich Sibylle impulsiv, Allwina auszuzahlen und auf eigene Kosten ein Album mit Gedichten und Zeichnungen Adeles drucken zu lassen. Daraus entstand jedoch nichts weiter als die gänzliche Entzweiung mit Allwina. Als Sibylle sich eingestehen musste, die Herausgabe von Adeles Nachlass nicht bewältigen zu können, vermachte sie den Weimarer Kunstsammlungen per Schenkungsvertrag vom 26. Oktober 1852 fast alles, was ihr von Adele geblieben war, darunter 33 Zeichnungen Goethes, die er an Johanna Schopenhauers Salonabenden verfertigt hatte, und das große Ölbild von Caroline Bardua, das Johanna Schopenhauer an der Staffelei und neben ihr Adele als Kind zeigt. Dank Sibylle Mertens' großzügiger Schenkung konnten andere vollenden, was sie begonnen hatte. Ein erstes Album mit Scherenschnitten erschien 1913, ein zweites zusammen mit Gedichten 1920, der Florenz-Reiseführer 2007.

Sibylle Mertens scheiterte auch deshalb an ihrer selbst gestellten Aufgabe, weil ihre *schlimmen Kinder und Schwiegersöhne* gleich nach Adeles Tod die *Stachelketten der Prozeßchicane* enger und enger zogen. Zu ihren Gegnern lief zuletzt noch Rudolf Esser über, der Mann ihrer zweiten Tochter Therese. Die vier Kinder und drei Schwiegersöhne beherrschten alle Methoden der prozessualen, publizistischen und psychologischen Kriegsführung. Sie ließen beim Notar 83000 Taler sperren, die Sibylle aus dem Verkauf des Auerhofs gehörten, so dass sie Perlen und Diamanten für ihren Lebensunterhalt versetzen musste. Da sie auf das Haus in der Wilhelmstraße hypothekarischen Anspruch erhoben, konnte Sibylle ihren Gläubigern keine Sicherheiten mehr bieten. Auch die öffentliche Meinung versuchten sie zu beeinflussen; *zuletzt wurde sogar noch ein Buch gegen mich geschrieben und gedruckt: es wird stark gelesen, und bringt dem Verleger viel ein!*[21] Und sie versuchten, Sibylle *quasi unter Curatel zu stellen*, indem sie behaupteten, *ich sei in Folge meines Sonnenstiches auf den Kopf 1822 und meines Stoßes gegen denselben 1830 längere Zeit von Sinnen gewesen und dem Anfalle der Verrücktheit ausgesetzt.*[22] Sibylles wunder Punkt machte sie um so verletzlicher, als Frauen liebende Frauen allmählich als wahnsinnig denunziert wurden. Wenige Jahre später betrachtete der Arzt Carl Westphal die *Wuth* einer Patientin, *Frauen zu lieben und mit ihnen ausser Scherzen und Küssen Onanie zu treiben*, als *Symptom eines neuropathischen (psychopathischen) Zustandes.* Sein Aufsatz über »Die conträre Sexualempfindung« (1869) markiert den medizinischen Startschuss der ›Krankheit Homosexualität‹.

Anders als Westphals Patientin, die sich später in der Mangel der Medizin *sehnlichst wünscht, geheilt*[23] zu werden, stellte Sibylle sich und ihre Liebe nicht in Frage. Ohne *die beßre Hälfte meines*

Daseins, Adele!,[24] war ihr Kampf gegen ihre Kontrahenten sinnlos. *Die Leute denken, ich kümmre mich so sehr wegen der Prozeßangelegenheiten, dem Geldverluste u. s. w. und ich lasse sie dabei, denn mein innrer Gram ist mir zu heilig, als daß ich gegen die Menge über ihn reden könnte: mein Schmerz ist nur um Eines – um Adelens Tod! Es ist wirklich in ihr ein Theil meines innersten Lebens abgerissen worden und ich bin nur ein Krüppel.*[25] Nach zehn Jahren Streit kam im März 1852 schließlich ein Vergleich zu Stande, weil Sibylle 14000 Taler opferte. Doch diese Lösung verschaffte ihr eine Freiheit, für die sie gar keine Verwendung mehr hatte. *Im Augenblicke, als der Ausgleichungs Akt gezeichnet war, hatte ich die Empfindung, als sterbe Adele mir eben jetzt! Sie hatte die bösen Tage mit mir getheilt, sie hatte unter dem Einfluße jener Hemmungen meiner persönlichen Freiheit gelitten: Wer Weiß ob man sie nicht dem Leben erhalten hätte, wenn ich 1846 nicht nach Deutschland zurück mußte und dauernd mit ihr in Italien hätte bleiben können. Nun mir Friede, Ruhe, Freiheit wird, ist sie todt! Ach! Du wirst es begreifen, daß mir aller Lebensmuth fehlt.*[26]

Trost suchte sie in Rom. Wo sie mit Adele hatte leben wollen, sah sie Ottilie wieder, deren Sohn Wolfgang zur Überraschung aller eine Anstellung bei der preußischen Gesandtschaft angetreten hatte. Nach einem Dreivierteljahr in ihrer Wahlheimatstadt kehrte Sibylle ein letztes Mal an den Rhein zurück, um ihren dortigen Hausstand aufzulösen. Als sie am 18. September 1853 in Bonn ankam, drohten ihr neuerliche gerichtliche Auseinandersetzungen. Dieses Mal wollte Arthur Schopenhauer sie verklagen.

Ueber die Weiber:
Streit mit Arthur

Seit Adeles Zusammenbruch in Weimar 1849 hatte Sibylle mit Arthur korrespondiert. An der Bestattung seiner Schwester, die er Sibylle allein arrangieren ließ, hatte er nicht teilgenommen. Dass er nicht einmal ihren Tod anzeigte, nahm ihm Ottilie von Goethe äußerst übel. Kühl beschied er Sibylles Trauer: *Mit Bedauern sehe ich, daß das Ableben meiner Schwester Sie in eine sehr melancholische Stimmung versetzt hat. Die Zeit wird auch diese überwinden, und wir thun, in solchen Fällen, durchaus recht, ihr nicht zu widerstreben, sondern nachzuhelfen. Vor Allem haben wir uns deutlich zu machen, daß in keinem denkbaren Fall unsre Trauer und Wehklage dem Gestorbenen irgendwie dienen oder helfen kann; so wenig als uns selbst. Daher hebt Shakspeare sein schönstes 71stes Sonnet an: ›Nicht länger, wenn ich todt bin, trauere um mich, als die dumpfe Glocke läutet, die meinen Heimgang anzeigt.‹*[1]

Gleich nach Adeles Tod hatte Sibylle Arthur eine notarielle Abschrift des Testaments vermittelt und ihm die Reste des Schopenhauer'schen Familiensilbers geschickt, zu dem immerhin noch *6 Lerchenspieße* und *ein Dutzend Austerngabeln*[2] gehörten, Relikte einer besseren Vergangenheit. Er kündigte postwendend den Darlehensvertrag über die 2 000 Taler, dessen gestaffelte Auszahlungsfristen ihm gar nicht schmeckten. Da Adele Sibylle als Universalerbin eingesetzt hatte, musste Arthur davon ausgehen, dass ihr die 3700 Taler, für die sie die Gutsanteile in Ohra erworben hatte, nach Adeles Tod wieder zufielen. Um nicht als Erbschleicherin dazustehen, klärte Sibylle Arthur sofort über den wahren Sachverhalt auf und trat ihm freiwillig die 150 Taler Pachtzins jährlich ab, die sie als Eigentümerin der drei Neuntel erhielt, da es *meiner Empfindung unmöglich war, in den Genuß dieses Besitzes zu treten, den ich vor 8 Monaten Adelen gegen Leibrente abkaufte.*[3] Sie ließ dem Bruder also zukommen, was er als Erbe der Gutsanteile erhalten hätte. Arthur, der die Schlechtigkeit des Menschen philosophisch bewiesen zu haben glaubte, war über Sibylles Handlungsweise überrascht, nahm aber *die mir von Ihnen in so zarter Weise angetragene Entschädigung mit aufrichtiger Dankbarkeit und hoher Achtung Ihres Charakters an, indem ich sehr wohl erkenne, wie äußerst Wenige, an Ihrer Stelle, so gehandelt haben würden.*[4]

In der Folge verlangte es Arthur Schopenhauer jedoch nach einer vertraglichen Absicherung von Sibylles freiwilliger Gabe. Er erläuterte ihr daher ausführlich, dass und wie er sie verklagen könne, weil ihm als vorkaufsberechtigtem Miteigentümer die Leibrentenregelung verheimlicht worden war. Per Vergleich wollte er auf seine Ansprüche auf die Gutsanteile verzichten, wenn sie sich zu der Auszahlung der Pachtgelder an ihn verpflichtete. Zu einer öffentlichen Regelung vor Gericht war Sibylle jedoch nicht bereit, da ihre Schwiegersöhne den Wert des Geldes genauso gut kannten wie der Philosoph. So lebte Arthur *in der Ungewißheit, die stets eintritt, wenn man mit Weibern zu thun hat,* wie er dem befreundeten Kreisrichter Becker in Mainz schrieb. *Die folgen in allen Dingen nur ihrer Laune.*[5]

Als Erbstück Adeles musste Sibylle regelmäßig mit Arthur über das Danziger Gut korrespondieren, das sie zu fünf Neunteln gemeinschaftlich besaßen. Als es darum ging, eine Entschädigung für Enteignungen im Zuge des Eisenbahnbaus zu fordern, nötigte sie ihm sogar Respekt und ungewöhnliche Bescheidenheit ab. *Ihrem Urtheil über die Ohra'sche Angelegenheit stimme ich gänzlich bei und bewundere, wie Sie in die Sache so gänzlich eingedrungen sind und so klar darin sehn. Ich schreibe es dem zu, daß die Verwaltung Ihres großen Vermögens Ihnen viel Uebung u. Gewandheit in dergleichen Dingen gegeben hat, daß Sie jedoch auch einen feinen Verstand mitbringen. Ich tauge zu solchen Sachen gar nicht, werde also wohl mich an Ihre Entscheidung halten.*[6] Fast zärtlich mahnte er sie, besser auf ihre Gesundheit zu achten und sich, wie er, viel Bewegung an der frischen Luft zu verschaffen.

Doch mit der Freundlichkeit war es vorbei, als Sibylles Zahlungen an ihn stockten, da sie selbst den Pachtzins aus Ohra nicht erhielt. Im Oktober 1853, just als Sibylle aus Rom zurückkehrte, wollte er sie daher verklagen. Bebend vor Zorn ging er seine juristischen Berater Becker und Emden um Rat an, wie die Klage in Bonn, Frankfurt oder Danzig am aussichtsreichsten zu platzieren sei. Doch beide rieten ihm von einem Prozess ab, der allzu sehr *auf Nadelspitzen*[7] dahergekommen wäre. Seine Wut schlug in Freude um, als Sibylle am 3. Dezember 1853 einen *schlagflußartigen Accès* erlitt, von dem er sich eine Hebung ihrer Zahlungsmoral versprach; meinte er doch, Schlaganfälle wirkten *oft sehr wohlthätig, als Excitatoren, auf den kategorischen Imperativ, mittelst Sterbegedanken. – Sehr gut, daß wir nicht geklagt haben.*[8] Als die säumigen Pachtgelder für 1852 und 1853 trotzdem ausblieben – Sibylle wurde vom Danziger Verwalter hingehalten –, griff er im April 1854 zu einer dreisten Zwangsmaßnahme. Er holte sich auf ihren Namen bei einer Frankfurter Bank 300 Taler, quasi im ungenehmigten Lastschriftverfahren. Nachdem sie die Forderung beglichen hatte, geigte Sibylle Arthur die Meinung: *Es ist mir neu, daß man auf solche Gelder Wechsel zieht; indeß kommt es mir nicht ein, gegen fremde Meinungen zu streiten: nur lasse ich mir dieselben ein Maßstab zur Beurtheilung sein. Doch muß ich in Bezug auf einen Ausdruck Ihres Briefes bemerken: Daß von vorne herein gar keine Forderung an mich stattfinden konnte, indem mein Besitz ein ganz rechtlicher ist, und nur von einer ganz freiwilligen Leistung von meiner Seite die Rede sein kann, die sich auf keine, weder gültige noch ungültige Forderung basirte, sondern ihren Grund in meinem freien Willen fand, und in einem Zartgefühle, welches es mir peinlich machte nach einer nur 8monatlichen Rentenleistung den Ertrag eines durch rechtskräftigen Kaufact erworbenen Gutes zu genießen, während der Bruder der Verkäuferin noch lebte.*[9]

Trotz Schopenhauers Unverschämtheit überwies sie ihm jedes

Jahr die 150 Taler Pachtzins. Freude hatte Sibylle an diesem Besitz so wenig wie Adele vor ihr. Da es ihr misslang, die fatale Gütergemeinschaft aufzulösen, verkaufte sie 1855 ihre Gutsanteile an den gerissenen Verwalter und hartleibigen Mitbesitzer Daniel Friedrichsen für 2 000 Taler nebst einer gestaffelten Leibrente: Solange sie lebte, sollte sie 180 Taler Rente jährlich erhalten, von denen sie 150 Taler an Arthur weiterreichte. Nach ihrem Tod sollte eine Zusatzklausel des Kaufvertrags in Kraft treten: *Stirbt die Frau Verkäuferin vor dem Dr. philos. Herrn Arthur Schopenhauer, wohnhaft zu Frankfurt a. M., so zahlt Herr Daniel Friedrichsen von dem Todestage der Frau Verkäuferin ab gerechnet, dem Herrn Schopenhauer eine jährliche Leibrente von 150 Thlr. bis zu dessen Lebensende und es wird auch diese Leibrente als Theil des Kaufpreises angesehen.*[10] Als Sibylle Mertens drei Jahre vor Arthur Schopenhauer starb, trat diese Regelung auch tatsächlich in Kraft. Da Arthur seine Anteile ebenfalls an Friedrichsen verkauft hatte, wurde die Rente für ihn *der letzte Faden, der mich noch mit meiner Vaterstadt verbindet.*[11] Ausgerechnet die Lebensgefährtin seiner Schwester verschaffte ihm bis zu seinem eigenen Tod Einkünfte aus den Schopenhauer'schen Ländereien.

Obwohl Arthur Schopenhauer Sibylle Mertens hätte dankbar sein können, weil sie ihm den Schaden von Adeles Betrug ersetzte, verarbeitete er den Konflikt mit seiner Schwester und ihrer Lebensgefährtin in einer Schrift, die ihm auf ewig den Ehrenplatz im Pantheon der Frauenhasser sichert. In Adeles Todesjahr war er *unablässig in der Arbeit*[12] an seinen *Parerga und Paralipomena,* die er Mitte 1850 abschloss. Im Kapitel »Ueber die Weiber« fasste er die pathologische Verachtung zusammen, mit der er als Philosoph dem weiblichen Geschlecht begegnete. Frauen, so behauptet Schopenhauer, seien *kindisch, läppisch und kurzsichtig,* eigentlich *eine Art Mittelstufe, zwischen dem Kinde und dem Manne, als welcher der eigentliche Mensch ist.* Schön sei die Frau nur, damit sich ein sinnenverwirrter Mann an sie binde; nüchtern täte der das nie, denn spätestens nach dem zweiten Kindbett erkenne er ihre

Hässlichkeit. Ihre geringe Vernunft reiche gerade aus, Naheliegendes zu erfassen. Vergangenheit und Zukunft, auch Abstraktes verstünden sie nicht. List, Lüge und Verschlagenheit sei ihre Natur. Während Männer sich gleichgültig seien, hassten Frauen sich gegenseitig wegen ihrer Konkurrenz um die Herren der Schöpfung. Der Ausdruck, den Schopenhauer dabei wählt – Frauen hätten alle nur *Ein Gewerbe* –, macht sie allesamt zu Huren. Das weibliche Geschlecht müsse eigentlich das *UNÄSTHETISCHE* genannt werden, denn Frauen hätten keinen Sinn für Kunst oder Musik, keine Frau habe je ein großes Werk geschaffen. Letzten Endes seien diese *gründlichsten und unheilbarsten Philister* für nichts Geringeres verantwortlich als für den *Verderb der modernen Gesellschaft*. Die Rechte der Ehefrau verhülfen ihr zu einer *widernatürlich vortheilhaften Stellung*, und der *abgeschmackten Weiberveneration, dieser höchsten Blüthe christlich-germanischer Dummheit*, begegnete er mit Verachtung. Frauen sollten *niemals über ererbtes, eigentliches Vermögen, also Kapitalien, Häuser, Landgüter, freie Disposition haben* – sie brächten es nach dem Tod des Mannes *mit ihren Buhlen durch*. Gehorsam sei der Frau angeboren, Unabhängigkeit dagegen naturwidrig. Daher schließe sie sich immer einem Mann an, *von dem sie sich lenken und beherrschen läßt; weil sie eines Herrn bedarf. Ist sie jung, so ist es ein Liebhaber; ist sie alt, ein Beichtvater.*[13]

»Ueber die Weiber« ist ein peinigender und peinlicher Text, nicht zuletzt wegen seiner assoziativen, unstrukturierten Form. Die Weiber waren Schopenhauer nicht einmal einen systematischen Verriss wert. Fünfzig Jahre früher hatte Fichte im *Grundriß des Familienrechts* (1796) seine Frauenverachtung weitaus sublimer theoretisch fundiert und in eine vordergründig die Frauen verehrende Sprache gekleidet. Schopenhauer dagegen gönnte sich, so primitiv wie keiner der vielen misogynen Philosophen, eine persönliche Abrechnung. Er verneinte wider besseres Wissen die Möglichkeit eines Lebens, wie es seine Schwester und ihre Lebensgefährtin geführt hatten. Angesichts der wissenschaftlichen

Lebensleistung von Sibylle Mertens und Adeles künstlerischen und kunsthistorischen Arbeiten ist seine Behauptung, Frauen hätten keinen Sinn für die Künste und die Wissenschaften, geradezu rätselhaft. Dass sich Frauen gegenseitig von Natur aus hassen sollen, weil sie immer um die Männer konkurrierten, nimmt sich obszön aus angesichts der Liebe zwischen seiner Schwester und ihrer Lebensgefährtin. Frauen jede Verfügungsgewalt über Geld abzusprechen, obwohl er selber dank Sibylles geschickten Vertragsverhandlungen noch Einkünfte aus den Schopenhauer'schen Ländereien bezog, als er selber gar keine Anteile mehr besaß, bezeugt pathologischen Wirklichkeitsverlust. Sibylle Mertens und Adele Schopenhauer waren genau das, was Arthur als nicht existent bewiesen zu haben glaubte: von Männern emotional und finanziell unabhängige Frauen, die ihr Leben der Wissenschaft, Musik, Kultur, Politik und einer anderen Frau widmeten.

Dieses quasi Doppelleben: Ausklang

Die einzigen Freuden, die Sibylle nach Adeles Tod noch vergönnt waren, rührten von ihren wissenschaftlichen Forschungen und Sammlungen her. *Glaube mir liebe Sibylle, Du mußt manchmal Deine Einsamkeit verlassen, und einen Austausch Deines inneren Reichthums unternehmen, Du hast Geist und wirkliches Wissen,* mahnte Ottilie, *da kannst Du wenigstens wenn kein Glück, das wird Dir ohne Adele nie werden, doch mitunter ein Interesse finden.*[1] Am Rand der Buchmesse 1851 in Leipzig erneuerte Sibylle Mertens denn auch ihre Bekanntschaft mit dem jungen Theodor Mommsen, den sie bereits in Rom kennengelernt hatte. Der 34-jährige Jurist war gerade wegen seiner Beteiligung am sächsischen Maiaufstand aus dem Hochschuldienst entlassen worden. So verbanden sie nicht nur altertumskundliche, sondern auch politische Interessen mit dem Mann, der sich zum bedeutendsten Altertumswissenschaftler des 19. Jahrhunderts entwickeln sollte. In Leipzig diskutierten sie seinen Beitrag »Ueber das römische Münzwesen« so anregend, dass Mommsen sie bat, ihm für sein Werk *Über den Verfall des römischen Münzwesens* beizustehen. *Wollen Sie mir behülflich sein, die Vorarbeiten einer zweiten und hoffentlich besseren Bearbeitung mit zu veranstalten, so nehme ich das mit vielem Danke an.*[2] Sibylle beschrieb ihm daraufhin Münzfunde aus Xanten und dem Hunsrück, führte für ihn Gewichtsmessungen durch, vermittelte ihm chemische Analysen, erstellte Verzeichnisse von Münzsammlungen und hielt mit ihrer eigenen Meinung nicht hinterm Berg. Da die Numismatik der Geschichtsschreibung zuarbeitet, bereicherte Sibylle Mertens auf ihre Weise Mommsens *Römische Geschichte* (1854-1856), die sie mit untrüglichem Urteil sofort nach Erscheinen als *klassisches Haupt Werk*[3] erkannte. 1902 erhielt er dafür den Nobelpreis für Literatur.

Mommsen war nicht der Einzige, der auf Sibylle Mertens' Expertise zurückgriff. Aus halb Europa gingen altertumskundliche Spezialfragen bei ihr ein. Mit dem französischen Experten Jean Baptiste Lajard, der wie sie reich mit Symbolen geschmückte babylonische Siegelzylinder sammelte, tauschte sie sich auf der Suche nach der Ur-Religion aus. Seine Pionierarbeit über den Mithraskult bereicherte sie mit Abdrücken eigener Sammlungsstücke. In Zülpich in der Voreifel besuchte sie als Beraterin Ausgrabungen. In Wien, in Weimar, in Paris studierte sie die Münzkabinette und bildete nicht nur sich selbst, sondern auch die jeweiligen Direktoren weiter. Für das *Jahrbuch des Vereins von Alterthumsfreunden im Rheinlande* schrieb sie mehrere Aufsätze, etwa über eine »Römische Lampe aus Bronze«, eine »Jüdische antike Thonlampe aus Bonn«, einen »Gräberfund in Bertzdorf« oder »Schmucksachen aus Gagat«. Da sie *Kunstwerke der Vorwelt* für *Gemeingut der Menschheit*[4] hielt, stellte sie Wissenschaftlern wie Ludwig Urlichs, Johann Overbeck oder Eduard Gerhard ihre Sammlungen für eigene Untersuchungen zur Verfügung, die sie in den Bonner Jahrbüchern oder der *Archäologischen Zeitung* publizierten.

Trotz dieser Anerkennung und Ablenkung verstummte Sibylles Klage um Adeles Tod nie. In ihre Sammlungen versunken, über Datierungen und Interpretationen brütend, kreiste ihr Denken um die ihr fehlende Gefährtin. *Kein Leben kann einförmiger sein als das meinige ist. Durch meine Kränklichkeit auf ein paar Stuben beschränkt, nimmt meine Neigung mich innerlich und äußerlich einzuspinnen immer mehr Wurzeln, und meine Gedanken concentriren sich um den einen festen Punkt, der Adele heißt, auf den ich alles zurückführe und von dem alles für mich ausgeht. Jede meiner Beschäftigungen knüpft sich durch irgend eine Erinnerung an sie an; alles was ich lese führt mich mit ihr zusammen, alles was ich denke findet hier einen Angelpunkt: die Dinge die mich umgeben, die Personen, mit denen ich correspondire, die Orte, welche mir lieb sind, alles Erlebte, alles was in die Zukunft hinaus gedacht wird, hängt durchaus mit Adelens Leben, Wirken, Leiden genug mit ihrem ganzen Wesen zu sammen; und mir ist dieses quasi Doppelleben fast eine Nothwendigkeit geworden: nur faßt mich mitunter eine so zerstörende Verzweiflung, daß ich alle Kräfte aufbieten muß, um ihr zu widerstehen, id est, zu leben!*[5]

So, wie Sibylle Adeles Nachlass für einen Ort bestimmt hatte, wollte sie auch ihre eigenen Sammlungen zusammenhalten. *Oeffentliche Museen sind das beste Retiro für all dergleichen.*[6] Zum Schrecken ihrer Kinder und Schwiegersöhne bot sie ihre kostbare Gemmensammlung sowohl in Weimar als auch in Berlin gegen eine bescheidene Leibrente von 200 Talern jährlich an, unter der Bedingung, dass sie bis zu ihrem Tod bei ihr verblieb. Da man die Sammlung jedoch nur geschenkt haben wollte, nahm sie ihre Schätze schließlich mit, als sie im Oktober 1856 ihre rheinische Heimat für immer verließ. Nach dem Verkauf ihres Hauses in der Wilhelmstraße reiste sie zunächst nach Weimar, wo sie die 57 Kisten mit Adele Schopenhauers Nachlass sowie ihre eigene Handschriften- und Pastensammlung teils in einer Wohnung am Markt beim Handschuhmacher Härtel, teils in Goethes Gartenhaus unterbrachte. Ein Abstecher nach Dresden führte sie zu Ottilie von Goethe. Von dort ging es nach Paris, wo sie ihren Sohn Gustav traf, und schließlich über Marseille und Genua nach Rom, wo sie am 19. Dezember 1856 eintraf. Blauer Himmel, milde Sonne und Zugvögelschwärme von Lerchen, Drosseln und Wachteln begrüßten sie. *Ich bin kaum jemals in meinem Leben so froh gestimmt gewesen, als auf dieser Fahrt, die mich zum Ziele eines Jahrelangen Strebens führte.*[7]

Unweit von S. Maria Maggiore mietete sie fürs Erste in der Via delle Quattro Fontane 53 – heute Via A. de Pretis – eine Wohnung mit schöner Aussicht auf den Palatin. Eigentlich waren die Räumlichkeiten für ihre Sammlungen sowie für Gesellschaftsabende zu beengt, doch da sie kränkelte, musste sie ohnehin zurückgezogen leben. Viele Freunde waren in der Zwischenzeit gestorben, dafür machte sie neue Bekanntschaften über Anna Jameson, die Anfang März 1857 in Sibylles Nachbarschaft zog. Seit dem verunglückten Wiedersehen im August 1850 hatten sie nur lose Kontakt gehalten. Auch jetzt klagte Sibylle gegenüber Ottilie, *Adelens Namen hat Anna während ihrem ganzen Hiersein nicht ein Einziges Mal genannt! Ich habe viel dabei gelitten, aber kann dieses auch nur dir allein aussprechen!*[8] Dennoch sahen sie sich viel und diskutierten Kunstwerke, die Anna im Folgeband von *Sacred and Legendary Art* besprach. Dabei legte die auf Honorare angewiesene Berufsautorin eine Arbeitswut an den Tag, die der unabhängigen Privatgelehrten fremd war. *Aber zu einer eigentlichen Ruhe gelangt doch Anna nimmer: denn die Aufgaben, die sie sich stellt gehen, wie es mir scheint, weit über die Zeit hinaus, die sie darauf wenden kann, um sie auszuführen, und daher kömmt sie aus einer gewißen rastlosen Aufgeregtheit nie hinaus. An ein behagliches zusammenleben mit ihr ist dabei dann natürlicher Weise nicht zu denken: da sie stets von den Pflichten spricht, die sie noch zu erfüllen, von den*

Arbeiten, die sie noch zu vollenden hat, und von der Wenigen Zeit, die sie dazu findet, so hat man gleich das Gefühl, daß man ihr bloß Zeit raubt, um so mehr, da sie mit Intereße nur über solche Dinge redet oder zuhört, die gerade in den Bereich ihrer zeitgleichen Arbeiten fallen.[9]

Trotz Annas Zeitnot lernte Sibylle bei ihr Ende März 1857 die weltberühmte amerikanische Schauspielerin Charlotte Cushman kennen – der beste *Romeo* ihrer Generation. Um Cushman, fast zwanzig Jahre jünger als Sibylle Mertens, hatte sich in Rom seit 1852 ein Kreis von Frauen gebildetet, Künstlerinnen, Bildhauerinnen, Sängerinnen, Autorinnen, Freundinnen und Geliebte, eine Art lesbische Community, wie sie ab 1900 Natalie Barney, Gertrude Stein und Alice B. Toklas in Paris entwickelten. Auch Sibylles alte Bekannte, die Kemble-Sisters Adelaide Sartoris und Fanny Butler, gehörten diesem römischen Kreis von Frauen an, die sich gegenseitig stützten und inspirierten, Aufträge und Engagements verschafften. Als Sibylle Mertens Charlotte Cushman kennenlernte, trennte sich gerade Matilda Hays von ihr, mit der sie zehn Jahre lang zusammengelebt hatte. Während Hays in London eine feministische Zeitschrift herausgab, bezog der Trennungsgrund – die Bildhauerin Emma Stebbins – zusammen mit Cushman eine neue Wohnung in der Via Gregoriana, wo Sibylle und Adele in ihrem ersten römischen Jahr gelebt hatten.

Sibylle Mertens nahm diesen Kreis von Frauen, die mindestens eine Generation jünger waren als sie und ihren eigenen Lebensentwurf radikalisierten, noch wahr. Teilnehmen, Teil werden konnte sie nicht mehr. Mit krakeligen großen Schriftzügen schrieb sie Ottilie von Goethe am 8. August 1857: *Vor 5 Tagen nahm ich in Gedanken Abschied von dir und den andern treuen Freunden, und freute mich, mit meiner geliebten Adele endlich vereint zu werden.* Sie litt an einer *Unterleibsentzündung in ihrer schrecklichsten Form, das Uebergehen der Eingeweide in Eiter.*[10] Anna Jameson war abgereist, ohne sich zu verabschieden. So waren Auguste Henzen und ihre Schwester, die Malerin Pauline

Steinhäuser, die Herzogin Altemps, der Maler Johann Michael Wittmer und der Bildhauer Karl Voss als Nächste um sie. Ihre Tochter Auguste fragte an, ob sie kommen solle oder dürfe, doch *hatte sich Mama entschieden dagegen verwehrt, sie wollte keines ihrer Kinder sehen.*[11] Im Leben wollte sie sich zwar nicht mit ihnen aussöhnen, wohl aber im Tode. Als sie ihr Ende nahen fühlte, bereitete sie ein Testament vor, das ihr früheres ersetzen sollte, und bedachte *zu ganz gleichen Theilen ihre herzlieben Kinder Maria, Therese, Julius, Gustav, Elisabeth und Auguste.*[12] Zwanzig Stunden später, am frühen Morgen des 22. Oktobers, starb Sibylle, bevor sie das Testament notariell gültig unterschrieben hatte. Niemand hielt ihre Hand, die Pflegerin war gerade nebenan. Sie wurde 60 Jahre alt. Ihre Freunde bestatteten sie auf dem kleinen Campo Santo Teutonico an der Südseite des Petersdoms, fast so *ordinair und still und ohne Begleitung, und ohne Kirchenfestivitäten, und ohne Glockenläuten,*[13] wie sie es sich einmal gewünscht hatte. An der nördlichen Ecke der Westwand – vom Eingang rechts – hängen noch heute ihre zwei Grabtafeln. Auf der schlichten von 1857 sind Name und Geburtsdatum fehlerhaft, auf der prachtvolleren von 1905, die ihr Enkel Hermann Dernen setzen ließ, nur noch der Name. Dafür ist ihr angebliches Porträt mit seiner Kartoffelnase bar jeder Ähnlichkeit.

Nach ihrem Tod exekutierten die Kinder das Lebenswerk der Mutter. In ihrem rechtlich gültigen Testament von 1849 hatte Sibylle Mertens *Therese, Auguste, Gustav, meinen guten Kindern, jedem einen ganzen sechsten Antheil* vermacht. *Marie, Betty, Julius setze ich auf den Pflichttheil.*[14] Sofort setzten die Zurückgesetzten die Daumenschrauben an, bis die Bevorzugten auf ihren Vorteil verzichteten. *Es hatten übrigens meine Schwäger Heimsoeth und Haßlacher alle Maaßregeln bereits getroffen, das obige Testament gerichtlich anzugreifen, für den Fall, daß unsere genannte Erklärung nicht abgegeben worden wäre,*[15] teilte Gustav Mertens Ottilie von Goethe mit. Der Kölner Auktionator Mathias Lempertz – der Gründervater des heutigen Auktionshauses – reiste nach Rom und Weimar, holte die Mobilien zurück und bereitete im Auftrag der Erben die Versteigerung von Sibylle Mertens' Sammlungen vor. Einzig ihre rund 2 000 Autographen blieben vor dem Hammer bewahrt, da die Sammlerin sie der Universitätsbibliothek Bonn vermacht hatte, wo sie den Kern der Handschriftenabteilung bildet. Alles Übrige wurde versteigert und in alle Winde zerstreut, zuerst im Dezember 1858 die Bibliothek, im Juli 1859 dann die Kunstsachen. Wegen ihrer gierigen Hast verschleuderten die Kinder die berühmte Gemmensammlung, die die Mutter auf 12 000 Taler geschätzt hatte, für wenig mehr als die Hälfte. Ottilie ersteigerte das Tischchen, das Adele 1828 für Sibylle bemalt und Goethe vorgeführt hatte. Zuletzt kamen im Mai 1860 die 6 000 Stück von Sibylles Münzsammlung unter den Hammer. Damit hatten ihre Kinder in drei Auktionen die größte Leistung von Sibylle Mertens auf dem Gebiet der Altertumskunde zerstört: die Geschlossenheit ihrer antiken Sammlungen. Manche Stücke befinden sich heute im Britischen Museum in London, im Metropolitan Museum of Art in New York, in der Villa Giulia in Rom sowie im Rheinischen Landesmuseum in Bonn. *Fünf Tage haben genügt, die Frucht mehr denn dreißigjähriger Bemühung rettungslos zu zerstören!*, schrieb Gustav Mertens Ottilie von Goethe. *Was ich empfunden bei dem zersplittern dieser Sammlungen von denen auch der kleinste Gegenstand mit soviel Liebe zum Ganzen getragen und ich müßte fast sagen mit Zärtlichkeit gehegt und gepflegt, das kann nur der begreifen, der die Gestorbene gekannt und verstanden, wie rein und frei von allem Eigennutz das Gefühl gewesen, das Kunst und Wissenschaft ein ganzes Leben sie opfern ließ.*[16]

Nachwort

Der Alte Friedhof in Bonn liegt heute mitten in der Stadt. Seine hohen Bäume und prachtvollen Grabmonumente stellen eine Oase der Ruhe dar, umflossen von mehrspurigen Straßen. Als er geweiht wurde, befand sich der Friedhof außerhalb der Stadtmauer. Die Wilhelmstraße ist nicht weit. An der Stelle von Sibylle Mertens' Haus, das im Zweiten Weltkrieg zerstört wurde, befindet sich heute die Medizinische Poliklinik der Universität Bonn. Viele von Sibylles Gästen, die bei ihr geplaudert und gefachsimpelt, Konzerte gehört und Feste gefeiert haben, liegen auf dem Alten Friedhof begraben, Eduard d'Alton und Philipp Josef Riegeler, August Wilhelm Schlegel, Ernst aus'm Weerth, Sulpiz Boisserée. Auch Franciscus Pick ruht hier, der die Reiseroute für Louis und Sibylle Mertens' Flitterwochen in Italien ausarbeitete, und der Sohn ihres Vetters Hubert, der Arzt Hermann Schaaffhausen, der als erster den Schädel des Neandertalers beschrieb.

Wählt man am Haupteingang den rechten Weg längs der Bornheimer Straße, passiert man nach wenigen Schritten links ein Grab, in dem Sibylles *guter treuer Bruder*[1] Carl Schaaffhausen nebst Frau und Sohn ruht. Etwas weiter liegen auf der rechten Seite die Gräber Niebuhrs und der Mutter Beethovens. Schließlich erreicht man die Grabstätte von Charlotte und Ernst Schiller, Ehefrau und Sohn des Dichters. Hier biegt man nach links ab und steht unmittelbar am Grab Adele Schopenhauers.

Am Grab ihrer Lebensgefährtin fragte sich Sibylle, *wer wird für meine Bestattung Sorge tragen?*[2] Die Geliebte war tot, mit den Kindern war sie heillos zerstritten. Daher sorgte sie beim Tod Adeles vor. Als sie den Grabstein und seine Inschrift bestimmte, schuf sie auch ihr eigenes Monument. Gegen den Willen Ottilie von Goethes, die sie in dieser Frage als einzige Mitspracheberechtigte konsultierte, wählte sie einen italienischen Text. Hatten sie und Adele schon nicht gemeinsam ihr Leben in Italien endigen können, so sollte wenigstens die Sprache des Landes ihrer Sehnsucht ihrer beider Grabmal schmücken. Denn es ist ein gemeinsamer Grabstein, der seit über 150 Jahren von ihrer Liebe spricht.

Qui riposa
Luise Adelaide Lavinia Schopenhauer
vissuta 52 anni
egregia di cuore, d'ingegno, di talento,
ottima figlia,
affetuosa e costante agli amici
Sostenne con nobilissima dignità d'animo
mutamenti di fortuna,
e lunga dolorosa malattia
con pazienza serena,
ebbe fine de' mali a di' 25 Ag. 1849.
Erse il monumento la sconsolata amica
Sibilla Mertens-Schaaffhausen.

Hier ruht Luise Adelaide Lavinia Schopenhauer nach einem Leben von 52 Jahren, ausgezeichnet durch Herz, Geist, Talent, beste Tochter, zärtlich und treu ihren Freunden, ertrug sie mit edelster Seelenwürde Wechselfälle des Schicksals und lange schmerzhafte Krankheit mit heiterer Geduld. Sie fand das Ende ihrer Leiden am 25. Aug. 1849. Das Grabmal errichtete die untröstliche Freundin Sibylle Mertens-Schaaffhausen.

Auf Adele Schopenhauers Grabstein vereinte Sibylle Mertens ihrer beider Namen für immer.

Dank

Die Arbeit an diesem Buch wurde von vielen Personen und Institutionen begleitet. Allen möchte ich sehr herzlich danken.

Ein Stipendium der Klassik Stiftung Weimar ermöglichte mir die Aufnahme der Quellen im Goethe- und Schiller-Archiv. Die Schopenhauer-Gesellschaft unterstützte meine Recherche im Archivzentrum der Universitätsbibliothek Frankfurt a.M. und lud mich zu Vorträgen nach Frankfurt und Gdańsk ein. Dr. Thomas Regehly sei besonders dafür gedankt, wie auch Prof. Dr. Anne Bohnenkamp-Renken, die mich im Freien Deutschen Hochstift/Goethe-Museum in Frankfurt a.M. mein *work in progress* vorstellen ließ. Dr. Eva Brinkmann to Broxten und Jutta Kaußen von der Maecenia FrauenStiftung nahmen mein Projekt in ihre KöniginnenWege auf und öffneten mir die Tür beim Insel Verlag. Dr. Ingrid Bodsch realisierte mit mir eine Ausstellung über Sibylle Mertens im StadtMuseum Bonn und schenkte mir zahllose rheinische Hinweise.

Nachkommen von Abraham Schaaffhausen öffneten mir ihre Privatsammlungen. Großzügig gestattete mir Elisabeth Dorothea v. Wittgenstein die Einsicht in das Familienarchiv. Prof. Christoph Lorey, PhD, Fredericton, New Brunswick, Prof. Dr. Helmut Puff, Ann Arbor, Michigan, Prof. Dr. Peter Noelke und Dr. Doris Maurer, Bonn, Theo Molberg, Düsseldorf, Prof. Dr. Valentin Kockel, Augsburg, sowie Dr. Norbert Franken und Dr. Philipp Prein, Berlin, teilten selbstlos eigene Forschungsergebnisse mit mir.

Ein Arbeitsstipendium der KunstStiftung NRW erlaubte mir den konzentrierten Abschluss des Manuskripts.

Torheiten der ersten Fassung beseitigten Xenia Bühler, Köln, sowie Susette Pia Schuster, die mich in allen Phasen unterstützte. Ohne sie hätte ich dieses Buch nicht schreiben können.

Anhang

Zeittafel

	SIBYLLE MERTENS	ADELE SCHOPENHAUER
1785		Heinrich Floris Schopenhauer und Johanna Trosiener heiraten in Danzig
1788		Geburt von Arthur Schopenhauer
1793	*Zweite Teilung Polens; Preußen annektiert Danzig*	
		Schopenhauers ziehen nach Hamburg
1794	Abraham Schaaffhausen und Maria Anna Giesen heiraten in Köln	
	6. Oktober: Französische Revolutionstruppen besetzen Köln	
1796		31. Oktober: Geburt von Ottilie von Pogwisch in Danzig
1797	12. Januar: Geburt von Annette von Droste-Hülshoff auf Burg Hülshoff 29. Januar: Geburt von Sibylle Schaaffhausen in Köln 5. Februar: Tod der Mutter	12. Juni: Geburt von Adele Schopenhauer in Hamburg
1800	Abraham Schaaffhausen und Therese de Maes heiraten Das Paar bekommt fünf Kinder	
1805		Freitod des Vaters
1806		Johanna und Adele Schopenhauer ziehen nach Weimar
	14. Oktober: Plünderung Weimars nach der Schlacht von Jena und Auerstedt	

	SIBYLLE MERTENS	ADELE SCHOPENHAUER
1806		Johanna führt einen Salon, Adele befreundet sich mit Ottilie
1814	*Wiener Kongress: Köln und das Rheinland fallen an Preußen, Sachsen-Weimar-Eisenach wird Großherzogtum*	
		Bruch zwischen Johanna und Arthur
1816	12. Juni: Louis Mertens und Sibylle Schaaffhausen heiraten Hochzeitsreise nach Italien	Reise mit der Mutter an den Rhein
1817	3. Juni: Geburt von Marie	Gründung des Musenvereins 17. Juni: Ottilie von Pogwisch heiratet August von Goethe
1818	26. November: Geburt von Therese	Reise mit der Mutter in die Schweiz Winter 1818/19: Auftritte in theatralischen Arbeiten Goethes
1819		Mai: Aufenthalt in Danzig wegen der Zahlungsunfähigkeit des Bankhauses Muhl (bis Juli 1820)
1820	1. Juli: Geburt von Julius	Verlust des Vermögens Bruch zwischen Adele und Arthur
1821	Mitarbeit bei den Niederrheinischen Musikfesten (bis mind. 1842)	
1822	3. November: Geburt von Elisabeth (Betty)	Hoffnung auf Ehe mit Gottfried Osann (bis 1826) 24. Dezember: Schlaganfall der Mutter

	SIBYLLE MERTENS	ADELE SCHOPENHAUER
1824	13. Januar: Tod des Vaters Auerhof bei Bonn wird Sommersitz 20. August: Geburt von Gustav	Affäre mit Louis Stromeyer in Wiesbaden, Weimar, Kassel (bis 1826)
1825	Oktober: Beginn der Freundschaft mit Annette von Droste-Hülshoff	Kur in Schwalbach, Wiesbaden, Eltville
	Gründung der Preußisch-Rheinischen Dampfschiffahrtsgesellschaft	
1827	11. September: Geburt von Auguste	10. Mai: Adele verlässt Weimar ab September: in Köln
1828	Januar: Sibylle und Adele lernen sich in Köln kennen Sommer: Annette von Droste-Hülshoff und Johanna Schopenhauer am Rhein 20. September: Rückkehr der Schopenhauers nach Weimar	
1829	9. Mai: Adele bezieht den Zehnthof in Unkel 2. Juli: Johanna kommt nach bis 1832 leben Mutter und Tochter sommers in Unkel, winters in Bonn	
1830	*Juli-Revolution in Frankreich*	
	September: Annette von Droste-Hülshoff zu Besuch in Bonn (bis Anfang Juni 1831) 27. Oktober: August von Goethe stirbt in Rom	
1831	Februar bis Mai: Annette pflegt Sibylle Krise mit Adele	
1832	22. März: Johann Wolfgang von Goethe stirbt in Weimar Mai-Juni: Ottilie mit Söhnen und Mutter zu Gast im Zehnthof	

	SIBYLLE MERTENS	ADELE SCHOPENHAUER
1833	Juli/August und November: Anna Jameson bei Sibylle Krise mit Adele	
1834	Mai bis August: Wiedersehen mit Ottilie und Anna in Frankfurt Jahresende: Familie Mertens bezieht das Haus in der Wilhelmstr. 24, Bonn	Frühjahr: Hoffnung auf Ehe mit dem Juristen Martius (bis Anfang 1835)
1835	Februar: Geburt der unehelichen Tochter Ottilies in Wien	
	Frühjahr: Spendenakquise für den Kölner Dom (bis mind. 1843) Juni: Abreise nach Genua Beziehung mit Laurina Spinola Betreuung von Waisen während der Cholera-Epidemie	»Die lothringischen Geschwister«
	Eröffnung der ersten Eisenbahnlinie in Deutschland	
1836	Juni: Rückkehr aus Genua 4. Juli: Ottilie von Goethes uneheliche Tochter stirbt Herbst und Winter: Annette von Droste-Hülshoff in Bonn	
1837		September: Adele und Johanna ziehen nach Jena
1838	11. März: Laurina Spinola stirbt	16. April: Johanna Schopenhauer stirbt
	11. August: Annette von Droste-Hülshoffs erster Gedichtband erscheint	
1839	Ankauf der Sammlung Praun	*Johanna Schopenhauer's Nachlass. Herausgegeben von ihrer Tochter*

	SIBYLLE MERTENS	ADELE SCHOPENHAUER
		Arbeit an *König Enzio oder Der Gefangene von Bologna,* Libretto für Walther von Goethe
1840	Jahresanfang: Hilfe beim Wiederaufbau des Rolandsbogens	Wunsch, Illustratorin zu werden
	März bis Mai: Adele zu Gast bei Sibylle in Bonn	
		Diagnose einer Drüsenerkrankung Mai: Besuch bei Immermanns in Düsseldorf und Annette von Droste-Hülshoff in Rüschhaus Juli 1840 bis Oktober 1842: vier Kuraufenthalte in Karlsbad
1841	Gründungsmitglied des Vereins von Alterthumsfreunden im Rheinlande	»Theolinde. Eine Erzählung aus der nächsten Vergangenheit«
1842	14. Februar: Gründungsmitglied des Kölner Dombauvereins Anfang August: Annette von Droste-Hülshoff in Bonn; »Nach fünfzehn Jahren« 10. August: Louis Mertens stirbt	
	Oktober: Adele zu Gast bei Sibylle (bis Januar 1843) auf der Hinreise trifft Adele in Frankfurt Arthur zum ersten Mal seit 1820	
1843	28. März bis 30. April: Besuch bei Annette von Droste-Hülshoff in Münster September: Abreise nach Genua	

<table>
<tr><th></th><th>SIBYLLE MERTENS</th><th>ADELE SCHOPENHAUER</th></tr>
<tr><td>1844</td><td></td><td>Februar bis Juni: drei Kuren in Karlsbad
Ostern erscheinen Haus-, Wald- und Feldmärchen, im Herbst: Anna</td></tr>
<tr><td></td><td colspan="2">19. September: Adele trifft bei Sibylle in Genua ein
ab 9. Oktober über Livorno, Pisa und Florenz nach Rom
2. November: Bezug des Hauses Via Gregoriana 49</td></tr>
<tr><td>1845</td><td colspan="2">ab November: Wohnung im Palazzo Poli über der Fontana di Trevi</td></tr>
<tr><td>1846</td><td>Mai: Sibylle entdeckt ein Fragment römischer Konsularfasten</td><td>»Darstellungen des Dante in vier Jahrhunderten«, »Genueser Briefe«, »Kunstausstellung in Rom«</td></tr>
<tr><td></td><td>3. Juli: Abreise nach Bonn wegen des Erbschaftsstreits</td><td>ab September: mit Ottilie und Wolf von Goethe in Neapel und Rom</td></tr>
<tr><td>1847</td><td></td><td>Feuilletons über Kunst
März: Studien in Florenz für einen Reiseführer</td></tr>
<tr><td></td><td colspan="2">April bis Oktober: Adele bei Sibylle in Bonn</td></tr>
<tr><td></td><td></td><td>Winter: Studien in Florenz</td></tr>
<tr><td>1848</td><td colspan="2">Januar: Revolten in Norditalien gegen die österreichische Herrschaft
Beginn der europaweiten Erhebungen</td></tr>
<tr><td></td><td></td><td>schwere Unterleibsblutungen
»Aus Florenz«, Eine dänische Geschichte</td></tr>
<tr><td></td><td colspan="2">18. Mai: Adele zurück bei Sibylle in Bonn</td></tr>
<tr><td></td><td colspan="2">Eröffnung der Nationalversammlung in der Frankfurter Paulskirche</td></tr>
<tr><td></td><td colspan="2">24. Mai: Annette von Droste-Hülshoff stirbt</td></tr>
<tr><td>1849</td><td colspan="2">Januar: Sibylle sichert Adeles Lebensunterhalt</td></tr>
</table>

SIBYLLE MERTENS	ADELE SCHOPENHAUER

Anfang März: gemeinsame Reise nach Frankfurt; Begegnung mit Arthur

14. März bis Ende Juni: Reise nach Rom	20. März: Zusammenbruch in Bonn
	15. April: Abreise nach Berlin, dort am 21. eine weitere Krise wie auch im Mai in Weimar

4. Juli: Sibylle bringt Adele nach Bonn und pflegt die Sterbende
29. Juli: Ottilie für zehn Tage zu Besuch bei Adele und Sibylle
20. August: Adele setzt Sibylle zu ihrer Universalerbin ein
25. August: Adele Schopenhauer stirbt
28. August: Sibylle bestattet sie auf dem Alten Friedhof in Bonn
Streit mit Arthur Schopenhauer (bis 1855)

1850 Arthur Schopenhauer: »Ueber die Weiber«
August: Ottilie von Goethe und Anna Jameson bei Sibylle Mertens in Bonn; Versuch, Adeles literarischen Nachlass herauszugeben, scheitert

1851 Reise nach Leipzig, Weimar, Berlin und Wien

1852 März: Ende des Erbschaftsprozesses
26. Oktober: Sibylle Mertens vermacht dem sachsen-weimarischen Staatsministerium per Schenkung den Nachlass Adele Schopenhauers
November bis August 1853: Aufenthalt in Rom

1853-1856 altertumskundliche Forschungen
Verkauf des Bonner Hauses

1856 Dezember: Bezug der letzten Wohnung in Rom, Via delle quattro fontane 53

1857 22. Oktober: Sibylle Mertens stirbt
Grab auf dem Campo santo teutonico

1858-1860 Versteigerungen ihrer Bibliothek, Kunstschätze und Münzsammlung

Im Umfeld der Goethe-Philologie wurden zu Beginn des 20. Jahrhunderts etliche Briefe und Tagebücher von Adele Schopenhauer, Sibylle Mertens und Ottilie von Goethe veröffentlicht. Wurden sie korrekt wiedergegeben, weise ich Zitate durch diese frühen Quellenpublikationen nach. Oft jedoch blieben allzu intime Passagen unberücksichtigt. Daher zitiere ich auch direkt aus den Quellen, die im Goethe- und Schiller-Archiv in Weimar, im Archivzentrum der Universitätsbibliothek in Frankfurt a.M. und in der Universitäts- und Landesbibliothek in Bonn ruhen. Die Schreibung folgt getreu dem Original.

Ein bedeutender Teil der Quellen lagerte auch im Historischen Archiv der Stadt Köln, das am 3. März 2009 in einen U-Bahn-Schacht stürzte. Es handelte sich neben den Familienarchiven Schaaffhausen, Wittgenstein, Heimsoeth – Heimann – de Noël und dem Bestand Wallraf vor allem um den Teilnachlass des Schriftstellers und Germanisten Heinrich Hubert Houben (1875-1935). Seine zahlreichen Veröffentlichungen zu Ottilie von Goethe und den Schopenhauers waren Nebenprodukte einer unveröffentlichten Biographie von Sibylle Mertens. Nach seinem Tod erwarb das Historische Archiv der Stadt Köln sein Typoskript und seine maschinenschriftlichen Tagebuch- und Briefabschriften. Die rund 5 000 Blatt wurden in drei unhandlichen schweren Kästen verwahrt, zusammen mit ein paar Fotos, Aufsätzen und einer Dactyliothek in Form eines Buches, das 100 Gipsabdrücke aus Sibylle Mertens' Gemmensammlung enthielt (HASK Bestand 1056/1-31).

Houbens Manuskript wurde von der Essener Verlagsanstalt posthum um zwei Drittel gekürzt und ohne jedes editorische Gewissen veröffentlicht. *»Die Rheingräfin«. Das Leben der Kölnerin Sibylle Mertens-Schaaffhausen* (1935) strotzt von Fehlern und Interpolationen. Zitate wurden unkenntlich verändert, mehrere Briefe zu einem verschmolzen, selbst wenn sie sich an unterschiedliche Adressaten richteten, Briefe und Tagebuchaufzeichnungen vermengt, Belege getilgt. Der Rückgriff auf die *Rheingräfin* verbot sich daher, auch wenn sie als die einzige maßgebliche Publikation über Sibylle Mertens gilt.

Houbens unveröffentlichte Transkriptionen dagegen hatten den Rang von Originalen, weil sie Quellen wiedergaben, die im Zweiten Weltkrieg zerstört worden sind. Die Tagebücher von Sibylle Mertens, ihre Briefe an Adele Schopenhauer oder die Schreiben Laurina Spinolas vernichteten Bomben, die das Godesberger Haus ihrer Urenkelin Thea von Wittgenstein geb. Dernen trafen. Darüber hinaus ersetzten seine Transkriptionen von Ottilie von Goethes Briefen die Originale, die heute im Goethe- und Schiller-Archiv in Weimar zur Benutzung gesperrt sind. Briefe, die Houben in lesbarem Zustand vorlagen, sind mittlerweile durch Tintenfraß schwer zerstört, die Verfilmungen meist nicht zu entziffern. Dass seine Abschriften verlorene Originale verlässlich wiedergaben, lässt sich zwar nicht belegen, doch mit hoher Wahrscheinlichkeit annehmen. Denn viele Briefe, die Houben abtippte, sind heute noch im Goethe- und Schiller-Archiv in Weimar und in der Handschriftenabteilung der Bonner Universitätsbibliothek erhalten. An Hunderten von Originalen konnte ich seine annähernd historisch-kritische Arbeitsweise überprüfen. Seine Veröffentlichungen sind – mit Ausnahme der posthumen *Rheingräfin* – ohne Fehl und Tadel.

Als das Historische Archiv der Stadt Köln einstürzte, hatte ich alle dortigen Quellen gelesen, exzerpiert und ausschnittweise abgetippt. Dem Korrekturlesen meiner Zitate kam jedoch die Katastrophe zuvor. Ob Houbens Nachlass gänzlich zerstört wurde, war bei Drucklegung dieses Buches nicht bekannt. Mir bleibt nichts, als die Kölner Quellen so nachzuweisen, wie ich sie vor der Katastrophe aufgenommen habe.

Siglen

AA Houben, Heinrich Hubert 1929: »Neue Mitteilungen über Adele und Arthur Schopenhauer.« *Jahrbuch der Schopenhauer-Gesellschaft* 16, 79-182.

Az Ffm Archivzentrum der Universitätsbibliothek Frankfurt a. M.

COS Clasen, Theo und Walther Ottendorff-Simrock 1974: *Briefe an Sibylle Mertens-Schaaffhausen.* Veröffentlichungen des Stadtarchivs Bonn 3. Bonn: Röhrscheid.

GSA Goethe- und Schiller-Archiv Weimar

H Houben, Heinrich Hubert 1923: *Ottilie von Goethe. Erlebnisse und Geständnisse 1832-1857.* Leipzig: Klinkhardt & Biermann.

HASK Historisches Archiv der Stadt Köln

HKA Droste-Hülshoff, Annette von: *Historisch-kritische Ausgabe. Werke, Briefwechsel.* Hg. von Winfried Woesler. 28 Bde. Tübingen: Niemeyer, 1978 ff.

Hü Schopenhauer, Arthur 1987: *Gesammelte Briefe.* 2., erg. und verb. Auflage. Hg. von Arthur Hübscher. Bonn: Bouvier.

L Lütkehaus, Ludger (Hg.) [1991] 1998: *Die Schopenhauers. Der Familien-Briefwechsel von Adele, Arthur, Heinrich Floris und Johanna Schopenhauer.* München: dtv.

O Oettingen, Wolfgang von (Hg.) 1912: *Aus Ottilie von Goethes Nachlaß. Briefe von ihr und an sie 1806-22.* Schriften der Goethe-Gesellschaft 27. Weimar: Verlag der Goethe-Gesellschaft.

TB 1 Wolff, Kurt (Hg.) 1909: *Tagebücher der Adele Schopenhauer.* Bd. 1. Leipzig: Insel.

TB 2 Wolff, Kurt (Hg.) 1909: *Tagebücher der Adele Schopenhauer.* Bd. 2. Leipzig: Insel.

TB 3 Houben, Heinrich Hubert (Hg.) 1921: *Adele Schopenhauer. Tagebuch einer Einsamen.* Leipzig: Klinkhardt & Biermann.

Bibliographie

Unveröffentlichte Quellen (Auswahl)

Goethe- und Schiller-Archiv Weimar

- Adele Schopenhauer an Johann Wolfgang von Goethe, 28/820
- Adele Schopenhauer an Ottilie von Goethe (1811-1829), 40/XVI, 1
- Adele Schopenhauer an Ottilie von Goethe (1830-1849), 40/XVI, 2
- Adele an Johanna Schopenhauer 1829, 84/I, 2, 3
- Adele Schopenhauer an Friedrich Frommann, 21/155
- Tagebuch von Adele Schopenhauer (1840-1849), 84, I, 8, 2
- Aufstellung über den Nachlass Adele Schopenhauers, 84/II, 5
- Vorschlag für eine Veröffentlichung der Schriften Adele Schopenhauers, 84/II, 6

- Sibylle Mertens an Adele Schopenhauer, 84/I, 6, 8
- Sibylle Mertens an Ottilie von Goethe, 40/XI, 4, 1
- Sibylle Mertens an Anna Jameson, Octavie Jameson [= Ottilie von Goethe], Romeo Seligmann, 40/XI, 4
- Sibylle Mertens an Allwina Frommann, 21/289, 1
- Sibylle Mertens an Ferdinand Freiligrath, 17/VIII, 68
- Liederbuch von Sib. M [Sibylle Mertens], 32/944
- Weimarer Stammbuch von Sibylle Mertens, Kunstsammlungen Weimar, Rara, Sig. 4°IIIQ-15

- Ottilie von Goethe an Adele Schopenhauer, 40/XXII, 3, 1 und 3, 2
- Ottilie von Goethe an Charles des Voeux, 40/XXI, 3, 7
- Ottilie von Goethe an Sibylle Mertens, 40/XXI, 8

- Anna Jameson an Sibylle Mertens, 40/VIII, 9, 2
- Allwina Frommann an Sibylle Mertens, 21/293, 6
- Auguste Dernen geb. Mertens an Ottilie von Goethe, 40/III, 1, 8
- Gustav Mertens an Ottilie von Goethe, 40/XI, 3, 4

Historisches Archiv der Stadt Köln

- Teilnachlass Heinrich Hubert Houben, Bestand 1056
  Manuskript der Biographie der Sibylle Mertens-Schaaffhausen, 1056/1-9
  Abschriften der für die Biographie benutzten und teilweise in dieser zitierten Briefe [1781] 1816-1861, 1056/10-24

Vorlagen für die Abbildungen und verschiedene Fotos, 1056/25-26
Stammtafeln Schaaffhausen Mertens Negro-Spinola, 1056/27
Schopenhauer-Jahrbuch 1929 und Zeitschriften, 1056/28-29
Katalog, 1056/30
Dactylothèque, 1056/31
– Nachlass Ferdinand Franz Wallraf, 1105/13, 17, 94, 158
– Familienarchiv von Wittgenstein, 1123, Kasten 11: Familie Schaaffhausen und Nachkommen
– Familienarchiv Heimsoeth – Heimann – de Noël, 1192
– Familienarchiv Schaaffhausen, 1296

Archivzentrum der Universitätsbibliothek Frankfurt am Main
Schopenhauer-Archiv Sa 1

– Verträge zwischen Johanna Schopenhauer, Johann David Sauerländer und F. A. Brockhaus, VI, 12, 22, 23
– Johanna und Adele Schopenhauers Muhl'sche Rente, XXVI, 40
– Testament Johanna Schopenhauers, 31. Oktober 1837, XI, 35
– Adele Schopenhauer an Louis Stromeyer, VI, 18
– Vertrag zwischen Adele Schopenhauer und Sibylle Mertens vom 30. Januar 1849, XV, 60
– Testament Adele Schopenhauers, 20. August 1849, XI, 39
– Unterlagen über das Landgut Ohra, XI, 11, 12, 40, 41
– Vermögensaufstellungen Arthur Schopenhauers, XI, 23, 24, 30
– Sibylle Mertens an Arthur Schopenhauer, XV, 62-71

Werke von Adele Schopenhauer

– [Anon.] »Tod im Leben«, »Die Sternen-Blume der Freundschaft«, »An einen scheidenden Landwehrmann 1813«. [Georg Friedrich Müller von Gerstenbergk]: *Phalänen.* Leipzig: Gleditsch, 4-5, 8, 189-190.
– [Anon.] »Die Wolken [1829]«, »Stolz und Stumm« [1829], »Wende die Blicke von mir!« [1829], »Weltenpoesie« [1831, zus. mit Sibylle Mertens]. Ottilie von Goethe (Hg.): *Chaos.* Unter Einschluss der Fortsetzungen Création und Creation. Bern: Herbert Lang, 1968, Jg. 1, 48, 56, Jg. 2, 31.
– [Pseud. Adrian van der Venne]: »Die lothringischen Geschwister.« *Phönix. Frühlingszeitung für Deutschland* (Frankfurt). Nr. 207-245, 2. September bis 16. Oktober 1835.
– *Johanna Schopenhauer's Nachlass.* Herausgegeben von ihrer Tochter.

Bd. 1 und 2: Jugendleben und Wanderbilder. Braunschweig: Westermann, 1839, [2]1848.
– [Pseud. Henriette Sommer]: »Aus dem Tagebuche eines alten Herrn.« *Frauen-Spiegel. Vierteljahrschrift für Frauen* 1. Hg. von Louise Marezoll. Leipzig: Reichenbach, 1840, 3-69.
– [Pseud. Henriette Sommer]: »Theolinde. Eine Erzählung aus der nächsten Vergangenheit.« *Frauen-Spiegel. Vierteljahrschrift für Frauen* 2. Hg. von Louise Marezoll. Leipzig: Reichenbach, 1841, 162-234.
– *Haus,- Wald- und Feldmärchen.* Leipzig: Brockhaus, 1844.
– *Anna. Ein Roman aus der nächsten Vergangenheit.* 2 Bde. Leipzig: Brockhaus, 1845.
– [Pseud. Adrian van der Venne]: *Der Gefangene von Bologna.* Leipzig: gedruckt von Friedrich Andrä, [1845].
– [zus. mit Wolfgang von Goethe] *Der Mensch und die elementarische Natur,* Bd. 3: *Erlinde.* Stuttgart: Cotta, 1845.
– »Darstellungen des Dante in vier Jahrhunderten.« *Kunstblatt.* Hg. von Ernst Förster und Franz Kugler. Stuttgart: Cotta, Nr. 5 und 6, 27. und 31. Januar 1846a, 18-23.
– »Kunstausstellung in Rom.« *Illustrirte Zeitung.* Leipzig: Weber, 1846b, Nr. 140, 7. März, 158; Nr. 141, 14. März, 170; Nr. 143, 28. März, 202; Nr. 147, 25. April, 273-274.
– »Genueser Briefe. An Walther von Goethe.« *Novellen-Zeitung.* Leipzig: Spamer, 1846c, Nr. 88-92.
– »Florentinische und Römische Briefe.« *Europa. Chronik der gebildeten Welt.* Hg. von Gustav Kühne. Leipzig: Keil, Nr. 22-24, Mai-Juni 1847a.
– »Ueber das Privatleben des Giulio Romano.« *Kunstblatt.* Hg. von Ernst Förster und Franz Kugler. Stuttgart: Cotta, Nr. 31, 26. Juni 1847b, 121-123.
– »Gian Battista und die Malergilde zu Genua.« *Europa. Chronik der gebildeten Welt.* Hg. von Gustav Kühne. Leipzig: Keil, 1847c, Nr. 48, 27. Nov., 781-789, und Nr. 49, 4. Dez., 797-807.
– »Aus Florenz.« *Morgenblatt für gebildete Leser* 1848a, Nr. 1, 4; Nr. 2, 8; Nr. 3, 12; Nr. 29, 116; Nr. 30, 120; Nr. 112, 447-448; Nr. 113, 452; Nr. 114, 456; Nr. 139, 556; Nr. 140, 560.
– *Eine dänische Geschichte. Roman.* Braunschweig: Westermann, 1848b.
– *Das Silhouettenbuch der Adele Schopenhauer.* Als Faksimilie hg. von Hans Timotheus Kroeber. Weimar: Kiepenheuer, 1913.
– *Gedichte und Scherenschnitte.* Hg. von Heinrich Hubert Houben und Hans Wahl. 2 Bde. Leipzig: Klinkhardt, 1920.

– *Florenz. Ein Reiseführer mit Anekdoten und Erzählungen (1847/48).* Hg. von Waltraud Maierhofer. Weimar: Verlag und Datenbank für Geisteswissenschaften, 2007.

Werke von Sibylle Mertens

– [Anon.] »An Einen Hochlöblichen lustigen Rath, Hochtollgeboren dahier!« *Offizielle Carnevals-Zeitung* Nr. 9, 13. Februar 1825.
– [Anon.] »Du stilles Wunderland der Poesie [1829]«; »Vivre toujours« [1829]. Ottilie von Goethe (Hg.): *Chaos*. Bern: Herbert Lang, 1968, Jg. 1, 38-39, 58.
– »Ich gedachte in der Nacht [1834] (aus: West-östlicher Diwan).« Anne Willison Lemke (Hg.): *Von Goethe inspiriert. Lieder von Komponistinnen des 18. und 19. Jahrhunderts.* Kassel: Furore, 1999, 38-39.
– [Anon.] »Aus dem Briefe einer deutschen Dame in Genua.« *Berlinische Nachrichten von Staats- und gelehrten Sachen.* Berlin: Haude & Spener, Nr. 8, 11. Januar 1836.

Veröffentlichungen im *Jahrbuch des Vereins von Alterthumsfreunden im Rheinlande*:
– Heft 13, 1848: »Römische Lampe aus Bronze«, 116-117.
– Heft 14, 1849: »Schmucksachen aus Gagat«, 47-53.
– Heft 15, 1850: »Uebersicht über die neuesten antiquarischen Erwerbungen der Frau Sibilla Mertens-Schaaffhausen. Mitgetheilt von der Besitzerin«, 136-142.
– Heft 22, 1855: »Saturn mit Inschrift: Muthunin; Jüdische antike Thonlampe aus Bonn«, 65-76.
– Heft 23, 1856: »Gräberfund in Bertzdorf«, 193-194.

Veröffentlichte Quellen und Sekundärliteratur

– Blöcker, Susanne 1995: »Die Antikensehnsucht der Sibylle Mertens-Schaaffhausen (1797-1857).« Hiltrud Kier und Frank Günther Zehnder (Hgg.): *Lust und Verlust. Kölner Sammler zwischen Trikolore und Preußenadler.* Köln: Wienand, 283-302.
– Blöcker, Susanne 1997: »Von Amor bis Silen. Die vergessene Bonner Archäologin und Sammlerin Sibylle Mertens-Schaaffhausen.« *Das Rheinische Landesmuseum in Bonn. Berichte aus der Arbeit des Museums*, 56-61.
– Bluhm, Heinz (Hg.) 1964: *Tagebücher und Briefe von und an Ottilie von*

Goethe. 5 Bde. Sonderband: *Henriette von Pogwisch. Weimar im Jahr 1832. Briefe an Adele Schopenhauer.* Wien: Bergland.
- Boisserée, Sulpiz 1978-1995: *Tagebücher 1808-1854.* Hg. von Hans-J. Weitz. 5 Bde. Darmstadt: Eduard Roether.
- *Bonner Ahnen* Nr. 175 und Nr. 200, in: *Die Laterne. Bonner Familienkunde,* Jg. 28, 2001, Nr. 3, 41 bzw. Jg. 30, 2003, Nr. 2, 33.
- Borch, Rudolf 1941: Schopenhauer. Sein Leben in Selbstzeugnissen, Briefen und Berichten. Berlin: Propyläen.
- Braun, Emil 1849: »Bassirilievi scoperti da Mad. Sibilla Mertens-Schafhausen nel palazzo del Sig. Marchese di Negro di Genova e riconosciuti identici coi marmi di Boudroun dai custodi del Museo Britannico.« *Annali dell'instituto di corrispondenza archeologica* 21, 74-94.
- Büch, Gabriele 2002: *Alles Leben ist Traum. Adele Schopenhauer. Eine Biographie.* Berlin: Aufbau.
- Campe, Joachim Heinrich 1789: *Väterlicher Rath für meine Tochter.* Braunschweig: Schulbuchhandlung.
- *Catalogue des Collections laissées par Feu Madame Mertens-Schaaffhausen.* Bd. 1: *La bibliothèque et les livres de musique,* 1858. Bd. 2: *Les monuments de l'antiquité et les objets d'art et de curiosité du moyen-âge et des temps modernes,* 1859. Bd. 3: *Les medailles grècques et romaines,* 1860. Köln: Heberle.
- Dembowski, Johannes 1889: *Mitteilungen über Goethe und seinen Freundeskreis aus bisher unveröffentlichten Aufzeichnungen des Gräflich Egloffstein'schen Familien-Archivs zu Arklitten.* Lyck: Druck von Glanert.
- Derks, Paul 1990: *Die Schande der heiligen Päderastie. Homosexualität und Öffentlichkeit in der deutschen Literatur 1750-1850.* Berlin: rosa Winkel.
- *Die Cölner Köchinn Oder: Sammlung der besten und schmackhaftesten Speisen für den herrschaftlichen so wohl als bürgerlichen Tisch.* Nachdruck der 2. Aufl. 1806. Hildesheim: Olms, 1996.
- Dietz, Monika und Doris Maurer 2006: *Annette von Droste-Hülshoff und ihre Freundinnen.* Meersburg: Turm.
- Donner, Eka 1990 (Hg.): *Köln in alten und neuen Reisebeschreibungen.* Düsseldorf: Droste.
- Elkendorf, Bernard [1825] 1999: *Köln um 1825 – ein Arzt sieht seine Stadt. Die medizinische Topographie der Stadt Köln von Dr. Bernard Elkendorf.* Hg. von Barbara Becker-Jákli. Publikationen des Kölnischen Stadtmuseums 1. Köln.

– Erskine, Beatrice [Mrs. Steuart Erskine] (Hg.) 1915: *Anna Jameson. Letters and friendships (1812-1860).* London: Fisher Unwin.
– Feuerbach, Ludwig (Hg.) 1852: *Anselm Ritter von Feurbach's Leben und Wirken.* 2 Bde. Leipzig: Wigand.
– Fichte, Johann Gottlieb [1796] 1845: »Grundriß des Familienrechts.« *Johann Gottlieb Fichte's Sämmtliche Werke* Bd. 3. Hg. von J. H. Fichte. Berlin: Veit, 304-368.
– Freier, Stefanie, Katrin Horn, Nicole Grochowina (Hgg.) 2009: *FrauenGestalten Weimar-Jena um 1800. Ein bio-bibliographisches Lexikon.* Heidelberg: Winter.
– Freiligrath, Ferdinand 1840: *Rolands-Album. Zum Besten der Ruine.* Köln: DuMont-Schauberg.
– Geiger, Ludwig 1898: »Dreizehn Briefe Goethes an Adele Schopenhauer. Nebst Antworten der Adele und einem Billet Börnes an Goethe.« *Goethe-Jahrbuch* 19, 53-119.
– Geiger, Ludwig 1909: »Aus den Briefen von Gerstenbergks.« *Goethe-Jahrbuch* 29, 34-36.
– Gerhard, Eduard 1850: »Zwölf Gemmenbilder aus der Sammlung der Frau Mertens-Schaaffhausen.« *Jahrbuch des Vereins von Alterthumsfreunden im Rheinlande*, Heft 15, 127-135.
– Goethe, Johann Wolfgang von: *Goethes Werke.* Hg. im Auftrage der Großherzogin Sophie von Sachsen. Abteilung III: *Tagebücher*, Abteilung IV: *Briefe.* Weimar: Böhlaus Nachfolger, 1887 ff.
– Goethe, Johann Wolfgang von: *Goethes Gespräche.* 4 Bde. Hg. von Flodoard von Biedermann, ergänzt von Wolfgang Herwig. Zürich [u. a.]: Artemis, 1971.
– Goethe, Johann Wolfgang von: *Sämtliche Werke nach Epochen seines Schaffens. Münchner Ausgabe.* 21 Bde. Hg. von Karl Richter [u. a.]. München: Hanser, 1985 ff.
– [Goethe, Walther von] 1849: »Adele Schopenhauer.« *Allgemeine Zeitung* (Augsburg), 27. September, Beilage zu Nr. 270.
– Gustedt, Jenny von 1892: *Aus Goethes Freundeskreise. Erinnerungen.* Hg. von Lily von Kretschman. Braunschweig: Westermann.
– Gwinner, Wilhelm [1861] 1922: *Arthur Schopenhauer aus persönlichem Umgang dargestellt.* Neu hg. von Charlotte von Gwinner. Leipzig: Brockhaus.
– Haßbargen, Hermann 1931: »Alte Briefe – neue Dokumente.« *Schopenhauer-Jahrbuch* 18, 322-348.
– Hebbel, Friedrich: *Sämtliche Werke. Historisch-kritische Ausgabe.* Hg.

von Richard Maria Werner. Abt. 3, Bd. 3: *Briefe 1844-1846*. Nachdruck der Ausgabe Berlin: Behr. Bern: Herbert Lang, 1970.
- Heine, Heinrich: *Historisch-kritische Gesamtausgabe der Werke*. Hg. von Manfred Windfuhr. 16 Bde. Hamburg: Hoffmann und Campe, 1973 ff.
- Henzen, Wilhelm 1846: »Über ein neuentdecktes Fragment von Consularfasten.« *Archäologische Zeitung* Nr. 42. Hg. von Eduard Gerhard. Berlin: Reimer, 289-292.
- Herbig, Reinhard 1958: »La principessa tedesca. Sibylle Mertens-Schaaffhausen 1797-1857.« *Römische Quartalschrift für christliche Altertumskunde und Kirchengeschichte* 53, 129-145.
- Heß, J. W. 1909: »Reise eines Baslers nach dem St. Gotthard und auf den Rigi im September 1791.« *Basler Jahrbuch*, 44-91.
- Holtei, Karl von 1864: *Briefe an Ludwig Tieck*. 4 Bde. Breslau: Trewendt.
- Houben, Heinrich Hubert 1925: Kleine Blumen, kleine Blätter aus Biedermeier und Vormärz. Dessau: Karl Rauch.
- Houben, Heinrich Hubert (Hg.) [1924] ²1929: *Damals in Weimar. Erinnerungen und Briefe von und an Johanna Schopenhauer*. 2., erweiterte Aufl. Berlin: Rembrandt.
- Houben, Heinrich Hubert 1935: *Die Rheingräfin. Das Leben der Kölnerin Sibylle Mertens-Schaaffhausen*. Essen: Essener Verlagsanstalt.
- Hübscher, Arthur (Hg.): »Adele an Arthur Schopenhauer. Unbekannte Briefe.« *Schopenhauer-Jahrbuch* 58, 1977, 133-186; 59, 1978, 110-165; 60, 1979, 181-240.
- Hüffer, Hermann 1893: »Goethe und Adele Schopenhauer.« *Goethe-Jahrbuch* 14, 154-160.
- Immermann, Karl 1984: *Zwischen Poesie und Wirklichkeit. Tagebücher 1831-1840*. Hg. von Peter Hasubek. München: Winkler.
- Jahn, Otto 1846: »Konsularfasten aus Antium.« *Archäologische Zeitung* Nr. 48. Hg. von Eduard Gerhard. Berlin: Reimer, 388.
- Jameson, Anna 1834: *Visits and sketches at home and abroad*. 4 Bde. London: Saunders and Otley.
- Jameson, Anna 1838 [1965]: *Winter studies and summer rambles in Canada*. Toronto: McClelland & Stewart.
- Kemble, Fanny ²1879: *Record of a Girlhood*. 3 Bde. London: Bentley.
- Kolbe, Hans-Georg (Hg.) 1984: *Wilhelm Henzen und das Institut auf dem Kapitol. Eine Auswahl seiner Briefe an Eduard Gerhard*. Mainz: Zabern.

– Kreiten, Wilhelm 1887: *Anna Elisabeth Freiin von Droste-Hülshoff.* Münster und Paderborn: Schöningh.
– Kühn, Paul 1911/12: *Die Frauen um Goethe. Weimarer Interieurs.* 2 Bde. Leipzig: Klinkhardt & Biermann.
– [Kühne, Gustav] 1858: »Frau Sibylle Mertens †.« *Europa. Chronik der gebildeten Welt.* Hg. von F. G. Kühne. Leipzig: Lorck, Nr. 1, 2. Januar, 29-31.
– Lewald, Fanny 1850: *Erinnerungen aus dem Jahre 1848.* 2 Bde. Braunschweig: Vieweg.
– Lewald, Fanny [1861/62] 1988/89: *Meine Lebensgeschichte.* 3 Bde. Frankfurt a. M.: Ulrike Helmer.
– Lewald, Fanny 1927: *Römisches Tagebuch 1845/46.* Hg. von Heinrich Spiero. Leipzig: Klinkhardt & Biermann.
– Macpherson, Geraldine 1878: *Memoirs of the life of Anna Jameson.* London: Longmans, Green, and Co.
– Maierhofer, Waltraud 2002: »Adele Schopenhauer (1797-1849). ›[...] denn meine Wünsche streifen an das Unmögliche.‹« Irina Hundt (Hg.): *Vom Salon zur Barrikade. Frauen der Heinezeit.* Stuttgart: Metzler, 157-165.
– Maierhofer, Waltraud 2003: »›... dann mögt Ihr Andern mich verstehen lernen‹. Adele Schopenhauers Tagebuch 1823-1826.« *Immermann-Jahrbuch* 4, 99-115.
– Michaelis, Adolph 1879: *Geschichte des Deutschen Archäologischen Instituts 1829-1879.* Berlin: Asher.
– Needler, G. H. (Hg.) 1939: *Letters of Anna Jameson to Ottilie von Goethe.* London [u. a.]: Oxford University Press.
– Noll, Rudolf 1985: *Unbekannte Briefe der rheinischen Altertumsfreundin Sibylle Mertens-Schaaffhausen.* Österreichische Akademie der Wissenschaften, Philosophisch-Historische Klasse, Sitzungsbericht 450. Wien.
– Oehmke, Stefanie 2006: »Die Rheingräfin in Neuss. Eine unbekannte Daktyliothek der Gemmensammlung Mertens-Schaaffhausen.« *Novaesium*, 189-199.
– Oettingen, Wolfgang von (Hg.) 1913: *Aus Ottilie von Goethes Nachlaß. Briefe und Tagebücher von ihr und an sie bis 1832.* Schriften der Goethe-Gesellschaft 28. Weimar: Verlag der Goethe-Gesellschaft.
– Ottendorff-Simrock, Walther 1960: »Sibylle Mertens-Schaaffhausen und ihr Stammbuch.« *Bonner Geschichtsblätter. Jahrbuch des Bonner Heimat- und Geschichtsvereins* 14, 29-68.
– Overbeck, Johannes 1849: »Geschnittene Steine aus der Sammlung der

Frau Mertens-Schaaffhausen in Bonn.« *Jahrbuch des Vereins von Alterthumsfreunden im Rheinlande*, Heft 14, 107-126.
- *Peinliche Gerichtsordnung Kaiser Karls V.* [1532] 1984. Hg. von Arthur Kaufmann. Stuttgart: Reclam.
- Peters, Anja 2006: »›Wir in Weimar.‹ Adele Schopenhauer im Briefwechsel mit Johann Wolfgang von Goethe.« *Colloquia Germanica* 39, 291-315.
- Plachta, Bodo 1999: »Johanna und Adele Schopenhauer. Von der Weimarer Klassik zum Biedermeier in Weimar.« Christiane Caemmerer [u. a.] (Hgg): *Autorinnen in der Literaturgeschichte. Konsequenzen der Frauenforschung für die Literaturgeschichtsschreibung und Literaturdokumentation*. Osnabrück: Zeller, 157-176.
- Ruckstuhl, Karl 1819: »Nachgrabungen bei Bonn. Jahr 1818 und 1819.« *Jahrbuch der Preußischen Rhein-Universität*, Jg. 1, Heft 2-3, 159-222.
- [Rüdiger, Elise] 1845: »Neue Romane. Anna, von Adele Schopenhauer. Zwei Frauen, von Ida Gräfin Hahn-Hahn.« *Kölnische Zeitung* Nr. 189, 8. Juli, 1-2.
- [Schaaffhausen, Hubert] 1858: »Sibylla Mertens-Schaaffhausen.« *Allgemeine Zeitung* (Augsburg), 14. Februar, Beilage zu Nr. 45, 713-714.
- Schopenhauer, Arthur [1851] 1988: »Ueber die Weiber.« Ludger Lütkehaus (Hg.): *Arthur Schopenhauer. Werke in fünf Bänden*. Bd. 5: *Parerga und Paralipomena*. Zweiter Teil. Zürich: Haffmanns, 527-535.
- Schopenhauer, Arthur 1974: *Die Manuskriptbücher der Jahre 1830 bis 1852. Der handschriftliche Nachlaß* Bd. 4, 1. Teil. Hg. von Arthur Hübscher. Frankfurt: Waldemar Kramer.
- Schopenhauer, Johanna 1870: *Briefe an Karl von Holtei*. Leipzig: Payne.
- Schopenhauer, Johanna 2000: *Im Wechsel der Zeiten, im Gedränge der Welt. Jugenderinnerungen, Tagebücher, Briefe*. Düsseldorf, Zürich: Artemis & Winkler.
- Schücking, Levin 1862: *Annette von Droste*. Hannover: Rümpler.
- Schulte Kemminghausen, Karl (Hg.) 1939: *Annette von Droste-Hülshoff*. Westfälische Kunsthefte VIII. Dortmund: Ruhfus.
- Seeliger, Domietta 2004: *Adele Schopenhauer: Nicht nur die Schwester des Philosophen. Analyse des Erzählwerks von Adele Schopenhauer und der dramatischen Dichtung ›Erlinde‹ von Wolfgang Maximilian von Goethe und Adele Schopenhauer*. Frankfurt a. M.: Peter Lang.
- Steidele, Angela 2003: *»Als wenn du mein Geliebter wärest.« Liebe und Begehren zwischen Frauen in der deutschsprachigen Literatur 1750-1850*. Stuttgart: Metzler.

- Steidele, Angela 2004: *In Männerkleidern. Das verwegene Leben der Catharina Margaretha Linck alias Anastasius Lagrantinus Rosenstengel, hingerichtet 1721.* Biographie und Dokumentation. Köln: Böhlau.
- Steidele, Angela 2007: »›Sind denn so schwül die Nächt' im April?‹ Frauenliebe in Annette von Droste-Hülshoffs Leben und Werk.« *Droste-Jahrbuch* 6, 2005-2006. Münster, 143-166.
- Steidele, Angela 2007: *Sibylle Mertens-Schaaffhausen (1797-1857). Zum 150. Todestag der »Rheingräfin«. Begleitbuch zur gleichnamigen Ausstellung des StadtMuseums Bonn im Ernst-Moritz-Arndt-Haus.* Hg. von Ingrid Bodsch. Bonn: StadtMuseum.
- *Strafgesetzbuch für die Preußischen Staaten* [1851] 1857. C. F. Koch (Hg.): *Allgemeines Landrecht für die Preußischen Staaten.* Berlin: Guttentag.
- Stromeyer, Georg Friedrich Louis 1875: *Erinnerungen eines deutschen Arztes.* 2 Bde. Hannover: Rümpler.
- Ungern-Sternberg, Alexander von 1849: »Adele Schopenhauer.« *Neue Preußische Zeitung,* 4. und 5. Oktober 1849.
- Urlichs, Ludwig 1842: »Amor der Götter Sieger. Bronzestatue im Besitz der Frau Mertens-Schaaffhausen in Bonn.« *Jahrbuch des Vereins von Alterthumsfreunden im Rheinlande,* Heft 1, 56-60.
- Urlichs, Ludwig 1846: *Dreizehn Gemmen aus der Sammlung der Frau Sibylla Mertens-Schaaffhausen.* Bonn: Marcus.
- Völlmecke, Lorenz 1924: *Annette von Droste-Hülshoff in ihrem Verhältnis zu Ferdinand Freiligrath.* Diss. Köln.
- Vulpius, Wolfgang 1962: *Walther Wolfgang von Goethe und der Nachlaß seines Großvaters.* Weimar: Arion.
- Weerth, Ernst aus'm 1859: »Die Antiquitätensammlungen der Frau Sibylla Mertens-Schaaffhausen. Ein Wort zu ihrem Andenken.« *Jahrbuch des Vereins von Alterthumsfreunden im Rheinlande,* Heft 27, 83-100.
- Weffer, Herbert 2003: »Die ›Rheingräfin‹ und ihre Eltern.« *Die Laterne. Bonner Familienkunde,* Jg. 30, Nr. 3, 33.
- Westphal, Carl Friedrich Otto 1869: »Die conträre Sexualempfindung. Symptom eines neuropathischen (psychopathischen) Zustandes.« *Archiv für Psychiatrie und Nervenkrankheiten* 2, 73-108.
- Weyden, Ernst 1862: *Köln am Rhein vor fünfzig Jahren. Sitten-Bilder nebst historischen Andeutungen und sprachlichen Erklärungen.* Köln: DuMont-Schauberg.
- Wittich, Christine und Valentin Kockel 2006: »Sibylle Mertens-Schaaff-

hausen. Kennerin, Sammlerin und ›Kollegin‹ der Altertumswissenschaftler.« Valentin Kockel und Daniel Graepler (Hgg.): *Daktyliotheken. Götter und Caesaren aus der Schublade.* München: Biering und Brinkmann, 102-106, 194-196.

– Woesler, Winfried (Hg.) 1980: *Modellfall der Rezeptionsforschung. Droste-Rezeption im 19. Jahrhundert.* 3 Bde. Frankfurt a. M. [u. a.]: Lang.

Anmerkungen

Zitate im Text ohne eigene Endnote werden mit der folgenden belegt. Sind die Briefpartnerinnen oder Tagebuchautorinnen identisch mit denen des vorigen Nachweises, wird nur das Datum des Briefs bzw. des Tagebucheintrags genannt.
Veröffentlichte Quellen werden über Siglen (s. S. 288) oder Kurzbeleg (s. Bibliographie S. 289-299) nachgewiesen.
Briefe, die nur mit Datum und einer Brief- bzw. Filmnummer in Klammern nachgewiesen sind, werden nach den Handschriften im Goethe- und Schiller-Archiv zitiert (Signaturen s. S. 289).
Quellen aus dem Historischen Archiv der Stadt Köln der Signaturen 1056/1-9 werden mit Kapitelnummer und Seitenzahl in Klammer angeführt.
Motto: H 137.

Vorwort

1 Adele Schopenhauer an Ottilie von Goethe, 1. Juli [1829] (155a).
2 Tagebuch von Karl Immermann (1984, 634), Oktober 1837.
3 Herbig 1958, 130.
4 Tagebuch von Anselm Feuerbach (1852, Bd. 1, 298), Juli 1815.
5 Friedrich Hebbel (1970, 193, 194) an Elise Lensing, 30. Januar 1845.
6 Kühn 1911-12, Bd. 2, 491, 494, 492-493.
7 Ottendorff-Simrock 1960, 38.
8 L 25.
9 Büch 2002, 77.
10 Campe 1789, Inhaltsverzeichnis.
11 Ottilie von Goethe an Sibylle Mertens, 1. Januar 1850, H 153.
12 Annette von Droste-Hülshoff an Levin Schücking, 12. September 1842, HKA IX.1, 358.
13 Adele Schopenhauer an Ottilie von Goethe, 3. Juli [1846] (123).
14 Sibylle Mertens an Adele Schopenhauer, 8. März 1836, HASK 1056/13.

Der Dom ist mein Vaterhaus: Die Schaaffhausens in Köln

1 Weyden 1862, 36.
2 Joseph Gregor Lang 1790, zitiert nach Donner 1990, 58.

3 Weyden 1862, 39, 33-34, 19, 29.
4 Joseph Gregor Lang 1790, zitiert nach Donner 1990, 61-62.
5 Weyden 1862, 8-9.
6 Tagebuch von Hubert Schaaffhausen, HASK 1123/11.
7 Weyden 1862, 19, 17, 16, 13.
8 Tagebuch von Hubert Schaaffhausen, HASK 1123/11.
9 Sibylle Mertens an Allwina Frommann, 14. Oktober 1849 (6).
10 Tagebuch von Hubert Schaaffhausen, HASK 1123/11.
11 Weyden 1862, 57, 58.
12 Elkendorf 1825, 112.
13 Georg Forster 1790, zitiert nach Donner 1990, 66.
14 Weyden 1862, 61, 112, 110.
15 Tagebuch von Sibylle Mertens, 10. März 1836, HASK 1056/3 (21, 15).
16 Weyden 1862, 59-60, 70.
17 Sibylle Mertens an Wilhelm Wach, 6. Februar 1835, HASK 1056/12.
18 Sibylle Mertens an Ottilie von Goethe, Nachtrag eines Briefs von Adele Schopenhauer, [Ende 1834] (33).
19 Tagebuch von Sibylle Mertens, 29. Dezember 1835, HASK 1056/3 (19, 7).
20 Sibylle Mertens an Allwina Frommann, 14. Oktober 1849 (6).
21 Weyden 1862, 35, 44, 151.
22 Goethe (IV.26, 133) an Friedrich von Schuckmann, 4. November 1815.
23 Erinnerungen von Betty Heimsoeth, HASK 1056/1 (1, 16).
24 Erinnerungen von Friedrich Wilhelm Krosch, HASK 1056/1 (1, 17).
25 Tagebuch von Sibylle Mertens, 28. März 1835, HASK 1056/3 (22, 14).
26 Lewald 1850, Bd. 1, 39.
27 Tagebuch von Sibylle Mertens, 28. März 1835, HASK 1056/3 (22, 14).
28 Lewald 1927, 149.
29 Die Cölner Köchinn [1806] 1996, 4-5.

En Ochs und en Esel und en Elephant dazu: Louis Mertens

1 aus'm Weerth 1859, 84-85.
2 Schaaffhausen 1858, 713.
3 Lewald 1927, 57.
4 Sibylle Mertens an Ottilie von Goethe, Nachtrag eines Briefs von Adele Schopenhauer, [Ende 1834], (33).
5 Lewald 1927, 57.

6 HASK 1296, B Abraham Schaaffhausen, Nr. 33. Vgl. Annette von Droste-Hülshoff an Elise Rüdiger, 2. August 1845, HKA X.1, 302.
7 Adele Schopenhauer an Ottilie von Goethe, [19. Mai 1828] (152a).
8 Heß 1909, 57, 65.
9 Franciscus Pick 1816, COS 368.
10 Tagebuch von Sibylle Mertens, 11. März 1843, HASK 1056/5 (36, 10).
11 Annette an Jenny von Droste-Hülshoff, 20. März 1831, HKA VIII.1, 127.
12 Schücking 1862, 72.
13 Einnerungen von Betty Heimsoeth, HASK 1056/1 (1, 32).
14 Annette von Droste-Hülshoff an Jenny von Laßberg, 10. September 1842, HKA IX.1, 331.
15 Annette an Therese von Droste-Hülshoff, 14. Oktober 1830, HKA VIII.1, 114.
16 Sibylle Mertens an Ottilie von Goethe, Juli 1834 (6).
17 27. März 1835, H 45.
18 Sibylle Mertens an Ottilie von Goethe, Nachtrag eines Briefs von Adele Schopenhauer, [Ende 1834] (33).
19 Tagebuch von Sibylle Mertens, 18. März 1843, HASK 1056/5 (36, 13).
20 Annette von Droste-Hülshoff an Levin Schücking, 12. September 1842, HKA IX.1, 358.

Ein Wesen eigener Art: Adele Schopenhauer

1 Adele Schopenhauer an Ottilie von Goethe [1815], O 180, 179.
2 14. August 1816, O 243.
3 TB 1, 84, 84, 84, 83-84, 26. Dezember 1816.
4 Johanna Schopenhauer 2000, 162, 172, 170, 173, 174.
5 Johanna an Arthur Schopenhauer, 28. April 1807, L 164.
6 Johanna Schopenhauer 2000, 231.
7 Arthur Schopenhauer an Sibylle Mertens, 9. September 1849, Hü 237.
8 Lebenslauf Arthur Schopenhauers, Hü 649.
9 Tagebuch von Anselm Feuerbach (1852, Bd. 1, 298), Juli 1815.
10 Adele Schopenhauer an Ottilie von Goethe, 13. August 1817, O 325.
11 Johanna an Arthur Schopenhauer, 10. September 1803, L 63.
12 13. Dezember 1807, L 199, 198, 199.
13 19. Oktober 1806, L 102, 87, 88, 90, 91, 96, 100, 102.
14 24. Oktober 1806, L 107-108.
15 Gustedt 1892, 112.

16 Johanna an Arthur Schopenhauer, 5. Januar 1807, L 134.
17 Goethes Gespräche (Bd. 3.1, 869) mit E. Förster, 1825.
18 Tagebuch von Karl Immermann (1984, 634), Oktober 1837.
19 »Schwarz und ohne Licht und Schatten« (1829), Goethe Bd. 18.1, 35.
20 Goethe Bd. 11.1.1, 202.
21 TB 2, 117, 27. November 1821.
22 G. F. Müller von Gerstenbergk an Therese Huber, 8. Februar 1819, Geiger 1909, 35.
23 Adele an Arthur Schopenhauer, [5. Februar 1819], L 275.
24 TB 2, 5, 9. Dezember 1818.
25 TB 2, 8, 23. Januar 1819.
26 Adele an Arthur Schopenhauer, [5. Februar 1819], L 275.
27 Goethes (III.8, 255) Tagebuch, 26. Oktober 1822.
28 Ottilie von Goethe an Adele Schopenhauer, 14. Mai 1817, O 306.

Du bist ja nun mein Alles: Ottilie von Goethe

1 TB 1, 11, 20. Juni 1816.
2 Ottilie von Goethe an Adele Schopenhauer, [1814], O 55.
3 Caroline an Karl von Egloffstein, 17. September 1818, Dembowski 1889, 12.
4 Ottilie von Goethe an Adele Schopenhauer, 14. Mai 1817, O 306.
5 31. Oktober 1817, O 335.
6 12. August 1816, O 245-246.
7 Adele Schopenhauer an Ottilie von Goethe, [1814], O 68, 52, 59.
8 7. Mai 1815, O 77.
9 19. Juli 1815, O 141.
10 19. Oktober 1816, O 285.
11 11. Oktober 1815, O 176.
12 TB 1, 83, 22. Dezember 1816.
13 Ottilie von Goethe an Adele Schopenhauer, 21. Juli 1815, O 161.
14 29. Juli 1816, O 215.
15 TB 1, 25-26, 3. August 1816.
16 Adele Schopenhauer an Ottilie von Goethe, 18. [Juli] 1816, O 205.
17 27. August 1816, O 248, 249.
18 Ottilie von Goethe an Adele Schopenhauer, 30. Juli 1815, O 169.
19 TB 2, 14-15, 14. März 1819.
20 Ottilie von Goethe an Adele Schopenhauer, 17. Mai 1817, O 311.

21 31. Oktober 1817, O 335-336.
22 Ottilie von Goethe an Charles des Voeux, [1829] (Film 1138).
23 Adele Schopenhauer an Ottilie von Goethe, 26. [Juni] 1819, O 350.
24 Adele Schopenhauer an August von Goethe, Weihnachten 1819, O 375.

Daß es knallen und bumsen muß: Die Schopenhauers

1 Adele an Arthur Schopenhauer, 28. Mai 1819, L 287.
2 9. November 1819, L 298.
3 Johanna an Arthur Schopenhauer, 6. November 1807, L 187.
4 [April 1814], L 216, 217.
5 [17. Mai 1814], L 220-221, 223, 221.
6 Gwinner [1861] 1922, 51.
7 Adele Schopenhauer an Ottilie von Goethe, [1815], O 181.
8 TB 1, 85, 31. Dezember 1816.
9 Adele an Arthur Schopenhauer, 12. Mai 1819, L 279-280.
10 22. Mai 1819, L 285, 282-283.
11 Adele Schopenhauer an Ottilie von Goethe, 26. [Juni] 1819, O 352.
12 TB 2, 32, 11. Juli 1819.
13 Adele an Arthur Schopenhauer, 9. Dezember 1819, L 306.
14 1. Februar 1820, L 315.
15 Arthur Schopenhauer an Abraham Ludwig Muhl, 1. Mai 1821, Hü 69.
16 Arthur Schopenhauer 1974, 276.
17 TB 2, 54, 1. Juli 1820.

Wechselseitig angezogen: Annette von Droste-Hülshoff

1 Sibylle Mertens an Ottilie von Goethe, 8. August 1845, H 95.
2 Verkauf von Plittersdorf an L. Mertens, HASK 1123/11.
3 Annette von Droste-Hülshoff an Levin Schücking, 5. März 1845, HKA X.1, 267.
4 Eduard d'Alton an Sibylle Mertens, 8. März 1835, HASK 1056/1 (9, 18).
5 [Herbst 1835], COS 33.
6 Heine Bd. 8.1, 176.
7 TB 2, 114, 12. November 1821.
8 Ruckstuhl 1819, 172.
9 Erinnerungen von Friedrich Wilhelm Krosch, HASK 1056/1 (9, 14).

10 Sibylle Mertens an Wilhelm Wach, 23. August 1834, HASK 1056/12.
11 Tagebuch von Sibylle Mertens, 29. Dezember 1835, HASK 1056/3 (19, 6).
12 Betty an Maria Anna von Haxthausen, 1. Januar 1826, HKA VIII.2, 709.
13 Annette an Jenny von Droste-Hülshoff, 21. Februar 1826, HKA VIII.1, 77, 76.
14 Betty an Maria Anna von Haxthausen, 1. Januar 1826, HKA VIII.2, 709.
15 Annette an Jenny von Droste-Hülshoff, 21. Februar 1826, HKA VIII.1, 79.
16 Tagebuch von Sibylle Mertens, 1. April 1842, HASK 1056/4 (30, 28).
17 HKA VI.1, 68.
18 Sibylle Mertens an Wilhelm Wach, 9. Februar 1834, HASK 1056/11.
19 Prolog zu einer Theateraufführung der Familie Schaaffhausen auf der Kitschburg, HASK 1105/158, Bl. 46.
20 *Offizielle Carnevals-Zeitung*, Heft Nr. 9, Sonntag, 13. Februar 1825.
21 Annette an Jenny von Droste-Hülshoff, 21. Februar 1826, HKA VIII.1, 77.
22 Annette von Droste-Hülshoff an Betty von Haxthausen, 25. April 1826, HKA VIII.1, 82-83, 82.

Ich bin fertig mit allen diesen Menschen und muß fort: Abschied von Weimar

1 TB 2, 62, 1. September 1820.
2 TB 2, 68, 26. Dezember 1820.
3 TB 2, 77, 78, Ostern 1821.
4 Adele Schopenhauer an Ottilie von Goethe, [1813], O 13.
5 19. Oktober 1816, O 284-285.
6 Annette von Droste-Hülshoff an Elise Rüdiger, 2. August 1845, HKA X.1, 303.
7 TB 2, 112, 12. November 1821.
8 TB 2, 111, 5. November 1821.
9 Adele Schopenhauer an Ottilie von Goethe, [März 1822], Oettingen 1913, 65.
10 TB 2, 133, 12. Juni 1822.
11 Oettingen 1913, XVIII.

12 TB 3, 27, 13. Juli 1823.
13 TB 3, 47, 17. August 1823.
14 TB 3, 82-83, 83, 16. November 1823.
15 TB 3, 83, 28. Dezember 1823.
16 TB 3, 98, 99, 12. Mai 1824.
17 TB 3, 139, 5. Februar 1825.
18 TB 3, 132, 7. November 1824.
19 TB 2, 144, 14. Juli 1822.
20 TB 2, 144, 16. Juli 1822.
21 TB 3, 88, 30. März 1824.
22 TB 3, 131, 1. November 1824.
23 TB 2, 82-83, 13. Juni 1821.
24 Adele an Arthur Schopenhauer, 6. Februar 1836, L 383.
25 Johanna Schopenhauer an Ludwig Friedrich von Froriep, 10. November 1822, Hübscher 1977, 147.
26 TB 3, 18, 21. Juni 1823.
27 Adele an Arthur Schopenhauer, 24. August 1819, L 292.
28 Tagebuch von Karl Immermann (1984, 634), Oktober 1837.
29 Ernst von Malsburg an Ludwig Tieck, 8. August 1824, Holtei 1864, Bd. 2, 321.
30 Adele an Arthur Schopenhauer, [5. Februar 1819], L 274.
31 TB 3, 19, 21. Juni 1823.
32 TB 3, 111, 27. August 1824.
33 TB 3, 19, 21. Juni 1823.
34 TB 3, 12, 20. Mai 1823.
35 Stromeyer 1875, Bd. 1, 148-149.
36 TB 3, 159-160, 167, 30. April 1825.
37 TB 3, 175, 24. August 1825.
38 TB 3, 174, 14. August 1825.
39 TB 3, 163-164, 30. April 1825.
40 TB 3, 175-176, 176, 24. August 1825.
41 Adele Schopenhauer an Ottilie von Goethe, 2. Januar [1828] (148a).
42 TB 3, 131, 7. November 1824.
43 TB 1, 55, 22. September 1816.
44 Adele Schopenhauer an Louis Stromeyer, 16.-18. Juni [1827], Az Ffm Sa 1, VI, 18.
45 Adele Schopenhauer an Ottilie von Goethe, 18./22. Oktober 1829, TB 3, 278.
46 20. [Oktober 1829] (159a).

47 26. August 1834 bzw. 4. Februar 1844, TB 3, 279.

Ich liebe sie: Adele und Sibylle

1 Adele Schopenhauer an Ottilie von Goethe, 22. [September 1827] (143a).
2 Johanna an Adele Schopenhauer, 9. Mai 1828, Houben ^{2}1929, 364.
3 Adele Schopenhauer an Ottilie von Goethe, 1. März [1828] (147b).
4 Stromeyer 1875, Bd. 1, 148.
5 Adele Schopenhauer an Ottilie von Goethe, 30. April [1828] (153).
6 Tagebuch von Sibylle Mertens, 1. April 1843, HASK 1056/6, 2, 69.
7 Adele Schopenhauer an Ottilie von Goethe, [19. Mai 1828] (152a).
8 30. April [1828] (153).
9 [19. Mai 1828] (152a).
10 30. April [1828] (153).
11 [19. Mai 1828] (152a).
12 8. Juni 1828 (151).
13 [19. Mai 1828] (152a).
14 30. April [1828] (153).
15 8. Juni 1828 (151).
16 [19. Mai 1828] (152a).
17 Ottilie von Goethe an Adele Schopenhauer, 2. Juli 1828, Oettingen 1913, 202.
18 Adele Schopenhauer an Ottilie von Goethe, [19. Mai 1828] (152a).
19 30. April [1828] (153).
20 Johanna Schopenhauer (1870, 10, 7, 8) an Karl von Holtei, 26. September 1828.
21 Adele Schopenhauer an Goethe, 14. Juli 1828 (9).
22 Adele Schopenhauer an Ottilie von Goethe, 1. März [1828] (147a).
23 Johanna Schopenhauer an Eduard d'Alton, 28. November 1828, Houben ^{2}1929, 389.
24 Adele an Arthur Schopenhauer, 25. Januar 1832, L 326.
25 Johanna Schopenhauer an Louis Mertens, 18. Januar 1829, Houben ^{2}1929, 398.
26 Walther von Goethe 1849.
27 Adele an Johanna Schopenhauer, 11. Mai 1829, GSA 84/I, 2, 3.

1 Adele Schopenhauer an Ottilie von Goethe, 1.-9. Juli [1829] (155a, b).
2 Adele Schopenhauer an Goethe, 18. Juli 1829 (10).
3 Adele Schopenhauer an Ottilie von Goethe, 1. Juli [1829] (155a).
4 Schopenhauer 1920, Bd. 1, 139.
5 Adele Schopenhauer an Goethe, Ende September 1829 (12).
6 Adele Schopenhauer an Ottilie von Goethe, 20. [Oktober 1829] (159a).
7 O. von Goethe 1968, 39.
8 Adele Schopenhauer an Ottilie von Goethe, 19. August [1828] (149).
9 Sibylle Mertens an Ottilie von Goethe, 5. Februar 1835, H 44.
10 Adele Schopenhauer an Ottilie von Goethe, 10. [August 1829] (158a, b).
11 18. Oktober [1829] (156).
12 [19. Mai 1828] (152a).
13 8. Juni 1828 (151).
14 TB 2, 152, 18. August 1822.
15 Schopenhauer 1848a, Nr. 30, 4. Februar, 120.
16 Henriette Paalzow an Sibylle Mertens, 19. November 1833, HASK 1056/11.
17 Sibylle Mertens an Wilhelm Wach, 22. April 1835, HASK 1056/13.
18 Henriette Paalzow an Sibylle Mertens, 20. Februar 1834, HASK 1056/11.
19 28. April 1835, HASK 1056/13.
20 19. November 1833, HASK 1056/11.
21 *Peinliche Gerichtsordnung* [1532] 1984, 81.
22 Steidele 2004, 192-193.
23 Zitiert nach Derks 1990, 43.
24 Fichte [1796] 1845, 311.
25 Goethe Bd. 11.2, 370, 369.
26 Adele Schopenhauer an Ottilie von Goethe, [19. Mai 1828] (152a).
27 Johanna Schopenhauer (1870, 55) an Karl von Holtei, 25. August 1829.
28 Adele Schopenhauer an Ottilie von Goethe, [19. Mai 1828] (152a).
29 aus'm Weerth 1859, 100, 85, 85.
30 Henriette Paalzow an Sibylle Mertens, 5. Juni 1833, HASK 1056/11.
31 Schaaffhausen 1858, 714.
32 aus'm Weerth 1859, 100.
33 Schaaffhausen 1858, 713.

Als Freundinnen unzertrennlich: Goethe

1 Goethe Bd. 5, 9.
2 Goethe Bd. 6.2, 354.
3 Adele Schopenhauer an Goethe, 14. Juli 1828 (9).
4 Goethe Bd. 19, 287.
5 Goethe (IV.46, 77) an Adele Schopenhauer, 5. September 1829.
6 Weimarer Stammbuch von Sibylle Mertens-Schaaffhausen, GSA.
7 Sibylle Mertens an Goethe, 27. September 1829, Houben 1935, 56-57.
8 Sibylle Mertens an Mathias de Noël, 23. September 1829, Hüffer 1893, 159.
9 Adele Schopenhauer an Goethe, 3. Januar 1830 (13).
10 Goethe (IV.46, 213, 212) an Adele Schopenhauer, 16. Januar 1830.
11 14. Dezember 1830, Goethe IV.48, 44.
12 7. März 1828, Goethe IV.44, 17.
13 19. September 1831, Goethe IV.49, 86.
14 10. Januar 1831, Goethe IV.48, 79.
15 Adele Schopenhauer an Goethe, 3. Januar 1830 (13).
16 Johanna Schopenhauer (1870, 76-77) an Karl von Holtei, 4. Januar 1832.
17 Adele Schopenhauer an Goethe, 3. Januar 1830 (13).
18 Johanna an Adele Schopenhauer, 2. April 1833, HASK 1056/1 (9, 4).

Mein kleiner schwarzer Araber: Im Dreieck

1 Adele Schopenhauer an Ottilie von Goethe, 21. Oktober [1830] (3).
2 28. [Juli 1830] (1).
3 [22. Januar 1830] (2).
4 Annette von Droste-Hülshoff an Clemens Maria von Bönninghausen, 6. November 1829, HKA VIII.1, 102.
5 Annette an Jenny von Droste-Hülshoff, 20. März 1831, HKA VIII.1, 126.
6 Annette an Therese von Droste-Hülshoff, 14. Oktober 1830, HKA VIII.1, 115.
7 Elise Rüdiger an Hermann Hüffer, 15. August 1885, Woesler Bd. I.2, 971.
8 Adele Schopenhauer an Ottilie von Goethe, [23. November 1830] (4).
9 Adele Schopenhauer an Annette von Droste-Hülshoff, [1830/31], HKA XI.1, 31.

10 Annette von Droste-Hülshoff an Christoph Bernhard Schlüter, 17. Juli 1834, HKA VIII.1, 143-144.
11 HKA V.1, 137, 138.
12 Erinnerungen von Betty Heimsoeth, Kreiten 1887, 179-180.
13 Adele Schopenhauer an Annette von Droste-Hülshoff, April 1831, HKA XI.1, 32.
14 Henriette Paalzow an Sibylle Mertens, 18. August 1831, HASK 1056/10.
15 HKA V.1, 138.
16 Annette von Droste-Hülshoff an Sibylle Mertens, 11. Juli 1843, HKA X.1, 70
17 Annette an Therese von Droste-Hülshoff, 19. März 1831, HKA VIII.1, 123, 122-123.
18 HKA I.1, 162.
19 Elkendorf 1825, 122, 127, 122.
20 Adele Schopenhauer an Ottilie von Goethe, 21. Juli 1845 (118).
21 Johanna Schopenhauer (1870, 66-67) an Karl von Holtei, Aschermittwoch 1831.
22 Erinnerungen von Betty Heimsoeth, Kreiten 1887, 179.
23 HKA I.1, 162.
24 Annette an Therese von Droste-Hülshoff, 19. März 1831, HKA VIII.1, 123.
25 HKA I.1, 162-163.
26 Adele Schopenhauer an Ottilie von Goethe, [Mai 1831] (10).
27 4. Februar [1837] (42a).
28 16. Januar [1836] (38).
29 Annette von Droste-Hülshoff an Sophie von Haxthausen, 6. September 1837, HKA VIII.1, 238.
30 Therese von Droste-Hülshoff an Sophie von Haxthausen, 18. Juli 1831, HKA XI.2, 354.
31 Adele Schopenhauer an Ottilie von Goethe, [Mai 1831] (10), vgl. HKA XI.2, 355.

Mein Herz gebrochen: Krise

1 Adele Schopenhauer an Ottilie von Goethe, [Mai 1831] (10).
2 [Sommer 1831] (8).
3 30. November 1831 (9b).
4 Sibylle Mertens an Adele Schopenhauer, 9. November 1835, HASK 1056/13.

5 Sibylle Mertens an Ottilie von Goethe, 19. September 1849 (39a).
6 Adele Schopenhauer an Ottilie von Goethe, 30. November 1831 (9).
7 [1831], HASK 1056/10.
8 22. November [1831] (20).
9 [o. J.], HASK 1056/10 (1829, 250).
10 *Ohne Eifersucht lieben! ach, du wirst nie wissen mit welchen Qualen ich meine Trunkenheit büße; Tag und Nacht bringen mir Höllenqualen.* Liederbuch von Sib. M., GSA 32/944.
11 Adele Schopenhauer an Ottilie von Goethe, 20. [Oktober 1829] (159a).
12 25. Juli [1833] (25).
13 Annette von Droste-Hülshoff an Sophie von Haxthausen, 6. September 1837, HKA VIII.1, 238.
14 Johanna an Adele Schopenhauer, 23. März 1830, HASK 1056/10.
15 Adele Schopenhauer an Ottilie von Goethe, 1. Dezember 1833 (24).
16 30. November 1831 (9a).
17 Ottilie von Goethe an Adele Schopenhauer, 21. April 1832 (40a; Film 1224).
18 7. März 1833, H 2.
19 Ottilie von Goethe an Charles Sterling, 15. Juni 1832, Oettingen 1913, 370.
20 Henriette von Pogwisch an Adele Schopenhauer, 5. Oktober 1832, Bluhm 1964, 46.
21 Ottilie von Goethe an Charles Sterling, 15. Juni 1832, Oettingen 1913, 370.
22 Johanna Schopenhauer (1870, 86) an Karl von Holtei, 27. Oktober 1832.
23 Ottilie von Goethe an Adele Schopenhauer, 20. Juni 1832 (43; Film 1225).
24 Adele Schopenhauer an Ottilie von Goethe 24. November [1832] (15b).

Der maskierte Liebhaber: Anna Jameson

1 Sibylle Mertens an Ottilie von Goethe, 9. Dezember 1851, H 169-170.
2 *in vorteilhaft blühender Fülle.* Kemble ^{2}1879, Bd. 1, 208.
3 *Eine Verbindung wie unsere spottet und spottete schon immer der göttlichen und menschlichen Gesetze.* Anna an Robert Jameson, Februar 1836, Macpherson 1878, 108.

4 *Ich gehöre nicht zu denen, die die Männer verwöhnen. Ich interessiere mich nicht für sie, weder im Allgemeinen noch im Besonderen.* Anna Jameson an Ottilie von Goethe, 3. Juni 1834, Needler 1939, 21.

5 *wie sehr mein Glück von dir abhängt, wie vollständig meine Existenz mit deiner verwoben ist. – liebe mich wie ich dich liebe.* Anna Jameson an Ottilie von Goethe, [1833], Needler 1939, 10.

6 Adele Schopenhauer an Ottilie von Goethe, 25. Juli [1833] (25).

7 *obwohl wir vielleicht nicht in allem übereinstimmen.* Anna Jameson an Ottilie von Goethe, 23. Juli 1833, Needler 1939, 2.

8 Jameson 1834, Bd. 1, 51, 54.

9 Adele Schopenhauer an Ottilie von Goethe, 12. September [1833] (21a).

10 *Ihre Art zu denken war so gegensätzlich wie ihre Ansichten über Literatur und Kunst, ihre Lebenserfahrung, ihre Vorlieben und Gewohnheiten und Gefühle – trotzdem schätzten sie sich: beide waren vielseitig begabt und höchst individuell, und beide waren deutsch, ganz und gar deutsch. Die englische Gesellschaft und die englische Erziehung hätte nie zwei solche Frauen hervorgebracht.* Jameson 1834, Bd. 1, 51-52.

11 *Mein erster Wunsch ist immer, bei dir zu sein, aber manchmal fürchte ich es wahrlich auch, denn ich fühle mich wie auf ein Feuerrad gefesselt, das mich beständig herumwirbelt und mich mit seinem fiebrigen Glühen verzehrt.* Anna Jameson an Ottilie von Goethe, 10. Oktober 1833, Needler 1939, 11.

12 Ottilie von Goethe an Adele Schopenhauer, 8. September 1833, H 7.

13 *Ach! Ach! Ich weiß nicht, wie, aber immer wenn ich dich sehe, verschwinden alle meine Gedanken wie von Zauberhand. Wenn ich dich nicht sehe, kehren sie wieder. – Ich leugnete alles – Ich machte mich über Frankfurt und seine Klatscherei lustig.* Anna Jameson an Ottilie von Goethe, [1833], Needler 1939, 16, 9-10.

14 Adele Schopenhauer an Ottilie von Goethe, 1. Dezember 1833, H 14, 13-14.

15 Ottilie von Goethe an Adele Schopenhauer, 3. Februar 1834, H 15.

16 30. November 1833, H 11.

17 Adele Schopenhauer an Ottilie von Goethe, 23. Juli [1834] (31).

18 Ottilie von Goethe an Adele Schopenhauer, 30. November 1833, H 12.

19 Henriette Paalzow an Sibylle Mertens, 19. November 1833, HASK 1056/11.

20 Ottilie von Goethe an Adele Schopenhauer, 26. Juni 1834, H 25.

21 Adele Schopenhauer an Ottilie von Goethe, [1838] (55).

22 23. November 1830, Oettingen 1913, 417.
23 Arthur an Adele Schopenhauer, 10. November 1835, L 369.

Es wird mich von Sibyllen trennen: Lebewohl

1 Adele Schopenhauer an Ottilie von Goethe, [Januar 1835] (35).
2 19. Juni [1834] (28).
3 23. Juli [1834] (31).
4 6. Juli [1834] (30).
5 [Januar 1833] (19).
6 24. November [1832] (15b).
7 Wilhelm Wach an Sibylle Mertens, 14. Oktober 1833, HASK 1056/11.
8 21. Januar 1835, HASK 1056/12.
9 Sibylle Mertens an Henriette Paalzow, 23. Januar 1834, HASK 1056/11.
10 Sibylle Mertens an Wilhelm Wach, 7. Januar 1835, HASK 1056/2 (13, 26).
11 22. April 1835, HASK 1056/13.
12 Adele Schopenhauer an Ottilie von Goethe, [29. April [1835] (37).
13 2. April [1835] (36a).
14 10. Mai [1834] (28).
15 *meine zärtliche Freundin.* Sibylle Mertens an Anna Jameson, 27. März 1835 (o. Brief-Nr.).
16 Ottendorff-Simrock 1960, 43.

Puls meines Herzens: Laurina Spinola

1 Sibylle Mertens an Wilhelm Wach, 1. Juli 1835, HASK 1056/2 (15, 17).
2 Tagebuch von Sibylle Mertens, 9. Juli 1835, HASK 1056/3 (16, 6).
3 Sibylle Mertens an Adele Schopenhauer, 11. August 1835, HASK 1056/13.
4 Tagebuch von Sibylle Mertens, 11. Juli 1835, HASK 1056/3 (16, 10).
5 16. März 1836, HASK 1056/3 (21, 27).
6 28. Juli 1835, HASK 1056/3 (16, o. P.).
7 Sibylle Mertens an Wilhelm Wach, 23. Juli 1835, HASK 1056/3 (16, 16).
8 Tagebuch von Sibylle Mertens, 25. März 1838, HASK 1056/4 (30, 9-10, 10).
9 *Es ist traurig wie das Zimmer der Desdemona! – Aber was wollen Sie? Ich bin daran gewöhnt, hier bleibe ich; obwohl einer Kranken wie mir*

etwas Freude nicht schlecht täte. Tagebuch von Sibylle Mertens, 21. Juli 1835, HASK 1056/3 (16, 14).

10 Tagebuch von Sibylle Mertens, 24. Juli 1835, HASK 1056/3 (16, 18).

11 *Ich liebe die Freiheit und meine Kinder zu sehr, um sie durch eine zweite Heirat zu verlieren.* Tagebuch von Sibylle Mertens, 25. März 1838, HASK 1056/4 (30, 10).

12 Sibylle Mertens an Wilhelm Wach, 26. Juli 1835, HASK 1056/13.

13 Tagebuch von Sibylle Mertens, 23. Dezember 1835, HASK 1056/3 (19, 3).

14 Sibylle Mertens an Adele Schopenhauer, 26. August 1835, HASK 1056/3 (16, 43).

15 11. August 1835, HASK 1056/13.

16 Sibylle Mertens an Mathias de Noël, 18. August 1835, HASK 1056/13.

17 Tagebuch von Sibylle Mertens, 18. August 1835, HASK 1056/3 (16, 39).

18 Sibylle Mertens an Adele Schopenhauer, 11. August 1835, HASK 1056/13.

19 14. September 1835, HASK 1056/3 (17, 3, 4).

20 Sibylle Mertens an Wilhelm Wach, 11. Dezember 1835, HASK 1056/13.

21 Sibylle Mertens an Ottilie von Goethe, 14. September 1835, H 52, 50, 51-52.

22 Sibylle Mertens an Adele Schopenhauer, 14. September 1835, HASK 1056/3 (17, 3, 4-5).

23 *um dir zu sagen, dass ich dich liebe.* Laurina Spinola an Sibylle Mertens, [1835/36], HASK 1056/13 (35, x2).

24 Sibylle Mertens an Ottilie von Goethe, 29. November 1839 (nach 19).

25 Adele Schopenhauer an Goethe, 23. Dezember [1830] (16).

26 *bürgerlich, sogar ziemlich republikanisch.* Sibylle Mertens an Ottilie von Goethe, 17. September 1835, H 52.

27 Tagebuch von Sibylle Mertens, 2. Januar 1835, HASK 1056/3 (20, 3).

28 21. Januar 1836, HASK 1056/3 (20, 14).

29 23. Januar 1836, HASK 1056/3 (20, 21).

30 24. Juli 1835, HASK 1056/3 (16, 18).

31 Sibylle Mertens an Adele Schopenhauer, 11. August 1835, HASK 1056/13.

32 Tagebuch von Sibylle Mertens, 15. Mai 1836, HASK 1056/4 (24, 19).

33 25. April 1836, HASK 1056/3 (23, 16).

34 24. Januar 1836, HASK 1056/3 (20, 15).

35 1. Mai 1836, HASK 1056/3 (23, 26-27).

36 10. April 1838, HASK 1056/4 (30, 17).

37 26. März 1838, HASK 1056/4 (30, 12).
38 April 1842, HASK 1056/4 (30, 29-30, 30).
39 Sibylle Mertens an Henriette Paalzow, 24. April 1836, HASK 1056/13.
40 Tagebuch von Sibylle Mertens, 26. März 1838, HASK 1056/4 (30, 12).
41 14. Juni 1836, HASK 1056/4 (25, 12).

Qui me néglige me perd! Nähe und Distanz

1 Tagebuch von Sibylle Mertens, 14. Juni 1836, HASK 1056/4 (25, 13).
2 Sibylle Mertens an Adele Schopenhauer, 8. März 1836, HASK 1056/13.
3 Sibylle Mertens an Adele Schopenhauer, 9. November 1835, HASK 1056/13.
4 14. September 1835, HASK 1056/3 (17, 1).
5 9. November 1835, HASK 1056/13.
6 29. November 1835, HASK 1056/13.
7 Tagebuch von Sibylle Mertens, 15. Mai 1836, HASK 1056/4 (24, 24).
8 23. Dezember 1835, HASK 1056/3 (19, 3).
9 2. Januar 1836, HASK 1056/3 (20, 3).
10 13. April 1836, HASK 1056/3 (23, 1).
11 10. März 1836, HASK 1056/3 (21, 15).
12 Sibylle Mertens an Adele Schopenhauer, 8. März 1836, HASK 1056/13.
13 Adele an Arthur Schopenhauer, 2. Dezember 1836, L 388.
14 Sibylle Mertens an Adele Schopenhauer, 26. April 1836, HASK 1056/13.
15 14. September 1835, HASK 1056/3 (17, 5).
16 Adele Schopenhauer an Ottilie von Goethe, 6. Juli [1834] (30).
17 Sibylle Mertens an Adele Schopenhauer, 26. April 1836, HASK 1056/13.
18 Tagebuch von Sibylle Mertens, 16. Januar 1836, HASK 1056/3 (20, 12).
19 Sibylle Mertens an Adele Schopenhauer, 8. März 1836, HASK 1056/13.
20 23. April 1836, HASK 1056/13.
21 26. April 1836, HASK 1056/13.
22 Adele Schopenhauer an Ottilie von Goethe, 30. April [1836] (39).
23 *Wer mich vernachlässigt, verliert mich!* 16. Januar [1836] (38).

Das fuchsige Buch: Entfremdung

1 HKA III.1, 229.
2 Annette von Droste-Hülshoff an Christoph Bernhard Schlüter, 19. November 1835, HKA VIII.1, 186.
3 Annette von Droste-Hülshoff an Sibylle Mertens, 19. Februar 1835, HKA VIII.1, 159.
4 Tagebuch von Sibylle Mertens, 13. Mai 1842, HASK 1056/4 (27, 17-18).
5 Gutachten von Eduard d'Alton, März-Anfang Juni 1835, HKA XI.1, 86, 85, 87.
6 Annette von Droste-Hülshoff an Christoph Bernhard Schlüter, 19. November 1835, HKA VIII.1, 186.
7 Tagebuch von Sibylle Mertens, 13. Mai 1842, HASK 1056/4 (27, 18).
8 Annette von Droste-Hülshoff an Sophie von Haxthausen, 6. September 1837, HKA VIII.1, 239.
9 Adele Schopenhauer an Annette von Droste-Hülshoff, Oktober-Dezember 1834, HKA XI.1, 68, 69, 68.
10 Annette von Droste-Hülshoff an Jenny von Laßberg, 24. Januar 1837, HKA VIII.1, 206.
11 Annette von Droste-Hülshoff an Sophie von Haxthausen, 6. September 1837, HKA VIII.1, 238.
12 Adele Schopenhauer an Ottilie von Goethe, 4. Februar [1837] (42a).
13 9. Dezember [1836] (41).
14 Henriette Paalzow an Sibylle Mertens, Anf. Januar 1837, HASK 1056/14.
15 Tagebuch von Sibylle Mertens, 10. August 1844, HASK 1056/6, 8.
16 Schaaffhausen 1858, 713.
17 Adele Schopenhauer an Ottilie von Goethe, 4. Februar [1837] (42a).
18 Adele an Arthur Schopenhauer, 9. November 1835, L 369.
19 Adele Schopenhauer an Ottilie von Goethe, 4. Februar [1837] (42a).

Frauen bilden eine Nation für sich: Frauenliebe

1 *Gott, wie soll ich dir nur das Feuer meiner Liebe und Begeisterung, die ich für dich empfinde, zeichnen. – eine so liebliche Empfindung, dass ich den ganzen Tag glücklich war.* Laurina Spinola an Sibylle Mertens, 14. März 1837, HASK 1056/14.
2 *Ich liebe dich so sehr, dass ich alles liebe, was dich berührt und was du getragen hast.* 4. Februar 1837, HASK 1056/14.

3 *sei so gut, gib Fremden, die zu uns kommen, etwas mit, das du diesen Herbst viel getragen hast.* 29. August 1836, HASK 1056/14.
4 *du musst mir unbedingt ein paar Unterhemden schicken wie diejenigen, die du mir schon gegeben hast, und zwar solche, die du viel getragen hast. – sieh mir diese Torheit nach, Sachen von dir haben zu wollen, aber ich liebe dich so sehr.* 4. Februar 1837, HASK 1056/14.
5 *Du liebst mich zu sehr und du sagst es mir so feurig, dass ich nicht daran zweifeln kann, sonst wäre ich es rasend.* 9. Dezember 1836, HASK 1056/14.
6 *Ich liebe dich mehr denn je. Während meiner ganzen Krankheit habe ich mich mit allem umgeben, was du mir gegeben hast. Deinen Ring habe ich mit Tränen benetzt, man soll ihn dir zurückgeben wenn ich … ich will es nicht aussprechen um dir keinen Kummer zu machen, ach.* 19. Juni 1837, HASK 1056/14.
7 Adele Schopenhauer an Ottilie von Goethe, 27. Dezember [1837] (47).
8 Sibylle Mertens an Ottilie von Goethe, 29. November 1839 (nach 19).
9 Tagebuch von Sibylle Mertens, 24. März 1838, HASK 1056/4 (30, 9).
10 25. März 1838, HASK 1056/4 (30, 10).
11 *Meine Freundschaft zu dir war eine Leidenschaft.* 10. Mai 1838, HASK 1056/4 (30, 21).
12 31. März 1842, HASK 1056/4 (30, 27).
13 April 1842, HASK 1056/4 (30, 30).
14 *Wenn sich deine Seele und dein Herz in einem Mann vereinigen könnten, wenn ein Mann wie du lieben könnte – was noch nie ein Mann konnte und nie wird können –, dieser Mann wäre das Glück und Unglück meines Lebens gewesen; denn ich hätte für ihn gelebt und wäre für ihn gestorben, ich hätte ihm alles geopfert, meine Beziehungen, meine Gefühle, meine ganze Existenz, mein Leben, mein Leben nach dem Tod, vielleicht sogar dich; denn ein Mann mit deinen Tugenden und deiner Liebe wäre ein Gott!* 10. Mai 1838, HASK 1056/4 (30, 21).
15 16. April 1838, HASK 1056/4 (30, 18).
16 Adele an Arthur Schopenhauer, 17. April 1838, L 392.
17 Adele Schopenhauer an Ottilie von Goethe, [April 1839] (64).
18 Arthur Schopenhauer an Carl Labes, 12. Juli 1838, Hü 179.
19 Adele an Arthur Schopenhauer, 10. Januar 1849, L 484.
20 Ottilie von Goethe an Sibylle Mertens, 16. Januar 1835, H 41.
21 Adele an Arthur Schopenhauer, 24. November 1843, L 456.
22 Adele Schopenhauer an Ottilie von Goethe, [Januar 1835] (35).

23 2. April [1835] (36b).
24 6. Juni 1836 (40c).
25 Anna Jameson an Sibylle Mertens, 4. Januar 1837, COS 62.
26 25. Juni 1837, COS 67.
27 *die Frau des hellen Schaums.* Jameson [1838] 1965, 135.
28 *Die Männer, sagt sie, sind über gewisse Theorien über Frauen beunruhigt, und, fügt sie hinzu, zu Recht, denn wenn das Pferd und der Arsch zu denken und streiten anfangen, dann ist's aus mit Reiten und Fahren.* Jameson [1838] 1965, XIII.
29 *gleich vernünftige Wesen mit verbesserungsfähigen Gaben, beide tragen Verantwortung für den Gebrauch und Missbrauch dieser ihnen verliehenen Gaben, beide sind gleich frei das Gute zu wählen und das Schlechte abzulehnen – gleich, aber verschieden.* Erskine 1915, 332.
30 Adele Schopenhauer an Ottilie von Goethe, 28. Mai [1837] (44b).
31 6. Juni 1836 (40b).
32 *Ich vermute, du kannst nichts für diese Anfälle, die aus Leidenschaft, Temperament, Gefühl, Langeweile und was weiß ich entstehen. Alles, was du mir von diesem Kühne erzählst, hast du mir schon von Story erzählt, und es mag genau so enden. Aber ach! Gott behüte! du machst mich so elend, Ottilie!* Anna Jameson an Ottilie von Goethe, 31. März 1838, Needler 1939, 102.
33 Elise Rüdiger 1854 bzw. 1857, Woesler Bd. I.1, 177, 197.
34 HKA I.1, 260-263.
35 Heine Bd. 7.1, 131, 128, 149, 148.

Schriftstellerin zu werden: Annette und Adele

1 Annette von Droste-Hülshoff an Wilhelm Junkmann, 4. August 1837, HKA VIII.1, 227, 230.
2 Adele Schopenhauer an Annette von Droste-Hülshoff, 12. Dezember 1837, HKA XI.1, 131.
3 16. Dezember 1838, HKA XI.1, 150.
4 12. Dezember 1837, HKA XI.1, 132.
5 Annette an Therese von Droste-Hüshoff, 11. Februar 1838, HKA VIII.1, 297.
6 Adele Schopenhauer an Annette von Droste-Hülshoff, 16. Dezember 1838, HKA XI.1, 152.
7 10. Februar 1838, HKA XI.1, 137.

8 Annette von Droste-Hülshoff an Wilhelm Junkmann, 26. August 1839, HKA IX.1, 64.
9 Adele Schopenhauer an Annette von Droste-Hülshoff, 1. Februar 1840, HKA XI.1, 177-178.
10 16. Dezember 1838, HKA XI.1, 150-151.
11 1. Februar 1840, HKA XI.1, 177.
12 Adele Schopenhauer an Ottilie von Goethe, 28. Juli [1835] (34b).
13 6. Juni 1836 (40a).
14 Sibylle Mertens an Adele Schopenhauer, 29. November 1835, HASK 1056/13.
15 Johanna Schopenhauer 2000, 31.
16 Sibylle Mertens an Adele Schopenhauer, 8. März 1836, HASK 1056/13.
17 Adele an Arthur Schopenhauer, 23. April 1838, L 395.

Die Rheingräfin: Sibylle

1 Wilhelm Wach an Sibylle Mertens, 11. Dezember 1833, HASK 1056/11.
2 Henriette Paalzow an Sibylle Mertens, 1. November 1833, HASK 1056/11.
3 Sibylle Mertens an Ottilie von Goethe, 17. Juni 1839, H 70.
4 *Du bist sowohl die beständigste wie unbeständigste aller Frauen, die treueste und die flatterhafteste.* Anna Jameson an Ottilie von Goethe, 2. Juni 1839, Needler 1939, 109.
5 Sibylle Mertens an Ottilie von Goethe, 17. Juni 1839, H 70-71.
6 *Ich fühle mich jetzt sehr traurig, sehr zurückgewiesen. Ich will Trost, Mitgefühl – ich will d i c h. Ich glaube, du bist alles, was ich will.* Anna Jameson an Ottilie von Goethe, 2. Juni 1839, Needler 1939, 110.
7 Erinnerungen von Sibylle Kullig, HASK 1056/9 (29, 7).
8 Sibylle Mertens an Ottilie von Goethe, 1. Februar 1848 (34b).
9 Erinnerungen von Betty Heimsoeth, HASK 1056/1 (8, 12).
10 Sibylle Mertens an Ernst aus'm Weerth, 11. November 1847, Houben 1935, 445.
11 aus'm Weerth 1859, 100.
12 Ernst Friedrich Zwirner an Sibylle Mertens, 11. August 1836, COS 52, 51.
13 2. Januar 1840, COS 84.
14 Freiligrath 1840, 80.
15 Sibylle Mertens an Ferdinand Freiligrath, 14. Januar 1840 (1).

1 Adele Schopenhauer an Ottilie von Goethe [1839] (74).
2 6. August [1840] (83).
3 Schopenhauer 1840, 65, 20, 21.
4 Annette von Droste-Hülshoff an Christoph Bernhard Schlüter, 22. Mai 1840, HAK IX.1, 102-103, 104.
5 Adele Schopenhauer an Friedrich Frommann, 23. Mai 1840, HKA XI.2, 779.
6 Adele Schopenhauer an Sibylle Mertens, 4. Mai 1843, Houben 1935, 281.
7 Sophie von Haxthausen an Unbekannt, 4. Juni 1840, HKA XI.2, 780.
8 Annette von Droste-Hülshoff an Elise Rüdiger, 25. Juni 1840, HAK IX.1, 108.
9 Adele Schopenhauer an Ottilie von Goethe, 3. Juni 1840, HKA XI.2, 779.
10 HKA I.1, 254.
11 Levin Schücking an Ferdinand Freiligrath, 11. November 1840, Völlmecke 1924, 24-25.
12 Levin Schücking an Adele Schopenhauer, 28. Februar 1841, TB 2, 189.
13 Adele Schopenhauer an Annette von Droste-Hülshoff, Juni/Juli 1841, HKA XII.1, 43.
14 Oktober/November 1842, HKA XII.1, 79.
15 TB 1, 20, 15. Juli 1816.
16 Tagebuch von Adele Schopenhauer, 8. Oktober 1840, GSA, S. 9.
17 Anna Jameson an Ottilie von Goethe, 26. Dezember 1840, Needler 1939, 128.
18 Adele Schopenhauer an Ottilie von Goethe, 20. August 1841 (93).
19 Adele Schopenhauer an Sibylle Mertens, 22.-25. Juni 1842, HASK 1056/16.
20 Ottilie an Walther von Goethe, 25. November 1859, Vulpius 1962, 162.
21 Walther an Ottilie von Goethe, 22. Juni 1841, Vulpius 1962, 118.
22 *Strafgesetzbuch für die Preußischen Staaten* [1851] 1857, 1127.
23 Adele Schopenhauer an Sibylle Mertens, 22.-25. Juni 1842, HASK 1056/16.
24 Tagebuch von Sibylle Mertens, 14. März 1842, HASK 1056/4 (30, 24).
25 31. März 1842, HASK 1056/4 (30, 27).
26 18. April 1842, HASK 1056/4 (30, 30).

27 Annette an Therese von Droste-Hülshoff, 24. August 1842, HKA IX.1, 327.
28 HKA I.1, 163.

Mertens ist todt: Neuanfang

1 Annette an Therese von Droste-Hülshoff, 24. August 1842, HKA IX.1, 328.
2 Adele Schopenhauer an Ottilie von Goethe, 28. August [1842] (107).
3 Adele Schopenhauer an Sibylle Mertens, 14. August 1842, HASK 1056/16.
4 Adele Schopenhauer an Ottilie von Goethe, 28. August [1842] (107).
5 Adele an Arthur Schopenhauer, 24. Dezember 1842, L 444, 445.
6 Adele Schopenhauer an Friedrich Frommann, 7. Dezember 1842 (24).
7 Tagebuch von Sibylle Mertens, 11. März 1843, HASK 1056/6 (1, 27).
8 Adele an Arthur Schopenhauer, 11. November 1843, L 451, 452.
9 Tagebuch von Sibylle Mertens, 11. März 1843, HASK 1056/6 (1, 28).

Diese wunderliche phantastische Erscheinung: Schluss mit Annette

1 Annette von Droste-Hülshoff an Levin Schücking, 11. Mai 1843, HKA X.1, 48.
2 Elise Rüdiger 1862 bzw. 1872, Woesler Bd. I.1, 308-309 bzw. 386.
3 Annette von Droste-Hülshoff an Levin Schücking, 11. Mai 1843, HKA X.1, 48.
4 Annette von Droste-Hülshoff an Sibylle Mertens, 24. Mai 1843, HKA X.1, 53, 52-53, 51.
5 11. Juli 1843, HKA X.1, 70.
6 Annette von Droste-Hülshoff an Levin Schücking, 11. Mai 1843, HKA X.1, 48.
7 Annette von Droste-Hülshoff an Maria von Brenken, 29. August 1843, HKA X.1, 92.

Meine Märchen gefallen: Bäder und Bücher

1 Tagebuch von Sibylle Mertens, 18. Oktober 1843, HASK 1056/6 (5, 1).
2 *Abendgesellschaften im Stil Boccaccios, wo man sich sehr gut amüsiert; ganz und gar gelehrte Abende.* 23. März 1844, HASK 1056/6 (7, 3).

3 7. Juli 1844, 1056/6 (8, 8).
4 Juli 1844, HASK 1056/6 (8, 19).
5 8. August 1844, HASK 1056/6 (8, 26-27).
6 11. August 1844, HASK 1056/6 (8, 28).
7 7. August 1844, HASK 1056/6 (8, 24).
8 Adele an Arthur Schopenhauer, 3. Oktober 1843, L 447.
9 Adele Schopenhauer an Ottilie von Goethe, 10. Mai [1844] (110).
10 Rüdiger 1845, 1.
11 Annette von Droste-Hülshoff an Elise Rüdiger, 22. November 1843, HKA X.1, 108.
12 Schopenhauer 1845, Bd. 1, 87, 88, 105-107, 181, 221.
13 Schopenhauer 1845, Bd. 1, 220, Bd. 2, 355, 322, Bd. 1, Titel.
14 Heß 1909, 69.

Behaglich, ja heimisch: Rom

1 Tagebuch von Sibylle Mertens, 20. September 1844, HASK 1056/6 (8, 35).
2 Adele an Arthur Schopenhauer, 30. Dezember 1846, L 469.
3 Adele Schopenhauer an Sibylle Mertens, 18. Juni 1843, HASK 1056/6 (3, 6).
4 Schopenhauer 1846c, Nr. 88, 287.
5 Adele Schopenhauer an Ottilie von Goethe, 25. Oktober [1844] (114a).
6 Tagebuch von Adele Schopenhauer, Oktober 1844, GSA, S. 67.
7 Adele Schopenhauer an Ottilie von Goethe, 25. Oktober [1844] (114a).
8 26. September [1848] (134).
9 22. November [1844] (115).
10 Tagebuch von Sibylle Mertens [1849], HASK 1056/7 (9, 5).
11 29. Juli 1845, HASK 1056/7 (9, 6, 8).
12 Adele Schopenhauer an Ottilie von Goethe, 6. August 1845 (119).
13 Sibylle Mertens' Biographie von Adele Schopenhauer, AA 82.
14 Adele Schopenhauer an Ottilie von Goethe, 22. November [1844] (115).
15 Schopenhauer 1846a, 18.
16 Tagebuch von Sibylle Mertens, [Juni 1846], HASK 1056/7 (13, 8, 4, 9).
17 Henzen 1846, 289.

18 Tagebuch von Adele Schopenhauer, November 1844, GSA, S. 87.
19 Schopenhauer 1846b, Nr. 140, 158.
20 Sibylle Mertens' Biographie von Adele Schopenhauer, AA 82.
21 Adele an Arthur Schopenhauer, 30. Dezember 1846, L 468.
22 Sibylle Mertens an Lilla Deichmann, 22. Januar 1846, HASK 1056/17.
23 Sibylle Mertens an Ottilie von Goethe, 19. September 1849 (39a).
24 Sibylle Mertens an Allwina Frommann, 29. Dezember 1849, AA 103.
25 Adele an Arthur Schopenhauer, 30. Dezember 1846, L 470.
26 Adele Schopenhauer an Ottilie von Goethe, 20. Januar [1845] (117).
27 Annette von Droste-Hülshoff an Elise Rüdiger, 2. August 1845, HKA X.1, 304.
28 *Als ich dich verließ, liebste Ottilie, fühlte ich tiefer als je zuvor wie sehr ich dich liebe.* Anna Jameson an Ottilie von Goethe, 9. August [1845], Needler 1939, 153.
29 Lewald 1927, 57.
30 Lewald 1861/62, Bd. 3, 286, 244, 286, 290.
31 Lewald 1927, 47.
32 Friedrich Hebbel (1970, 193, 194) an Elise Lensing, 30. Januar 1845.
33 Lewald 1927, 51, 57.
34 Tagebuch von Sibylle Mertens, 11. bzw. 21. April 1844, HASK 1056/6 (7, 18 bzw. 26).
35 Lewald 1927, 58, 99, 101-102, 210-211, 55
36 *Deutsche Allgemeine Zeitung*, 5. Januar 1846, 45.
37 Schopenhauer [1847/48] 2007, 221.

Unrecht, Wahnwitz, Tollheit: Familienkrieg

1 Adele Schopenhauer an Sibylle Mertens, 26. Juli 1846, HASK 1056/7 (15. 14).
2 Sibylle Mertens an Anton von Steinbüchel, 3. November 1847, Noll 1985, 46.
3 Adele Schopenhauer an Sibylle Mertens, 14. Dezember 1846, HASK 1056/7 (15, 16).
4 Adele Schopenhauer an Ottilie von Goethe, 13.-15. März [1848] (132).
5 17. Februar [1848] (127).
6 26. April [1849] (138).
7 17. Februar [1848] (127).
8 Adele Schopenhauer an Gerold, 22. August 1847, Az Ffm Sa1 XXI, 4.

9 Ottilie von Goethe an Sibylle Mertens, 9. Oktober 1849, H 148.
10 Schopenhauer 1847a, Nr. 22, 360; Nr. 23, 365, 366.
11 Sibylle Mertens' Biographie von Adele Schopenhauer, AA 84.
12 Adele Schopenhauer an Ottilie von Goethe, 29. Mai [1846] (121).
13 3. Juli [1846] (123).
14 Schopenhauer 1848b, 77, 84, 105, 81, 53.
15 Adele an Arthur Schopenhauer, 2. Oktober 1847, L 470.
16 30. Juni 1848, L 473.
17 Sibylle Mertens an Ottilie von Goethe, 14. Juli 1849, H 130.
18 Adele Schopenhauer an Sibylle Mertens, 30. Januar bzw. 8. Februar 1848, COS 256, 257.
19 Ottilie von Goethe an Adele Schopenhauer, 16. August 1849, AA 94.
20 Adele Schopenhauer an Ottilie von Goethe, 17. [April 1848] (131).
21 13.-15. März [1848] (132).
22 11. März 1847 (129).
23 Sibylle Mertens an Ottilie von Goethe, 9. März 1848, H 109.
24 Lewald 1850, Bd. 1, 38.
25 Sibylle Mertens an Allwina Frommann, 14. Oktober 1849 (6).
26 Sibylle Mertens an Ottilie von Goethe, 9. März 1848, H 109.
27 28. bzw. 23. April 1848, H 115.
28 Adele Schopenhauer an Ottilie von Goethe, 21. Mai [1848] (133).
29 26. April [1849] (138).
30 Anna Amalia Bibliothek Weimar, Dd 3: 739.
31 Sibylle Mertens an Allwina Frommann, 17. September 1849 (2).
32 Adele Schopenhauer an Ottilie von Goethe, 26. September [1848] (134).
33 29.-30. Dezember [1848] (136).
34 Erinnerungen von Sibylle Kullig, HASK 1056/9 (29, 6, 5-6).
35 Schücking 1862, 72.
36 Erinnerungen von Friedrich Wilhelm Krosch, HASK 1056/1 (I, 9, 14).
37 Adele Schopenhauer an Ottilie von Goethe, 8. Dezember 1848 (135).
38 26. September [1848] (134).
39 8. Dezember 1848 (135).
40 29.-30. Dezember [1848] (136).

Von beiden Seiten Narben: Geschwisterliebe

1 Vertrag zwischen Adele Schopenhauer und Sibylle Mertens vom 30. Januar 1849, Az Ffm Sa 1, XV, 60.

2 Arthur Schopenhauer 1974, 291-292, 306, 293, 255.
3 Johann Gottlob von Quandt an Adele Schopenhauer, Herbst 1825, Hübscher 1977, 150.
4 TB 2, 131, 10. Mai 1822.
5 Arthur an Adele Schopenhauer, 15. Januar 1822, L 316.
6 Adele Schopenhauer an Goethe, 22. November [1831] (20).
7 Arthur an Adele Schopenhauer, 26. Januar 1844, L 459.
8 Adele an Arthur Schopenhauer, 7. Februar 1836, L 385, 386.
9 24. November 1839, L 408, 407.
10 11. bzw. 24. November 1843, L 451, 454.
11 20. Januar 1844, L 457, 458-459.
12 Arthur an Adele Schopenhauer, 26. Januar 1844, L 460.
13 Adele an Arthur Schopenhauer, 17. April 1841, L 431-432, 432, 433.
14 16. August 1844, L 465, 466.
15 23. Januar 1836, L 381-382.
16 25. Januar 1832, L 326.
17 23. Januar 1836, L 380.
18 7. Februar 1836, L 386.
19 Kaufvertrag vom 23. Januar 1849, Haßbargen 1931, 341.
20 Adele an Arthur Schopenhauer, 8. Februar 1849 L 486, 487.
21 30. Juni 1848, L 472-473.
22 6. Oktober 1842, L 440.

Ach ich kann vor Pein nicht mehr: Adeles Tod

1 Tagebuch von Sibylle Mertens, [o. D.], HASK 1056/8 (17, 1, 14).
2 Wilhelm Henzen an Eduard Gerhard, 8. Juni 1849, Kolbe 1984, 45.
3 Emil Braun an Sibylle Mertens, 4. März 1849, COS 268, 267, 268.
4 *unser Mitglied*, wobei *la nostra* in der weiblichen, *membro* in der männlichen Form steht. Michaelis 1879, 115.
5 Adele Schopenhauer an Ottilie von Goethe, 7. April [1849] (137).
6 Adele Schopenhauer an Sibylle Mertens, 1. April 1849.
7 Vertrag zwischen Abraham Schaaffhausen und Sibylle Mertens, 16. November 1823, HASK 1296 Familienarchiv Schaaffhausen, B Abraham Schaaffhausen Nr. 33.
8 Abraham Schaaffhausen, Testament vom 21. November 1823, HASK 1296 Familienarchiv Schaaffhausen, B Abraham Schaaffhausen Nr. 33.

9 Sibylle Mertens an Adele Schopenhauer, 13. Mai 1849, HASK 1056/8 (17, 55, 55, 63).
10 Adele Schopenhauer an Ottilie von Goethe, 26. April [1849] (138).
11 Sibylle Mertens' Biographie von Adele Schopenhauer, AA 85-86.
12 Adele Schopenhauer an Ottilie von Goethe, 29. Mai [1849] (140).
13 Sibylle Mertens an Adele Schopenhauer, 30. April 1849, HASK 1056/8 (17, 51).
14 13. Mai 1849, HASK 1056/8 (17, 55, 55, 63).
15 *Das sei ein für alle Mal gesagt.* 6. Juni 1849, HASK 1056/8 (17, 66-67, 66).
16 Sibylle Mertens' Biographie von Adele Schopenhauer, AA 86-87.
17 Sibylle Mertens an Ottilie von Goethe, 14. Juli 1849, H 129, 130.
18 Adele Schopenhauer an Ottilie von Goethe, 24. Juli [1849] (142).
19 Sibylle Mertens' Biographie von Adele Schopenhauer, AA 87-89.
20 Testament Adele Schopenhauers, 20. August 1849, Az Ffm Sa 1, XI, 39.
21 Sibylle Mertens' Biographie von Adele Schopenhauer, AA 89.
22 Ottilie von Goethe an Sibylle Mertens, 12. August 1849, H 131.
23 Sibylle Mertens an Arthur Schopenhauer, 18. August 1849, AA 95.
24 Adele an Arthur Schopenhauer, 20. August 1849, L 491.
25 Arthur an Adele Schopenhauer, [August 1849], L 491.
26 Sibylle Mertens' Biographie von Adele Schopenhauer, AA 89.
27 Sibylle Mertens an Allwina Frommann, 27. August 1849 (1).
28 Sibylle Mertens an Ottilie von Goethe, 24. August 1850 (49a).

Mein Schmerz ist nur um Eines: Die Witwe

1 Sibylle Mertens an Arthur Schopenhauer, 25. August 1849, Az Ffm Sa 1, XIII, 70.
2 Sibylle Mertens' Biographie von Adele Schopenhauer, AA 90.
3 Sibylle Mertens an Ottilie von Goethe, 19. September 1849, H 140.
4 Sibylle Mertens an Allwina Frommann, 27. August 1849 (1).
5 Sibylle Mertens an Ottilie von Goethe, 19. September 1849 (39).
6 Ottilie von Goethe an Sibylle Mertens, 14. September 1849, H 137.
7 5. September 1849, H 135.
8 Sibylle Mertens an Ottilie von Goethe, 19. September 1849, H 140.
9 Walther von Goethe 1849.
10 Ottilie von Goethe an Sibylle Mertens, 14. September 1849, H 137.
11 21. September 1849, H 142.

12 Sibylle Mertens an Ottilie von Goethe, 19. September 1849, H 139-140.
13 Tagebuch von Sulpiz Boisserée (Bd. 4, 629), 7. Juli 1849.
14 Sibylle Mertens an Allwina Frommann, 14. Oktober 1849 (6).
15 4. November 1849 (7).
16 Sibylle Mertens an Ottilie von Goethe, Ende Juli 1850 (46).
17 9. September 1850, H 158.
18 Tagebuch von Sibylle Mertens, 2. September 1850, AA 106.
19 Sibylle Mertens an Allwina Frommann, 2. Februar 1850 (9).
20 [Juni 1851], AA 129.
21 Sibylle Mertens an Ottilie von Goethe, 13. Mai 1852 (67a).
22 9. September 1850 (51a).
23 Westphal 1869, 73.
24 Sibylle Mertens an Ottilie von Goethe, 25. Januar 1851 (56).
25 5. Juli 1850, AA 104.
26 13. Mai 1852 (67a).

Ueber die Weiber: Streit mit Arthur

1 Arthur Schopenhauer an Sibylle Mertens, 9. September 1849, Hü 237.
2 Aufstellung über den Nachlass Adele Schopenhauers, GSA 84/II, 5.
3 Sibylle Mertens an Ottilie von Goethe, 19. September 1849, H 139.
4 Arthur Schopenhauer an Sibylle Mertens, 9. September 1849, Hü 237.
5 Arthur Schopenhauer an J. A. Becker, 2. Dezember 1850, Hü 254.
6 Arthur Schopenhauer an Sibylle Mertens, 2. Dezember 1851, Hü 271.
7 Arthur Schopenhauer an J. A. Becker, 25. Oktober 1853, Hü 325.
8 8. März 1854, Hü 333-334.
9 Sibylle Mertens an Arthur Schopenhauer, 18. April 1854, AA 178-179.
10 27. Juni 1855, AA 180.
11 Arthur Schopenhauer an Daniel Friedrichsen, 27. Dezember 1858, Hü 439.
12 Arthur Schopenhauer an Julius Frauenstädt, 2. März 1849, Hü 234.
13 Arthur Schopenhauer [1851] 1988, 527, 531, 532, 533, 535.

Dieses quasi Doppelleben: Ausklang

1 Ottilie von Goethe an Sibylle Mertens, 7. Juni 1851, H 164.
2 Theodor Mommsen an Sibylle Mertens, 28. November 1851, COS 319.

3 Sibylle Mertens an Ottilie von Goethe, 7. Januar 1855 (93b).
4 Sibylle Mertens an Wilhelm Wach, 7. Januar 1835, HASK 1056/2, (13, 26).
5 Sibylle Mertens an Ottilie von Goethe, 30. Dezember 1851 (64).
6 Sibylle Mertens an Wilhelm Wach, 7. Januar 1835, HASK 1056/2, (13, 26).
7 Sibylle Mertens an Ottilie von Goethe, 22. Dezember 1856 (109).
8 13. Juni 1857 (112b).
9 31. Mai 1857 (112a).
10 8. August 1857 (115a).
11 Auguste Dernen an Ottilie von Goethe, 21. November 1857 (2).
12 Gustav Mertens an Ottilie von Goethe, 15. Dezember 1857 (1a).
13 Sibylle Mertens an Wilhelm Wach, 9. Februar 1834, HASK 1056/11.
14 Gustav Mertens an Ottilie von Goethe, 15. Dezember 1857 (1b).
15 6. Januar 1858 (2a).
16 17. Juli 1859 (8a).

Nachwort

1 Sibylle Mertens an Ottilie von Goethe, 1. Juni 1850 (41).
2 Sibylle Mertens' Biographie von Adele Schopenhauer, AA 90.

Bildnachweis:

Archivzentrum der Universitätsbibliothek Frankfurt a. M., Schopenhauer-Archiv: 36
Historisches Archiv der Stadt Köln (1056/25 und 26): 2, 3, 4, 16, 23, 32, 38, 39
Klassik Stiftung Weimar: 11, 13 (Kunstsammlungen); 15, 20, 21 (Sibylle Mertens' Weimarer Stammbuch); 37 (Anna Amalia Bibliothek)
Weitere Nachweise über das Archiv des Insel Verlags.

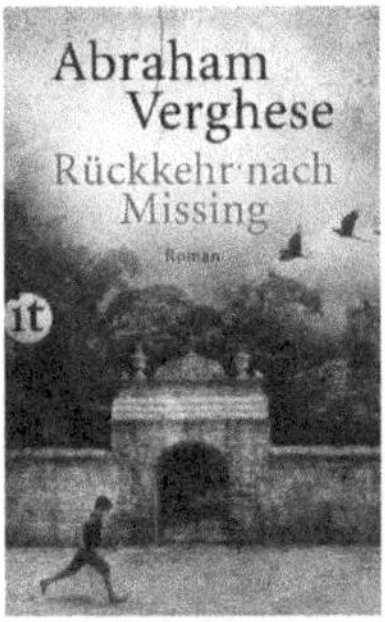

»Was für ein ergreifender Roman über die Wunder des Lebens.« ***Freundin***

Äthiopien in den sechziger Jahren: Die Zwillingsbrüder Marion und Shiva wachsen nach dem Tod ihrer Mutter und dem spurlosen Verschwinden ihres Vaters als Waisenkinder im Missionskrankenhaus heran. Beide sind unzertrennlich und wollen, wenn sie erwachsen sind, selbst Ärzte werden. Während Marion von seinem Ziehvater in die Chirurgie eingewiesen wird und die Schule besucht, bildet sich der hochbegabte Shiva autodidaktisch zum Arzt aus. Erst die Liebe zur selben Frau lässt die beiden Brüder zu Rivalen werden. Marion flieht aus dem von Unruhen erschütterten Land in die USA, wo er in seiner Arbeit als erfolgreicher Chirurg in einem New Yorker Krankenhaus aufgeht. Doch dann holt ihn die Vergangenheit ein, und er muss sein Leben in die Hände der beiden Männer legen, denen er am wenigsten vertraut: seinem Vater, der ihn im Stich gelassen, und seinem Bruder, der ihn betrogen hat.

Abraham Verghese, Rückkehr nach Missing. Roman
Aus dem Amerikanischen von Silvia Morawetz. insel taschenbuch 4000.
841 Seiten

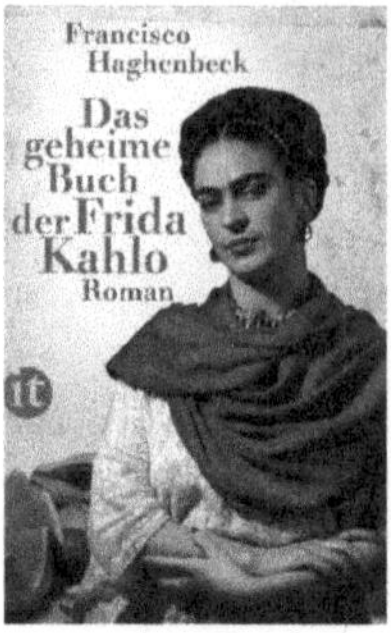

»Hab den Mut zu leben, denn sterben kann jeder.«

Als Frida ein kleines schwarzes Notizbuch geschenkt bekommt, ahnt sie noch nicht, wofür sie es eines Tages benötigen wird. Auf der ersten Seite steht die Widmung: »Hab den Mut zu leben, denn sterben kann jeder.« Und Frida hat Mut. Sie trotzt den vielen persönlichen Rückschlägen und nimmt sich vom Leben, was sie will. Doch Frida lebt geborgte Tage. Ihr schmerzender Körper erinnert sie stets an ein Geheimnis, das sich in ihrem Notizbuch offenbart: Vor Jahren schloss sie einen Pakt mit einer geheimnisvollen Gestalt, die sie fortan begleitet, bis eines Tages der Zeitpunkt einer letzten Zusammenkunft bevorsteht …
Das geheime Buch der Frida Kahlo ist ein fesselnder Roman, der die geheimnisvolle Seite des extremen Lebens der Künstlerin schildert, aber auch ein kulinarischer Roman, mit vielen raffinierten, persönlichen Kochrezepten von Frida Kahlo.

Francisco Haghenbeck, Das geheime Buch der Frida Kahlo. Roman
Aus dem Spanischen von Maria Hoffmann-Dartevelle. insel taschenbuch 4001. 282 Seiten

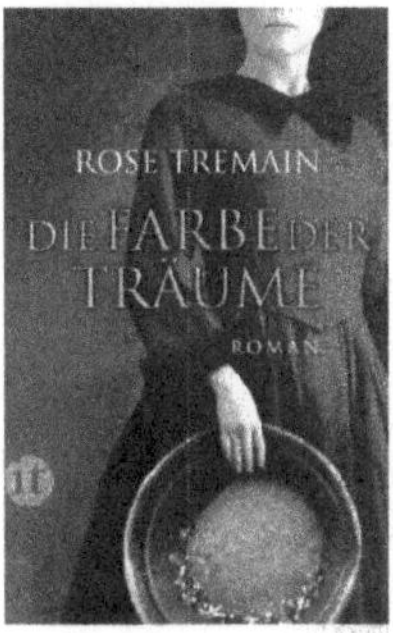

Eine Geschichte von Abenteuerlust und weiblichem Freiheitsdrang.

Ein Neuanfang sollte es werden, als Harriet und Joseph Blackstone von England nach Neuseeland aufbrachen. Von einem Leben in Wohlstand träumten sie, aber als Joseph im Fluss neben seinem Haus einen Schimmer von Gold entdeckt, kennt er nur noch ein Ziel. Er lässt Harriet und seine Mutter zurück und macht sich auf zu den Goldfeldern, zusammen mit vielen anderen Glückssuchern. Auf der Suche nach ihrem Mann reist Harriet ihrem eigenen Traum entgegen.
»Rose Tremain schreibt die besten historischen Romane unserer Zeit.«
Evening Standard

Rose Tremain, Die Farbe der Träume. Roman
Aus dem Englischen von Christel Dormagen. insel taschenbuch 4002.
459 Seiten

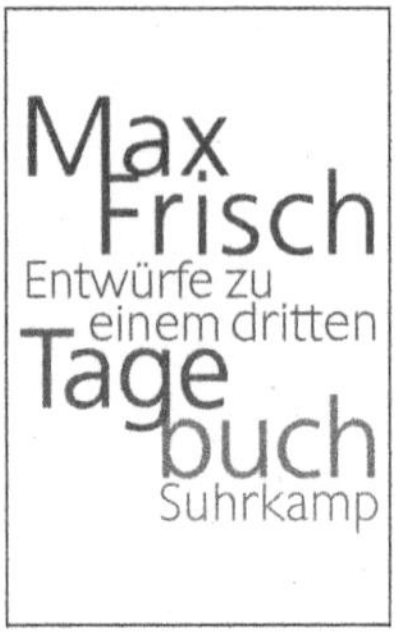

»Mit ›Tagebuch‹ bezeichnet Max Frisch seit den 1940er Jahren eine literarische Form, die sich von dem, was man landläufig unter dem Begriff versteht, grundlegend unterscheidet …
Als literarische Form steht es gleichwertig neben dem Roman, der Erzählung, dem Theaterstück.«

Peter von Matt

Im August 2009 meldeten die Feuilletons eine Sensation: In einem der Öffentlichkeit nicht zugänglichen Teil des Max Frisch-Archivs in Zürich war das Typoskript eines bisher unbekannten Werks des Autors gefunden worden. Auf der Titelseite ist notiert: »Tagebuch 3. Ab Frühjahr 1982«. Max Frisch lebte zu dieser Zeit in New York, zusammen mit seiner damaligen Lebensgefährtin Alice Locke-Carey, bekannt als »Lynn« aus der Erzählung *Montauk*. Ihr ist dieses *Tagebuch 3* gewidmet. Wie die beiden legendären 1950 und 1972 erschienenen Tagebücher verzeichnen auch die *Entwürfe zu einem dritten Tagebuch* Augenblicksnotizen neben längeren reflexiven Passagen über die Liebe und die Politik, das Leben und das Sterben, über Momente großen Glücks und die schwere Last des Alterns.

Max Frisch, Entwürfe für ein drittes Tagebuch. 213 Seiten

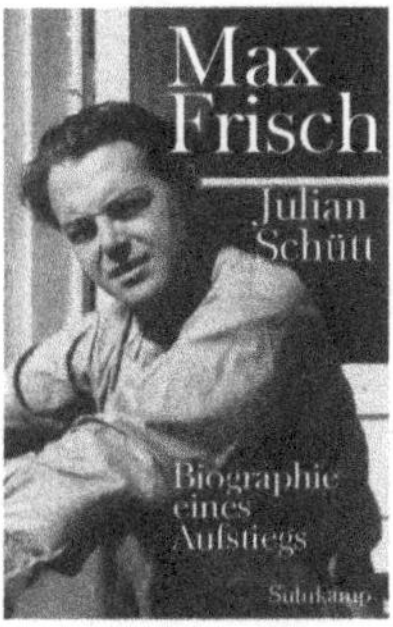

»Durch seine Biographie und sein Werk zieht sich der Wunsch, immer wieder neu anzufangen, altes Leben abzustreifen, sich zu häuten, ein unbekanntes Ich zu sein.«

Max Frisch ist der meistgelesene Schriftsteller der Schweiz, in Deutschland verkaufen sich seine Bücher in Millionenauflage. Nun zeichnet die bisher gründlichste Biographie Frischs Aufstieg bis in die Mitte der fünfziger Jahre seines Jahrhunderts nach. Julian Schütt, einer der besten Kenner von Leben und Werk des Schweizer Autors, wertet dafür erstmals alle zugänglichen Quellen aus, darunter zahlreiche bislang unbekannte Briefe, Notate und Dokumente, und er hat mit vielen Zeitgenossen und Weggefährten des Dichters gesprochen. Lebendig und anschaulich erzählt er, wie Max Frisch zum Weltautor wurde.

Julian Schütt, Max Frisch. Biographie eines Aufstiegs
Etwa 600 Seiten